지식패권

2 약소국의 눈물과
잿더미 위에 피운 꽃

김성해

知
識
覇
權

지식패권

민음사

1권 차례

4부
작동 방식

아메리카여, 나는 희망 없이 네 이름을 부를 수 없다

내가 가슴 앞에 칼을 쥐고 있을 때

내가 영혼 속에 불완전한 집을 지니고 살 때

그대의 새로운 날들 중 어떤 날이

창문으로 들어와 나를 관통할 때

나는 나를 낳은 빛 속에 있고 또 그 속에 서 있으며

나를 이렇게 만든 어둠 속에서 나는 살고

그대의 긴요한 해돋이 속에서 자고 깬다

포도처럼 순하게, 또 지독하게

설탕과 매의 운반자

그대의 종(種)의 정액에 젖어

그대가 물려주는 피로 양육되어.

> ──파블로 네루다, 「아메리카여, 나는 희망 없이
> 네 이름을 부를 수 없다」에서

권력의 일차원

평소 많이 배우는 선배 가족이 있다. 대기업을 그만두고 일찍이 대안학교와 인연을 맺었다. 새해를 맞으면 늘 가족이 함께 도보여행을 한다는 말에 무턱대고 따라나섰다. 영화 「서편제」의 배경이 된 청산도를 행복하게 걸었던 기억이 난다. 학생들과 산티아고 순례길을 다녀왔다는 말에 "뭐가 제일 좋았어요?"라고 물었다. 잠깐 뜸을 들인 다음에 선배는 "평소 잊고 지냈던 고마운 인연을 복원한 것"을 최고로 꼽았다. 무슨 소리일까? 왜 그렇게 되었는지 설명을 듣고 나서야 고개를 끄덕였다.

잊었던 기억이 되살아날 수밖에 없는 이유가 있었다. 여럿이 같이 걸으면 처음에는 그간 하지 못한 이야기를 한동안 나눈다. 그러다 일주일 정도만 지나면 밑천이 바닥난다. 길고 긴 침묵이 그때부터 시작되고 대화 상대는 이제 자기 자신이 된다. 먼 옛날부터 아팠던 기억, 좋았던 기억이 조금씩 의식의 수면 위로 떠오른다. 감사한 인연도, 미안한 인연도, 보고픈 얼굴도 생각난다. "여행을 마칠 즈음이 되면 다들 참 겸손해집니다. 지금의 자신이 결코 혼자 된 것이 아님을 깨닫기 때문이죠." 권력의 본질을 깨닫게 해 준 기억도 한동안 머릿속을 비웠을 때 되살아났다.

고향에 있는 중학교는 원래 규모가 작았다. 전교생을 다 합쳐 봐야 200명 남짓 되었을까? 남학생과 여학생 교실이 따로 있었다. 대략 마흔 명 정도가 같이 공부했다. 당시로서는 상당히 파격적이던 폭력 사태가 일어난 것은 2학년 가을학기로 기억된다. 그날도 분위기가 심상치 않았다. 뒷줄에 앉아 툭하면 폭력을 쓰던 동기생 P의 가방 끈을 누군가 자른 게 문제였다. 청소를 하다 말고 반 아이들이 모두 소집되었다. 범인이 누구인지 자백하라고 했지만 아무도 안 나섰다. 아니, 못 나섰다. "맨 앞줄부터 나와."라는 말에 반발도 못 했다. 꽤나 많이 맞았다. 마흔을 넘기면서 우연찮게 술자리에서 이 일이 화제가 된 적이 있었는데 대부분 기억하지 못하는 게 놀라웠다. 일부는 맞을 만한 짓을 했으니 그랬을 것이라는 말까지 덧붙였다. 그때 맞은 애들이 수십 명인데 한 명을 어쩌지 못했냐는 얘기도 나왔다. 누굴 탓할 것도 없이 저항도 못 하고 맞은 애들 잘못이라는 게 결론이었다. 맞는 말이다. 왜 그랬을까?

분열된 다수와 뭉친 소수. 인원은 많았지만 대부분 어떻게 해야 할지 몰랐다. 조직을 만들어 대응해야 한다는 의식 자체가 없었다. P의 패거리들은 달랐다. 늘 함께 다녔고 그날도 각자 역할이 있었다. 누군가는 망을 봤고 누군가는 떠들지 못하도록 단속했다. 기회비용으로 봤을 때도 침묵하는 게 좋았다. 맞는 것은 한 번이면 되지만 찍히면 괴롭힘당할 일이 많다. 굳이 불편하고 싶지 않았던 반장과 부반장 같은 애들을 통해 간접적으로 압박할 수 있는 방법은 얼마든지 있었다. 억울함을 하소연할 수단도 마땅치 않았다. 동영상은 상상도 못할 시대였다. 법은 멀고 주먹은 가까웠기 때문에 선뜻 같이 증언을 해 줄 애들도 많지 않았다. 동기들 간 문제를 교무실로 갖고 간다는 것 자체가 낯설기도 했다. 중학교 시절 내내 폭력은 그런 식으로 학습되었다. P와 친구들은 상당한 특혜를 누릴 수 있었고, 아무도 시비 걸지 않았다. 그들 부류에 속한 애들도 편하게 지냈다. 청소도 대신해 주고 심지어 숙제도 도왔다. 맛난 것 또는 재미있는 책이나 만화는 그 애들이 먼저 챙겼다. 특혜가 있다는 것을 의식하는 애들도 점점 줄었다. 극소수만 불편했다. 다수가 기억하는 중학교 시절은 그래서 꽤나 낭만적이다. 국제사회와 미국의 관계가 오늘날과 같은 양상을 띠게 된 과정도 어느 정도 유사성이 있지 않을까?

패권질서는 관계를 통해 완성된다. 미국이 압도적인 힘을 갖고 있다는 것만으로 작동하는 질서가 아니다. 국제사회의 자발적이고 능동적인 협력이 있어야 유지된다. 이는 권력의 세 가지 차원이 모두 충족된 상황을 말한다. 권력의 일차원은 '누군가를 자신이 원하는 방식대로 움직일 수 있는 단계'로, 뭔가를 하게 하거나 못 하게 하는 것을 말한다. 상대방이 좋아하든 싫어하든 전혀 상관없다. '강제'적으로 하거나 또는 '회유'하는 등 방법은 크게 두 가지다. 흔히 채찍과 당근으로 알려져 있다. 가령 뒤에서 쿠데타를 조종하거나, 해상 봉쇄를 하거나, 무력으로 침략하는 것이 '채찍'이다. 대외정책에 협력하면 경제적 도움을 주고, 방해가 되면 지원금을 중단해 버리는 것은 '당근'이다. 박애주의를 표방하는 재단이나 풀브라이트 장학금 등을 통해 미국적 가치를 학습하고 교류하게 하는 것도 여기에 속한다. 권력의 또 다른 속성은 이차원으로 불리는 '거부권(veto)'으로 '자신이 원하지 않으면 하지 않을 힘'을 뜻한다. 만약 거부했을 때 너무 많은 기회비용을 감당해야 한다면 이 능력이 없는 것으로 보면 된다. UN에서 안전보장이사회에 속한 국가들이 누리는 거부권이 대표적이다. 대외정책의 목표를 달성하기 위해 국제기구의 주요 결정을 의도적으로 '막는 것', 그래서 '의사결정이 이루어지지 못하도록' 하는 것 역시 넓은 의미의 거부권이다.

적극 '협력'하는 것이 자신들에게도 도움이 된다는 믿음을 갖게 하는 것은 권력의 삼차원이다. 국제사회의 '선호도(preference)'를 자신에게 유리한 방향으로 형성함으로써 달성된다. 지식 리더십 또는 도덕적 리더십을 인정받는 상황인데 방법은 다양하다. 눈과 귀를 장악하는 것이 그중 하나다. 국제사회의 여론을 좌우할 수 있는 언론사를 갖고 있기 때문에 가능하다. 이 경우 일차원적 권력이 행사되고 있다는 것 자체를 효과적으로 감출 수 있다. 만약 알려지더라도 정당화하는 것이 가능하다. 대량살상무기를 막기 위해서라거나, 공산주의를 막기 위해서, 또는 인권을 보호하기 위해서라는 '담론'을 동원하는 경우를 말한다. 제일 좋은 것은 권력자의 의도와 비전을 충분히 공감하는 분신(avatar)을 많이 만드는 일이다. 미국이 전 세계 엘리트를 자국으로 불러 비싼 돈을 주고 유학을 시켜 주는 것은 이런 목적에서다.

열심히 공부해서 학위를 마치면 그 자체로 귀한 자산이 된다. 박사까지 하려면 돈만 있다고 되는 문제는 아니다. 상당한 의지와 능력도 어느 정도 있어야 한다. 모든 국가에서 유능한 과학자와 엔지니어를 길러 내기 위해 상당한 투자를 한다는 점을 생각하면 된다. 미국에 남는 유학생들은 이런 지식과 경험을 살려 사회에 공헌한다. 귀국해도 손해는 아니다. 미국 주류의 세계관을 이미 내재화한 상태다. 미국 유학파라는 것 때문에 자신들이 대접받는다는 것도 본능적으로 안다. 본인이 부정하더라도 친미적일 수밖에 없다. 본인이 배운 것을 그대로 전달하기 때문에 미국으로서는 전 세계를 상대로 교육을 시키는 셈이다. 대학원 때 배운 교재는 이들이 가르치는 대학의 수업 시간에도 사용된다. 책을 쓰거나 연구를 해도 자신이 아는 미국 교수들 이름이 먼저 나오니 자연스럽게 미국 학자들의 권위가 높아진다.

미국에서 배운 학문이 전문 분야라서 정치적 성향이 배제되는 점도 좋다. 질서에 대해 의문을 제기하지 않는다. 관심권에 있는 상당수 국가에서 권위주의 정부가 들어서 있다는 것 역시 유학파를 활용하는 데 유리하게 작용한다. 군사정권이 필요로 하는 전문성과 국제사회의 인정이라는 '장점'이 있기 때문에 요직으로 쉽게 진출할 수 있기 때문이다. 남미의 사례를 분석했던 이브 드잘레이와 브라이언트 가스는 이 상황을 이렇게 정리한다.

쿠데타로 권력을 장악한 지도자들에게 이들 미국 유학파들은 매우 존경을 받았다. 왜냐하면 그들은 독재정권이 보유하고 있지 못한 대안적 이데올로기를 제공했을 뿐만 아니라 국제적인 인정을 받을 수 있는 정부로 인식될 수 있도록 했기 때문이다. 자신들의 학문적 권위가 국내적 혹은 국제적 미디어에서 광범위하게 활용된 덕분에 이 엘리트들은 국제 금융기관과의 협상에서 중재자로 기능했을 뿐만 아니라 여론의 대변자가 됨으로써 급속한 승진의 길을 달렸다.[1]

쿠데타(coup d'État)

쿠데타는 장점이 많다. 전쟁에 비해 비용이 많이 안 든다. 증거가 남지 않기 때문에 국제사회의 비난에서 자유롭고, 정치적 효과도 상당하다. 냉전 동안 거듭 확인되지만 CIA 개입의 본질은 '미국(특히 기득권 세력)의 이해관계' 보호다. 석유, 사탕수수, 바나나, 금융, 통행권, 독점 사업권 등 분야만 달라진다. 공산주의, 불량국가와 대량살상무기는 핑계로 동원되는 경우가 더 많다. 2차 세계대전이 끝난 이후 CIA가 설립되었고, 냉전이 끝난 이후에도 전혀 규모가 축소되지 않았다. 테러리즘이 등장한 이후에는 오히려 더 커졌다. 직접 개입이 아니라 은밀한 정권교체가 이루어질 경우에는 이 문제를 숨길 수 있다. 제국주의와 민족주의 간 '이념 대결'로 포장하기도 쉽다. 가령 공산주의 위협에 대응한다는 명분을 내세우면 제국주의와 결탁해 온 집단의 협력을 얻는 데도 유리하다. 한국의 친일파, 필리핀의 친미파, 이란의 친영파, 인도차이나의 친프랑스파와 친영파 등은 이런 과정을 통해 독재정권과 한배를 탔다.

　1945년 전쟁이 끝났을 당시 미국은 패권의 조건을 대부분 갖춘 상황이었다. 군사력과 경제력은 경쟁자가 없었다. 정보력에서도 압도적인 수준이었다. 지식, 감성, 규범과 같은 담론 분야만 어느 정도 결핍이 있었다. 한국전쟁이 끝나갈 무렵에는 이 영역의 주도권마저 장악할 수 있는 준비가 갖추어진다. 전쟁 중 축적된 경험에 정부의 막대한 투자, 또 지식인과 언론의 적극적인 협력이 상승작용한 결과였다. '적색공포'와 결합한 여론의 도움도 받았다. 남미에만 적용되었던 '보안관' 역할은 이런 상황에서 별다른 저항 없이 국제사회로 확산된다.

《라이프》1945년 3월 표지 　　　　　　　　《라이프》1944년 6월 표지

1947년의 트루먼 독트린이 그 출발점이다. 그 직후인 1949년에는 시리아와 알바니아에서 쿠데타가 일어난다. 한국전쟁이 끝난 이후에는 훨씬 많아진다. 2003년에 윌리엄 블룸이 쓴 『희망 잘라 내기: 2차 세계대전 이후의 미국 펜타곤과 CIA의 국제사회 개입(Killing Hope: US Military and CIA intervention since World War II)』이라는 책은 이와 관련한 상세한 내용을 담고 있다.

　국제사회는 물론 미국의 일반인이 이런 일을 알지 못하는 것은 '적색공포'가 내재화된 것과 관련이 있다는 게 블룸의 해석이다. 노암 촘스키 등이 지적한 것처럼, 언론 또한 복합체의 일부가 된 상황에서 미국에 불리한 얘기는 자체 검열하는 것도 원인으로 지적된다.《리더스 다이제스트》나《라이프》등 편하게 접할 수 있는 잡지들이 '공산주의 위협'을 부추겼다는 점도 나온다. 파워 엘리트 중 한 명인 헨리 루스가 운영하던 잡지들이다. 정말 놀라운 것은 동맹국에 대해서도 많은 작업이 '미리' 있었다는 점이다. 예컨대 1947년부터 1949년까지 할리우드 방식으로 이탈리아 자유선거에 개입한 일, 1950년대와 1960년대 서독과 서유럽, 1973년의 호주 등이 여기에 해당한다.

윌리엄 블룸이 고발한 사례를 시간대별로 구분해 보면 1950년대에만 티베트, 이란, 과테말라, 인도네시아, 캄보디아 등이 포함된다. 1960년대 쿠데타가 발생한 곳으로는 콩고, 쿠바, 도미니카공화국, 남베트남, 볼리비아, 브라질, 가나 등이 있다. 1970년대에는 캄보디아, 볼리비아, 칠레, 아프가니스탄이 공략 대상이 된다. 그 뒤로 1980년의 앙골라, 1981년의 니카라과, 1982년의 차드, 1991년의 아이티, 1996년의 이라크, 2002년의 베네수엘라 등이 뒤따른다. 한때 중남미로 제한되었던 개입 지역이 중동, 동남아, 동유럽 등으로 확대된 것을 알 수 있다. 그중에서 1954년의 이란은 쿠데타의 원형을 제시했다는 점에서 주목할 필요가 있다.

한때 영국이 독식하던 중동의 석유는 남미의 바나나와 비교할 바가 아니다. "이란을 차지하면 세계를 지배한다." 1892년 영국 외교관 조지 커즌이 한 말이다. 전 세계의 공장 역할을 하려면 미국 내에서 생산되는 것만으로는 충분하지 않았다. 만약 석유를 누군가에게 의존해야 한다면 대외정책이 불가피하게 제약을 받을 것이라는 점도 고려된다. 에너지를 러시아에 의존하는 유럽이 반복해서 겪는 곤경을 생각해 보면 된다.

중동에 이미 진출해 있는 석유 기업의 이해관계도 보호할 필요가 있었다.[2] 또한 당시 캘리포니아의 스탠더드오일과 텍사스 사는 사우디아라비아와 바레인 유전 개발권을 확보한 상태였다. 쿠웨이트 유전은 걸프석유와 '앵글로-이란석유(AIOC)' 간 공동 개발 대상이었다. 1908년에 유전이 발견되면서 영국은 이미 '앵글로-페르시안 석유회사(Anglo-Persian Oil Company)'를 설립해 둔 상황이었다. 당시에는 페르시아(지금은 이란)가 차지하는 몫이 순이익의 16퍼센트 정도에 머물렀다. 전혀 공정하지 않지만 식민지였기 때문에 가능했다. 영국은 또 1925년 레자 팔라비 왕이 권력을 장악하도록 도운 경험이 있었는데, 그때부터 1941년까지 밀월관계를 유지한다.

2차 세계대전이 시작되면서 영국과 소련은 이란에 주둔하기 시작했다. 이란의 북쪽 국경은 소련과 접한다. 전쟁 후 6개월 내에 철수한다는 내용의 합의가 이때 만들어졌다. 미국은 그 이후 '빌려주고 빌려 쓰기 정책(Lend Lease Act)'과 관련한 물자 수송을 위해 비전투 병력을 파견한다. 전쟁 동안 이란에는 3개국 군대가 함께 머물렀다. 1945년 종전과 함께 이란은 냉전의 첫 번째 시험대에 선다. 북부 국경지대 유전에 대한 개발권을 원했던 소련은 합의를 거부하고 군대를 남겨 두었다. 북부 지역의 유전 개발권을 확보하겠다는 의도였다.

영국과 협약을 맺은 미국은 최후 통첩을 했고, 결국 51퍼센트의 지분을 인정받은 후에야 소련은 물러났다. 하지만 끝이 아니었다. 애초 불리한 조약이라고 생각했던 이란은 미국의 도움을 받아 1947년에 이 조약을 폐기시켰다. 그보다 몇 달 앞선 3월 7일에 "미국은 자유를 원하는 국가를 경제적으로 또는 재정적으로 지원할 준비가 되어 있다."고 선언한 '트루먼 독트린'이 모습을 드러냈다. '민족주의' 운동과 '공산주의'를 막고 미국식 '자유민주주의'를 택하면 적극 돕겠다는 내용이었다.

막대한 석유 이익을 영국이 계속 독점하는 상황은 지속될 수 없었다. 전쟁 중 왕은 국외로 쫓겨났고 그 자리를 '민족주의' 성향의 정치 세력이 채웠다. 당장 국유화는 아니더라도 수익을 공정하게 분배하는 문제가 제기되었다. 1950년 미국과 사우디아라비아는 '아람코 (Arabian-American Oil Company)'의 수익을 50대 50으로 분할하는 협정을 체결했다. 미국 쪽 회사에는 록펠러의 스탠더드오일과 관련이 있는 지금의 엑손(Excon), 모빌(Mobil), 텍사코(Texaco) 등이 포함되어 있었다. 영국이 저항하는 가운데 이란 내부에서는 제국주의에 대한 반감이 꾸준히 높아졌다.

1951년에 치러진 선거에서 '민족전선(National Front)'이 압승하게 된 것은 이런 분위기 덕분이었다. 국유화를 반대했던 알리 라즈마라 수상이 암살된 이후 모하마드 모사데크가 수상으로 선출된다. 모사데크는 영국 정부를 상대로 이윤이 적절하게 계산되는지 확인할 수 있도록 회계 장부를 요구했지만 명칭이 '앵글로-이란 석유회사(AIOC)'로 바뀐 회사 측은 이를 거부한다. 1951년 늦가을에 의회는 일방적으로 국유화를 선언했고, 뒤이어 영국은 이란에 대한 국제적인 불매운동을 시작한다. 영국의 윈스턴 처칠 수상이 미국 정부와 협상에 나선 것도 이때다. 민족전선의 배후에 소련이 있다는 점을 강조하는 한편, 석유 지분을 양국이 사이좋게 나누겠다는 합의가 이루어진다.

영국의 무역금지 조치는 효과를 발휘하기 시작한다. 경제가 어려워지면서 내부 불만은 높아졌다. 이슬람 중심의 정부를 원했던 세력,

사회주의 지지자들, 영국과 이해관계가 있었던 집단이 서로 목소리를 높였다. 쿠데타의 명분이 되는 사회적 혼란이 지속된다. 입헌군주제에서 형식적으로 왕위를 유지했던 샤(Shah)는 선택을 강요받는다. 미국은 쿠데타에 동조하지 않으면 그도 쫓겨날 것이라고 협박했고, 왕은 결국 쿠데타를 승인한다. 모사데크 정부의 대응으로 1차 쿠데타는 실패로 끝났다. 그러나 좀 더 교묘한 계획이 뒤따른다. 냉전 이후 전형적인 공식으로 통하는 과격 '공산주의' 폭동이다. CIA에 의해 고용된 일종의 용병으로, 이들의 목표는 폭력 사태를 만들어 내는 데 있었다. 폭동이 진행되는 과정에서 수십 명이 죽고 군부가 진압에 나섰으며, 모사데크는 이 사건의 책임을 지고 구속된다. 1953년 8월 15일에서 19일까지 벌어진 일이다.

분쟁의 원인을 제공했던 AIOC가 발전적으로 해체되고 새로운 협력 관계가 형성된 것은 그 직후다. 영국의 지분은 40퍼센트로 유지된다. 쿠데타 이전까지 전혀 지분이 없었던 미국계 뉴저지스탠더드오일, 소코니(Socony), 캘리포니아스탠더드, 텍사코와 걸프 등이 또 다른 40퍼센트를 차지했다. 대외적으로는 팔레비 왕이 통치했지만 실권은 CIA에서 훈련받은 전문요원으로 구성된 '국가안전정보위원회(Organization of National Intelligence and Security)'가 챙겼다. CIA와 이스라엘의 도움으로 세워진 비밀경찰 조직 'SAVAK'을 통한 원격 통치가 시작된다. 1976년 국제사면위(Amnesty International)가 밝힌 자료에 따르면, 당시 이란은 전 세계에서 사형 선고가 가장 많았고, 민간 법정은 없었으며, 고문 수준은 인간의 상상을 뛰어넘는 것으로 알려진다. 2019년 지금도 내전에 시달리고 있는 시리아 역시 미국과 관련이 깊은 국가다. '내 편' 아니면 '적'이라는 흑백논리가 적용된 경우다.

　한국 언론에서 시리아와 관련한 얘기는 대부분 부정적이다. 먼저 떠오르는 단어는 '악의 축', '독재', '인권 탄압' 정도다. 자주 듣는 뉴스도 이슬람국가(IS)에 가입할 것을 권유한 시리아인이 구속되었다거나, 화학무기로 국민을 죽였다, 또 북한이 시리아에 미사일과 핵 물질을 판매했다 등에서 벗어나지 않는다. 미국이라는 거인의 어깨 너머로 세상을 보는 데 너무 익숙해진 부작용 중 하나다. 미국에도 소련에도 속하지 않는 제3의 길을 걷고 있는 약소국의 고단함이라는 실체는 거의 모른다. 유럽 강대국에 둘러싸여 중립국을 선언해야만 했던 스위스나 오스트리아가 되지 못한 '슬픔'이 있다.

　지중해를 빼면 모든 국경선은 다른 나라와 만난다. 시계 방향으로 봤을 때 12시에는 터키, 3시에는 이라크, 6시에는 요르단, 7시에는 이스라엘, 또 9시에는 레바논이 있다. 그중에서 터키와 이스라엘은 미국의 혈맹이다. 영국 우방으로는 이라크와 요르단이 있다. 인종 구성도 정말 복잡하다. 수니 무슬림(59퍼센트), 이슬람 알라위파(11.8퍼센트), 기독교인(9.3퍼센트), 쿠르드족(8.9퍼센트), 드루즈족(3.2퍼센트) 등이 있다. 비동맹운동에 속해 있으며, 정치적으로 '바티즘(Baathism)'을 추구한다.

　종교적 분위기가 나는 단어이지만 바티즘은 '아랍민족주의' 중 하나다. 제국주의 유럽에 대항하기 위한 독립투쟁 과정에서 형성되었으며, 프랑스혁명 사상에 공감했던 기독교를 믿는 아랍인 유학생이 중심이다.[3] 아랍이 단결해야 외세 간섭에서 벗어날 있다는 점과 서구 진보주의와 계몽주의 사상을 받아들여야 한다고 주장했다. 유

시리아내전(2018년)

럽에서 로마와 그리스 시대를 복원한 것처럼 아랍의 장점과 훌륭한 문화를 적극 되살려 변화의 원동력으로 삼자는 주장이다. 에드워드 사이드가 『오리엔탈리즘(Orientalism)』(1978)에서 말한 것처럼, 지금의 아랍 모습은 '왜곡'된 것이며 아랍의 본질을 회복해야 한다는 주장도 담고 있다. 파시즘을 주장했던 무솔리니 등과 같이 '권위'적이고 '엘리트' 중심의 정부가 이 역할을 해야 한다고 믿는다. 외부 시각에서 봤을 때 시리아와 이라크 등이 '독재' 정권으로 인식되는 이유다. 이들 나라는 프랑스의 속국으로 있다가 1945년 10월에 연방공화국으로 독립한다. 미국이 개입할 일이 없을 것 같지만 꼭 그렇지도 않다. 경제적 이해관계와 안보 문제가 관련된다.

복잡한 중동 얘기를 잠깐 살펴볼 필요가 있다. 미국 파워 엘리트 중에는 유대인이 상당히 많다. 한국 외환위기와 관련이 깊은 로버트 루빈, 로런스 서머스, 스탠리 피셔는 모두 유대인이다. 국무부 장관

조지 마셜(1944년)

을 지낸 헨리 키신저와 매들린 올브라이트도 마찬가지다. 재무부 장관을 지낸 헨리 모건소처럼 독일을 영구적인 농업 국가로 만들려는 시도가 있을 정도였다. 영국은 이미 1917년부터 '밸푸어선언(Balfour Declaration)'을 통해 이스라엘 건국을 도와주기로 약속한 상태였다.

1948년 5월 14일에 독립국가 이스라엘이 설립되었고 영국령 팔레스타인 땅을 절반 이상 가져갔다. 국경을 접하게 된 이집트, 요르단, 시리아와 이라크는 당연히 받아들일 수 없었고, 며칠 뒤인 5월 18일에 1차 아랍-이스라엘 전쟁이 터진다. 막강한 미국과 영국의 지원을 받은 이스라엘은 이제 겨우 독립한 아랍 국가를 손쉽게 눌렀다. 영국은 원래 제국주의 국가로 자신들을 지배했던 적이었으나 미국은 좀 다를 거라고 생각했던 아랍 국가들이 느낀 배신감은 엄청났다.

반이스라엘 시위(2004년, 뉴욕)

이집트와 시리아는 이 감정을 토대로 1958년 통일아랍공화국(United Arab Republic, UAR)을 수립한다. 4성장군 출신으로 국제정치의 현실을 잘 파악하고 있었던 조지 마셜 국무부 장관이 이스라엘을 결코 승인하지 말아야 한다고 반대했던 이유다.

국내 정치에서 곤란에 처한 건 특히 시리아다. 팔레스타인 난민 중 상당수는 시리아로 넘어왔다. 전쟁에서 참패를 당한 지도자를 존경할 국민도 없었다. 민족주의 성향이 강한 슈크리 알콰틀리 대통령은 희생양을 찾았다. 합참의장으로 전쟁을 이끌었던 후스니 알자임을 해고한 것이다. 복수를 노리는 그에게 CIA가 찾아갔고 권력과 이해관계를 맞바꾼다. 그중 하나는 사우디아라비아의 원유를 지중해로 내보내는 아라비아횡단송유관(Trans Arabian Pipe Line)이 시리아를

반아랍 시위(2009년, 런던)

통과하도록 해 달라는 것이었다. 전임자는 이를 수용하지 않았다. 또 다른 이유는 소련을 견제하기 위한 군사훈련 시설을 설치하는 방안이었다. 가능한 빨리 이스라엘과 휴전하자는 것이 마지막 요구였다. 쿠데타는 성공했고, 알자임은 약속을 지켰다.

　냉전 전략에 맞추어 공산당원 수백 명을 체포하고 정치 활동을 금지하는 조치도 뒤따랐다. 미국의 계산속은 달랐다. 만약 시리아를 계속 지원하면 어렵게 만든 이스라엘이 위협을 받는 모순이 생겼다. 둘 중 하나를 택해야 한다면 망설일 것 없이 이스라엘이었다. 군사협력은 없었던 일이 된다. 시리아도 다른 방법을 찾았고, 최종 선택지는 소련일 수밖에 없었다. 1956년에 양국은 '우호관계'를 체결한다. 미국은 또 다른 쿠데타를 시도했지만 이번에는 성공하지 못했다.

1956년 10월 29일에 2차 아랍-이스라엘 전쟁이 시작된다. 이집트 가말 나세르 대통령의 수에즈 운하 국유화가 발단이 되었다. 영국과 프랑스는 기득권을 지킬 수 있는 전략을 찾았다. 자신들만 침략하는 것은 곧 제국주의와 아랍민족주의 간 갈등이 될 가능성이 높았다. 전략적 동맹으로 이스라엘이 선택된다. 미국에만 의지하기보다 다른 강대국과 연합할 길을 찾던 이스라엘도 반대할 이유가 없었다. 원래 상대가 되지 않는 전쟁이었다. 일방적으로 이집트가 당하고 있을 때 미국과 소련이 개입한다. 나세르는 운하를 지켜 냈고, 영국은 중동에서 더 이상 영향력이 없다는 사실만 깨달았다. 프랑스는 미국과 영국 모두에 배신감을 느꼈다. '유럽연합'을 만드는 과정에서 프랑스가 리더십을 발휘하는 것은 이런 배경에서다. 단일한 아랍을 만들자는 운동이 확산된다. 나세르는 1955년 인도네시아 반둥에서 열린 '비동맹 운동' 모임에서 영웅 대접을 받았다. 제3세계의 단합을 통해 새로운 질서를 만들 수 있다는 기대감이 한껏 높았던 때였다. 시리아는 1958년에 자진해서 이집트와 연합하겠다고 밝혔고, 나세르는 통일국가의 초대 국가원수가 된다.

미국 입장에서 아랍민족주의는 공산주의만큼이나 큰 위협이다. 냉전이 공산화에 대한 대응 차원에서 시작되었다는 주장은 이 점만 봐도 엉터리라는 것을 알 수 있다. 토지와 석유, 사업권과 같은 이권의 향방을 생각하면 된다. 국가 발전을 위해 쓸 수 있는 원유가 남의 손에 들어가는 상황이다. 제국이 차지한 방대한 토지를 농민에게 다시 되돌려 주는 것도 엄청난 일이다. 자립할 수 있는 경제 기반을 구축하기 위해서는 수에즈운하와 같은 핵심 자산이 필요했다. 담배인

삼공사, 통신사업, 철도공사 등이 모두 외국 자본에 넘어간다면 정부가 쓸 수 있는 돈이 없어지는 것이라고 보면 된다. 미국 CIA와 영국 MI6은 이런 일이 생기지 않도록 서로 도왔다. 직접 하기보다는 대신 그 역할을 해 줄 수 있는 세력을 찾았다. '무슬림형제(Muslim Brotherhood)'가 선택된다.

무슬림형제는 세속적인 정치가 등장하기 전에는 가장 존중받는 집단이었다. 종교적 공동체가 아닌 정치적 세력이 강해지는 것도 비판적으로 봤다. 뜻을 같이할 수밖에 없는 동맹세력도 있었는데 사우디아라비아다. 왕국이었고 민족주의 관점에서 보면 '공공의 적'이다. 1954년 10월 26일에 그들 중 한 명이 암살을 시도했다. 나세르는 배후에 미국이 있다고 봤다. 계속 이스라엘을 편드는 상황에서 대안으로 소련이 부상한다. 미국과 이집트의 관계는 나세르의 후임으로 대통령이 된 안와르 사다트 때 겨우 복원된다. 그는 아랍 사회에서는 일종의 금기였던 이스라엘을 인정했다. 1978년에 체결된 캠프데이비드협정을 통해서다. 그러고는 소련 자문단과 군인들은 모두 돌려보냈다. 미국은 이스라엘 다음으로 많은 원조를 제공하는 것으로 성의를 베풀었다.

진영 논리만 남은 상황에서 선택은 제한된다. 미국이 시리아에 요구한 것도 다르지 않았는데 민족주의도 비동맹주의도 용납할 수 없었다. 만약 경제 원조를 받고 싶으면 반대 급부로 군사기지를 제공해야 하는 상황이었다. 그러나 시리아 입장에서 봤을 때 눈앞에 이스라엘이라는 괴물을 갖다 놓은 미국을 신뢰하기는 힘들다. 1956년과 1957년에 걸쳐 CIA는 꾸준히 쿠데타를 시도했다. 불만이 있는 장교들을 돈으로 매수했지만 그들 중 일부가 돌아섰다. 시리아는 미국 관련설을 알렸지만 국제사회의 여론은 미국과 영국에 의해 좌우된다. 한편으로는 부정하면서, 다른 쪽으로는 시리아가 소련의 위성국가로 전락했다고 주장했다. 정치적 목적을 위해 일부러 조작한 얘기라고 몰아붙였다. 전투기 제공과 같은 기초적 교류만 있었다는 진실은 중요하지 않았다. 주변국을 침략하도록 유도한 다음 이를 핑계로 시리아를 공격하자는 구상도 수립된 상태였다.

수에즈운하 사태가 터지면서 이 계획은 뒤로 미루어진다. 당면 과제는 아랍민족주의였다. 통일 아랍국가를 붕괴시키는 게 더 급했다. 굳이 나서지 않더라도 협력자들은 많았다. 통일이 갑자기 이루어졌기 때문에 소외받는 집단이 생겼다. 일부 군인들은 갑자기 전혀 엉뚱한 곳으로 발령이 났다. 나세르가 대통령이 되면서 이집트 사람이 주인 노릇을 한다는 불만도 높아져 갔다. 결국 1961년에 장교들을 중심으로 쿠데타가 일어나 UAR은 붕괴된다. 현 아사드 대통령의 부친이던 하페즈 알아사드는 1970년에 다시 쿠데타를 일으켰고 그때부터 2000년까지 장기 집권을 했다. 냉전이 진행되는 동안 미국의 지원을 받는 이스라엘과 대결하기 위해 소련과 전략적인 협력관계를 맺는다. 덕분에 민주주의는 위축되었지만 정치적 안정은 얻었다. 국제언론에서는 인권 탄압국으로 많은 비난을 받지만 반공을 내세운 독재정권에 비교할 정도는 아니었다. 소련과 중국 모두와 관련이 있는 동남아시아 역시 미국이 각별한 관심을 가진 지역이었다. 그중에서도 인도네시아는 미국의 개입에 의해 너무 많은 사람들이 희생된 경우다.

태평양전쟁 타라칸전투에서 호주군의 상륙작전(1945년)

관점에 따라 풍경은 달라진다. 미국 관점에서 봐야 왜 공략 대상이 될 수밖에 없었는지가 보인다. 인도차이나반도에서 공산주의가 확산된다고 할 때 1차 방어선은 필리핀, 인도네시아와 말레이시아가 된다. 그 외곽에는 1951년에 체결된 태평양안전보장조약(ANZUS)에 속하는 호주와 뉴질랜드가 있다. 필리핀은 미국의 식민지와 다름없는 국가다. 영국이 지배했던 말레이시아와 갈등할 일도 별로 없었다. 보르네오섬 북부 지역이 말레이시아로 편입되었던 1963년 분쟁에서도 필리핀은 말레이시아를 편들었다. 마하티르 모하맛이 권력을 잡았던 1981년부터 2003년 기간에만 잠깐 엇나간 적이 있다.

인도네시아는 다른 상황이었다. 국토 규모로 보면 세계 14위로 영해(領海)를 포함하면 미국만큼이나 큰 나라다. 인구는 4위로 2억

인도네시아 첫 번째 대통령 수카르토

6000만 명 수준이다. 원래는 네덜란드 식민지였다가 포르투갈, 프랑스, 영국과 일본의 지배를 두루 거쳤다. 무려 1만 8000개가 넘는 섬들로 구성되어 있다. 인종도, 언어도, 종교도 다양하다. 베네딕트 앤더슨이 1983년에 쓴 『상상의 공동체(Imagined Communities)』에서 이곳을 사례로 분석한 이유다. 민족국가(nation state)는 주어진 것이 아니라 정치적인 필요에 의해 만들어진다는 것을 보여 주었다.

1945년 8월 17일에 인도네시아는 독립을 선언한다. 그때부터 1967년까지 대통령을 지낸 인물은 수카르노로, 점령군 네덜란드를 상대로 무장투쟁을 이끌었다. 2차 세계대전이 끝날 무렵에 진주했던 일본과는 협력 관계를 맺었다. 일본도 무력으로 진압하기를 원하지 않았고 때가 되면 독립을 시켜주겠다고 약속했다. 일본과 적대적인 관계가 아니었기 때문에 약간 이중간한 상태로 해방을 맞았다. 한국과 비슷하게 쟁취한 것이 아니라 주어진 경우다. 점령군으로는 영국이 들어왔다. 얼마 후에는 자신들을 지배했던 네덜란드가 복귀한다. 제국 중 누구도 선뜻 예전 식민지를 내놓으려 하지 않을 때였다. 미국도 이미 필리핀을 속국 비슷한 상황으로 만들어 놓았고, 프랑스도 베트남과 알제리를 잃지 않기 위해 전쟁을 계속하던 상황이었다.

네덜란드라고 다를 이유는 없었다. 15만 명의 군대가 파견되고 고단한 전쟁이 시작된다. 1948년에 잠깐 휴전 합의가 이루어졌지만 오래가지 못했다. 한편에서는 인도네시아 공산당이 정부의 절충안을 거부하고 폭동을 일으켰다. 또 다른 쪽에서는 내전을 이용해 네덜란드가 다시 공격했다. 1945년 해방 이후 치러진 독립전쟁의 전 과정에서 소련은 상당한 힘이 되었다. UN의 결의안을 이끌어 냈고, 미국을 견제해 주었다. 네덜란드는 저항했지만 마셜플랜에서 제외될 수 있다는 미국의 협박을 받은 후 1949년 12월에 결국 군대를 되돌렸다. 식민지 때 세웠던 회사들과 부동산 등 각종 이권은 미처 처리하지 못했고, 뉴기니도 여전히 네덜란드의 영토로 남았다. 1960년대 분쟁의 불씨는 이때 뿌려졌다.

지도를 보면 알지만 통일된 국가를 만드는 것 자체가 엄청나게 어렵다. 덩치가 큰 섬만 해도 보르네오, 수마트라, 술라웨시, 티모르, 뉴기니 등 여럿이다. 종교와 정치적 이념도 달랐다. 한 예로 1955년에 열린 총선에서 집권당 인도네시아국민당(Indonesian Nationalist Party, PIN)은 22.3퍼센트, 무슬림 정당인 므스유미(Msyumi)와 나다툴 울라마(Nahdaltul Ulama, NU)는 20.9퍼센트와 18.4퍼센트, 또 인도네시아공산당(Indonesia Communist Party, PKI)은 16.4퍼센트를 얻었다. 어느 정파도 쉽게 무시할 수 없는 구조였다. 게다가 워낙 군부 세력이 강했다.

수카르노는 가능한 통일국가를 유지하려고 애썼다. 국가 명칭도 그래서 '인도네시아합중국(Republic of United States of Indonesia)'이다. 대외정책에서는 '비동맹주의'를 내세웠다. 제3세계의 모임인 1차 아시아-아프리카 정상회의가 1955년 반둥에서 개최되었다는 점을 기억하면 된다. 주요 참가자는 이집트의 나세르, 유고의 티토, 인도의 네루, 중국의 저우언라이 등이다. 동남아시아에서 또 다른 공산국가의 수립을 원하지 않던 미국의 반대는 집요했다. 인도네시아가 공산화하면 옆에 있는 말레이시아도 그렇게 될 가능성이 높다고 봤다. 각종 천연자원을 비롯한 경제적인 이해관계도 무시할 수 없었다.

몇 차례 암살을 노렸으며 정치적 반대 세력에 자금을 댔다. 반정부 프로파간다를 확대하기 위해 라디오를 대량으로 공급한 적도 있다. 채널은 납으로 고정된 상태였고 라디오자유아시아(RFA)와 미국의 소리(VOA)만 들을 수 있었다. 국내 분쟁에서는 수카르노가 이겼다. 흩어지면 죽는다는 것을 배운 경험 덕분이었다. 국유화, 통일국가, 내전 진압 등으로 수카르노의 인기는 높았다. 정부가 지도력을 갖는 계도민주주의(Guided Democracy)가 이때 발표된다. 국내 경제는 쉽게 회복되지 않았다. 외화 수입은 1958년 4억 4200만 달러에서 1966년에는 3억 3300만 달러로 꾸준히 줄었다. 인플레이션은 100퍼센트 수준이었고 개별 소득수준은 낮아졌다. 단일한 국가를 가진다는 점은 좋았지만 분배에 대한 불만은 쌓여 갔다. 공산주의 운동이 지속적으로 확대된 배경이다.

식량, 의복과 기본 생필품을 자급자족하는 것을 목표로 1960년부터 실시된 '8개년 계획'도 그다지 성공적이지는 않았다. 워낙 상황이 좋지 않았다. 제3세계 어디서나 공통적으로 나타난 현실이다. 오죽하면 1960년대 중반부터 '신국제경제질서'를 요구하는 목소리가 나왔을까 생각해 보면 된다. 대외정책은 더 심각한 상황을 맞고 있었다. 국유화로 인해 막대한 손실을 본 네덜란드가 다시 위협했다. 1963년에는 영국의 지배를 받고 있던 말레이시아에서 독립선언이 나왔다. 보르네오섬 북부의 땅 일부도 포함된 상태였다. 수카르노의 관점에서 봤을 때는 영국 식민주의 정책의 연장이었다. 전쟁은 시작되었지만 미국과 영국을 이길 수는 없었다. 말레이시아가 정식 회원국이 되면서 급기야 UN에서도 탈퇴한다. 대안은 결국 중국, 베트남, 북한과 같은 사회주의국가였다.

미국의 CIA와 국무부, 영국의 MI6은 이란에서 효과가 증명된 전략을 다시 꺼냈다. 본부는 영국 군대 기지가 있었던 싱가포르의 피닉스 파크(Phoenix Park)에 두었다. 반정부 군부세력의 주요 인물 중 한 명은 알리 무르토포였다. 그는 나중에 수하르토 정권에서 정보기관 책임자가 된다. 한국의 김종필과 같은 인물이라고 보면 된다. 1965년 9월 30일에 쿠데타가 발생해 합동참모본부에 있는 장군들이 살해된다. 공식적으로 이 사건은 수카르노가 퇴임할 경우 자신들에 대한 탄압이 진행될 것을 두려워한 공산당(PKI)이 군부를 장악하기 위해 벌인 사건으로 알려져 있다.

그러나 전혀 다른 그림이 존재한다. 1960년대 중반 공산당 당원은 무려 300만 명이었다. 인구의 4분의 1에 해당하는 상당한 지지를 받고 있었으니 무리하게 쿠데타를 주도할 이유가 별로 없었다. 선거를 통해 합법적으로 권력을 잡을 수 있는 정당이 무리수를 두지는 않는다. 최고의 수혜자로 부상한 수하르토가 관련되었다는 논란이 그치지 않는 것은 이런 까닭에서다.

좌파 성향의 하급 장교가 주도한 작전 과정에서 육군전략사령부(Army Strategic Command, Kostrad) 소속의 장군 여섯 명이 죽는다. 당시 특전사 사령관은 수하르토였다. 쿠데타를 하는 입장에서 적장을 그대로 놔두는 오류를 범한 셈이다. 대신 수카르노가 죽으면 권력 승계 일순위에 있었던 아마드 야니가 죽임을 당했다. 직제상 상관이던 3성 장군 파르만, 수프라토, 하료노 등도 생포된 뒤 총살된다.

작전 책임자였던 라티에프 대령은 감옥에 있는 동안 줄곧 수하르토의 지시를 받았다고 주장한다. 재판 기록에 보면 "1965년 10월 1일 작전 이틀 전에 제 가족이 수하르토 장군을 방문했습니다. 장군회의에서 쿠데타가 진행되고 있다는 사실을 알렸고 그것을 막겠다는 얘기도 전했습니다. 그는 이 내용을 대통령이나 육군참모총장 야니에게 전혀 알리지 않았습니다."라는 내용이 나온다.[4] 당시 구속된 군인들 중 라티에프 대령만 사면 대상에서 제외된다. 게다가 쿠데타 주역은 진급에 불만을 가진 젊은 장교들이었다. 한국의 5·16 혁명과 여러모로 닮았다. 또한 상당수가 수하르토의 측근이었다. 그중 한 명이 무르토포였다. PKI가 배후가 아니라는 증거도 있었다. 그럼에도 군부의 접근은 전혀 달랐다. 범인은 이미 중국과 손잡은 공산주의자들이었다. "때려 잡자 공산당"에 반대할 수 있는 사람은 아무도 없었다. 좌파 성향이 조금이라도 있는 사람은 저승사자를 피할 수 없었다.

미국은 이 사건을 잘 알고 있었다. 공산주의자 숙청 작업에 몇 가지가 포함되도록 작업을 도왔다. 군부에 전달된 명단에는 공산주의 계열의 지도자, 노동운동 지도자, 좌파 성향의 지식인이 모두 정리되어 있었다. 적극적인 프로파간다도 지원했다. 5·18 광주 민주화운동 때 전두환 정부가 '북한 배후설'을 퍼뜨린 것과 거의 동일하다. 북한 대신 중국공산당이 배후에 있다는 게 달랐다.[5] 1966년 3월 10일에 수카르노는 일련의 사태에 대한 책임을 지고 사임하고, 수하르토가 1968년에 대통령에 취임했다. 계엄사령관으로 2년 정도 시간이 흐른 후였다.

미국이 연관되어 있었다는 증거도 계속 나왔다. 그중 하나는 2010년 브레들리 심슨이 쓴 『무장한 경제학자들: 권위주의적 발전과 미국-인도네시아 관계, 1960-1968(Economists with Guns: Authoritarian Development and U. S. — Indonesian Relations, 1960-1968)』이다. 이 책에서 심슨은 군부와 CIA가 공산화를 막기 위해 어떻게 협력했는지 밝혔다. 더 충격적인 증거는 다큐멘터리 영화를 통해 나왔다. 죠슈아 오펜하이머와 크리스틴 신은 2012년에 「살인행위(The Act of Killing)」에서 1965년부터 1966년까지 진행된 대규모 학살을 다루었다. 공산주의자로 분류되거나 의심되는 대략 200만 명이 학살 대상자였다. 그중 상당수는 중국계 인도네시아인이었다. 영화는 암살단을 이끈 지역 대장 안와르 콩고의 증언을 따라가면서 당시 학살을 재구성했다. 배후에 수하르토가 있었다는 것과 무차별 학살에 대한 면죄부를 받았다는 내용이 자세히 나와 있다. 미국 정부의 주요 결정권자에는 린든 존슨 대통령, 국가안보보좌관 맥조지 번디, 국방부 장관 로버트 맥나마라, 국무부 장관 딘 러스크 등이 포함되어 있다.[6]

전임 대통령의 정책은 전면 수정된다. 반공국가로 거듭나기 위한 첫 작업은 베트남전쟁 지원이었다. 1967년에는 소련과 맺은 모든 관계를 끊었다. 경제정책을 위해서는 버클리대학교에서 공부하고 돌아온 경제학자들이 중용된다. 일명 버클리 마피아(Berkeley mafia)로 불린 사람들이다. 1975년부터는 동티모르 독립운동을 무자비하게 짓밟았다.

대규모 학살은 최근까지 이어졌다. 미국의 상당한 후원이 뒤따랐다. 인도네시아 군인들은 앞에 나왔던 해외군사교육훈련(International Military Education and Training, IMET)의 최대 수혜자가 된다. 특히 '반정부 시위' 진압과 관련한 프로그램에 많이 참가했다. 국가를 안정시켰다는 점에서, 또 경제 발전을 달성했다는 점에서 수하르토에 대한 평가는 좋았다. 한국에서 박정희에 대한 향수가 있는 것과 비슷하다. 여기서도 1998년 외환위기가 안 좋게 작용했다. 인도네시아의 자동차, 항공기, 국영기업 등은 당시 파산하거나 민영화된다. IMF의 말을 듣고 실시했던 석유 보조금 폐지로 5000명 이상이 시위 도중 사망하는 일도 불거졌다. 미국의 압력으로 결국 수하르토는 퇴임한다.

남미의 비극은 미국의 앞마당으로 불리는 과테말라에서 시작된다. '미국 청과물 회사' 정도로 번역할 수 있는 유나이티드 프루트 컴퍼니(United Fruit Company, UFCO)가 등장한다. 1899년에 설립된 회사로 바나나 독점을 통해 벌어 들인 수익으로 엘살바도르, 온두라스,

니카라과, 코스타리카, 파나마 등지에서 거대한 독점 회사가 되었다. 1901년 과테말라 정부는 이 회사에 우편 서비스를 맡겼고 '적도라디오전신회사(Tropical Radio and Telegraph Company)'가 설립된다. 1930년대 무렵 과테말라 토지의 40퍼센트는 이 회사 소유였다.

수출과 수입의 70퍼센트는 미국에 의존했다. '바나나공화국(Banana Republic)'이란 말이 이때 생긴다. 본사도 미국 남부 뉴올리언스에 있다. 아이젠하워 행정부와 특히 가까웠다. 국무부 장관이 되는 포스터 덜레스는 이 회사를 법적으로 대표하는 '설리반과 크롬웰(Sullivan & Cromwell)' 동업자였고 회사 이사로도 이름을 올렸다. 홍보담당 이사는 에드 휘트먼으로, 영화 「왜 크레믈린은 바나나를 싫어하나」라는 영화를 만든 인물이다. 아이젠하워의 개인 비서인 앤 휘트먼의 남편이었다. 《뉴욕타임스》, 《크리스천사이언스모니터》, 《뉴욕헤럴드트리뷴》, 《뉴리더》 등 언론사를 초청해 노동자 파업과 관련하여 우호적인 기사를 작성하도록 도왔다.

1931년부터 1944년까지 과테말라를 통치했던 인물은 호르헤 우비코다. 유럽의 파시즘을 동경했던 인물로 원주민을 '당나귀'로 불렀다고 전해진다. 2차 세계대전 중에는 미국과 협력하여 공군기지를 내주고 파나마운하의 통제를 돕는다. 그가 통치하던 기간 중에 UFCO는 기존 농민을 쫓아내고 그 자리에 방대한 규모의 '농장(plantation)'을 만들었다. 국민은 저항했고 마침내 우비코는 축출된다. 헌법이 제정되고 1944년에는 최초의 민주주의 선거가 열린다. 대통령 당선자는 철학교수 출신의 호세 아레발로였다. 재임 기간 중 스물다섯 번의 쿠데타가 시도되었지만 살아남는다. 후임자는 대령 출신의 하코보 아르벤스구스만이다. 그는 공산당도 정치에 참여할 수 있도록 하는 등 정치적 자유를 확대했으며, 지주들이 보유하고 있는 토지를 무상으로 농민들에게 나누어 주는 농지개혁을 추진한 인물이다. UFCO가 확보하고 있었던 땅이 문제였다. 액면가로 보상해 주겠다고 했지만 회사 측은 거부한다. 대신 미국을 불러들였다. 쿠데타를 준비하는 한편 언론을 통해 아르벤스구스만 정부에 대한 반공 프로파간다를 퍼뜨렸다.

작전명은 PBSUCCESS! 전쟁 대신 활용된 CIA 비밀작전의 명칭이다. 방식은 이란과 비슷했다. 2019년 진행중인 베네수엘라 위기도 이 공식에서 벗어나지 않는다. 우선 반대 세력을 찾는다. 재정적으로 지원하면서 일련의 소요 사태를 준비한다. 군부 내에서도 협력 세력을 모은다. 준비 기간은 2년 정도 걸린다. '해방군(Army of Liberation)'이 결성된다. 지도자는 아르벤스구스만 정부의 농지개혁에 반대해 쿠데타를 시도한 카를로스 아르마스다. 작전기지는 이웃하는 온두라스에 설치했다. 1954년 6월 17일에 400명의 정예 요원이 정부를 점령한다. 방송과 언론은 CIA가 장악한다. 정부가 통제하던 방송국은 전파 방해로 무용지물이 된다. 전략적 요충지는 노련한 미국 공군조종사들에 의해 파괴되었다. 쿠데타의 실체를 파악하기도 전에 아르벤스구스만 정부 지지자들은 투쟁 의지를 잃었다. 그해 10월에 치러진 선거에서 아르마스는 단독 후보로 나가 대통령에 당선된다. 농지개혁은 폐지되었다. '반공국방위원회(National Committee of Defense Against Communism)'가 세워지고 공산주의자 색출 작업이 뒤따랐다. 공략 대상은 노동조합과 소작농 협회 등이었고, 인구의 10퍼센트 정도가 공산주의 부역자로 분류된다. 정부의 탄압을 피해 도망간 사람들은 남미의 '빨치산'이 된다. 한쪽에는 마야 원주민과 소작농이 있고, 다른 쪽에는 반공을 내세우는 지주집단과 친미세력이 대결하는 구도였다.

1960년 11월 13일에 좌익 성향의 젊은 장교들이 쿠데타를 시도한다. 미국과 협력하는 독재 정권에 대한 저항의 시발점이었다. 쿠바 피그스만 침공을 위한 군사훈련 기지가 들어선 것도 불씨가 되었다. 과테말라 군대로 위장한 CIA가 B26 폭격기로 반격했고, 그들은 할 수 없이 산악지대로 후퇴한다. 내전이 시작된다. 1962년에 과테말라는 물론 인근 국가의 UFCO 사무실이 공격을 당한다. 시민과 대학생이 동조 시위에 나섰고 정부의 혹독한 탄압이 뒤따랐다. 1965년부터는 특전사와 CIA 자문관들이 합류했다. 목적은 과테말라 정부군 교육과 반란군 소탕 지원이었다. 1966년에는 계엄령이 전국적으로 확대된다. 정상적인 사법 절차 없이 암살, 고문, 납치 등의 활동을 하는 암살단(death squad) 역시 빠지지 않았다. 군부와 CIA의 합작품이었다.

미국의 식민지였다가 독립한 쿠바에서도 비슷한 상황이 이어진다. 1898년 12월 10일 '파리조약(Treaty of Paris)'을 통해 미국은 쿠바 점령권을 얻는다. 1902년 쿠바의 독립을 승인하기는 했지만 군대는 계속 주둔시켰다. 1926년에 미국 회사들은 쿠바 사탕수수의 60퍼센트를 차지한다. 전기와 전신 등을 대부분 미국계 독점 기업이 차지했다. 쿠바전기회사(Cuba Electric Company)의 모회사는 제너럴일렉트릭이며, 매출액 규모는 거의 10억 달러 수준이다. 쿠바전신전화회사도 미국에 본사를 둔 국제전신전화회사(International Telephone and

Telegraph Company, ITT)의 자회사였다.

군부통치는 1933년 혁명으로 일시 중단된다. 국민은 외국계 기업을 상대로 임금인상과 서비스 요금 인하를 요구했다. 진보적 개혁 성향의 라몬 마틴 행정부는 100일간 지속된다. 그 후 쿠바는 다시 미국과 협력하는 합참의장 풀헨시오 바티스타의 지배를 받게 된다. 피델 카스트로가 혁명에 성공한 것은 그로부터 한참이 지난 1959년 1월 1일이다.

군부통치에 대한 저항감은 높았지만 쿠바는 원래 사회주의 정권은 아니었다. 미국의 이해관계를 침해할 경우 닥치게 될 부작용을 잘 알았다. 외국 기업의 설탕 산업 인수는 금지했지만 광산, 석유, 호텔과 공공서비스 분야의 국유화는 고려 대상에서 뺐다. 쿠바전기 및 전화회사에 대해서는 이윤이 과도하다는 점과 요금 인하 정도만 요구했다. 미국은 쿠바에 대한 경제제재로 맞섰고 특히 설탕 수출을 막았다. 1960년 8월에 카스트로는 대응책으로 쿠바전기회사를 비롯해 주요 기업에 대한 국유화를 선언한다. 미국은 무역 봉쇄에 나섰고 쿠바는 나머지 기업도 국유화한다고 밝혔다. 미국은 쿠데타라는 카드를 꺼낸다. 1961년 4월에 CIA가 훈련시킨 쿠바 난민으로 구성된 1400명의 특공대가 피그스만으로 침투한다. 기습 작전은 참사로 끝이 났다. 114명이 현장에서 죽고 1000명 이상이 포로가 된다. 쿠바는 소련과 손을 잡는다.

뒤이어 1962년 1월에는 쿠바 미사일 위기가 진행된다. 소련을 겨냥한 탄도요격미사일을 이탈리아와 터키에 배치한 것이 발단이었다. 애초 쿠바와 협력하는 것에 소극적이던 소련도 미사일 배치에 동의했다. 양국은 맞섰고 결국 극적인 다협책을 찾았다. 미국의 요구대로 소련은 기존에 배치한 무기를 모두 철수시켰다. 반대급부로 미국은 공개적으로 쿠바를 침공하지 않겠다는 약속을 전했다. CIA, 국무부와 펜타곤이 주도하던 카스트로 암살 시도는 그 이후에 진행된다. 쿠바는 끝이 아니라 시작이었다. 쿠데타로 민주정부가 전복된 후 혹독한 군부독재가 실시된 국가들이 이어졌다. 대표적 사례로 브라질과 칠레가 꼽힌다.

브라질은 세계에서 다섯 번째로 큰 나라로 인구수는 6위다. 라틴아메리카에서 포르투갈어를 공식어로 쓰는 유일한 국가다. 1808년까지 포르투갈의 식민지로 있다가 1822년에 브라질왕국으로 독립했다. 입헌군주제에서 공화국으로 전환한 것은 1889년이다. 통치자는 이 기간 동안 단 한 명 페드루 2세였다. 무려 58년간 이끌었다. 그 뒤로는 18년간 독재를 한 제툴리우 바르가스가 있다. 전반적으로 군인의 영향력이 상당한 국가다. 2차 세계대전 때는 연합군에 가담했다. 전후 호황을 누렸고 이 기간 동안 민주정부가 들어선다.

1961년 개혁 성향의 후앙 골라트 대통령이 취임했다. 노동당 출신으로 노동부 장관을 지낸 그는 재직 중에 사회보장제도를 개선하고 경영자 집단의 반대에도 불구하고 최저임금을 100퍼센트 인상시켰다. 1956년과 1960년 두 번에 걸쳐 부통령에 당선된다. 권력 승계 원칙에 따라 중국 방문 중 자동적으로 대통령을 맡았다. 의회와 군부는 반기지 않았다. 전임자와 달리 국내 자본을 육성해야 한다고 강조한 점, 중국과의 관계 개선을 추구한 점, 또 노동당 출신이라는 점이 문제였다. 1962년에는 남미 최대의 전기회사인 '일렉트로브라스

후앙 골라트 브라질 대통령(1964년)

(Electrobras)' 설립과 경제개발 3개년 계획이 시작됐다. 대외적으로
는 남미의 비핵화를 주도하는 한편, 국내에서는 경제에 대한 국가 개
입을 확대하고, 교육, 세금, 선거인단과 토지 분야의 개혁을 추진하는
'기본개혁(Basic Reforms)'에 앞장섰다.

쿠데타는 1964년 3월 31일에 일어났다. 미국 CIA가 배후에 있
었다. 케네디와 존슨 행정부가 겉으로 내세운 명분은 '남미의 중국을
원하지 않는다.'는 것으로 요약된다. 쿠바혁명의 후유증이라는 해석
이다. 영향을 준 것은 맞지만 경제적 이해관계와 같이 봐야 전체 그
림이 완성된다.[7] 그중 하나는 '하나 마이닝(Hanna Mining)'의 국유화
다. 전임자 아이젠하워 정부에서 재무부 장관을 지낸 조지 험프리가
이 회사의 이사장 겸 명예회장이다. 후버 대통령의 아들로 같은 시기

브라질 군부독재 반대 시위(1964년)

국무부차관을 지낸 후버 2세 역시 이 회사 이사로 있었다. 또한 세계
은행 총재로 있던 존 매클로이는 자문위원이었다. 다른 하나는 IMF
가 구조금융의 조건으로 내건 '긴축재정' 프로그램에서 벗어나려 했
다는 점이다. 민족자본을 추진한 것도 문제였다. 공작 방식은 다른 곳
의 판박이다.

　미국 정부는 공식 또는 비공식적으로 골라트 정부의 정책에 딴
지를 걸었다. IMF와 연동해서 정책금융을 제공하던 WB도 합류한다.
기존에 진행 중이던 프로젝트에 대한 추가 승인이 보류된다. 자칫 경
제위기가 닥칠 수 있다는 위기감이 높아지고 미국 정부의 은밀한 협
박도 전달된다. 민족주의와 좌파 성향의 관료를 배제하라는 요구를

브라질 군부독재 반대 시위(1968년)

골라트는 끝내 받아들이지 않았다. 쿠데타 준비에는 대략 2년 이상이 걸렸다. 정부에 비판적인 단체와 인물을 포섭하고 연합전선을 형성하기 위한 자금은 CIA가 제공했다. 민주주의를 위한 브라질연구소(Brazilian Institute for Democratic Action)와 같은 단체의 후원금 중 일부가 이 목적으로 사용된다. 군부의 영향력이 막강하다는 점에서 적임자를 미리 물색한다. 분위기가 성숙하면 개입할 명분을 만든다.

　당시에는 리우데자네이루 시내에서 열린 일부 군인과 노동조합의 과격 시위가 핑곗거리였다. 정부가 강경 대응을 하지 않으면서 군대의 규율이 무너졌다고 비난했다. 언론을 통한 프로파간다는 이때 큰 역할을 한다. 러시아 볼셰비키혁명 때도 수병(水兵)이 앞장섰다는 얘기가 떠돌았다. 좌파정권을 막는다는 명분으로 군대가 동원된다. 미국은 재빨리 신임 정부를 인정하는 발표를 한다. IMF와 세계은행 등은 그동안 중단했던 원조자금을 승인하고, 군부는 답례로 이들이 비판하던 경제민족주의 정책을 모두 되돌린다. 군부독재는 1985년까지 이어진다. 쿠데타 직후 500명 이상이 실종되거나 죽음을 맞았다. 불법 수감되거나 고문을 당한 숫자가 훨씬 많다. 대학에서 퇴출당하거나 공무원에서 해직된 사람이 잇따랐다.

1968년에는 고등학생이던 열여덟 살 에드윈 루이스가 시위 도중 총에 맞아 사망한 사건이 발생한다. 영장 없는 체포와 언론에 대한 사전 검열이 이어졌다. 박정희 정권 때 '긴급조치'와 비슷하다고 보면 된다. 민주선거는 없어지고 그 자리를 비밀경찰이 채운다. 미국이 세운 '국립경찰대(National Police Academy)' 출신들이 핵심이다. 파나마운하 지역에 있는 미군 '포트굴릭(Fort Gulick)' 부대에서 배운 고문 기술도 적극 사용된다. 과테말라에서 활약하던 '암살단'이 여기서도 대단한 활약상을 보였다.[8] 미국이 우려하던 도미노 이론은 동남아시아가 아닌 남미에서, 그것도 공산화가 아닌 민주주의의 붕괴로 실현된다. 우루과이는 1969년, 볼리비아는 1971년, 칠레는 1973년, 아르헨티나는 1976년, 엘살바도르는 1980년, 파나마는 1989년, 페루는 1990년에 각각 군부독재로 돌아섰다. 칠레의 비극은 그중에서도 잘 알려져 있다.

대학 시절 칠레 쿠데타에 대한 얘기를 처음 들었다. 영화 「산티아고에 비는 내리고」를 통해서다. 원래 비가 오지 않았는데 군부의 포격이 시작된 것에 빗대어 비가 내린다고 한 것을 그때 알았다. 대통령이 경호원과 함께 최후를 맞는 모습은 상당히 인상적이었다. 시인 파블로 네루다를 읽게 된 것도 이 영화 덕분이다. 가르시아 마르케스가 "모든 언어를 통틀어 20세기의 가장 위대한 시인"이라고 극찬한 인물이다. 네루다의 자서전 『사랑하고 노래하고 투쟁하다』에 보면 그의 삶을 짐작할 수 있는 대목이 나온다.

고통받으며 투쟁하고, 사랑하며 노래하는 것이 내 몫이었다. 승리의 기쁨과 패배의 아픔을 세상에 나누어 주는 것이 내 몫이었다. 빵도 맛보고 피도 맛보았다. 시인이 그 이상 무엇을 바라겠는가? 눈물에서 입맞춤에 이르기까지, 고독에서 민중에 이르기까지, 그 모든 것이 내 시 속에 살아 움직이고 있다.

더 좋은 세상을 꿈꾸었다는 죄목으로 숨겨 간 남미 기층민들의 희망이었다. 그의 작품 중 「해방자」에 잘 나타나 있다.

여기 그 나무가 있다. 폭풍의
나무, 민중의 나무
나뭇잎이 수액을 타고 오르듯
영웅들은 대지로부터 솟구쳐 오르고
바람은 엉성한 나무숲에
부딪쳐 아우성친다
빵의 씨앗이 또다시
대지에 떨어질 때까지

여기 그 나무가 있다. 알몸뚱이
주검을. 매질당해 상처투성이
가 된 주검을
　먹고 자란 나무
　창에 찔려 죽고
　타오르는 불길 속에서 산산이
부서지고
　도끼에 목이 잘리고
　말에 묶인 채 갈가리 찢기고
　교회의 십자가에 못 박힌
　처참한 몰골의 주검을 먹고 자
란 나무

파블로 네루다, 『사랑하고 노래하고 투쟁하다』

　칠레는 안데스산맥을 따라 작대기처럼 길쭉한 형태의 국토를 가지고 있다. 사연을 잘 몰라도 식민지의 고통이 느껴진다. 스페인 점령지에 잉카제국이 있었던 자리로 1818년에 독립했다. 민주주의는 1932년부터 자리를 잡았고, 1973년 쿠데타 직전까지 지속된다. 1970년 살바도르 아옌데가 대통령에 취임했으며 좌파 정당이 연합한 결과 선거에서 이겼다. 사회당, 공산당, 급진당, 사회민주당 등이 여기에 속했다.
　아옌데의 정책은 '칠레식 사회주의'로 요약된다. 구리산업의 국유화, 토지 재분배, 무상급식과 의료보험 개혁 등이 주요 내용이다. 국유화는 전임 대통령 시절부터 시작된 것으로 아옌데는 이를 100퍼센트로 늘렸다. 석탄 채굴 산업도 이때 포함시켰다. 개혁 정책은 곧바로 지주계급과 일부 중산층, 우익 국민당, 금융업자와 로마 가톨릭교회의 반발을 불러왔다. 선거에서 그를 지지해 준 연합은 별로 큰 힘이 되지 않았다. 재임 첫해 성적은 아주 좋았다. 경제는 큰 폭으로 성장했고, 인플레이션과 실업률은 낮아졌다. 소득 재분배 정책으로 소비는 늘었다. 실질 임금이 상승했고, 세금은 줄었으며, 우유를 공짜로 먹는 아이들도 많아졌다. 그러나 1972년부터 불어닥친 국제적 경기 침체로 인해 상황은 순식간에 역전된다. 워낙 단일 품목에 의존한 경제였고 국유화 등에 따른 후유증이 있었다.

　미국의 반격은 은밀하고 위대했다. 아옌데가 대통령에 당선되기 전부터 방해 공작이 진행된다. CIA는 선거에서 그를 떨어뜨리기 위해 상당한 액수를 투자한 것으로 드러났다. 브라질과 비슷한 접근이었다. 1970년 10월의 쿠데타 시도는 실패했다. 미국은 경제 전쟁 쪽으로 눈을 돌렸다. 길쭉한 국토의 경제 활동을 좌우하는 집단이 있는데 운송업자들이다. 닉슨 대통령의 지원을 받은 이들 165개 회사는 무한 파업을 선언하고, 경제는 순식간에 마비된다.

　칠레전문가협회의 임원 중 다수가 CIA가 설립한 '자유노동발전 아메리카기구(American Institute for Free Labor Development)' 소속이라는 점도 유리한 조건이었다. 프로파간다 작업은 더 엄청난 규모였다. 산티아고와 지역 방송에서는 하루 스무 개 이상의 라디오 프로그램이 생산된다. 20분짜리 뉴스 프로그램, 수천 종의 만화, 광고 등이 홍수처럼 쏟아졌다. 최대 일간지 《엘 메르쿠리오(El Mercurio)》 또한 아옌데 대통령에 대한 흑색 선전 창구였다. 칠레전화회사의 지분 70퍼

살바도르 아옌데 대통령(1971년)

아옌데 대통령을 지지하는 노동자 행진(1964년)

피노체트 반대 시위(1974년)

센트를 장악하고 있었던 미국 ITT(국제전신전화) 회사를 통해서다. 반대 세력에 대한 재정 지원도 이 회사를 통해 이루어졌다. 연쇄 파업과 각종 시위 등을 통해 혼란이 커지면 군부가 개입할 명분이 생길 것이라는 계산이었다.

쿠데타가 시작된 날은 1973년 9월 11일이다. 모든 라디오와 방송은 군부가 장악한 상태였다. 전투기가 대통령궁을 폭격하는 가운데 아옌데는 그곳에서 자살을 택했다. 혹독한 탄압이 뒤따랐다. 3년 동안 무려 13만 명이 체포되었으며, 죽거나 실종된 사람도 수천 명이 넘었다. '사라진 사람'이라는 뜻의 '데스페라도(desaparacido)'란 말이 유행어가 될 정도였다. 군부를 장악한 아우구스토 피노체트의 독재는 1990년에 끝났다. 통치 기간 동안 8만 명 이상이 구속되었고, 고문당한 사람은 3만 명이 넘었으며, 3200명 정도가 살해된 것으로 드러났다.

권력을 잡은 직후 군부는 아옌데의 경제정책을 전부 뒤집었다. 미국 시카고대학교 출신의 경제학자들을 정부로 초빙했다. 그들이 주도한 것이 한국이 외환위기 이후 받아들였던 구조개혁 조치와 거의 동일하다. 정부의 간섭 배제, 공기업 민영화, 금융시장 자유화, 자율변동환율제, 노동 유연성 도입 등이다. 외국계 투자 자본이 유입되고 금융시장이 호황을 누리면서 상당한 효과를 보는 듯했다. 1980년에 외채위기를 맞으면서 환상은 무너졌다. 피노체트는 신자유주의를 주장했던 관료들을 퇴출시켰고, 상당수 기업을 다시 국유화했다.

고문(torture)

2014년 12월 11일 자 《한겨레》에는 데모 중 체포되어 고문의 희생자가 되었던 브라질의 첫 여자 대통령 지우마 호세프가 우는 사진을 실었다. 1964년부터 1985년까지 지속된 브라질 군부의 만행에 대한 '진실 보고서'도 함께 소개되었다. 몇 가지 흥미로운 내용이 담겨 있다. 우선 당시 고문이 대통령과 국방부 장관의 승인 아래 조직적으로 이루어졌다는 점이다. 방대한 규모로 191명이 살해되고 243명이 실종되었다는 점에도 주목할 필요가 있다. 특히 놀라운 대목은 직접 고문에 가담한 전직 장교의 고백이었다. 그는 "성기 전기고문, 강간, 심리 고문 등은 미국과 영국에서 전수받은 것"이라고 밝혔다.

한국의 경험에서도 비슷한 점은 많다. 한 예로 영화「변호인」으로 인해 잘 알려진 '부림사건'이 있다. 1981년에 교사, 약사, 대학생 등 스물두 명이 국가보안법 위반 등의 혐의로 영장도 없이 구속된다. 정부에서 금지한 책을 읽었고, 정부를 비판하고 북한을 찬양했다는 죄목이었다. 없는 죄를 만들어 내기 위해 동원된 것이 고문이다. '잠 안 재우기'를 비롯해 곡괭이 자루나 경찰 방망이를 이용한 폭행, 또 팔과 다리 사이에 곡괭이를 넣어 책상 위에 걸쳐 놓고 구타하는 일명 '통닭구이' 등의 방법이 드러났다.

또 다른 사례는 부천경찰서 성고문 사건이다. 1986년 6월 4일, 서울대 의류학과에 재학 중이던 권인숙 씨는 위장취업 죄목으로 경찰서로 연행된다. 담당 수사관은 문귀동 경장. 그는 자신의 성기로 권 씨를 추행하는 등 기상천외한 고문 방법을 선보였다. 극도의 수치심을 일으킴으로써 원하는 정보를 받아 내겠다는 것이 목표였다. 권 씨는 공권력에 의한 성고문을 폭로하기로 결심하고『전태일 평전』을 쓰기도 했던 조영래 변호사를 찾아간다. 고소장이 제출된 직후 경찰은 "피해자는 급진 좌파 사상에 물들고 성적도 불량한 가출자일 뿐"이라는 보도자료를 낸다. 언론도 "정부의 입장을 곤란하게 하기 위해 성적 수치심까지 정치적으로 이용한다."고 보도했다.

특히《조선일보》는 "운동권, 공권력 무력화 책동" 또 "혁명 위해 '성'까지 도구화한 사건" 등의 제목으로 정부에 힘을 보탰다. 영화「1987」에도 고문과 관련한 낯익는 장면이 나온다. 박종철 씨는 1987년 1월 4일에 연행된다. 전두환 정부의 공산주의자 사냥이 정점에 달하던 때다. 죽이는 것도 대수롭게 생각하지 않았던 고문의 전형을 보여 준다. 발가벗긴 채 물고문을 했는데 이는 몇 번씩 기절해도 계속된다. 죽음이 알려진 직후 경찰은 "탁 치니까 억하고 죽더라."는 유명한 얘기를 남겼다. 별로 떠올리고 싶지 않은 사건들을 꺼낸 이유가 있다.

먼저 주목해야 할 부분은 '고문' 방법의 유사성이다. 브라질에서 사용된 방법이 한국에서도 재현되었다. 지금도 이런 사실을 모르는 사람이 대부분이다. '정보기관'끼리 서로 공유했을 가능성은 별로 없다. 일단 말이 안 통하고 지리적으로 너무 멀다. 양쪽을 두루 잘 아는 '제삼자'가 개입했다고 의심해 볼 만한 부분이다. 또한 정부의 대응 방식도 상당히 유사하다. 문귀동 씨나 조한경 씨 등은 말단 경찰이다. 직속 상관으로 '체제전복(insurgency)'을 전담하는 부서가 있다. 검찰, 언론, 국정원과 같은 외곽 지원 세력은 그다음 단계에서 개입한다. 일사분란한 군사작전이라는 느낌이 강하다. 앞서 브라질의 진실 보고서에서도 '정부와 군부'의 조직적인 개입을 언급했다. 좀 더 윗선에서 훈련을 받았고, 정해진 '지침서(manual)'가 있었던 것은 아닐까 추정할 수 있다.

끝으로, 국제사회의 비난과 특히 미국의 '간섭'을 전혀 받지 않았다는 점이다. 헝가리, 체코, 아프가니스탄 등에서 비슷한 일이 발생할 때마다 UN은 비난 성명이라도 냈다. 미국은 무역금지와 같은 보다 적극적인 조치를 취했다. 그런데 남미의 군부정권들, 인도네시아, 이란과 한국 등은 예외였다. 공통분모는? 미국이다. 국제사회의 보안관으로 있으면서 각종 쿠데타를 주도해 온 전력을 감안하면 놀랄 일도 아니다. 쿠데타에서 제일 중요한 것이 정보라는 점과 '고문'이야말로 최고의 정보 취득 수단이라는 점도 기억할 필요가 있다. 국제협약에 대한 미국의 이중적 태도는 이것과 관련이 깊다.

1984년 12월 10일에 UN총회는 '고문방지협약(Convention againt Torture, CAT)'을 통과시킨다. "고문, 기타 잔혹한 방법, 비인간적이고 굴욕적인 대우와 처벌을 받지 않도록 보호하자."는 내용의 1975년 선언에서 발전했다. 국가마다 '고문'에 대한 정의가 달라지지 않도록 1항을 통해 이 부분을 명확하게 정리했다. "공무원 또는 이에 준하는 공적인 인물"에 의한 것으로, "명백한 동의 또는 암묵적 용인"도 포함된다. "본인 또는 제삼자로부터 정보나 자백을 얻어 내는 것"이 목적이다. 대상은 "육체적으로 또는 정신적으로 심각한 통증과 고통을 유발시키는 모든 행위"가 포함된다. "본인이나 제삼자가 실제 행했거나 의심되는 행동에 대한 처벌"과 "협박을 하거나 겁을 주는 행위"도 해당된다. 2항에서는 "각국 정부는 주권이 행사되는 모든 장소에서 발생하는 고문을 금지하는 효과적인 법적, 행정적 또는 다른 조치를 취해야 한다."고 밝혔다. 자국의 영토와 영해는 물론 '관할 지역'도 포함된다는 점을 분명히 했다. 또 "전쟁, 전쟁의 위협, 정치적 불안, 긴급 상황 등을 핑계로 고문을 정당화할 수 없다."는 내용도 넣었다. 고문 피해자에게 공정하고 정당한 재판을 통해 피해보상을 받을 수 있는 권리를 부여할 것과 고문의 위험이 있는 다른 국가로 추방하지 못하도록 하는 조항도 담았다. 누가 얼마나 빨리 비준을 했을까?

발효 조건이던 스무 개 국가 이상이 비준한 때는 1987년 6월 26일이다. 개발도상국 중에서는 아프가니스탄, 아르헨티나, 불가리아, 헝가리, 러시아, 세네갈, 토고, 우루과이 등이 참가했다. 미국은 1994년

10월에 '예외조항'을 두고 비준국이 되었다. 16항에 있는 "잔인하고, 비인간적이고, 굴욕적인 대우와 처벌"은 미국 헌법의 해석에 따른다는 점, 30항 1조에 있는 "중재가 성립하지 않을 경우 국제사법재판소(International Court of Justice)에 위임"한다는 내용은 받아들이지 않았다.

특히 주목할 부분은 '정신적' 고문에 대해 유보 조항을 달았다는 점이다. 냉전이 끝난 시점이라 이 정도로 양보한 것으로 봐야 한다. 2001년에 9·11 테러가 일어나면서 미국은 이 조약에 대한 '자의적' 해석에 나섰는데, 테러와 관련한 용의자를 '억류자(detainees)'로 분류했다. 전쟁 포로나 군법 등 어디에도 적용되지 않도록 할 목적이었다. 고문을 당할 우려가 있는 제3국 추방 대신 CIA가 운영하는 '비밀기지(black sites)'로 보냈다. 고문을 금지한 국내법과 CAT 규정을 피하기 위한 꼼수였다. 금지된 고문 방법도 문제 삼지 않았다. 당시 회의에는 조지 테닛(CIA 국장), 콘돌리자 라이스(국가안보보좌관), 딕 체니(부통령), 도널드 럼즈펠드(국방부 장관), 콜린 파월(국무부 장관), 존 애쉬크로프트(검찰총장) 등이 함께 한 것으로 알려진다. 쿠바령 관타나모만과 이라크 아부그라이브 감옥에서 문제가 된 방법들이 이때 결정된다. 고문이란 단어 대신 '선진적 심문 기법(Enhanced Interrogation Techniques)'이라는 개념이 의도적으로 쓰였다.

2003년 7월 23일에 국제사면위(Amnesty International)는 보도자료를 통해 미국과 동맹군에 의한 광범위한 인권 유린을 고발했다. 이라크에 있는 아부그라이브 감옥에 수감된 죄수들이 극도의 더위에 노출되어 있으며, 제대로 입지도 못하고, 변기도 없이 지낸다는 얘기였다. 잠 안 재우기, 밝은 빛과 시끄러운 음악에 노출시키기, 또 불편한 자세로 고통 주기와 같은 고문도 벌어진다고 덧붙였다. 그해 11월 1일에 AP통신은 좀 더 구체적인 내용을 폭로한다. 종이 상자에 가둬 놓기, 구타, 굴욕적 대우 등의 수법이 공개된다.

미국은 즉각 손사래를 쳤다. 포로들은 '인간적으로 또 공정하게' 대우받고 있다는 반박이었다. 2004년 4월 28일 방송된 CBS의 「60분 2(60 Minutes II)」는 더욱 충격적인 내용을 담았다. 벌거벗긴 포로의 목에 밧줄을 매달고 개처럼 끌고 다니는 장면, 맹견으로 위협하는 장면, 여자 속옷을 머리에 씌운 장면, 벌거벗긴 채 피라미드를 쌓는 장면, 또 포로들 간 오럴섹스를 하는 장면 등이 전 세계로 알려진다. 부시 행정부는 사과하지 않았다. 대신 "CIA와 펜타곤에서 운용하는 해외 시설은 고문금지협약에 적용되지 않는다."고 주장했다. '선진적심문기법'은 고문이 아니라는 해석도 내놓았다. 그러나 고문 사례는 여기서 그치지 않았다.

2004년 5월 24일에 시모어 허시는 《뉴요커》를 통해 '코퍼그린(Copper Green)'으로 불리는 정부의 비밀 작전을 공개한다. 1970년대 라오스 대학살을 폭로한 탐사 전문기자인 허시는 국방부 장관 럼즈펠드와 차관보 스테판 캄본이 지시한 "무슬림 아랍 남자"를 겨냥한 특별 프로그램에 관해 언급했다. 성적 수치심을 느끼도록 하는 고문 방법이 치밀한 계획에 의해 나왔으며, 그 근거가 된 책은 라파엘 파타이가 1973년에 쓴 『아랍의 심리(The Arab Mind)』라는 것도 밝혀졌다. "아랍이 이해하는 유일한 언어는 폭력이며 최대의 약점은 수치심과 굴욕감을 주는 것"이라는 내용이 담겨 있다.

2005년 7월 14일에는 《워싱턴포스트》가 아부그라이브에서 사용된 고문 기법이 아프가니스탄의 바그람(Bagram) 공군기지와 관타나모 기지에서도 사용되었다는 사실이 드러났다. 펜타곤의 승인을 받았고, 그 시기는 2002년 봄으로 거슬러 올라간다는 얘기도 나왔다. 책임자는 제프리 밀러 소장이었으며, 럼즈펠드 장관의 지시를 받았다. 고문이 진행된 곳 역시 훨씬 많았다. 미국령으로 분류되는 푸에르토리코는 물론 니카라과, 아이티, 과테말라, 온두라드, 엘살바도르, 칠레, 도미니카공화국, 필리핀, 인도네이사, 체코와 폴란드 등에서 고문이 이루어졌다. 공통적으로 미군기지가 있는 곳이다.

미국의 입장은 오바마 행정부가 들어서면서 약간 변했다. 2009년 3월 5일, CIA 불법 고문과 억류에 대한 조사가 상원정보위원회(Senate Intelligence Committee)에 의해 승인된다. 조사 대상은 600만 건이 넘는 관련 서류, 전보와 이메일 등이었다. 백악관은 조사단의 요청에도 불구하고 9400건에 달하는 기밀 서류를 내놓지 않았다. 보고서가 완성되었지만 CIA는 공개를 철저하게 막았다. 엄청난 압력이 의회에 가해졌고, 결국 2014년 12월 9일 「CIA 억류와 심문 프로그램(Committee Study of the Central Intelligence Agency's Detention and Interrogatin Program)」 중 500쪽만 공개되었다.[9] 요약본에는 "고문의 효과가 없었다는 점, 억류자의 상황이 애초 알려진 것보다 훨씬 심각했다는 점, CIA가 법무부에 제출한 서류 중 허위가 많았다는 점, 의회 조사를 방해했다는 점, 또 내부에서 제기된 무수한 비판과 반대를 묵살했다는 점" 등이 담겼다. 원본의 공개 일정은 2028년 이후로 연기된다. 국제사회를 대상으로 매섭게 휘두른 고문이라는 채찍은 과연 사라질까? 그간의 경과를 살펴보면 그럴 가능성은 매우 낮다.

미국 사회에서 지식인은 권력의 눈치를 덜 본다. 물론 1970년대까지만 해도 FBI와 CIA를 통한 눈에 보이지 않는 검열과 박해가 있었다. 그 이후에는 정부를 비판한다고 해서 탄압받는 사례는 별로 없다. 몇 가지 이유가 있다. 우선 노암 촘스키가 말하듯 싫은 소리를 하는 지식인을 놔두어야 국제사회에서 볼 때 '언론의 자유'가 있는 것처럼 보이기 때문일 수 있다. 또 자유경쟁을 해도 담론투쟁에서 이길 수 있는 기반이 형성된 것도 한몫을 한다. 대학, 싱크탱크, 언론 등에서 쏟아지는 '보수적'이고 '애국적'인 담론은 일부 '대안적'인 목소리를 쉽게 압도한다. 워낙 미국의 입장을 대변하는 매체가 많아 기울어진 운동장이 된 지 오래다. '표현의 자유'를 헌법에서 규정하기 때문에 명예훼손이나 국가보안법을 적용하기 어렵다는 점 역시 부정할 수 없다. 더욱이 출판시장 규모가 큰 편이라 권력의 비리를 고발하는 책에 대한 수요가 많다. 막강한 CIA를 전문적으로 연구하는 책들이 계속 나오는 것은 이런 배경에서다.

그중 한 명이 존 마크스다. 전직 국무부 외교담당 공무원이며 1982년에 '합의점 찾기(Search for Common Ground)'라는 비영리기구를 설립했다. 폭력으로 문제를 해결하려는 경향이 국제사회 전반에 증가하고 있다는 것과 그 원인이 서로에 대한 '이해 부족'이라는 문제의식을 갖고 있었다. 첫 프로젝트는 레바논 사태를 둘러싸고 미국과 소련을 중재하는 일이었다. 아쉽게도 실패했지만 그 이후 많은 사람들의 호응을 얻었다. 지금은 36개국에서 600명이 참여하는 상당한 규모로 성장한 상태다.

존 마크스는 1979년 『만주족 암살자의 추적: CIA와 마인드컨트롤(The Search for the Manchurian Candidate: The CIA and Mind Control)』이라는 책을 발표한다.[10] 한국전쟁 이후 상황에 주목했다. 폭로 내용이 상당히 충격적이다. CIA를 정면으로 파헤쳤다. 1952년 미국은 작전에 참가했던 공군 장교가 '세균전' 사실을 폭로하는 난감한 상황을 만난다. 국제사회의 여론이 악화되면서 방법을 찾았다. 중국과 북한 공산당이 지금껏 알려지지 않는 고도의 고문을 했고, '허위 자백'을 만들어 냈다고 주장하는 것이 최선이었다. '세뇌(brain washing)'라는 단어가 등장하는데, 그에 따르면 마인드컨트롤 연구를 정당화하기 위해 CIA가 의도적으로 확산한 주장이다. 원래 근거가 희박했고 성과가 없었지만 무리한 실험을 계속했다는 점도 지적된다.[11]

당시 프로젝트에 많은 학자들이 가담했다는 사실은 데이비드 프라이스에 의해서도 밝혀진다. 세인트마틴대학교 교수로 일하는 프라이스는 2007년 《인류학 오늘(Anthropology Today)》이라는 저널에 장문의 글을 연속으로 기고한다. 큰 주제는 "인류학 연구 한 조각 구매하기(Buying a piece of anthoropoligy)"다. 1편은 「CIA에 봉사한 인간생태학과 인류학 연구의 순진함(Human Ecology and unwitting anthropological research for the CIA)」이고, 2편은 「CIA와 고문당한 우리의 과거(The CIA and our tortured past)」다. 「쿠박방첩심문(Kubark Counterintelligence Interrogation)」이라는 보고서가 만들어진 배경과 그 보고서가 국제사회로 확산된 과정에 대한 얘기가 나온다. 전기고문, 공포감 조성, 감각 상실, 고립시키기 등의 방법이 처음으로 언급된 문서였다.[12] 대학 교수들이 왜, 어떤 계기로, 어떤 방식으로 CIA의 고문 연구에 동참하게 되는지에 대해서도 파고들었다. 위스콘신대학교에 있는 앨프러드 맥코이 교수의 추가 연구를 통해 보다 자세한 내용이 알려진다.

앨프러드 맥코이 교수는 2006년『고문 바로 알기: 냉전에서 시작해 테러와의 전쟁까지 이어진 CIA 심문(A Question of Torture: CIA interrogation from the Cold War to the War on Terror)』이란 책을 낸다. 미국이 개입한 모든 곳에서 비슷한 수법이 발견된다는 것, CIA가 만든 '교본'이 존재한다는 것, 또 정신적 고문이 대세라는 것 등을 다루었다. 그의 주장에 따르면, 미국은 기존에 알려진 고문에 대한 통념을 바꾼 최초의 국가다. 물리적 폭력을 사용할 경우 오히려 '저항심'이 높아진다는 것을 파악했기 때문이다. 미국이 고문 선진국이 된 과정과 구체적 사례에 대한 설명도 담았다.

공통적으로 언급하는 것 중 '인간생태학기금(Human Econlogy Fund)'이 있다. 한국전쟁이 휴전을 맞은 해는 1953년이다. 코넬대학교에 '인간생태학탐사회(Society for the Investigation of Human Ecololgy, SIHE)'라는 연구소가 설립된 것은 1954년이다. 낯익은 이름인 CIA 국장 앨런 덜레스가 등장한다. 마침 그의 아들은 코넬대학교 의과대에서 심리치료를 받는 중이었다. 세뇌에 대한 전문가의 의견을 구했고, 해럴드 울프와 로런스 힝클 교수가 이 연구를 맡겠다고 나섰다. 1956년에 보고서가 나왔지만 덜레스가 원하는 방향은 아니었다. 소련이나 중국이 엄청난 '세뇌' 기술을 가졌다는 것은 설득력이 없다는 결론이었다. 약이나 신기술이 아니라 옛날부터 전해지던 '잠 안 재우기, 구타, 독방에 가두기' 등에서 원인을 찾았다. 울프 교수는 이 연구를 확대하자고 제안한다. 인간이 왜 두통에 시달리는지에 대한 관심이 많았던 신경학자의 지적 욕심도 한몫을 했다. 코넬대학교와 CIA 는 계약을 맺었고, HEF는 1961년에 공식적으로 출범한다.

관리 책임자로는 공군 '심리전 분과(Psychological Warfare Division)'를 이끌던 제임스 먼로가 임명된다. 한국전쟁에서 확보한 포로를 대상으로 관련 연구를 진행한 인물이다. 해군 연구소(Office of Naval Research)도 합류했다. 전쟁 포로, 부랑자, 매춘부, 범죄자 등 을 법적 제약 없이 실험 대상으로 사용하기 위해서는 CIA와 군대의 도움이 필수였다. 대학 교수와 대형 병원 의사들도 한 자리씩 맡았 다. 연구 자금도, 실험 대상도, 또 법적 책임도 걱정하지 않고 실험할 수 있다는 것은 엄청난 장점이다. 게다가 이런 연구를 토대로 발표도 하고 권위자로 성장할 수 있다는 점에서 달콤한 거래일 수밖에 없다. 코넬대학교 책임자였던 울프 교수는 실제 뉴욕 신경학협회 회장, 미 국 신경학협회 회장, 미국의학협회에서 발행하는 《신경학과 정신의 학 아카이브(Archives of Neurology and Psychiatry)》의 편집장이 된다.

작전명 'MKUltra'도 주목할 필요가 있다. 정보전쟁에서 영국은 미국에 결코 뒤지지 않는다. 러시아 역시 막강한 경쟁자로 알려져 있 다. 영국에서 첩보 영화가 가장 많이 만들어지고 있다는 것 역시 이 런 현실과 관련이 있다. 최근에 나온 「킹스맨」 시리즈나 「007 시리 즈」를 보면 정보기관의 내면을 조금은 짐작할 수 있다. 그중 주목해 서 봐야 할 부서는 '신무기'를 개발하는 팀이다. CIA에서 이 일을 하 는 곳은 '기술서비스국(Office of Technical Service)'이다.

'MKUltra'에서 MK는 이 부서를 가리키는 암호로 군사(military) 와 지식(knowledge)을 합친 말이다. 'Ultra'는 '최고'라는 의미다. 풀이하면 'CIA 군사기술 분과에서 진행하는 극도의 기밀 프로젝트'가 된다. 책임자는 시드니 고틀리프다. 칼텍(California Institute of Technology)에서 박사를 받았고 독극물 전문가다. 1953년 4월 13일에 그는 앨런 덜레스로부터 명령을 하나 받는다. 공산주의자들의 '세뇌'에 대항할 수 있는 약을 개발하라는 내용이었다. 쿠바의 카스트로, 콩고의 무룸바, 이라크의 알카림 콰심의 암살에 쓰인 독극물이 모두 그의 손을 거쳤다. 칫솔, 텔레비전 스크린, 수갑, 구두 등 온갖 물건이 다 동원되었다. 향정신성의약품과 정신과 치료용 약물을 이용한 실험도 그가 지휘했는데, 일반 환자도 동의 없이 실험 대상으로 활용되었다.

프로젝트를 진행하는 대외 창구로 '인간생태학기금(HEF)'이 활용된다. 코넬대학교 의과대학은 얼굴마담으로는 손색이 없는 곳이다. 인류학, 심리학, 사회학 등 다양한 분야의 학자들이 참여했고, 그들은 CIA가 뒤에 있다는 것을 전혀 몰랐다. 프라이스 교수가 '한 조각(piece)'씩 구매했다는 것은 이런 의미다. 극소수만 전체 그림을 알고 있었고, 나머지 연구자들은 자신에게 주어진 아주 미세한 주제만 다룬 것과 관련이 있다. 1953년부터 1963년까지 투입된 자금은 2500만 달러 정도다. 핵무기를 만들어 낸 맨해튼 프로젝트를 이 분야에서도 이루어 내고 싶다는 야망이 있었다.

하지만 막대한 돈이 투자되었어도 마법의 약은 개발하지 못했다. 원래 공산주의자들이 그런 약을 개발한 적도 없었고, CIA도 그 사실은 알고 있었다. 혹시나 하는 마음과 뭔가 해야 한다는 조직 논리가 앞섰을 가능성이 높다. 그렇지만 돈으로 살 수 없는 귀중한 전문 지식을 얻었다는 것은 상당한 성과였다. 물리적으로는 접촉하지 않으면서 정신적으로 자백하도록 만드는 고문 기법이 체계적으로 정리된다.「쿠박 보고서」가 그 결과물이다. 때마침 이 보고서를 활용할 곳이 많아지고 있었다. 쿠데타 이후 국민적 저항(다른 말로는 체제전복 운동)이 시작된 많은 곳에서 미국의 도움을 요청했다. 전달 방법이 문제였다.

　최적의 후보는 미국 국제개발처(United States Agency for International Development, USAID)였다. '공공안전국(Office of Public Safety)'은 이런 목적으로 1962년에 설립되는데, USAID의 공식 부서 중 하나였다. 베트남, 이란, 타이완, 브라질, 우루과이와 그리스 등에서 활동했다. 원조를 받는 입장에서 봤을 때 전혀 의심할 근거가 없다. 만약 이를 거부하면 속사정을 전혀 모르는 해당 국가 국민은 정부를 비난하게 된다. 한 예로, 인도네시아의 수카르노 대통령은 이를 거부했는데, CIA는 이를 프로파간다 소재로 활용한 적이 있다. 미국이 아무런 조건 없이 도와주려는데도 거부한다면 국민 입장에서는 이상하게 보일 수밖에 없다. CIA 요원은 별 어려움 없이 이 기구의 일원으로 합류하면 된다. 불법활동에 대한 의회 조사가 진행된 이후에는 '육군이동훈련팀(US Army's Mobile Training Teams)'이 그 역할을 이어받는다. 결정적인 도움이 된 곳은 가장 치열한 전쟁이 벌어졌던 베트남과 중남미 두 지역이다.

　피닉스 프로그램(Phonex Program)에서 피닉스는 '불사조'를 뜻한다. 전쟁에서 승리하는 데 필요한 핵심 정보를 '피닉스'에 비유했다. 베트남전쟁 동안 진행된다. CIA를 포함해서 미국 특공대, 미육군 정보부대 등의 협력 작전이다. 크게 포로심문센터와 기동타격대로 구분되어 있었다. 공략 대상은 우리에게는 베트콩(Vlet Cong)으로 잘 알려진 남베트남민족해방전선(National Liberation Front of South Vietnam)이다.

고문센터를 통해 용의자가 확인되면 타격대가 공격한다. 말이 안 통하기 때문에 죽이거나 체포하는 것 둘 중 하나만 가능하다. 구속된 직후에는 고문을 당한다. 필요한 정보를 자백할 때까지 온갖 방법이 동원된다. 미국 언론인 더글러스 밸런타인의 책에 따르면, 당시 동원된 수법에는 한국에서 알려진 것들이 모두 포함되어 있다.[13] 전기고문, 통닭구이, 물고문은 기본이고 강간, 집단강간, 뱀장어나 뱀, 또는 막대기를 이용해 강간한 다음 죽이는 것도 일상이었다. 정규 군인을 대상으로 한 게 아니라 공산주의자로 의심되는 민간인을 대상으로 했다는 점이 중요하다. 1965년부터 1972년 동안 운용된다. 대략 10만 명 정도가 단속 대상이었고, 고문 중 사망자는 약 2만 6000명에서 4만 명으로 추정된다.

간혹 CIA 요원이 직접 고문에 참여하기도 하지만 주로 베트남 현지인이 대신한다. 이 목적을 위해 무려 8만 5000명에 달하는 특수경찰을 양성했다. CIA와 USAID가 거의 한 몸처럼 행동한 것으로 알려진다. 교재는 1963년에 발간된 「쿠박(KUBARK) 보고서」다. '쿠박'이라는 단어는 CIA가 자신을 감추기 위해 이때 처음 사용했다. 몇 가지 구체적인 내용도 알려져 있다. 그중 하나는 용의자를 체포할 때는 이른 아침 시간대를 이용하고, 체포 즉시 눈을 가리고 반드시 옷을 다 벗길 거라는 내용이다. 일체 다른 사람과 접촉하지 못하게 할 것,

먹고 자는 시간대를 통제함으로써 인지능력을 없앨 것, 또 심문하는 장소는 창문이 없고, 어둡고, 방음이 되어 있으면서 화장실이 없을 것 등이 두 번째다. 그 밖에 직접 고통을 주면 반항심이 높아지기 때문에 '고통'스러울 것이라는 공포감을 심어 주는 것이 훨씬 효과적이라는 설명을 덧붙인다. 물리적 폭력은 본인이 심리적 무기력감에 빠지도록 하는 준비 단계로 권장된다. 관타나모와 아부그라이브에서 확인된 것과 거의 동일한 방식이다.[14]

마지막으로 살펴볼 주제는 '작전명 콘도르(Operation Condor)'다. 콘도르는 남미 지역에 서식하는 큰 새로 죽은 동물을 먹고 산다. 정부를 전복하려는 공산주의 세력을 가리키는 단어다. 1973년 9월 3일. 브라질의 국방부 장관 브레노 포르테스는 베네수엘라 카라카스에서 열린 '아메리카군사회의(Conference of American Armies)'에 참석한다. '반정부 세력을 효과적으로 진압하기 위해 정보 교류를 확대'할 것을 제안했다. 1974년 3월에 칠레, 우루과이, 볼리비아에서 온 경찰 대표단은 '트리플(Triple) A'라는 암살단을 창설한 아르헨티나 연방경찰 부청장 알베르토 빌라를 만난다. 연합작전에 대한 합의는 이때 이루어졌다.

1974년 8월 아르헨티나의 부에노스아이레스 쓰레기장에서 볼리비아 피난민의 시신이 무더기로 발견된 것이 신호탄이었다. 아르헨티나, 볼리비아, 브라질, 칠레, 파라과이, 페루와 우루과이 군부는 자신들이 갖고 있던 '블랙리스트'를 맞바꾸었다. 좌파 성향의 운동가, 노동운동가, 학생, 가톨릭교회 신부, 언론인, 무장 게릴라와 그들의 가족까지 포함된 명단이었다. 대략 5만 명이 죽임을 당했다. 실종자만 3만 명이 넘는다. 구속되거나 고문을 당한 사람은 무려 40만 명에 달한다. 그중에는 칠레 부통령 출신의 카를로스 프랫, 기독교 지도자 베르나르도 라이턴, 전직 볼리비아 대통령 호세 토레스도 포함되어 있다.

미국이 배후에 있다는 증거는 속속 드러났다. 1978년 파라과이 주재 미국 대사였던 로버트 화이트는 국무부 장관 헨리 키신저에게 외교전문을 보낸다. 파나마운하에 있는 미국 군사사령부와 군부정권이 밀접한 협력관계에 있다는 것이 이를 통해 확인된다. 미국 정부가 남미 군부정권이 추진하려 한 '국제적 비밀 암살 프로그램'을 중단시킨 사실도 2010년에 드러났다. 작전 책임자들은 미국 텔레커뮤니케이션 네트워크 상에 구축된 '암호화'된 시스템을 통해 정보를 교환했다.[15]

1988년에 열린 미국 의회 청문회에서는 온두라스의 '316 특공대(Battalion 316)'에 관한 진상이 밝혀진다. 아르헨티나의 '더러운 전쟁(Dirty War)'이 시작된 1974년부터 CIA가 군사훈련을 시켰고, 고문 방식에 대한 자문을 했다는 사실이 드러났다. 「쿠박 보고서」가 사용되었다는 것은 1997년 《볼티모어선》 등의 폭로에서 확인된다. 1983년에 배포한 「인적자원심문지침서(Human Resource Exploitation Manual)」에는 이 보고서의 내용이 고스란히 담겨 있었다. 2005년에 발간된 패트리스 맥셰리의 『약탈적 국가들: 라틴아메리카의 콘돌작전과 비밀전쟁(Predatory States: Operation Condor and Covert War in Latin America)』에는 보다 구체적인 내용이 나온다. 미국은 군사정보, 훈련, 재정적 지원과 첨단 컴퓨터, 정교한 추적 장비 제공 등 전방위에 걸쳐 이들을 도왔다.

당근

미국에 이민 와서 사는 한국 분은 꽤 많다. 준비를 잘 해서 나오기도 하지만 탈출하신 분도 많다. 큰 잘못을 저질렀다는 의미가 아니라 사는 게 고달파서 새로운 인생을 시작한 경우다. 전 세계 어디서나 이민자의 생활은 다 비슷하다. 한국에 있으면 친구나 아는 사람에게 부탁하면 될 일이 여기서는 모두 돈으로 해결해야 한다. 그러니 악착같이 일할 수밖에 없다. 그래서 페이스북이 등장하면서 상대적 박탈감을 느끼는 분이 많아졌다. 자신들과 비교했을 때 한국에 있는 사람들은 너무 잘 사는 것처럼 보이기 때문이다. 평범한 가정이라면 1년에 마음 놓고 멀리 휴가를 다녀오기도 빠듯하다. 의외로 여행을 오거나 잠깐 들렀다 가는 분들이 미국을 더 잘 안다. 형편이 이렇다 보니 한국인들끼리 서로 돕고 살아야 한다는 정서가 강하다.

인연이 닿아 그런 단체에서 한동안 일을 도운 적이 있다. 이곳에서는 필요한 재정을 확보하기 위해 1년에 한 번씩 '후원의 밤'을 연다. 특별히 공을 들이는 대상은 지역사회에 있는 미국 중산층이다. 보통 저녁 식사를 하면서 진행된다. 미리 기부를 받은 항공권, 레스토랑 티켓, 포도주, 예술 작품 등을 경매하는 행사가 중심이다. 밖에서 구입하면 100달러도 안 되지만 때로는 2000달러가 넘어가기도 한다. 목적이 기부라는 것을 알기 때문에 서로 더 많은 돈을 내려고 경쟁한다. 그분들도 결코 돈이 남아돌지는 않는다. 다른 곳에 쓸 것을 아껴서 좋은 일에 쓴다. 미국의 힘을 한 번 더 느낄 수 있는 장면이다. 국제사회에 대한 미국 정부의 원조는 어떨까?

국가별로 경제개발(development)에 얼마나 지원하는지를 보여 주는 지표가 있다. 선진국경제협력기구(OECD)에서 발표한다. 전체 규모에서 봤을 때 1위는 미국이다. 2017년 기준으로 대략 301억 달러 정도를 낸다. 영국과 독일이 2위와 3위다. 각각 187억 달러와 178억 달러 정도를 기부한다. 10위권에는 일본, 프랑스, 스웨덴, 네덜란드, 캐나다, 노르웨이, 이탈리아, 스위스 등이 포함된다. 한국은 14위로 19억 달러 정도다. 국가총소득(Gross National Income)에서 차지하는 비중 면에서 보면 순위가 좀 바뀐다. 1위는 1.4퍼센트 수준의 스웨덴이다. 노르웨이는 1.05퍼센트, 룩셈부르크는 0.93퍼센트, 덴마크는 0.85퍼센트, 네덜란드는 0.76퍼센트다. 20위권에는 핀란드, 스웨덴, 독일, 벨기에, 프랑스, 이탈리아, 미국 등 대부분 서방 선진국이 포함된다. 일본만 18위에 해당하는데 0.22퍼센트 수준이다. 한국은 0.14퍼센트다. 체코, 슬로바키아, 헝가리 등이 그 뒤에 있다. 통계로 보면 역시 선진국답다는 말이 나온다. 그러나 제3세계 관점에서 보면 불편한 점이 많다.

상위권에 속하는 서방 국가는 모두 과거에 식민지를 경영한 경험이 있다. 일본도 마찬가지다. 캐나다, 호주, 뉴질랜드는 영국연방이라는 점에서 같은 범주에 넣을 수 있다. 프란츠 파농이 말한 것처럼, 오늘날 그들이 이 정도의 풍요를 누리게 된 밑거름은 남미, 아프리카, 아시아의 피와 눈물이다. 노예로 팔려와 노동력을 제공한 것은 기본이고 국가 전체를 대규모 농장으로 전락시킨 것은 제국주의와 관련이 깊다. 독립된 이후에도 수출할 수 있는 품목은 1차 산품뿐이고, 석유, 철도, 통신 등 주요 기간 산업은 이미 외국 자본이 장악한 상태였다. 국유화나 계획경제 등 국민 경제를 살리기 위한 노력도 기득권을 놓치지 않으려 한 '제국'들의 간섭으로 인해 좌절되어있다. 단순한 고통 분담 차원이 아니라 '반성'과 '책임'을 느끼고 더 많이 나누어야 한다는 요구는 이를 고려할 때 전혀 틀린 말이 아니다. 특히 문제가 되는 것은 미국이다. 경제 규모에 비해 겨우 0.17퍼센트만 나눈다는 것도 부끄러운 일이지만, 더 심각한 문제는 대외정책의 수단으로 악용한다는 점이다.

2017년 기준으로 전체 예산에서 해외 원조가 차지하는 비중은 1퍼센트에 못 미치는 424억 달러다.[16] 평균적인 미국인은 이 비중이 25퍼센트가 넘는 것으로 착각한다. 그중에서 경제와 개발원조는 256억 달러다. 국제재해 원조(20억 달러), 난민 원조(28억 달러), 개발 원조(30억 달러), 경제지원기금(61억 달러), 공중보건 프로그램(86억 달러), 평화를 위한 식량 원조(18억 달러) 등으로 구분된다. 최대 수혜국은 아프가니스탄이다. 2001년 침공한 이후 지금까지 전쟁 중인 곳이다. 10억 달러를 받는다. 파키스탄도 4억 2000만 달러로 많이 받는 편에 속한다. 인도와 이란 등을 견제하기 위해 일찍부터 동맹이 된 국가다. 다음으로 요르단(6.3억 달러), 이라크(3.3억 달러), 우크라이나(2.2억 달러), 팔레스타인(3.2억 달러) 등의 순서다.[17] 필리핀, 인도네시아, 온두라스, 과테말라, 콜롬비아, 엘살바도르 등도 상위권에 속한다. 나머지 국가는 대부분 사하라 남부에 있는 아프리카 극빈국이다. 케냐(6.1억 달러), 나이지리아(6억 달러), 탄자니아(5.7억 달러), 에티오피아, 우간다, 잠비아 등이다. 대부분 HIV/AIDS 치료와 연구비에 쓰인다.

안보 원조는 168억 달러다. 일반적으로 펜타곤에서 절반 정도를,

나머지는 국무부와 다양한 특별 예산에서 나온다. 그러나 최근 들어 펜타곤의 비중이 점차 늘고 있다. 단독으로 처리하는 지원금 규모는 2002년 10억 달러에서 2015년 110억 달러로 증가했다. 2018년에는 200억 달러 수준으로 더 증가할 것으로 예상된다. 160개국 107개 프로그램이 펜타곤에 의해 결정된다. 구체적인 항목으로는 해외 군사 융자(57억 달러), 아프가니스탄 안보 지원(34억 달러), 연합군 지원금(14억 달러), 국제 마약류 통제(11억 달러), 반테러 협력기금(10억 달러), 마약 단속 지원(9570만 달러) 및 이라크 훈련장비 기금(6300만 달러) 등이 있다.

안보 원조에서도 1위는 아프가니스탄으로 36.7억 달러가 지원된다. 이스라엘은 31억 달러, 이집트는 13억 달러 정도다. 이라크(8.8억 달러), 요르단(3.7억 달러), 파키스탄(3.2억 달러) 등이 그다음이다. 내전 상태에 있는 시리아, 미국이 지원하는 레바논과 우크라이나, 멕시코와 콜롬비아 등도 지원을 많이 받는 국가다. '채찍'을 휘두른 다음 '당근'을 주었다는 공통점이 있다. 잘 알려진 프로그램을 통해서도 이런 특성은 어렵지 않게 드러난다. 그중 하나는 '마셜원조'다.

1949년 4월 3일에 공식적으로 시작되었다. 목표는 '폐허 지역의 재건, 무역장벽 제거, 산업 현대화 및 공산주의 확산 방지' 등이었다. 경제 원조를 내세웠지만 본질은 '군사 원조'에 더 가깝다. 몇 가지 근거가 있다. 먼저 패전 복구에 필요한 금융 지원은 1944년에 설립된 '국제부흥개발은행(International Bank for Reconstruction and Development)'이 맡기로 되어 있는 상황이었다. 또한 이 사업의 본질은 '군사 원조'였다. 전직 4성장군이 국무부 장관으로 취임한 후 추진뇌었다는 것과 1947년 3월 12일에 발표된 '트루먼 독트린'이 배경이 었다는 점이 중요하다.

최초 수혜국은 유럽의 변방에 해당하는 그리스와 터키였다. 그리스에서는 미국과 영국이 지원하는 왕족과 독립운동을 주도한 좌파민족주의 성향의 민중이 충돌했다. 앞에서도 언급했지만 당시만 해도 소련은 적극적으로 개입할 만한 상황이 아니었다. 미국은 핵을 갖고 있었지만 소련은 없었다. (소련은 1949년 8월 29일에 처음 핵실험에 성공했다.) '평화공세'라는 비판을 받기는 했지만 미국발 냉전을 환영할 상황은 아니었다.

1951년에는 '상호방위법안(Mutual Security Act)'으로 대체되었다는 점도 주목할 필요가 있다. 한국전쟁으로 막대한 군사비가 지출된 것과 관련이 있다. 의회는 예산을 줄이라고 압박을 넣었고, '방위목적'에 맞는 새로운 법안이 필요했다. 우선순위도 유럽이 아닌 다른 지역으로 옮겨 갔다. 1955년 상원에서 통과된 예산안을 보면 유럽에 대한 지원액은 4억 6000만 달러 정도로 극동과 태평양 지역의 8억 달러보다 훨씬 적었다. 전쟁 직후 한국에 2억 500만 달러를 지원한 것과 남베트남에 개입하기 시작한 게 원인이었다.

군사 원조의 방식을 전환하게 되는 것은 이 무렵이다. 단순한 증여가 아닌 '군사 무기 판매'라는 카드가 나왔다. 1961년에 통과된 '무기통제와 감축법안(U.S. Arms Control and Disarmament Act)'이 뿌리다. 법안의 제목으로만 보면 원조와 관련된 내용이 아닌 것처럼 보인다. 약간 다르게 생각해 보면 이해가 된다. 미국이 지원해 온 유럽과 일본 등이 빠른 속도로 경제가 회복되었다는 것이 배경 중 하나다. 미국은 막대한 원조로 인해 부담감을 느끼는 상황이었다. 반공전선을 확충하기 위해서는 이들 국가의 군사력을 늘려야 하는데 방법은 뭘까? 미국이 통제할 수 있는 수준에서 군사 무기를 판매하는 전략이다. 핵무기를 더 이상 늘리지 않는 조건으로 재래식 무기를 보급해 주겠다는 의미다. 본 궤도에 오르게 되는 것은 1968년 '해외무기판매법'이다. 1976년에는 다시 '무기수출통제법(Arms Export COntrol Act)'으로 바뀐다. 또 다른 사례는 미국개발처(United States Agency for International Development, USAID)다. 1953년과 1955년에 각각 설립된 대외활동국(Foreign Operations Administration, FOA)과 국제협력청(International Cooperation Administration, ICA)을 통합한 곳으로 군사부문을 제외한 해외 지원을 전담한다.

법적 근거는 1961년 9월 4일에 통과된 '해외원조법(Foreign Assistance Act)'이다. 대외정책의 목표 달성에 도움이 되는 지원활동이 핵심이었다. 전혀 관련이 없어 보이는 세이브더칠드런(Save the Children), 월드비전(World Vision), 세계식량프로그램(World Food Program)도 여기서 지원한다. 청장의 직급은 부차관보 정도다. 정부, 공익재단, 싱크탱크 등으로 이어지는 '회전문'에서 자유롭지 않다. 한 예로, 초대 청장을 역임한 데이비드 벨은 퇴임 직후 곧바로 포드재단 부회장으로 옮겼다. 트루먼 대통령의 연설문 담당 비서관으로 일했고 아이젠하워 인수위에도 참가한 경력이 있다.

레이건 행정부 동안 책임자로 있었던 피터 맥퍼슨도 미시간주립대학교 총장, 재무부차관보, 아메리카은행 부회장을 두루 거쳤다. 그밖에 앤드루 내치어스는 2001년부터 2006년까지 청장을 지낸 인물로 월드비선 미국부회장, 북한인권위원회 공동위원장, 허드슨 재난 등과 인연이 있다. 23년간 군대에서 복무한 전직 군인 출신이다.

민주당 정권이라고 해서 달라지는 것은 없다. 2010년 임명된 라지 샤는 퇴직 후 록펠러재단 이사장으로 임명된다. 우크라이나 문제에 깊이 관여하고 있는 '국제문제시카고위원회(Chicago Council on Global Affairs)'의 이사를 맡고 있다. 또한 2015년에 임명된 게일 스미스는 대통령 특별보좌관 출신으로 NSC 수석 사무처장으로 일한 경험이 있다. 2016년에는 '가뭄 조사'를 핑계로 CIA 요원들을 에티오피아로 파견하기도 했다. 국제문제 전문가로 정보기관 또는 펜타곤 경험이라는 공통분모가 있다. 국제개발처(USAID)와 관련한 음모론은 지금도 계속 나온다.

미국에 비판적이면서 남미의 목소리를 전달하기 위해 등장한 언론사《텔레수르》는 이 기관을 "제3세계를 돕는다는 가면을 쓴 CIA 간판 기관"이라고까지 비난한다. 1930년대 바나나 전쟁 당시 유나이티드푸르트가 한 역할을 미국 상공회의소(Chamber of Commerce)에 속한 쉐브론, 시티은행, 코카콜라, 다우, 엑손, 맥도널, 프록터&갬블 등이 하고 있다는 게 근거다. 지나친 음모론 시각으로 보일지 모르지만 2011년의 '아랍의 봄'을 비롯해 태국과 중국 등에도 이 기구의 흔적은 많다.[18]

남미에서는 직접 확인된 사례만 다수다. 가령 2014년 4월 3일, 쿠바의 정권 교체를 위해 소셜네트워크 서비스인 준준네오(ZunZuneo)에 160만 달러를 몰래 지불한 게 발각되었다. 베네수엘라에서도 '민주주의와 인권 옹호자'를 지원한다는 명목으로 관련 기관을 꾸준히 지원한 사실이 드러났다. 볼리비아에서는 체모닉 인터내셔널(Chemonics International)이라는 민간 회사가 관련되어 있다. USAID와 밀접한 관련이 있는 회사로, '민주주의 강화'라는 프로그램에 270만 달러의 비밀 자금을 제공한 사실이 알려져서 추방되었다. 에콰도르 정부 또한 2012년 '역동적 시민(Active Citizen)'이라는 프로젝트에 180만 달러의 CIA 자금이 유입된 사실을 공개했다.[19]

한국에서도 잘 알려진 풀브라이트 장학금(Fullbright Scholarship) 등을 포함한 '교육문화교류' 사업은 그래도 대외정책에 덜 얽매이지 않을까? 절반 정도만 맞다. 문화교류 프로그램은 1940년대부터 시작된다. 2차 세계대전이 확대되기 직전 남미 국가를 단속할 필요성에서 출발했다. 부통령을 지낸 넬슨 록펠러가 책임자였던 '미주 협력국'이 출발점이다. 독일과 이탈리아 등에 대한 반감을 부추기고 미국에 대한 호감도를 높이려 한 프로파간다 활동과 불가분의 관계다. 재즈, 클래식 등 미국 문화와 민주주의, 자유와 시장개방 등과 같은 이념을 확산하는 방법으로 상당히 효과적이었다. 윌리엄 풀브라이트 상원의원은 이를 발전시켜서 1946년에 풀브라이트 프로그램을 만들었다.

1961년에는 이를 포함해 복수의 교환 프로그램을 관리하는 교육문화관계부(Bureau of Educational and Cultural Relations)가 신설된다. 법적 근거는 '풀브라이트-헤이스 법안(Fulbright Hays Act of 1961)'이다. 지금은 공공외교(Public Diplomacy)라는 명칭으로 진행 중이다. 교류 방식은 미국인이 해외로 나가거나 외국인이 미국으로 오는 두 가지다. 정부의 입김에서 결코 자유롭지 않다. 정부 관료가 중심이 되어 운용한다. 예컨대 실무 그룹에는 주관부서인 공보처(USIA) 산하의

'교육문화부' 부소장, 국무부, 교육부, 사법부, 국제개발처 등이 포함된다. NSC와 예산운용국에서 파견된 관료 역시 참가한다.

정부 기관이라는 본질은 '국제 지도자 방문(International Visitor Leadership)' 프로그램에 잘 반영되어 있다. 전 세계 유력 정치인을 대상으로 하는 사업이다. 2015년 기준으로 189개국에서 4869명이 참가했다. 전직 또는 현직 국가원수만 314명 정도로 알려진다. 독일의 대통령을 지낸 크리스탄 울프, 말라위의 조이스 반다, 멕시코의 펠리페 칼데론과 호주 수상 줄리언 길라드 등이 해당자다. 수혜 국가별 분포에서도 확인된다. 역대 가장 많은 인원이 초청된 곳은 이라크와 아프가니스탄으로 각각 145명과 141명이다. 중국은 137명, 러시아는 127명, 파키스탄도 118명에 달한다. 인도네시아(114명), 이집트(102명), 인도(100명) 등도 많은 편이다. 남미에서는 브라질, 아르헨티나, 멕시코가 많다.

1976년부터 실시되는 국제군사교육훈련(IMET) 프로그램도 크게 안 다르다. 연간 6000명 정도의 장교가 해외에서 온다. 국무부가 인원과 예산을 관리하고, 교육은 펜타곤에서 맡는다. 2007년부터 2015년 동안 참가자에 대한 정보가 나와 있다. 사하라 사막 이남 지역에서 최대 수혜국은 브룬디, 르완다, 우간다, 나이지리아, 탄자니아다. 미국이 직접 개입하고 있는 예멘과 소말리아 작전에 큰 보탬이 되는 국가들이다. 유럽에서는 러시아와 갈등 관계에 있는 우크라이나를 비롯해 이란과 시리아 등과 국경을 접하고 있는 아제르바이잔과 조지아가 가장 많다. 중동에서는 예멘, 레바논, 요르단 등이 주로 참가하며, 중앙아시아에서 아프가니스탄, 타지키스탄, 파키스탄과 방글라

데시가 중심이다. 그 밖에 주요 초청국에는 남미의 엘살바도르, 과테말라와 온두라스, 또 아시아의 한국과 대만이 포함되어 있다.[20]

　정부 지원은 그렇지만 민간은 좀 다르지 않을까? 별로 안 다르다. 미국에는 정말 많은 공익재단이 있다. 대략 1만 개 정도가 있고, 기부 총액은 3850억 달러로 알려진다. 대기업에서 만든 자선단체가 대부분이다. 한 해 평균 280억 달러 정도를 쓴다. 대부분은 미국 국내 혹은 북아메리카에 있는 단체로 간다. 제3세계 등에 전달되는 금액은 대략 20억 달러 정도다. 정확한 통계는 찾기 어렵지만 1998년부터 2001년 사이 말레이시아 비정부 기구에 대한 지원 내역이 알려져 있다.[21] 미국 재단이 이 기간 동안 지원한 금액은 모두 493만 달러 정도다. 그중에서 최고 기부자는 포드재단으로 99만 달러 정도다. 패커드재단(Packard Foundation)이 97만 달러, 제너럴모터스에서 만든 모트 재단(Mott Foundation)이 60만 달러, 딥에콜로지 재단(Deep Ecology Foundation)이 55만 달러, 또 록펠러재단이 53만 달러 정도다.

　포드재단이 추진하고 있는 '국제장학프로그램(International Fellowship Program)'도 유명하다. 총 12년에 걸쳐 진행되며, 규모는 2억 8000만 달러에 달한다. 2000년 시작할 때는 아시아 지역의 베트남과 중국, 아프리카의 가나, 나이지리아와 세네갈, 또 안데스 지역의 칠레와 페루 학생들이 혜택을 봤다. 2002년에는 인도, 중국, 케냐, 탄자니아, 우간다, 멕시코, 과테말라 등으로 확대되었다. 장학금을 받을 수 있는 분야는 경제 발전과 노사 문제, 금융정책, 환경과 지속가능성 개발, 공동체 발전, 교육, 종교, 사회와 문화 등으로 다양하다. 해당 정부 내부에 협력기관이 있어서 록펠러재단에서 개입할 수도 없다. 전반적으로 보면 박애주의를 제대로 실천하는 것으로 보인다. 형식적으로만 그렇다는 것은 빅3로 알려진 포드, 카네기, 록펠러재단의 활동을 분석하면 드러난다.

복합체 차원의 전략적 접근! 본질을 잘 압축하는 말이다. 3부에서 살펴본 것처럼, '의사결정권'을 가진 인물들이 기본적으로 권력의 핵심부에 있다. 태생적인 한계다. 미국 자본가의 이해관계를 무시할 수 없는 구조다. '연성권력(soft power)'의 일부라는 의식이 분명하다. 문제점을 연구한 학자들도 꽤 있다.

로버트 아노브는 그중 한 명이다. 박사 논문을 기초로 1980년 『박애주의와 문화제국주의: 국내와 국제사회에서 바라본 공익재단(Philanthrophy and Cultural Imperialsi: The Foundations at Home and Abroad)』을 출간했다. 미국 케네디 행정부 때 출범한 '평화봉사단(Peace Corps)'과 포드재단의 콜롬비아 보고파 지부 자문위원을 지낸 경력이 있다. 재단이 갖는 문제점을 잘 알 수 있는 위치에 있었다. 아노브가 주목한 부분은 경제학과 정치학 등 사회과학 분야에 대한 이들 재단의 영향력이다. 연구 주제를 무엇으로 할지, 연구비 수혜자는 누가 되어야 하는지, 또 정책적 함의를 어떻게 끌어내야 할지 등이 일방적으로 결정된다는 점을 비판했다. 국제사회에서 이들이 좋은 평판을 받는 배경으로 연구자들이 '연구비'를 받기 위해 비판적인 얘기를 하지 않는다는 점, 전국라디오방송(National Public Radio)과 같은 언론이 이들 재단의 후원으로 유지된다는 점을 꼽았다.

또 다른 인물로 인더지트 파마가 있다. 2012년에 파마는『패권질서를 위한 공익재단: 미국의 부상과 포드, 카네기, 록펠러재단의 역할

(Foundations of the American Century: The Ford, Carnegie, and Rockefeller Foundations in the Rise of American Power)』이란 책을 냈다. "미국 제국과 자본가의 이해관계를 대변하기 위한 글로벌 차원의 엘리트 네트워크 구축"이 파마가 요약하는 이들 재단의 목적이다. 재단들은 국제정세의 변화에 따라 변신해 왔다. 설립 초기에 속하는 1930년대와 1940년대에는 아이비리그 대학을 중심으로 국제관계와 미국을 연구하는 프로그램을 후원했다.

외교협회(CFR)와 같은 싱크탱크가 자리 잡도록 도운 것도 재단들이다. 1950년대 소련, 중국, 아시아와 남미를 대상으로 급증한 지역학 연구소의 설립 자금도 이들이 보탰다. 전략적 중요성이 높았던 인도네시아, 나이지리아, 칠레 등에 집중된 정치적, 경제적 개발 프로젝트를 뒷받침한 것 역시 이들의 공로다. 민주적 평화론(Democratic Peace Theory)과 같은 담론의 확산은 물론 '국가안보를 위한 프린스턴 프로젝트(Princeton Project on National Security)'와 같은 각종 선도 과제, 독일 마셜 펀드(German Marshall Fund)[22]와 같은 국제적 싱크탱크의 후원자이기도 하다.

냉전이라는 특수한 상황 요소가 작용하지 않았을까? 인더지트 파마 교수의 분석에 따르면 본질은 그 이후에도 별로 안 달라졌다. 록펠러재단은 한 예로, 2000년대 초반에 보수적 색채의 '허드슨 연구소'에 15만 달러를 지원했다. 목적은 "에스토니아, 라트비아, 리투아니아 출신의 관료들과 경제학자들이 그들의 경제를 글로벌 경제권과 통합할 수 있는 방안을 연구하도록 지원하는 것"이었다. "무역자유화가 자작(自作)을 하는 농민에 미치는 영향을 탐색"하는 프로젝트에도 추가적으로 15만 달러가 투입된다.

　포드재단 역시 세계은행의 "극빈국의 소액대출 금융기관 활성화 방안 연구"에 40만 달러를 제공했다. 1999년 경제성장을 활성화할 수 있는 전략 연구를 위해 80만 달러를 후원한 적도 있다. 또한 IMF를 통해 세계무역기구(WTO) 운영진 중 아시아 출신의 관료, 경제학자와 시민 사회단체들이 하는 각종 모임과 세미나 비용으로 25만 달러를 지원했다. 당근이라는 의혹을 갖게 하는 활동은 그 밖에도 많다. 폴란드의 '공익재단발전아카데미(Academy for the Development of Philanthropy)'는 록펠러재단으로부터 40만 달러를 지원받았다. 폴란드와 벨라루스 비정부 기구들은 물론 브라질비정부기구협회는 포드재단에서 각각 22만 달러와 50만 달러의 후원금을 받는다.

　신자유주의를 비판하고 대안을 모색하기 위해 등장한 '세계사회포럼(World Social Forum, WSF)'도 주요 수혜자에 속한다. 포드재단은 3차 회의 때 100만 달러의 후원금을 전달한 것으로 알려진다.[23] 세계는 넓고 돈이 필요한 곳은 많다. 누군가 '선택'되고 '배제'된다면 나름 이유가 있다. 쿠데타 이후 브라질의 변화는 앞에서 얘기했다. 2019년 오늘도 미국과 얽힌 악연이 많다. 브라질은 대안적인 국제질서를 추구하는 블록 중 일부다. 이를 추진한 룰라 전 대통령은 최근 '부정부패' 혐의로 구속된 상태다. 텔레수르를 통한 인터뷰를 통해 룰라 다 실바는 "브라질 엘리트는 미국보다 남아메리카를 우선하는 자신을 용서하지 않는다. 미국과 이들 간 모종의 거래가 있다는 점을 나는 확신한다."고 말했다.[24] 후임자였던 지우마 호세프 대통령은 2016년에 석연치 않은 이유로 탄핵을 당한 상태다. 폴란드와 벨라루스 등은 러시아를 지리적으로 포위하는 국가로, 고문기지가 있거나 미사일방어시스템이 배치된 곳이다.

국내에서도 잘 알려져 있는 '아시아재단'은 아예 CIA가 배후에 있었던 단체다. 지금도 USAID와 펜타곤 등에서 재정의 상당 부분을 지원하고 있으며, 주요 활동은 '대외정책'의 우선순위와 관련이 깊다.[25] 2016년 3월 31일 자《연합뉴스》에 관련 기사가 하나 등장한다. '한국 무상원조 25년'과 관련한 것으로 한국국제협력단(KOICA)이 진행한 우수 사례에 대한 얘기다. 중간 정도에 이런 설명이 나온다.

> 올해부터 135만 달러(약 15억 7000만 원)를 들여 건설하는 몽골 여성 비즈니스센터는 아시아재단과 손잡고 진행하는 사업이다. (……) 미국 샌프란시스코에 본부를 둔 아시아재단은 아시아 지역의 경제·사회 발전을 위해 창설됐다. 정책 운용과 법률, 여성의 권익, 경제제도 개선과 국제관계 연구를 주요 사업으로 하고 있다.

재단이 정부와 긴밀한 관계라는 것과 인류 발전에 많은 기여를 해 왔음을 보여 준다.

관련 소개는 한국 지부 홈페이지에도 나온다. "아시아 국가의 개발과 아시아-미국의 관계 향상을 통한 평화와 발전을 도모하고자 1954년에 설립된 미국의 비영리 재단"으로 "아시아 열여덟 개 국가 지부를 통해 정책 운영과 법률, 여성의 권익, 경제 제도 개선과 국제 관계 연구를 선도하는 다양한 사업에 관여"한다는 안내문이다. 미국 정부가 관련되어 있다는 얘기는 전혀 찾아볼 수 없다. 설립 배경과

브라질의 룰라 대통령(2007년)

그간의 활동을 보면 낯익은 그림이 드러난다.

아시아재단은 원래는 '자유아시아위원회(Committee for a Free Asia, CFA)'라는 명칭으로 출발했다. '자유'라는 단어에 주목할 필요가 있다. 공산화를 막기 위한 프로파간다 기구나 단체에는 공통적으로 들어간다. 몇 가지 예를 살펴보면 더 잘 이해가 된다. 국제인권감시를 위해 만든 단체는 '프리덤하우스'다. 소련의 확장을 막기 위해 유럽에 설치한 대표적인 프로파간다 매체는 '유럽자유방송(Radio Free Europe, RFE)'과 '자유방송(Radio Liberty, RL)'이다. 쿠바혁명 이후 만들어진 매체 이름도 '자유쿠바방송(Free Cuba Radio)'이다. 그다음에 나오는 '아시아'라는 단어에도 많은 것을 읽어 낼 수 있다. 만약 아시아가 있다면 라틴아메리카, 유럽, 중동도 있다는 의미다. 종전 직

지우마 호세프 브라질 대통령에 대한 탄핵 시위(2016년, 상파울루)

후 미국의 우선순위가 유럽이었다는 점을 감안하면 이 지역에 비슷한 단체가 먼저 들어섰을 것으로 짐작할 수 있다. 공략 대상은 누구였을까? 동유럽과 소련이다.

CIA의 앨런 덜레스는 1949년 6월 1일 '자유유럽위원회(Free Europe Committee)'를 만든다. 이사진에는 나중에 대통령이 되는 아이젠하워와 앞서 파워 엘리트 중 한 명으로 소개한 《타임》 회장 헨리 루스 등이 속해 있다. 찰스 더글러스 잭슨이 초대 위원장을 맡았다. OSS 출신으로 《타임》에서 고위 임원으로 재직 중인 인물이었다. RFE가 이 단체에서 만들어지는데 풍선을 이용해 동유럽 국가로 엄청난 양의 '선전물'을 뿌렸다. 1950년에는 '자유를 위한 미국위원회(American Committee for Liberation)'를 설립했다. 공산주의로부터 러시아를 해방시키는 것이 목직이었다. 1953년부터 시직된 '자유방송(RL)'을 맡았다. 그 뒤 만들어진 게 1951년 12월 1일의 CFA다. '자유아시아방송(Radio Free Asia)'을 관리하는 주체다.

미국은 중국 본토에 대한 욕심을 포기하지 않았다. 그래서 CFA의 첫 공략 대상은 중국이 된다. "미국에 우호적인 지도자 그룹을 양성하고 장기적으로 이들이 자국 국민에게 영향을 미치도록 할 것, 공산주의에 동조하는 지도자, 전문가와 핵심 인물을 배제할 것, 경제적 곤경에 처한 영향력 있는 인사의 거처를 마련해 줄 것, 정보요원으로 활동할 수 있는 사람을 훈련할 것" 등의 활동이 진행되었다.[26] 한국전쟁이 끝나면서 확대할 필요성이 생겼다. 공략 대상을 동남아시아 전역으로 확대하고 미국 정부가 뒤에 있음을 숨긴다.

아시아의 관점에서 봤을 때 '자유'라는 명칭은 불편했다. 속박된 자신들을 미국이 자유롭게 해 준다는 인식이 싫었다. 그래서 늘 하던 방식대로 '몸체'는 그대로 두고 이름만 바꾸었다. 설립자 명단에는 캘리포니아 스탠더드오일(지금의 쉐브론) 회장이던 T. S. 피터슨, 월버엘리스 사의 브레이톤 윌버, 컬럼비아대학교 총장 그레이슨 커크와 유럽마셜플랜 초대 책임자 폴 호프먼 등이 포함된다. 예산과 인사는 모두 CIA가 통제한다. 1953년 7월부터 1962년까지 회장을 맡은 인물은 로버트 블룸이다.

외부에 알려진 경력은 외교 전문가로 대학 강사였다는 정도다. 본 모습은 상당히 다르다. 일본의 진주만 공격 직후 블룸은 OSS에 합류한다. 전문 분야는 적의 간첩 활동을 막거나 이를 무력화시키는 방첩(conterintelligence)이다. 1948년 앨런 덜레스가 트루먼 대통령에게 제출한 'CIA 개혁 방안' 보고서 작성에도 깊숙이 관여했다. 한국의 국군기무사에 해당하는 펜타곤 소속 '국가안보위(National Security Agency)'를 설립하는 과정에도 참가한 것으로 알려진다. 미국 초대 국방부 장관인 제임스 포레스탈의 비공식 자문위원 자격이었다. 또한 베트남, 라오스, 캄보디아에서 프랑스를 지원하는 역할을 한 '특별기술경제자문팀(Special Technical and Economic Mission)'의 책임자였다.[27]

　재단이 수행한 다양한 활동에는 그의 철학과 경험이 잘 반영되어 있다. 재단의 목적은 크게 두 가지다. 그중 하나는 아시아 지역을 대상으로 공산주의와 '심리전'을 벌이는 일이다. 또 다른 것은 군사작전, 경제 지원, 프로파간다 활동 등을 통합하고 조정하는 CIA 비밀 작전의 수행이다. 외부로 드러난 활동 중에는 '아시아 학생들을 위한 도서 프로그램'이 있다. 대략 쉰 개의 미국 대학과 출판사, 도서관과 서점 등이 참여했고, 총 11만 7196권의 책과 1만 535권의 저널이 아시아로 보내졌다. 한국에 남긴 흔적은 연구소 설립, 연구지원 및 지식인 교류 지원 등이다.

　'한국연구센터(Korea Research Center)' 프로젝트가 그 시작이다. 1956년 6월 2일 개관한 사회과학연구도서관이 아시아재단의 후원으로 설립되었다. 반공정책을 적극 옹호했던 국내 지도자들이 이사진으로 참가했다. 연세대 백낙준 총장은 이사장으로, 이선근(문교부 장관), 윤일선(서울대 총장), 김활란(이화여대 총장), 유진오(고려대 총장), 이세현(상공회의소 회장) 등이 이사진을 구성한다. 학술지《사회과학》을 발간했고, 미국식 사회과학 방법론과 반공연구 및 미국 정부가 필요로 하는 한국 관련 지식 생산이 목적이었다.

지원을 받은 연구로는 1956년에 나온『한국 공산주의 운동의 기원』이 있다. 공산주의 전문가 로버트 스칼라피노와 제자인 하와이대학교 이정식 교수의 공동 작품이다.『한국농촌의 사회구조: 경기도 6개촌의 사회적 연구』도 해당된다. 록펠러재단의 장학금으로 미국 코넬대학교에서 공부한 다음 서울대에서 사회학과를 만든 이만갑 교수가 맡았다. 동아시아 유학생을 교육시킨 다음 본국으로 돌려보내는 프로그램의 일환으로 미국에서 공부한 인물이다. 국내 사학계에 상당한 영향력을 가진 이병도 서울대 교수가 일본에서 열린 '조선학회'에 참가할 수 있도록 경비를 지원한 곳도 이곳이다.[28]

12

권력의 이차원

고기는 먹어 본 사람이 찾는다. 권력도 그렇다. 정부든 기업체든 대학이든, 고위직에 있어 본 분들은 수완이 남다르다. 무엇을 원하는지, 어떻게 해야 하는지 잘 안다. 아랫사람 다루는 수완이 상당한데 공통적으로 '거부권'을 잘 다룬다. 특히 조직 운영에서 중요한 인사와 예산안을 처리할 때 잘 드러난다. 경험이 없는 분들은 일차원적 권력에 집중한다. 부하 직원들에게 무엇을 '하게' 또는 '못 하게' 한다. 명령을 받는 입장에서는 자존감도 상하고 부당한 간섭을 받는다고 느끼기 쉽다. 자칫하면 내부 고발자가 될 수도 있다.

　노련한 분들은 다르게 한다. 일단 자신이 원하는 '인사' 명단과 '예산안'이 나올 때까지 '의사결정'을 보류하며, "좀 더 생각해 봅시다."라는 말을 주로 쓴다. 다른 말은 안 한다. 그렇게 되면 실무자는 곤혹스러워진다. 결정이 미루어지면 무능력하다는 오해를 받게 된다. 원하는 답이 무엇인지 스스로 알아내야 된다. 그래서 측근에게 술이라도 사면서 슬쩍 의중을 파악한다. 몇 가지 실마리가 찾아지면 나머지는 쉽다. 문제가 생겨도 윗선에서는 책임질 일이 없다. 실무자 입장에서도 손해 볼 일은 아니다. 정무적 판단이 뛰어나고 조직을 무난하게 운영하는 인물이라는 평가를 받는다.

국제사회도 크게 다르지 않다. 국제분쟁에서 가장 큰 영향력을 행사하는 곳은 UN이며, 그중에서도 '안전보장이사회'다. 월등한 군사력을 가진 미국도 이라크나 리비아와 전쟁을 하기 전에 이곳에서 '승인'을 얻으려 했다. 그게 안 되면 '연합군'이라도 만든다. 정당성 또는 명분을 얻지 못하면 기회비용이 너무 커지기 때문이다. 흥미로운 것은 거부권을 행사할 수 있는 국가가 지난 50년 동안 전혀 바뀌지 않았다는 점이다.

인구, 경제력, 군사력 등에서 인도와 브라질이 빠져야 할 이유는 딱히 없다. 프랑스와 영국보다 경제력에서 월등한 독일과 일본도 마찬가지다. 그러나 안보리에서 논의된 적도 없고, 얼굴을 붉히면서 누군가 거부권을 행사하지도 않았다. 일본에 대해서는 중국이, 인도에 대해서는 미국과 영국이 반대 의사를 밝힌 것이 전부다. 회의 안건으로 힘겹게 올려 봐야 채택되지 않을 것이 너무 분명한 상태라 누구도 헛수고를 하지 않는다. 존재 자체만으로 영향력이 발휘되는 거부권의 본질을 잘 보여 준다.

외환위기가 터질 때마다 IMF가 대출해 줄 수 있는 자본이 충분하지 않다는 얘기도 이 문제와 관련이 있다. 회원국들의 돈을 더 받아 자본금을 늘리면 되지만 미국이 반대해 왔다. 17퍼센트 정도의 지분으로 거부권을 행사할 수 있는 구조를 바꾸지 않으려는 것과 관련 있다. 미국발 금융위기가 터진 직후에도 거부권은 손대지 않는다는 조건으로 자본금 확대를 받아들였다. IMF나 세계은행의 영향력도 비슷한 방식으로 작동한다. 굳이 협상 과정에서 얼굴을 붉힐 필요가 없다. 원하지 않는 구조개혁 프로그램을 갖고 오면 '승인'하지 않으면 된다. 또는 약속한 돈이 집행되는 것을 '보류'하기만 해도 결국 원하는 결과를 이끌어 낸다. 어떻게든 기득권을 지속시키려는 미국이 거부권이 갖는 이러한 매력을 모를 리 없다.

2010년 스튜어트 패트릭은 논문 「국제질서의 개편: 미국 관점에서 본 패권(Global Governance Reform: An American View of US Leadership)」을 발표한다. 외교협회 연구원으로 국무부에서도 일한 경험이 있는 그는 패권질서를 유지하기 위한 미국 파워 엘리트의 관점을 잘 보여 준다. 현재의 국제사회를 설명하기 위해 패트릭은 '도시계획'이라는 비유를 가져온다. 원래는 허허벌판이었다. 미국은 주도적으로 도시를 세웠다. 인프라를 하나씩 구축했고 때로는 강제로, 때로는 회유로 공동체를 만들었다. 시장과 은행장, 교육감 등의 요직을 자연스럽게 독점했다. 그동안 새로운 사람들이 이주해 왔다. 도로도, 상수도 시설도, 집도 더 늘려야 하는 상황이 닥쳤다. 노른자위에 해당하는 직위도 나누어 달라는 요구에 직면한다. 문제는 기득권을 포기하지 않고 이들을 포섭하는 일이다. 먼저 자리를 잡았지만 변화 자체를 부정할 수는 없다. 혼자 해결할 수 없는 문제가 많이 늘었다. 국제사회로 보면 환경오염, 테러리즘, 핵무기 확산, 금융위기 등이 여기에 해당된다. 떠오르는 권력이 된 중국, 인도와 일본에 걸맞는 대접을 해 줘야 이들이 협력한다.

미국 입장에서는 그동안 몇 차례의 변화를 성공적으로 이끌어 온 경험이 있다. EU와 NATO(North Atlantic Treaty Organization, 북대

서양조약기구)는 좋은 사례다. 회원이 되려는 국가들은 EU의 목적, 철학과 게임의 규칙에 대해 전혀 문제를 제기하지 않았다. 본인들이 배우고 사회화했다. NATO에 새로 가입한 폴란드, 체코, 슬로바키아 등도 비슷했다. 그러나 이들은 약자였고 다른 선택이 없었다. 중국과 인도, 남아프리카공화국 등은 다른 상황이다. 의사결정 과정에 포함되기 전에는 복종하는 것처럼 보이다가 막상 입장이 바뀌면 달라질 것이라는 우려도 있다. 과연 만족할 만한 수준의 보상을 해 주면서 '게임의 규칙'에는 손대지 않도록 하는 전략은 무엇일까?

미국은 IMF 모델을 원한다. 중국은 유럽에 버금가는 지분을 가질 수 있다. 단 미국만 거부권을 가질 수 있고, 필요한 경우 행사한다는 규칙을 바꾸지는 못한다. 현실적으로 중국이 이 방안에 만족할 가능성은 낮다. 그래서 나온 전략이 함께 '개혁'하자고 설득한 다음 '의사결정'을 자꾸 미루는 방식이다. 상당한 효과가 있다.

첫째, '신도시' 건설이라는 대안 질서에 대한 의지를 약화시킬 수 있다. 변화를 요구하는 세력 내부에서 급진파와 온건파가 분열되는 효과도 있다. 둘째, 첨예한 이해관계가 없거나 사정을 잘 모르는 제삼자의 우호적 여론을 얻는 데 도움이 된다. 솔선수범해서 연구하고, 그 내용으로 세미나를 개최하고, 청사진을 제시하면 불만이 줄어들 수밖에 없다. 뭔가 진행되고 있는 상황에서 자꾸 비판을 제기하기는 어렵다. 만약 누군가 새로운 청사진을 들고 나오더라도 '실용성'과 '비용' 등을 내세워 반박할 수 있다는 장점도 있다. 막무가내로 못하게만 하면 반감이 높아지고 다른 게임을 만드는 과정에서 배제된다.

끝으로, 개혁 과정에서 자발적 '연대세력'을 확보할 수 있다. 농구 경기를 생각해 보면 된다. 3점 슛이 등장하더라도 키가 큰 선수에게 유리하다는 본질은 훼손되지 않는다. 대신 규칙이 바뀌면서 이익을 보는 선수들이 생겨난다. 그들은 농구라는 경기에 적응하기 위해 많은 노력을 했다. 전혀 다른 게임보다 '승률'이 높아지는 것이 더 좋다고 생각한다.

짐작하기 어렵지 않지만 국제사회는 훨씬 더 많은 게임이 있다. 핵심 질서만 해도 안보, 금융, 신용, 무역, 정보, 지식, 감성, 규범 등으로 분화된 상태다. 미국은 운전석에 앉아 있는 권한으로 '식단에 따라' 동맹을 선택할 수 있다. 예를 들어, 정보통신과 관련해서는 브라질을, 환율 분야에서는 한국을, 무역에서는 싱가포르를, 안보와 관련해서는 동유럽을 입맛대로 활용한다. 전체의 이익이라는 관점에서 보면 양체 짓이지만 눈앞에 보이는 이득을 외면하기는 어렵다. 당근과 함께 늘 채찍도 있다는 점도 잊으면 안 된다. 미국이 행사하는 권력의 이차원은 정확하게 이런 구조에서 진행된다. 작동 방식은 한국이 조연 배우 역할을 잘 해낸 몇 가지 사례를 통해 확인된다.

반기문 카드

2006년 10월 14일에 UN총회는 신임 사무총장으로 반기문을 뽑았다. 한국인으로서는 최초, 아시아에서 두 번째다. 민족의 우수성에 늘 목말라 하는 한국 사회는 열광했다. 모 언론사에서는 "제8대 UN사무총장으로 공식 선출된 반기문 외교통상부 장관. 개인적 영예를 떠나 전 세계에 한국의 위상을 드높인 온 국민이 기뻐해야 할 쾌거가 아닐 수 없다."고 말할 정도였다. 얼핏 봐도 대단한 자리다. 매년 27억 달러 정도를 쓰고, 근무하는 인원만 1만 6000명이 되는 방대한 조직의 책임자다. 전용기는 없지만 국가원수의 대접을 받고 연봉도 2억 원이 넘는다. 관사, 판공비와 경호도 제공받는다. 임기는 5년이지만 대부분 연임을 한다. 본부에 근무하는 국장급과 전문직을 포함한 3000명 정도의 인사권을 행사한다. 총회, 안전보장이사회, 경제사회위원회, 신탁위원회 등 모든 회의에는 사무국 대표 자격으로 참석할 수 있다. 각 기관에서 위임받은 업무를 지휘하는 역할도 한다. 결정적으로 국제사회가 부여한 엄청난 '정치적 자본'을 갖는다. 로마 교황과 비슷하다고 생각하면 된다.

프란치스코 교황은 2013년에 취임했다. 국제사회의 이슈가 나올 때마다 꼭 등장하여 종교적인 문제는 물론 국제분쟁에도 개입한다. 북미협상에 대해서도 찬성하는 발언을 했다. 성적소수자 문제, 빈곤 문제, 남녀차별 문제 등에 항상 성명서를 발표한다. 영향력이 있을까 싶지만 그렇지 않다. 인간은 '빵'만으로 살지 않는다. 명예를 잃지 않기 위해 목숨도 버린다. 무엇이 옳고 그른지 알 수 없을 때 교황이 편을 들어 주면 '정당성'을 얻는다. 굳이 누구 편을 들어 주지 않아도 된다. 관심을 가져 주는 것 자체로 국제사회의 눈과 귀가 집중된다. 안 보이는 곳에서는 마음대로 할 수 있지만 다수가 지켜보면 뭐든 조심하게 된다.

교황과 달리 UN사무총장은 아예 국제사회에 개입하라고 만든 자리다. 가능하면 중립적인 국가 출신으로 제3세계의 입장을 대변할 수 있는 사람을 뽑는 것은 이런 까닭에서다. 국제협력의 촉진자, 국제

분쟁의 중재자, 국제사회의 양심, 약자의 대변인이 되어 줄 것을 기대받는 직위다. 약육강식의 냉혹한 현실에 상처받고, 굶주리고, 억압받는 다수의 동반자이자 치료자다. 모든 것을 할 수는 없지만 생각보다 할 수 있는 게 참 많다.

언론은 항상 UN사무총장에게 주목한다. 말 한마디, 몸짓이나 관심사항 등이 모두 대중의 주목을 받는다. 평화유지군을 격려하려 방문할 수도 있고, 구호물자 전달 현장에 나갈 수도 있고, 약소국을 대변해 강대국에 쓴소리를 해도 된다. 「UN 헌장」 99조가 부여한 권한도 있다. "국제평화와 안전 유지를 위협한다고 판단되는 어떤 사안이라도 안전보장이사회(안보리)에 회부"할 수 있다는 내용이다. 상임이사국의 거부권에 전혀 방해받지 않는다. 안건이 된다는 것만으로도 상당한 효과가 있다. 관심이 집중되면 강대국의 일방통행을 막을 수 있으며, 문제에 대한 합리적인 토론이 가능해진다. 5년을 더 하겠다는 욕심이나 사적인 이해관계만 없으면 더한 것도 가능하다. 극단적으로 단식 투쟁을 할 수도 있고, 호소문을 발표하거나 국제사회의 협력을 직접 끌어내는 것도 가능하다. UN을 대표하는 인물이 목숨을 걸고 반대하는 일을 추진하기는 현실적으로 쉽지 않다. 만약 강행하면 상당한 부담이 생긴다. 정당성은 물론 국제사회의 적극적인 협조도 얻을 수 없다. 그래서 총장을 선출하는 절차는 꽤 복잡하다.

지역별 순환 원칙이 우선 적용된다. 2011년 이후 아프리카, 아시아-태평양, 동유럽, 중남미, 서유럽 등 다섯 개로 구분되어 있다. 각 지역에서 두세 번에 걸쳐 맡는다. 평균 임기를 10년 정도로 계산하면 40년은 지나야 다음 차례가 온다. 반기문 총장이 선출되기 직전 아시아 지역에서는 미얀마 출신의 우 탄트가 유일했다. 재직 기간은 1961년부터 1971년까지였다. 지역이 결정되면 일종의 '인기투표'를 한다. 안보리 이사국 전원이 참여해 1차 후보군에 대한 찬성, 반대, 중립 등을 표시한다. 이 단계에서 거부권을 갖는 상임이사국과 임시이사국의 차이는 없다. 후보가 압축된 다음 단계에서 거부권이 적용되며, 만약 거부권 행사가 없으면 이사국 중 최소 아홉 표를 얻으면 된다.

총회의 의결은 형식적인 절차다. 가장 영향력이 큰 국가는 미국이다. UN이라는 구상이 원래 1919년의 '국제연맹'에서 나왔다. 윌슨의 14개 조항에 포함되어 있었으며, 본부도 중립국이 아닌 미국에 있다. 뉴욕 맨해튼 이스트 강변에 위치한다. 엠파이어스테이트 빌딩, 록펠러 센터와 크라이슬러 빌딩 등과 별로 멀지 않다. 물리적 거리와 권력질서가 상당한 연관성이 있다는 사실을 기억하면 된다. UN 분담금도 미국이 22퍼센트로 가장 많이 낸다. 일본 9.68퍼센트, 중국 7.9퍼센트, 독일 6.4퍼센트, 프랑스 4.9퍼센트 순서다.

역대 사무총장을 봐도 미국의 영향력은 쉽게 짐작할 수 있다. 1대는 트뤼그베 리로 노르웨이 외무장관 출신이다. 당시 노르웨이는 올덴버그 왕가의 지배를 받았는데 역사적으로 영국 왕족과 거의 한 혈통에 가깝다. 독일의 점령지에서 해방된 직후 곧바로 미국과 영국이 결성한 '반공전선'에 합류한다. 마셜플랜과 나토에도 가장 먼저 가입한 국가다. 당시 중국은 지금의 대만이었다. 미국의 도움이 없었다면 국가를 세우지도 못했다. 자본주의 진영이 아닌 국가는 소련뿐이었다. 한 번 거부권을 행사해 봤지만 미국은 총회에 상정하는 방식으로 임명을 밀어붙였다.

2대는 다그 함마르셸드다. 경제학자로 스웨덴 출신이다. 영국과 스칸디나비아국의 경제협력을 이끌었다. 이번에도 소련은 1차 지명에서 캐나다 출신의 레스터 피어슨을 반대했다. 정치적인 부담으로 더 이상의 비토는 하지 않았다. 대신 1961년에는 새로운 선출 방식을 내놓았다. 서방이 독식하는 방식이 아닌 제1세계, 제2세계와 제3세계가 각각 한 명씩 대표를 뽑아 세 명이 번갈아 가면서 직위를 맡자는 제안이었으나 미국의 거부로 무산된다.

개발도상국 출신이 최초로 선임된 것은 3대 '우 탄트' 때부터다. 1955년 반둥회의 이후 '비동맹 세력'이 등장한 것이 배경이다. 전임자가 비행기로 사망하면서 일단 잔여 임기를 채우는 조건으로 취임한다. 정식으로 본인 임기를 시작한 것은 1966년이다. 4대 총장은 쿠르트 발트하임으로 중립국 오스트리아 출신이다. 1971년 10월 대만을 대신해 안보리 상임이사국이 된 중국은 세 번이나 거부권을 행사했다. 그러나 이번에는 소련이 도와주지 않았다. 1969년 국경 분쟁당시 사회주의 양대 세력은 전쟁 직전까지 치달았다.

남미 몫의 당선자는 5대 하비에르 데케야르다. 많은 우여곡절 끝에 당선되었다. 미국과 중국의 갈등이 원인이었다. 중국은 탄자니아 출신의 살림 아메드 살림을 밀었지만 미국의 반대에 직면했다. 전임자 쿠르트 발트하임이 선출될 때 중국은 양보한 적이 있지만 미국은 달랐다. 중국과 갈등 관계에 있었던 소련도 중국 편을 들지 않았다. 타협책으로 뽑힌 인물이 페루 출신의 외교관 하비에르 데케야르다. 1982년부터 1991년 동안 재직했다. 이란-이라크전쟁, 레바논 사태, 포클랜드 분쟁, 남미 쿠데타 등 바람 잦아들 날이 없었다. 레이건 독

다그 함마르셸드(1905-1961)

우 탄트(1909-1974)

쿠르트 발트하임(1918-2007)

부트로스 갈리(1922-)

코피 아난(1938-2018)

트린 시기였고, 미국과 소련의 갈등이 심각한 상태로 높아졌다. UN을 압박하는 수단으로 미국은 유네스코에서 탈퇴하고 분담금 지불도 미루었다. 1989년 냉전이 붕괴되었고, 미국은 그 이후 유일한 강대국이 되었다.

6대 총장 선출은 이전과 달리 무난하게 진행되었다. 누구도 미국의 비위를 정면으로 거스를 상황이 아니었다. 지역으로는 아프리카 차례였고, 미국과 가까웠던 이집트 출신 부트로스 갈리가 당선된다. 아프리카연합기구(Organization of Africa Unity)와 비동맹 기구에서 적극 밀었다. 갈리는 반공주의자였고 이스라엘 옹호자이기도 했다. 미국이 좋아할 만한 경력을 갖고 있는 인물이었다.

1996년에 갈리는 연임에 실패한다. 열다섯 번 투표에서 열네 번을 이겼지만 미국이 끝까지 반대했다. 외형적으로는 개혁의 걸림돌이 된다고 했지만 핑계였다. 재임 기간 중 그는 인력의 25퍼센트를 줄이고 특히 고위직의 40퍼센트를 없앴다. 예산도 1억 2000만 달러를 줄였다. 다른 이유가 있었는데 제3세계를 편든 것이 그중 하나였다. 미국의 보스니아 폭격을 가로막았다. 폭격할 돈이 있으면 소말리아와 르완다 학살을 막는 데 쓰라고 충고했다. 이스라엘의 레바논 폭격에 대한 진상 조사를 시켰고, 총회에 보고서가 배포된다.

냉전이 끝난 이후 국제사회에 대해서도 갈리는 미국과 다른 그림을 가지고 있었다. '평화의제(Agenda for Peace)'와 '개발의제(Agenda for Development)' 등을 제시한다. 분쟁에 앞서 UN이 선제적으로 외교적 노력을 기울이고, 평화유지군을 보다 신속하게 파견하고, 또 국제사회에 필요한 자금을 마련하기 위해 '글로벌 세금(Global Tax)' 등을 신설하자는 내용을 담았다. 분담금을 제대로 내지 않고 있는 미국의 이중성에 대해서도 침묵하지 않았다.[29] 미국 정부와 언론은 집요하게 공격했다. UN 개혁은 본인의 권력을 강화하기 위한 수단이라며 비난했고 오히려 개혁의 걸림돌이라는 주장을 확산시켰다. 미국의 입장을 확인한 갈리는 결국 최종 투표를 앞두고 물러났다.

7대 코피 아난이 그 자리를 물려받았다. 전임자가 단임에 그쳤기 때문에 아직은 아프리카의 몫이 남아 있었다. 가나 출신의 총장이 나온 배경인데, 코피 아난은 미국과 인연이 깊었다. 학부는 미네소타주에 있는 매캘레스터대학교를 나왔다. MIT에서 MBA 과정도 밟았다. 미국의 뜻대로 움직일 거라는 희망은 오래가지 못했다. 제3세계의 입장에 서고자 했던 갈리 총리의 뜻을 계승하면서 갈등이 시작된다.

발단은 부시 독트린이다. 2003년 이라크전쟁을 앞두고 미국은 UN의 승인을 얻으려 했다. 명분이 필요했기 때문이다. 그러나 아난 총장은 입장이 달랐다. 대량살상 무기가 없다는 것도, 이라크가 UN에 적극 협력하고 있다는 것도 잘 알고 있었다. 미국이 9·11테러 이후 '고문방지협약'을 지키지 않으려 한 것도 문제였다. 미국 의회는 2002년 '미국군인보호법안(American Service-Members Protection Act)'을 통과시켰다. 국제사회에서 규정하는 전쟁 범죄를 저지른 경우에도 처벌하지 않겠다는 선언이다. 같은 해 출범한 국제사법재판소(International Criminal Court) 비준도 거부했다.

2005년에 발표된 「더 확대된 자유: 모두를 위한 경제발전, 안전과 인권을 위하여(In Lager Freedom: Towards development, security and human rights for all)」 보고서에 대한 입장도 달랐다. 그중에서도 총회

의 권한을 늘리고, 안보리 이사국을 스물네 개로 확대하며, 또 인권위원회(Human Rights Council)를 만들자는 내용이 문제였다. 결정적으로 2006년 6월에 사무부처장 멜로치 브라운의 발언이 나왔다. UN은 미국의 대외정책을 정당화시키기 위한 '외교적 수단'이 아니라는 점, 러시 림보와 폭스뉴스와 같은 보수 언론이 국제여론을 왜곡하고 있다는 점을 강하게 비판했다. 당시 UN대사였던 존 볼턴은 노골적으로 코피 아난에게 대들었다. 전임자에게 한 것과 비슷한 인신공격도 동시에 시작된다. 미국 언론도 힘을 보탰다. 증거를 굳이 제시하지 않아도 되는 권력 남용과 부정부패 혐의가 동원된다.[30] 무혐의로 결론이 났고 지금은 그 사건을 기억하는 사람도 없다.

미국은 또 다른 후보를 찾았다. 정치적이지 않고, 미국의 뜻을 거스르지 않을 인물이 필요했다. 적임자로 등장한 인물이 한국의 반기문이다. 땀 흘려서 '쟁취'한 것이 아니라 주인공을 보이지 않게 도와줄 '조연'으로 뽑혔다. 지역 순환을 고려했을 때 아시아에서 후보가 나와야 한다는 데 다들 동의한 상황에서 선임 절차가 시작된다.

반기문 총장과 끝까지 경쟁한 사람은 샤시 타루르다. 인도 출신으로 미국도 잘 알았고, 국제외교로 유명한 터프츠대학교에서 석사와 박사를 받았다. 유엔고등판무관(UN High Commissioner for Refugees, UNHCR)에서 일찍부터 일했다. 2001년부터 사무부처장으로 대외협력부서를 맡았다. 객관적으로 봤을 때는 총장으로 전혀 손색이 없었다. 미국의 생각은 달랐다. 아난 총장이 신임하는 인물이었다는 점과 비동맹을 추구하는 인도 출신이라는 게 싫었다. 거부권을 행사했고 결국 반 총장이 승자가 되었다.

당시 한국의 대통령은 노무현이었고 중국과는 사이가 좋았다. 소련 역시 크게 반대할 이유가 없었다. 2007년부터 2016년까지 지속된 임기 동안 미국은 원하는 것의 상당 부분을 얻었다. 전임자가 추진했던 개혁 안건은 모두 관심권에서 멀어졌다. 예멘 내전에서 무고한 어린아이를 학살해 '블랙리스트'에 올랐던 사우디아라비아는 2015년 최종 보고서 명단에서 빠졌다. 국제사회에서 그의 별명은 "무기력한 방관자", "아무 데도 없는 사람" 혹은 "미국의 푸들"이다.[31] 2012년 김용 세계은행 총재 임명도 같은 맥락이다.

김용 카드

명색이 국제기구인데 미국 시민권자만 맡는 자리가 있다. 1945년 이후 지금까지 한 번도 도전받지 않은 불문율이다. 연봉은 대략 47만 달러 정도이고, 직원만 1만 5000명이 넘는다. 세계은행그룹 총재 얘기다. 1대는 워싱턴포스트 사주이면서 연방준비위 의장을 맡았던 유진 마이어가 맡았다. 파워 엘리트에서 소개된 존 매클로이와 로버트 맥나라마도 이 자리를 거쳤다. 유진 블랙, 조지 우드, 올던 클로슨 등은 모두 금융기관 대표이사 출신이다. 폴 울포위츠는 총재가 되기 전 국무부 정책기획국, 국무부 차관, 인도네시아 대사, 국방부 차관 등 공직을 두루 거친 인물이다. 레이건과 부시 독트린과 관련이 깊다. 방문 연구원으로 아메리카기업연구소(AEI)에서 일한 적도 있다.

2007년에 부임한 로버트 졸릭도 재계와 정부 요직을 두루 거친 사람이다. 1987년부터 공직 생활을 시작해 백악관 비서차장(Deputy

Chief of Staff), 무역대표부 단장과 국무부 차관을 지냈다. 정부금융 공사인 패니매(Fannie Mae)와 골드만삭스 등 금융기관과도 인연이 깊다. 외교협회 회원이면서 국제전략연구소(CSIS) 소장도 맡았다. 2012년 오바마 대통령은 이런 자리에 한국인 김짐용(Jim Yong Kim)을 앉혔다.

김용 총재는 한국 출신이지만 국적은 미국이다. 학부는 브라운대학교를 나왔고, 하버드대학교에서 의학박사와 인류학박사를 받았다. 의료봉사 단체인 '파트너스 인 헬스(Partners in Health)'에서 활동했으며 결핵 퇴치와 의료 구조사업 분야의 전문가다. 2004년에는 세계보건기구(WHO)의 후천성면역결필증(ADIS) 퇴치 부서 책임자로 일하기도 했다. 2009년 하버드 의대에 근무하던 중 다트머스대학교 총장에 선임되었다. 당시 재무부 장관이던 티머시 가이트너가 적극 추천한 것으로 알려진다. 그는 다트머스대학교 동문이다. 존 케리와 힐러리 클린턴 등이 모두 이 자리를 원하지 않았다는 것도 배경 중 하나다. 밖에서 보이는 그림은 이 정도다. 그러나 내면에는 좀 복잡한 사연이 있다. 국제금융의 주도권을 지키기 위한 선제 작업으로 볼 만한 이유가 많다. 남미와 아시아 등에서 세계은행을 대체할 기구를 만들려고 한 것이 첫 번째 배경이다.

남반구 은행(Bank of the South)은 2009년 9월 26일에 설립된다. 참가국은 아르헨티나, 브라질, 파라과이, 우루과이, 에콰도르, 볼리비아, 베네수엘라 등이다. 초기 자본금은 200억 달러를 모으기로 했다. IMF와 세계은행에 대한 의존을 줄이고 남미 국가 간 필요한 자금을 조달하자는 것이 목표였다. 긴급자금을 빌려주는 조건으로 시장자유화 조치와 긴축재정 등을 요구하는 것에 대한 반발이었다. 라틴아메리카 국가들이 IMF에 빌린 돈은 2005년 810억 달러에서 2008년 170억 달러로 대폭 줄었다. 물론 2019년 현재에도 이들의 구상은 실천 단계로 나아가지 못했다. 최근 금융위기를 맞아 아르헨티나는 신규로 500억 달러 이상을 IMF에서 빌렸다. 구심점 역할을 하던 베네수엘라는 차베스 대통령이 죽은 후 극심한 경제위기를 맞고 있다. 브라질 또한 2016년 노동당 출신의 호세프 대통령이 탄핵된 후 정치적 불안정에 시달리는 중이다.

세계은행에 대한 도전은 아시아에서도 진행 중이었다. 치앙마이 선도과제(Chiang Mai Initiative)는 1997년 아시아 외환위기가 발단이 되었다. 당시 미국과 IMF가 내건 조건은 너무 가혹했고 나중에는 잘못된 것으로 비판받았다. 2008년 미국발 금융위기가 터졌을 때 미국은 전혀 다른 조치를 취했다. 부도 위기에 직면한 금융기관과 자동차 회사를 해외에 매각하는 대신 천문학적인 구제금융이 주어졌다. 긴축재정 대신 오히려 정부의 빚을 대폭 늘렸고, 금리를 낮추고 시중에 자금을 더 풀었다. 1998년 겨울에 아시아 국가들은 유럽연합과 비슷한 경제 공동체를 구상하기 시작했다. IMF를 대신할 수 있는 아시아 통화기금(AMF)과 아시아단일통화(Asia Currency Unit), 또 아시아채권시장 등의 논의도 급물살을 탔다.

2000년 5월에는 태국 지앙마이에서 동남아시아국가연합과 한국, 중국과 일본을 묶는 '아세안+3(ASEAN+3)'가 정식으로 출범한다. 목적은 남미와 비슷했다. 2010년 출범 당시 자본금은 1200억 달러였지만 2012년에는 2400억 달러로 늘었다. '북한' 문제와 역내 갈등에 발목이 잡힌 것은 그 직후였다. 매년 정기적으로 열리던 한중일 정상회의와 외교장관회의는 2012년부터 중단되었고, 2019년 현재까지도 변화가 없다.

두 번째 변수는 미국발 금융위기로 인해 난감한 상황에 놓였다는 점이다. 발단은 1999년 글래스-스티걸 법안 폐지다. 일반 은행이 고객 돈으로 주식, 파생금융상품과 각종 투기성 상품에 투자할 수 있도록 허용한 것으로 재무부와 월가 복합체의 작품이다. 당시 재무부 장관이 골드만삭스의 로버트 루빈이었고, 골드만삭스 출신이 그 이후에도 계속 장관과 차관을 독점한다. 전 세계 1위 투자은행이 골드만삭스다. 2위는 JP모건체이스, 3위가 영국의 바클레이, 4위와 5위는 뱅크오브아메리카와 모건스탠리다.

제대로 된 소득이 없는 사람들도 얼마든지 집을 살 수 있도록 한 것이 문제의 출발이었다. 한 예로, 100만 달러짜리 집을 사는 데 5퍼센트 정도에 해당하는 5만 달러만 먼저 내고 나머지는 주택담보 대출이 가능하도록 했다. 정상적인 상황이라면 20퍼센트 정도는 있어야 된다. 부동산담보 대출 전문기관인 패니매(Fannie Mae)와 프레디맥(Freddie Mac)은 이런 부실한 물건에도 투자를 늘렸다. 형편이 어려운 사람도 이자를 좀 더 내기만 하면 집을 살 수 있는 길이 열렸다. 투자은행은 여기서 한발 더 나아갔다. 우량하다는 뜻의 프라임(prime)보다 못하다는 뜻에서 쓰인 '서브프라임' 담보대출 증서를 또 다른 상품으로 개발했다. 일종의 투기성 짙은 채권이 확산되었다. 집을 산 사람이 원금과 이자를 잘 갚으면 누이 좋고 매부 좋은 게임이 될 수 있지만 현실은 그렇지 못했다. 직장을 잃으면서 집을 포기하는 사람이 늘었고, 결국 이들 채권을 보유한 금융기관이 연쇄적으로 무너졌다.

부동산 거품이 터진 것은 2007년이다. 2008년 6월 정부는 패니매와 프레디맥에 막대한 공적자금을 투입했다. 소유권도 정부로 넘어갔다. 외환위기 당시 한국 정부가 했던 것과 똑같다. 국민의 세금으로 일단 회사는 살려 놓고 나중에 금융시장이 안정되면 그때 민간으로 다시 매각해서 원금과 비용을 회수하는 방법이다. 그해 가을부터는 대형 투자은행들로 번졌다. 9월 15일에는 리먼 브라더스(Lehman Brothers)가 파산했다. 메릴린치(Merrill Lynch), AIG, HBOS, 스코틀랜드왕립은행(Royal Bank of Scotland), 브래드포드앤빙글리(Bradford & Bingley), 포티스(Fortis), 히포부동산(Hypo Real Estate), 얼라이언스앤리세스터(Alliance & Leicester) 등이 잇따라 위기를 맞는다. 세계 최대 보험사인 AIG에 850억 달러, 시티그룹에 3500억 달러를 투입하는 등 몇 조 달러의 구제금융이 제공된다.

금융기관이 신규 대출을 억제하면서 부동산 가격도 폭락한다. 뒤이어 포드, GM, 크라이슬러와 같은 자동차 회사가 위기를 맞았다. 대략 400억 달러의 돈이 추가로 투입된다. 미국에만 머물지 않고 전 세계로 전염되었다. 단기외채 비중이 높았던 아이슬란드가 이때 파산했다. 외환 보유고를 과거에 비해 열 배 이상 축적해 두었던 한국도 예외가 아니었다.

2008년 가을부터 2009년 봄까지 한국에는 제2의 외환위기라는 유령이 떠돌았다. 중국은 일찍부터 미국의 금융 자유화에 대해 비판적이었다. IMF에 대해서도 미국과 아이슬란드 등 선진국에 대한 감시를 강화하라고 요구했다. 2008년 5월 세계은행 부총재 겸 수석경제학자인, 중국 출신의 저스틴 린이 임명된 것은 이런 배경에서다. 그러나 본질에 해당하는 총재 직위는 양보할 수 없었다. 그렇다고 월가 출신 또는 정통 재무부 관료를 고집할 수는 없었다. 참신한 인물을 찾을 수밖에 없는 상황이었다. 세계은행의 정책이 심각한 도전을 만났다는 점이 세 번째 변수다.

경제 발전 분야에서 세계은행 연구팀은 상당한 권위를 누린다. '세계은행발전보고서(World Bank Development Report)' 덕분이다. 2001년 연구소장은 라비 칸부르였다. 앞에서도 잠깐 설명했지만 조지프 스티글리츠가 부총재로 있을 때 임명한 전문가다. 「빈곤에 대한 공격(Attacking Poverty)」이라는 보고서는 그가 주도한 작업이다. 세계은행의 정책에 심각한 오류가 있다는 것과 변화가 필요하다는 게 본질이다. 제3세계 빈곤의 원인은 경제 성장률이 낮아서가 아니라 공정한 기회가 주어지지 않고, 특히 정치적 안정이 없는 것과 관련이 깊다는 것을 밝혀냈다. 미국 정부로서는 상당히 불편한 얘기였다. 자본시장을 개방하고 자유무역협정을 늘리는 것이 오히려 양극화를 심화시키고 국민의 고통만 늘린다는 내용도 언급했다. 복지를 확대하고 사회안전망을 충분히 갖춘 다음 천천히 개방하는 게 더 낫다는 결론도 포함되어 있었다. 지금까지 해 온 방식이 아닌 근본적인 방향 전환이 필요하다는 얘기였다.

WB에서 발행하는 채권은 웬만한 국가보다 신용등급이 높다. 막대한 돈을 국제금융시장과 기업체 등에서 끌어온 다음 이 돈을 개도국에 투자해 왔다. 도로, 학교, 병원, 발전소 등 많은 간접시설이 이렇게 해서 들어섰다. 지원금을 받기 위해서는 IMF와 WB에서 요구하는 구조조정 프로그램을 받아들여야 한다. 자국 시장을 개방하고, 알짜 기업은 민영화시키고, 복지는 대폭 줄이는 긴축재정 등이 부과된다. 다국적기업들은 이렇게 정돈된 상태에서 공장을 세우고 돈벌이를 한다. 값싼 노동력, 저렴한 원재료비, 게다가 제대로 된 세금조차 낼 필요가 없다.

개도국 전체에서 매년 원조로 받는 금액은 1360억 달러 정도이지만 이런 식으로 나가는 돈은 매년 1조 달러가 넘는다. 별로 높지 않은 이자라 하더라도 원금은 꾸준히 늘 수밖에 없는 구조다. 통화 간 자유경쟁(다른 말로는 자율변동환율제)을 하면서 약소국 통화는 날마나 폭락하는 게 일이다. 원금은커녕 이자도 제대로 갚을 수 없다. 현금이 아니면 결국 남는 것은 부동산, 회사 주식 또는 사업권이다. 막대한 공공자산이 이렇게 해서 세계은행의 손으로 넘어간다. 2013년 기준으로 2조 달러가 넘는다.[32]

다른 곳도 아닌 내부 보고서에서 기존 정책에 대한 부정적 평가가 나왔다는 것이 더 아팠다. 전면 수정이 아닌 미세 조정이 필요했다. 그래서 나온 것이 국제헬스파트너십(International Health Partnership) 프로그램이다. 세계보건기구(WHO)에 지원을 하면 더 좋겠지만 미국 뜻대로 할 수 없다는 문제가 있다. 직접 하기 위해서는 다른 문제는 잘 모르고 이 주제만 잘 아는 사람이 좋다. 김용은 이 조건에 잘 맞았다.

끝으로, 총재 선출을 둘러싸고 너무 많은 관심이 집중되었다는 게 문제였다. 첫 포문은 라구람 라잔이 열었다. 인도 출신 경제학자로 당시 시카고대학교 교수로 재직 중이었다. IMF 수석경제학자를 역임했고 나중에는 인도 중앙은행장에 임명되는 인물이다. 라잔은 냉

라구람 라잔(2012년)

전의 도구가 아닌 '공정한 중재자'가 되려면 총재 선출부터 투명하고 공정하게 해야 한다고 주장했다. 정치적 고려가 아닌 전문성을 먼저 살펴야 한다는 얘기도 덧붙였다.

2012년 3월 16일에는 컬럼비아대학교에서 지구연구소(Earth Institute) 소장을 맡고 있던 제프리 색스가 총재직 도전에 나섰다. 자리 욕심도 있었지만 관심을 불러일으키는 것도 목적이었다. 하버드 출신의 잘 알려진 거시경제학자였다. WB에서 추진하고 있던 '경제발전, 빈곤감축, 공중보건과 구호, 지속가능한 환경' 등의 최고 전문가 중 한 명이었다. UN 밀레니엄 프로젝트 소장을 맡은 적도 있었고, 월가 금융권과 관료 출신과 친하지는 않았다. 대표적인 경쟁자가 전직 재무부 장관 등을 지낸 로런스 서머스다.

국제사회에서는 아프리카연합(African Union)에서 단독 후보로 추천한 응고지 오콘조 이웰라를 적극 지지하는 분위기였다.《이코노미스트》,《파이낸셜타임스》,《뉴스위크》 등은 공개적으로 그녀를 밀었다. 자격으로만 보면 김용 총재와 비교할 바가 아니었다. 응고지 오콘조 이웰라는 전직 나이지리아 재정장관을 지낸 여성 경제학자다. 2007년부터 2011년까지 세계은행 경영본부장으로 일했고 내부 사정도 잘 알았다. 투표권을 15.85퍼센트 장악하고 있으면서 유일하게 거부권을 행사하는 미국이 아프리카 출신의 총재를 받아들일 가능성은 적었다. 그렇다고 무조건 거부할 수도 없었다.

미국은 '개혁(reform)'이라는 카드를 꺼냈다. 원래 외부의 충격을 필요로 하는 작업이기 때문에 내부자는 탈락된다. 과거에 해 온 방식이 아닌 새로운 사업을 추진한다는 점에서 전문성도 문제가 되지 않았다. 한국계 김용 총재가 임명된 배경이다. 취임 직후 그는 4억 달러 정도의 예산을 줄였고 직원도 500명 정도 줄였다. 2017년에는 단독 후보로 출마해 연임에도 성공한다. 그러나 미국이 총재직을 독점하는 문제는 당분간 다시 거론되기 어렵게 되었다. 2022년에 어떤 상황이 벌어질지 모르지만 2012년보다 더 나쁘지는 않을 것 같다.

APEC & G20

미국이 자주 활용하는 또 다른 현상유지(status quo) 전략은 '외형 바꾸기(transforming)'다. 영화 「왕의 남자」에 삽입된 노래 중 이선희가 부른 「인연」이 있다. 2절에 이런 가사가 나온다.

> 취한 듯 만남은 짧았지만
>
> 빗장 열어 자리했죠
>
> 맺지 못한대도 후회하진 않죠
>
> 영원한 건 없으니까
>
> 운명이라고 하죠
>
> 거부할 수가 없죠
>
> 내 생애 이처럼 아름다운 날

또다시 올 수 있을까요

하고픈 말 많지만

당신은 아실 테죠

먼 길 돌아 만나게 되는 날

다신 놓지 말아요

이 생애 못 한 사랑

이 생애 못 한 인연

먼 길 돌아 다시 만나는 날

나를 놓지 말아요.

언제 들어도 참 애틋하다. 못다 한 사랑과 인연이 굳이 연인만은 아니라는 것을 알기에 더 그렇다. 부모와 자식으로, 형제로, 친구로, 회사 동료로, 또 선후배로 만났지만 복이 없었던 모든 인연이 해당된다. 국가도 그렇다. 냉전이 끝난 1990년 이후의 국제사회를 돌아보면 늘 이런 생각이 든다. 왜 아시아는 유럽처럼 연합을 만들지 못했을까? 안 한 것일까, 못 한 것일까? 구조적 권력이라든가 거부권이라는 관점에서 보면 '못 한 것'에 가깝다.

마스트리흐트. 네덜란드에 있는 도시다. 벨기에와 독일 사이에 있다. 의도적인지 아닌지는 모르지만 서유럽 한가운데 위치한다. 1991년 12월 9일, 이곳에서 장차 유럽연합으로 발전하는 주요 합의가 이루어진다. 유럽에 속한 사람들은 누구라도 자유롭게 이동하고, 공동의 법을 지키고, 무역이나 석유 구입 등에서 공동 보조를 맞추자는 내용이다. 헬무트 콜 서독 총리와 프랑수아 미테랑 프랑스 대통령이 주역이다.

1992년 5월 30일에는 프랑스어와 독일어로 동시에 방송되는 아르테(Arte)란 방송국이 문을 열었다. 유럽이라는 집단 정체성을 만들려는 노력이다. 1999년 1월 1일에는 단일통화 유로(Euro)가 시장에 나왔다. 2000년에 잠깐 어려움을 겪지만 지금은 미국 달러와 당당하게 경쟁한다. 2018년 6월 15일에 프랑스, 독일, 벨기에, 덴마크, 네덜란드 등 유럽 9개국은 '유럽군' 창설에도 합의한 것으로 전해진다. 유럽연합에서 탈퇴하기로 한 영국도 군사협력에는 동참한다. 질긴 악연을 떨치고 공존의 인연을 만들어 가는 중이다.

몇 번의 기회가 있었지만 아시아는 아직 갈 길이 멀다. 지역연합이라는 꿈은 유럽과 비슷한 시기에 등장했다. 냉전이 무너진 뒤 곧바로 논의가 시작되었다. 1990년 12월이다. 말레이시아의 마하티르 모하맛 총리가 앞장섰는데 그럴 만한 사정이 있었다. 공산권이 붕괴되면서 굳이 안보를 중심으로 단결할 필요가 없어졌다. 처음으로 '헤쳐모여'가 가능해 보였다. 유럽연합은 이미 상당 부분 논의가 진행된 상태였다. 미국도 북미자유무역협정(North America Free Trade Agreement, NAFTA)에 집중하고 있었다. 1989년에 호주가 제안한 아시아태평양경제협력체(Asia Pacific Economic Corporation, APEC)가 있었지만 아시아라는 지역과 무관하다. 미국의 반공동맹에 더 가까웠다. 예컨대 캐나다, 뉴질랜드, 호주는 영국 언방에 속한 국가다. 미국과 영국의 밀접한 관계를 고려했을 때 그냥 한 식구다. 미국과 영국이 주도했던 전 세계 비밀감시망 '다섯 개의 눈(Five Eyes)'에 참여하는 국가다. 또 필리핀, 인도네시아, 태국, 한국, 일본도 미국의 혈맹이다.

형편이 비슷한 국가끼리 '경제협력'에 초점을 맞춘 기구가 필요했다. 1970년대부터 협력 관계를 다져 왔던 아세안(ASEAN)은 좋은 출발점이었다. 세계 2위의 경제력을 가진 일본이 앞에서 끌고, 한국과 중국이 중간에서 거들고, 아세안이 뒤에서 미는 구도는 나쁘지 않았다. 미국은 아시아 국가들이 '무리(group)'를 짓는 것을 원하지 않았다. 1991년에 하는 수 없이 '그룹(group)'이라는 단어를 빼고 '협의체'를 뜻하는 'caucus'를 넣었다. 동아시아경제협의체(East Asia Economic Caucus, EAEC)가 어렵게 첫발을 뗐다.

경제 협력을 위해 '무역과 관세에 관한 일반협정(GATT)'을 따른다는 원칙도 준비된 상태였다. 아펙과 충돌할 일도 없었고, 굳이 같이 갈 것도 아니었다. 지역적 근접성을 중심으로 한 협의체였기 때문에 경제력과 인구 등에서는 편차가 많았다. 유럽이나 NAFTA의 상황도 크게 다르지는 않았다. 일본, 부루나이, 홍콩, 싱가포르, 한국, 말레이시아, 태국, 필리핀, 인도네시아, 중국, 라오스, 베트남, 북한, 캄보디아, 대만 등 모두 15개국이 동반자였다. 냉전이 끝난 상황에서 공산권 국가라고 차별받을 이유는 없었다.[33]

미국의 반대는 더 심해졌다. 부시 행정부는 일단 일본과 한국이 'EAEC'에 참가하지 못하도록 막았다. 클린턴 행정부가 들어선 1993년에는 APEC을 의도적으로 키웠다. 국가원수가 정기적으로 참가하는 모임으로 전환된다. 재무부 장관과 재계 인사도 함께 하는 대규모 행사로 만들었다. 태평양을 강조하기 위해 파푸아뉴기니, 멕시코, 칠레도 회원으로 합류시켰다. EAEC가 발전하는 것을 막는 것 외에 다른 목적은 처음부터 뚜렷한 게 없었다. 굳이 의미를 찾는다면 WTO

협상이 잘 진행되도록 내부 결속을 다진다는 정도였다.

미국 입장에서 봤을 때 대외정책 목표로 내세운 시장 개방이나 자본자유화 등은 각자 협상을 해야 더 큰 효과가 나오는 분야다. 대한민국 헌법 33조에 "근로자는 근로 조건의 향상을 위하여 자주적인 단결권·단체교섭권 및 단체행동권을 가진다."고 명시한 이유가 뭘까를 생각해 보면 된다. 패권국 미국의 요구에 저항할 수 있는 유일한 방법은 단체 협상이다. 미국으로서는 쌍무협상으로 알려진, 개별적으로 불러 회유하는 게 더 낫다. APEC이라는 자리를 만들어 주면서까지 미국이 이 문제를 의제로 올릴 이유는 없었다. 그래서 이런 모임에서는 항상 '공동선언' 정도밖에 안 나온다.

문제가 많다는 것은 여러 측면에서 확인할 수 있다. 먼저 명칭이 문제다. 협력을 뜻하는 'cooperation'은 '협정(agreement)'이나 '조약(treaty)'과는 거리가 멀다. 좋게 봐주면 관련 현안을 정기적으로 논의하자는 뜻이고, 나쁘게 보면 형식적인 모임이다. 목표도 없고 회원국 간 보조를 맞추도록 하는 강제 조항도 만들 수 없다. 게다가 회원 중 상당수는 NAFTA에 속한다. 자유무역 협정을 이미 하고 있는데 다른 곳에 와서 두 번 작업할 이유가 없다. 경제가 아닌 안보 관점에서 봐도 모호하기는 마찬가지다. 정상회담이 본격적으로 시작되던 1994년을 기준으로 했을 때, 미국과 영국의 안보 동맹이 아닌 곳은 중국밖에 없다. 다들 상호방위조약으로 단단히 묶여 있었고, 같이 논의할 안보 문제가 별로 없는 상황이다. 북한 핵 문제로 제2의 한국전쟁이 나돌던 때도 이 문제가 논의된 적은 없다. 회원국에 실질적인 도움을 줄 수 없다는 것도 반복해서 확인된다.

1994년 멕시코가 페소화 위기에 처했을 때 APEC 차원에서 준 도움은 없다. 결국 미국 정부와 IMF가 해결해야 할 문제였다. 1997년 아시아 위기 때는 오히려 회원들이 서로 돕는 것을 막았다. 일본이 제안했던 아시아통화기금(Asia Monetary Fund)이 밴쿠버 회의에서 거부된 얘기다. 일본의 영향력이 증대한다는 우려나 도덕적 해이가 발생한다는 얘기는 구실에 불과했다. 역설적이게도 APEC 회원들만 외환위기를 맞았다. 말레이시아만 미국이 절대 반대했던 자본의 통제를 통해 위기를 피해 갔다.

한국을 비롯해 필리핀, 인도네시아, 태국이 겪어야 했던 고통은 엄청났다. 넘어진 사람 일으켜 주지 못하고 더 밟아 준다는 말처럼 미국은 앞장서서 '아시아 모델'을 비판했다. 일본도 같이 욕을 먹었다. 개별적으로 도와주는 것도 막았다. 만약 EAEC가 성공적으로 진행되었더라면 전혀 다른 풍경이 펼쳐졌을 가능성이 아주 높았다. 1998년 12월 베트남 하노이에서 열린 '아세안 +3' 정상회담은 이런 사연으로 만들어졌다. "소 잃고 외양간 고친다."는 속담에 잘 어울리는 상황이었다.

2010년 의장국으로 회담을 개최했던 'G(roup)20'도 비슷한 사연을 갖고 있다. 패권에 영향을 줄 만한 상황이 발생했다는 공통점에 우선 주목할 필요가 있다. 멕시코 페소화 폭락에서 시작된 외환위기는 1997년 아시아를 거쳐, 1998년에는 아르헨티나와 러시아로 번졌다. 미국의 롱텀캐피탈(Long Term Capital Management)도 파산했다. 전염 효과는 부정할 수 없었다. IMF와 WB를 장악하고 있는 미국의 리더십에 의문이 제기되는 상황이었다.

미국이 직접 나서기보다 누군가와 같이 하면 '정당성'은 더 높아진다. 유럽, 그중에서도 미국의 영향력이 미치는 독일이 적임자였다. 1999년 12월, 베를린에서 1차 외무장관과 중앙은행장 회의가 열렸다. 국제적 합의를 강조하기 위해 초대 이사장은 캐나다 재무부 장관인 폴 마틴이 맡는다. 출범은 했지만 별로 주목받는 모임은 아니었다. 2008년 미국발 금융위기가 터지면서 '전환기'를 맞는다. 확대 개편을 하기 전에 필요한 작업은 늘 그렇듯 미국 본토에서 이루어졌다. 수도 워싱턴 D. C.에서 정상급 첫 회의가 2008년 11월에 열렸다. 1993년 APEC 당시 회의 장소는 시애틀이었다.

처음에는 기존에 있던 G7과 G8과 제대로 된 교통정리가 이루어지지 않았다. 특히 G7의 막내로서 경제력이나 군사력 등에서 가장 약했던 캐나다의 경계심이 상당한 수준이었다. 최종 조율 성격을 가진 2009년 피츠버그 회담에서 오바마 대통령이 타협안을 내 G20과 별도로 G8(G7+러시아) 회의를 매년 개최하는 것에 대한 합의가 이루어졌다. 일정을 조정하기 위해 2010년에 한 해 회의를 두 번 열기로 결정한 것도 이 회의에서다. 캐나다의 헌츠빌에서는 G20과 G8 행사를 같이하고, G20 회의만 11월 서울에서 한 번 더 하기로 했다. 정상적인 일정은 2011년부터 적용된다. 2011년 5월에는 G8 행사가, 11월에는 G20이 열렸다. 주최국은 프랑스였지만 장소는 달랐다. 신흥 경제 선진국에 대한 배려 차원에서 G7 이외의 국가 중에서는 한국이 최초로 의장국으로 뽑혔다. 물론 회의 참석자와 안건 등은 미리 상의한다는 조건이 붙었다. 핵심 의제(agenda)도 금융위기 예방이 아닌 '경제발전합의(Development Consensus)'로 바뀐다.

기존 협의체를 '전환'했기 때문에 바로 부작용이 따랐다. 170개 국가 중에서 20개국을 골라 '대표선수' 자격을 부여한 게 문제다. 그것도 미국과 유럽이 일방적으로 선정했다. '누가 무슨 자격으로' 또 '누가 참가하고 누가 배제되는지'를 둘러싸고 격한 비판이 쏟아졌다. 애초 재무부 관료였던 미국의 티머시 가이트너와 독일의 카이오 코흐 베저가 초대 명단을 선정한 것으로 알려진다.[34] 선정 기준은 '국제 금융시장에서 중요한 영향을 미치는 경제집단'이었고, EU를 포함해 모두 19개국이 포함된다. 재무부 장관과 중앙은행장 중심의 모임으로 그냥 협의체였다. 별다른 주목도 받지 않았다. 그룹(G)7을 대체하는 신흥 선진국 모임이라는 의미는 아니었다.

미국도 사정은 있었다. 금융위기를 전담해야 할 곳은 IMF다. 아시아 위기를 너무 잘못 처리했고, 신뢰도가 땅에 떨어졌다. 남미의 상당 국가들이 2000년대 중반 대출금을 서둘러 갚았다. 프랑스와 이탈리아가 원했던 G14에는 미국 편이 너무 적다는 문제가 있었다. G8에 인도, 중국, 브라질, 이집트, 남아프리카공화국, 멕시코가 추가되는 모임이었다.

대표성 문제는 비상임이사 열 개를 대륙별로 할당하는 UN의 안전보장이사회 구성과 비교해 보면 바로 드러난다. G20에는 그런 배려가 전혀 없다. 유럽연합을 포함하면 유럽에서는 모두 7개국이 포함된다. 독일, 영국, 프랑스, 이탈리아, 터키, 러시아 등이다. 중동에서는 사우디아라비아가, 아시아에서는 중국, 일본, 인도, 한국, 인도네시아 등이 속한다. 북미(미국과 캐나다)와 남미(멕시코, 브라질, 아르헨티나)도 합치면 5개국이나 된다. 54개국이 있는 아프리카에서는 남아프리카공화국 한 나라만 뽑혔다. 영국 연방에 속해 있는 호주도 초대를 받았다.

국가별 GDP 규모로 보면 9위에 해당하는 스페인, 16위의 네덜란드, 19위의 벨기에, 20위의 폴란드가 빠진다. 인구수를 적용하면 6위의 파키스탄, 7위의 방글라데시, 12위의 필리핀, 13위의 베트남, 또 에티오피아와 이란도 포함될 수 있다. 둘 중 어디에도 해당되지 않는 아르헨티나가 포함된 배경으로는 당시 재무부 장관이던 로런스 서머스의 입김이 작용한 것으로 전해진다. 당시 아르헨티나 재무부 장관이던 도밍고 카바요는 그의 하버드대학교 기숙사 동기였다. 실질적인 GDP나 인구로 보면 사우디아라비아가 빠지고 이란이 들어가야 했다. 경제 수준에서 비교가 되지 않는 스페인 대신 터키가 들어간 것 역시 의외다. 미국과 불편한 국가는 빠지고 혈맹으로 알려진 곳은 자격을 얻었다.

국제사회의 불만은 UN 주도로 '경제이사회(Economic Council)'를 구성하면 어느 정도 해결할 수 있었다. 조지프 스티글리츠가 이끌었던 개혁안에도 나온 얘기다. 미국은 아예 그럴 생각이 없었다. 목적이 순수하지 않았다. 진정성이 없었고 근본적인 개혁을 회피할 목적이 강했다. 급한 불만 끄고 보자는 심보에 가까웠다. 위기 초기의 개혁의지는 서울회담에서 상당 부분 희석되고 말았다. 가령 2008년 워싱턴 회담이 시작될 때 화두는 '국제금융체제의 개혁'이었다. 부시 대통령도 "금융위기의 원인을 제대로 파악하고, 재발을 막을 수 있는 방안을 찾으며, 국제금융시장에 대한 적절한 규제 방안을 찾자."고 강조했다. 중국의 후진타오 주석 또한 "금융규제를 위한 국제적 합의 마련, IMF와 WB 등 국제기구의 개혁, 지역금융협력의 강화 및 국제 통화 시스템의 개선" 등 4대 과제를 내세웠다.

'워싱턴 선언(Washington Declaration)'도 발표되었다. "글로벌 금융위기가 발생한 본질적 원인에 대해 합의할 것, 향후 위기 재발과 경제 성장에 필요한 각국의 조치 내용을 분석할 것, 각국의 금융시장 해결에 필요한 원칙에 대해 논의할 것, 자유로운 시장에 대한 원칙을 확인할 것" 등이 담겼다. 자본 거래에 대해 일정한 세금을 매기는 토빈세(Tobin Tax)를 신설하고, 글로벌 신용평가 회사에 대한 감독을 강화하고, 또 개도국 시장을 교란시키는 핫머니에 대한 규제를 강화하는 방안도 논의되었다. 그러나 2018년 '서울선언'에서 이런 내용은 빠졌다. 금융질서 개혁보다 개발도상국 지원 방안이 더 강조되었다. 협의체였기 때문에 그 이후 행동으로 옮겨진 것도 별로 없다. 일단 소나기는 피하고 보자는 의도가 강했기 때문에 위기가 잠잠해지면서 흐지부지되고 말았다.[35] 프랑스가 주장한, 미국 달러가 아닌 특별인출권(Special Drawing Right)을 기반으로 하는 통화 시스템은 아직 그림의 떡이다. 미국의 거부권과 의사결정 구조도 별로 안 변했다. 구제금융으로 쓸 수 있는 자본이 세 배 정도 늘었고, 투표권이 일부 조정되었을 뿐이다.

정작 위기를 당했을 때 APEC은 전혀 도움이 되지 않았다. G20도 별로 안 다르다. 2019년 진행 중에 있는 통화위기에서 선두 주자는 G20에 속해 있는 아르헨티나로, IMF로부터 500억 달러의 긴급융자를 받아야 했다. 같은 구성원인 터키의 리라(Lira)화, 브라질의 레알(Real)화, 남아프리카공화국의 랜드(Rand)화, 러시아의 루블(Rouble)

화, 인도의 루피(Rupee)화, 인도네시아의 루피아(Rupiah)화, 또 멕시코의 페소(Peson)도 폭락하는 중이다.

앞으로 진행될 일도 충분히 예상할 수 있다. 한국에서 일어난 일과 똑같은 일이 생긴다고 보면 된다. 통화 가치를 방어하기 위해 정부는 우선 금리를 올린다. 비싼 금리를 보장해 줘야 하는 외국환평형채권을 발행한다. 그래도 안 되면 IMF의 구제금융을 받는다. 당연히 조건이 붙는다. 긴축재정에 대한 목표치를 설정해야 한다. 그나마 남은 알짜기업을 민영화시키는 것도 포함된다. 복지를 줄이고 정부 보조금도 없앤다. 국내 산업을 보호하기 위해 남겨 두었던 분야도 추가적으로 개방한다. 늘 반복되는 얘기다. 유형 또는 무형의 '거부권'을 통해 제대로 된 개혁이 막혀 온 결과다.

13

권력의 삼차원

먹고살기 힘들어져서 그런지 요즘은 시 낭송을 듣기 어렵다. 1980년대는 좀 달랐다. 라디오에서도 자주 읽어 주었다. 박인희 씨가 낭송했던 「목마와 숙녀」를 즐겨 들었다. 이 부분이 정말 좋았다.

한 잔의 술을 마시고
우리는 버지니아 울프의 생애와
목마를 타고 떠난
숙녀의 옷자락을 이야기한다
목마는 주인을 버리고 거저 방울소리만 울리며
가을 속으로 떠났다
술병에 별이 떨어진다
상심한 별은 내 가슴에 가벼웁게 부서진다
(……)
세월은 가고 오는 것
한때는 고립을 피하여 시들어가고

이제 우리는 작별하여야 한다

술병이 바람에 쓰러지는 소리를 들으며

늙은 여류작가의 눈을 바라다보아야 한다

……등대(燈臺)에…… 불이 보이지 않아도

젊은 나이에 세상을 뜬 박인환 시인의 작품이다. 고향은 강원도였지만 미국에 대한 관심이 많았다. 미국 영화를 정말 좋아했다. 대한해운공사 남해호의 사무장으로 있을 때 월급 대신 미국을 둘러볼 정도였다. 전혀 어울릴 것 같지 않은 친구 중에 시인 김수영이 있다. 문학에 대한 접근 방식은 달랐지만 확실한 공통점이 하나 있다. 당대 지식인의 필독서인 《인카운터(Encounter)》를 즐겨 봤다는 점이다. 「등대로」와 「항해」와 같은 소설을 쓰고 젊은 나이에 자살한 영국의 여류 작가 버지니아 울프를 국내에 소개한 것도 이 잡지다. 김수영 또한 「엔카운터誌」란 시를 쓸 정도였다. 그의 시에 다음과 같은 구절이 나온다.

빌려드릴 수 없어. 작년하고도 또 틀려

눈에 보여. 냉면집 간판 밑으로 ― 육개장을 먹으러 ― 들어갔

다가 나왔어 ― 메밀국수 전문집으로 갔지 ―

매춘부 젊은애들, 때묻은 발을 꼬고 앉아서

유부우동을 먹고 있는 것을 보다가 생각한 것

아냐. 그때는 빌려드리려고 했어. 寬容의 미덕 ―

그걸 할 수 있었어. 그것도 눈에 보였어

엔카운터 속의 이오네스꼬까지도 희생할 수 있었어
그게 무어란 말이야
나는 그 이전에 있었어
내 몸. 빛나는 몸

김수영은 마지막 병상에서도 이 책을 옆에 두고 있었다고 한다. 읽을 만한 책이 귀하던 시절 최고 수준의 잡지였다. 외부 세계에 목말라 있던 지식인들에게는 사막의 오아시스와 같은 존재였다. 1953년 영국에서 처음 발간되었고, 정치와 문학을 접목했다. 미국 CIA가 배후에 있을 거라고는 꿈에도 생각하지 않았기에 전혀 저항감도 없었다.

1960년대에 미국은 변화를 요구했다. 흑인을 중심으로 한 시민 운동이 들불처럼 번질 때다. 막강한 권력을 누리던 CIA의 민낯도 드러나고 있었다. 전 세계 작가와 예술가들을 후원하던 '문화자유회의(Congress for Cultural Freedom, CCF)'에 CIA가 뒷돈을 댄 사실이 밝혀진다. 《인카운터》를 비롯해 무수히 많은 잡지를 보이지 않게 통제해 왔다는 것도 드러났다. 편집을 책임지고 있었던 어빙 크리스턴은 CIA 수뇌부에게 보낸 편지를 통해 "수개월 안에 영어권에서 유일무이한 문화 잡지가 될 겁니다. 영국에서뿐만 아니라 아시아에서도요. 몇 개월만 두고 보세요. 이 잡지가 지식인들의 우상이 될 테니까."라고 말한 것으로 전해진다.[36]

미국의 기획은 적중했다. 냉전이 시작되면서 유럽의 좌파 지식인은 침묵을 강요당한다. 전후 소련의 대외정책은 다른 제국주의 국가

와 별로 다를 게 없었다. 한때 공산주의와 비동맹운동 등에 우호적이
던 여론은 점차 돌아섰다. 공산주의와 소련의 본색을 깨달았기 때문
은 아니다. 미국 정부가 주도하던 '문화냉전'의 역할이 결정적이었다.
그 중심에 자유문화회의(CCF)가 있었다.

프로파간다(propaganda)

세상 일이 다 그렇듯 하늘에서 갑자기 떨어진 건 없다. 미국에서 프
로파간다가 각광을 받게 된 것은 1936년부터 1938년까지 진행된 소
련의 대숙청(Great Purge)과 어느 정도 관련이 있다. 당시 소련은 일종
의 공황상태였다. 영국, 프랑스와 미국 등은 끈질기게 볼셰비키혁명
을 무너뜨리려고 했다. 폴란드와 체코 등에서 '백군파'와 전쟁을 벌
이는 한편 집안 단속도 해야 하는 상황이었다. 국가 건설을 위해 인
민의 무한 희생을 요구하던 때였고, 혹독한 탄압 정치가 이어졌다.
레온 트로츠키와 니콜라이 부하린 등 혁명 1세대는 이 상황을 바꾸
려 했다. 공산독재가 아닌 보다 민주적인 사회주의 국가에 대한 희
망이 있었으나 권력 투쟁에서 그들은 패배한다. 독재자 스탈린의 강
력한 무기는 '내무인민위원회(NKVD)'였다. 대공황을 피해 소련으
로 이주해 온 외국인을 비롯해, 스탈린의 정치적 반대 세력과 국가
정책에 협력하지 않는 많은 사람들은 '제5열(fifth column)', 태업주
의자(saboteurs), 체제전복자(subversives) 또는 '인민의 적(enemy of the
people)'으로 분류된다. 대략 150만 명 이상이 체포되었고, 그중 68만
명이 사형을 당한다.

원래 의도는 문화를 통한 전쟁과는 거리가 멀었다. 오히려 지식인과 예술인들이 정치적, 종교적, 인종적 이유로 독립성을 훼손당하는 것에 대한 문제의식이었다. 최소한 1939년에 등장했던 '문화적 자유연대(Coalition for Cultural Freedom)' 선언은 그랬다. 설립을 주도한 시드니 훅도 그때는 철저한 반공주의자까지는 아니었다. 또 다른 설립자 존 듀이는 민주적 사회주의자에 가까웠고, '스탈린식 독재'에 반대했다. 공산주의 전체에 대한 적개심과는 거리가 있었다.

많은 지식인과 예술가들 또한 사회주의에 대한 희망을 버리지 않았다. 나름 이유가 있다. 대규모 전쟁을 통해 모두 학살자가 될 수 있다는 것이 확인되었다. 미국도, 독일도, 소련도, 일본도 예외가 아니었다. 경제만 보면 사회주의가 훨씬 매력적인 모델이었다. 무엇보다 누구나 새롭게 출발하기를 원했다. 미국이 주도하는 자본주의 사회는 과거의 연장으로 비쳤다. 평화를 요구하는 지식인 선언도 나왔다. 1949년 3월 뉴욕에서 미국의 대외정책을 비판하는 모임이 열렸고, 릴리언 헬먼, 에런 코플런드, 아서 밀러 등 저명한 작가와 예술가들 800명은 '스탈린과 화해할 것'과 '더 이상의 전쟁 음모를 중지하라.'는 내용의 성명서를 냈다. 러시아 작곡가 드미트리 쇼스타코비치 또한 한 줌도 안 되는 전쟁광들이 세계를 또 다른 대결 국면으로 몰아간다고 비판했다. 1948년 8월 28일 폴란드에서 열린 '평화를 위한 세계 지식인 회의(World Congress of Intellectuals in Defense of Peace)'의 연장선이었다.

미국의 생각은 달랐다. 평화공세는 '핵개발을 위한 시간 벌기'라고 봤다. 당시 뉴욕대학교에 있었던 시드니 훅 교수가 '문화 냉전

(Cultural Cold War)'을 주장한 것도 이 무렵이다. 소련이라는 제국의 내부에서 민주적 항쟁이 일어나도록 만들기 위해서는 전방위에 걸친 '담론 투쟁'이 필요하다는 것과 '상당한 규모의 예산과 인력'을 집중적으로 투자해야 한다는 얘기였다. 전후 마땅한 역할을 찾지 못하고 있던 CIA가 적극 개입한다.

1948년 이탈리아 선거에서 프로파간다의 위력을 확인한 것도 보탬이 된다. 트루먼 대통령의 지시로 만들어진 CIA 내 정책조정국(Office of Policy Coordination, OPC)이 주도하기로 했다. 마침내 1950년 6월 26일에 '자유문화회의(CCF)'가 출범한다. 서베를린 티타니아 궁전에서 열린 첫 모임은 대성공이었다. 미국에서는 극작가 테네시 윌리엄스, 역사학자 아서 슐레진저, 로버트 몽고메리와 원자력에너지 위원장 데이비드 릴리엔탈 등이 참석했다. 스탈린주의를 반대하는 미국과 유럽 지식인 사회의 '연대'가 이를 계기로 시작된다. 은밀하게 '자금'을 지원하는 방식과 미국 정부가 뒤에 있음을 눈치채지 못하도록 하는 숙제만 남았다.

재정적인 문제는 150개가 넘는 위장 단체를 만드는 것과 마셜플랜의 자금을 일부 유용하는 것으로 해결했다. 정해진 원칙에 따라 협력 단체를 모집하고 조직 운영의 자율성을 부여하는 방식으로 외부 개입의 흔적도 지웠다. 겉으로 보면 양질의 문화와 지식 확산에 이만한 기여를 한 단체가 없을 정도다. 1966년《램파트》와《뉴욕타임스》등의 폭로로 밝혀진 내용은 그래서 더 충격적이었다.

지식인에 대한 '설득' 작업으로는 국제학술저널을 이용했다. 그중 CIA 자금을 지원받은 곳으로는 아프리카-아메리카연구소의《아프리카포럼과 아프리카 리포트(Africa Forum and Africa Report)》, 스웨덴의 《논증(Argumenten)》, 라틴아메리카의 《전투(Combate)》, 프랑스의 《증거(Preuves)》, 오스트리아의 《포럼(Forum)》, 서독의 《달(Der Monat)》 등이 있다. 아시아재단에서 발행한 《아시아 학생(Asian Student)》, 라틴아메리카의 《새로운 세계(El Mundo Nuevo)》와 인도의 《사유와 질문(Thought and Quest)》도 해당된다.

편집 방침은 "가랑비에 옷이 젖도록 한다."에 가깝다. 논문을 사전 검열하지는 않았다. 미국과 자본주의 진영에 유리한 주제를 선호했고, 더 쉽게 '게재'될 수 있도록 배려했을 뿐이다. 원래 논문 심사라는 게 어느 정도 주관이 들어갈 수밖에 없기 때문에 별로 의심받을 일은 없었다. 영어권 문학, 예술과 정서에 익숙해지도록 하는 잡지 작업도 병행된다. 박인환과 김수영이 《인카운터》를 서울에서 구독할 수 있었던 것은 그 덕분이다.

문화권과 언어를 고려해 지역 특색에 맞는 잡지들이 발간되었다. 대표적으로, 남미의 《아포트레(Aportes)》, 인도의 《차이나 리포트(China Report)》, 멕시코의 《이그제이먼(Examen)》, 일본의 《자유(Jiyu)》와 한국의 《사상계》 등이 있다. 그 밖에 필리핀의 《연대(Solidarity)》, 이탈리아의 《템포 프레젠트(Tempo Presente)》, 덴마크의 《퍼스펙티브(Perspecktiv)》도 해당된다.

의도적인 '3차 권력' 행사를 보여 주는 또 다른 사례로는 '작전명 앵무새(Operation Mockingbird)'가 있다. 국제사회에 거의 알려지지 않은 얘기다. 미국 언론은 공정하고 객관적이며 정부와 독립되어 있다는 신화 덕분에 가능했다. 명칭은 많은 것을 말해 준다. "낮말은 새가 듣고 밤말은 쥐가 듣는다."는 속담이 있다. 주변에 새와 쥐가 그만큼 많다는 의미다. 눈에 잘 띄지도 않고 나무나 풀숲에 가만있으면 근처에 와도 잘 모른다. 전혀 사납지도 해로워 보이지도 않기 때문에 크게 경계하는 법도 없다. 주변에 새가 있다고 쫓아내는 사람은 없다. 게다가 앵무새는 아주 독특하게도 인간의 말을 흉내 낼 수 있다. 남이 얘기하는 것을 귀담아 들었다가 있는 그대로 전달한다. 주인이 하고 싶은 얘기가 있을 때는 제3자에게 반복해 준다. 직업 중에서는 언론인과 정보요원이 여기에 가장 가깝다.

국제사회를 상대할 때는 둘 중 언론인이 더 유리하다. 정보 요원은 자신의 신분을 숨기지 않는 이상 현지인과 쉽게 만날 수 없다. 대사관 직원이나 기업체 주재원 정도의 명함을 달고 만나면 주제가 한정될 수밖에 없다. 특파원은 안 그래도 된다. 그들은 교육도 잘 받았고, 문화 수준도 높고, 외국인이면서 현지 언어를 할 줄 안다. 언론의 자유를 내세우면 민감한 정보에도 접근할 수 있다. 본국 관계자와 취재 과정에서 알게 된 내용을 나눈다 해서 크게 죄의식을 느낄 필요도 없다. 결정적으로 이 작전이 시작된 1950년대 초반은 공산주의라는 '악마'와 대결하기 위해 전 국민이 단결하던 때였다. 종교인도, 지식인도, 작가, 화가와 음악가도 '반공' 전선에서 싸웠다.

앵무새의 주인은 누구였을까? 작전 초기에는 '정책조정국(OPC)'이 담당했다. 정보 수집을 전담했던 '특별작전국(Office of Special Operations)'과 업무가 겹치면서 1952년에는 '작전이사회(Directorate of Operations, DO)'로 넘어갔다. 비공식 명칭은 '비밀작전부서(Clandestine Service)'다. 명칭만 조금 바뀐 채 지금도 지속되는 비선 조직이다. 프로파간다, 경제전쟁, 방어적 직접대응, 사보타주, 반사보타주, 파괴, 도피, 체제전복, 게릴라 지원 등 '은밀한 작전'을 총지휘한다. CIA 국장 또는 부국장을 하려면 반드시 거쳐야 하는 요직으로 알려져 있다.

앵무새 작전의 전성기는 2대 위원장이던 프랭크 와이즈너 때다. 그는 월가 법률가 출신으로 전쟁 때 자원 입대한 인물이다. 전공을 살려 OSS로 발령을 받았고, 터키와 루마니아 지역 책임자로 일한다. 문화냉전이 가장 치열하게 벌어진 지역이다. 이란(1953년)과 과테말라 쿠데타(1954년), 쿠바 피그스만 침공(1959년) 등이 이 기간 동안 진행되었다. 실무를 이끌던 인물은 코드 마이어로, 앨런 덜레스 CIA 국장이 직접 영입했다. 전 세계 대학생을 상대로 교환 프로그램을 한 전국학생연합(National Student Association, NSA)에 뒷돈을 댔다. 어빙 크리스톨과 연락하면서《인카운터》를 관리한 장본인이기도 하다.

대략 스물다섯 개 정도의 주요 언론사 사주들이 조련사 역할을 맡는다. 정식으로 계약을 체결하기도 했지만 음성적으로 지원한 경우도 많다. CIA가 원하는 인물을 특파원으로 파견하거나, 자사 소속 기자를 연결시켜 주거나, 또는 은밀하게 지시를 내려서 업무에 협조하도록 했다. 와이즈너의 절친이던 필립 그레이엄이 언론과 CIA 연결책이었다. 그레이엄은《워싱턴포스트》의 사주다. 부인 캐서린 그레이엄은 세계은행 초대 총재를 지낸 은행가 유진 마이어의 딸이다. 1950년대 초반만 하더라도 별로 크지 않았던 이 언론사가 그 이후 급성장하게 된 데는 CIA의 도움이 컸다. 존 F. 케네디 대통령과도 친한 사이였다. 적극 가담한 인물로는 CBS의 윌리엄 페리,《타임스》의 헨

칼 번스틴과 밥 우드워드(1974년)

리 루스, 《뉴욕타임스》의 아서 슐츠버거, 《루이스빌쿠리어저널》의 배리 빙엄과 《코플리뉴스서비스》의 제임스 코플리 등이 있다. ABC방송, AP통신, UPI통신, 로이터, 《허스트 신문(Hearst Newspapers)》, 스크립스 하워드(Scripps Howard), 《뉴스위크》, 《마이애미해럴드》 등의 주요 임원도 도왔다.

작전에 대한 세부적인 내용은 칼 번스틴의 폭로로 드러났다. 직접 월급을 받았던 언론인만 400명 정도. 단순 정보원, 계약직 또는 협력 관계까지 포함하면 3000명이 넘었다. 정보를 물어다 넘겨 주는 것이 첫 단계다. 자연스럽게 알게 되는 정보를 포함해 필요할 경우 언론인이라는 신분을 이용해 고급 정보를 빼내 오기도 했다. CIA가 궁금해하는 것에 대해 질문하고 답을 얻었다. 대외정책에 필요한 허위 정보를 유포하거나 적절한 현지인을 물색하는 일도 도왔다.

밝혀진 사례로는《워싱턴스타》의 제리 올리리가 있다. 취재 활동을 통해 얻게 된 아이티와 도미니카공화국 반체제 인사들의 정보를 CIA에 넘겼다.《마이애미해럴드》의 할 헨드릭스는 마이애미에 본부가 있었던 쿠바 망명자 집단을 감시하는 일을 맡았다. 나중에 퓰리처상도 받고 남미의 대표적 통신사인 국제전기전화사(ITT) 임원으로 옮겼다. 필요한 정보를 전달하는 것은 다음 단계였다.

앵무새가 말을 하면 누구나 귀 기울인다. 재미도 있고 거짓말을 하지 않는다는 것을 알기 때문이다. CIA는 정확하게 이 점을 노렸다. 뉴스로 나온 얘기는 다들 믿고 관심을 갖는다. 방법은 크게 두 가지다. 먼저 기존에 있는 언론사나 언론인이 CIA가 원하는 메시지를 직접 전달하면 제일 좋다. 공신력이 있기 때문이다. 정보원으로 직접 고용하거나 자문료 등을 챙겨 주면 된다. CIA 보고서와《뉴욕타임스》칼럼은 전혀 다르게 받아들여진다. 그런 목적에서 고용한 인물이《뉴욕타임스》의 슐츠버거,《뉴욕헤럴드》와《뉴스위크》의 조지프 올솝과 스튜어트 올솝 등이다. 영국 저널리스트인 브라이언 크로지어와《뉴스위크》극동아시아 경제담당 로버트 게이틀리도 직접 고용된 경우다.

해당 지역에 있는 언론사를 활용하는 방법도 이 전략에 해당된다. 언론사를 창업하고 싶어 하는 사람이나 또는 재정적으로 어려움에 처한 곳을 지원했다. 유럽에서 먼저 출발해서 아시아와 남미로 확장되었다. 유럽에서는 프랑스판《파리마치(Paris Match)》를 비롯해 영문판《데일리 아메리칸(Rome Daily American)》등이 드러났다. 일본의《오키나와모닝(Okinawa Morning)》,《저팬타임스(Japan Times)》,《도쿄

이브닝뉴스(Tokyo Evening News)》, 필리핀의 《마닐라 타임스(Manila Times)》, 태국의 《방콕 월드(Bangkok World)》와 《방콕 포스트(Bangkok Post.)》, 또 미얀먀의 《네이션오브랑군(Nation of Rangoon)》도 여기에 해당된다. 그 밖에 《가이아나 크로니클(Guyana Chronicle)》, 《아이티 선(Haiti Sun)》, 또 베네수엘라의 《카라카스 데일리 저널(Caracas Daily Journal)》과 칠레의 《사우스퍼시픽메일(South Pacific Mail)》 역시 같은 부류다. 남미에서는 콘티넨털프레스서비스(Continental Press Service)와 에디터스프레스서비스(Editors Press Service)와 같은 뉴스 통신사에도 개입했다.[37] 또 다른 방법은 언론사라는 간판을 달고 국경을 넘어 공략 대상에 직접 호소하는 방식이다.

국제방송 분야는 2차 세계대전 동안 확장되었다. 소련, 독일, 이탈리아, 영국과 미국 등이 치열하게 경쟁한 영역이다. 미국의 경우 나중에 '앵무새 작전'을 통해 확장되기는 했지만 전략기획국(OSS) 시절부터 본격적으로 추진된다. 당시 책임자는 토머스 브래든이다. 위에 나오는 스튜어트 올솝과 CIA에서 활용할 저널리즘 교본을 쓰기도 했다. 1950년 한국전쟁 직후 정책조정국(OPC) 안에 설치된 국제분과(International Organization Division)의 책임자였다. 중립적이고 공정해 보이는 언론사를 설립하되 배후에 누가 있는지를 숨겼다. 전혀 의심받지 않을 '자유유럽위원회(Free Europe Committee)'와 '자유를 위한 미국위원회(American Committee for Liberation)' 등이 이 목적을 위해 설립된다. 곧이어 아시아에서 자유를 위한 아시아위원회(Committee for a Free Asia)가 들어섰다. 이들이 관리한 매체가 라디오자유유럽(Radio Free Europe), 자유방송(Radio Liberty), 자유아시아방송(Radio

Free Asia), 자유쿠바방송(Free Cuba Radio) 등이다.

공공외교(Public Diplomacy)

2015년에 개봉된 영화 「내부자들」에는 한국 사회의 실력자들인 재벌, 정치인, 언론인 등이 등장한다. 정치권과 기업이 결탁하고 언론이 여론 조작을 통해 권력을 유지한다는 얘기다. 정재계 인사들이 성상납을 받고 문제가 불거지자 언론을 통해 '위기관리'를 하는 장면도 낯익다. 복수심에 불타는 정치 깡패 안상구가 검사 우장훈과 함께 결정적인 비리를 폭로하면서 절정에 오른다.

긴급 대책회의가 열린다. 극중 이강희 논설주간의 명대사가 이때 나온다. "어차피 대중은 개 돼지입니다. 거 뭣하러 개 돼지들한테 신경 씁니까? 적당히 짖어 대다 알아서 조용해질 겁니다." 극이 마무리될 무렵에도 이강희는 이렇게 말한다.

"우리나라 민족성이 원래 금방 끓고 금방 식지 않습니까? 적당한 시점에서 다른 안줏거리를 던져 주면 그뿐입니다. 어차피 그들이 원하는 건 진실이 아닙니다. 고민하고 싶은 이에게는 고민거리를, 울고 싶은 이에게는 울거리를, 욕하고 싶어 하는 이에게는 욕할 거리를 주는 거죠. 열심히 고민하고 울고 욕하면서 스트레스를 좀 풀다 보면 제풀에 지치지 않겠습니까?"

권력이 일반 국민을 바라보는 관점을 잘 보여 준다. '앵무새 작전'이 밝혀진 후 미국의 파워 엘리트가 공유한 정서도 이와 비슷했을 것 같다. 권력의 삼차원 관점에서 봤을 때 한국과 국제사회를 바꾸어도 별 무리가 없다. 그럴 수밖에 없기도 하다.

펜타곤, CIA와 FBI 등으로 대표되는 정부에 대한 불신은 1960년대 중반 이후 급속히 확산된다. 많은 지식인과 언론은 1970년대부터 불거진 베트남전쟁 조작에 충격을 받았다. 미국의 경제력과 군사력이 하락하기 시작한 것도 이즈음이다. 1970년대 중반에는 대외정책에서 인권을 강조하는 카터 대통령이 당선된다. 그러나 현실은 별로 달라지지 않았다. 기득권이 생각하는 공산주의의 위협은 더 높아졌다. 럼즈펠드나 키신저, 또 CIA 고위 관료들이 권력기관에 대한 의회 청문회를 필사적으로 반대한 이유도 '안보 역량'이 붕괴될 수 있다는 우려였다. 보수의 '집단 두뇌'로 헤리티지재단이 탄생하고 담론 전쟁을 선언한 것도 이런 배경에서다. '악의 제국' 소련에 대한 위협을 효과적으로 활용한 덕분에 1980년 레이건 대통령은 손쉽게 권력을 장악했다. 미국 국민 입장에서 봤을 때 할 일은 많은데 갑자기 '역풍'이 분 것이라고 볼 수밖에 없었다.

보이지 않는 '적'도 계속 만들어졌다. 1990년 냉전이 끝난 직후부터 미국은 '불량국가'를 언급하기 시작했다. 9·11 테러 직후에는 '악의 축'이 등장한다. 그 이후에는 글로벌 테러리즘이, 최근에는 러시아, 중국, 이란과 신냉전의 '후예'가 만들어진다. 실재하든 실재하지 않든 권력집단이 인식하는 '현실'은 별로 달라지지 않는다. 대외정책을 주도하는 인적 구성이 거의 바뀌지 않았다는 것과 내부적으로 상당한 수준의 공감대가 형성되었다는 점도 기억할 필요가 있다.

대통령은 계속 바뀌었다. 케네디 암살과 닉슨 탄핵, 또 카터의 연임 실패로 평균치보다 더 많은 정권이 들어섰다. 그러나 파워 엘리트 내부에서는 그저 자리를 옮기는 정도에 머물렀다. 외교협회를 정점으로 한 기득권 집단은 더욱 견고해졌다. 럼즈펠드, 키신저, 매클로이, 데이비드 록펠러 등은 전성기였다. 민주당과 공화당 간 차이는 거의 없다. 빌더버그 클럽과 삼각위원회 등 국제적 연합세력도 지속되는 상황이다.

덜레스가 퇴임한 이후 CIA의 권력 구도를 봐도 잘 드러난다. 작전이사회(DO)는 대통령과 국무부, 펜타곤 등에서도 '폐쇄적'이라고 비난했던 '비밀작전' 전담부서다. 초대 책임자는 앨런 덜레스로 1953년에 국장으로 승진했다. 당시 2인자였던 프랭크 위즈너가 1959년까지 맡는다. 후임자는 리처드 버셀로, U2 비행기를 이용한 첩보 활동과 피그스만 침공의 주역이다. 1962년부터 1965년까지는 리처드 헬름스가 맡았다. 그 직후인 1966년에 국장으로 승진해 1973년까지 자리를 지켰다. OSS 출신이었고, 덜레스와 위즈너의 측근으로 알려진 인물이다. 권력을 승계한 데즈먼드 피츠제럴드 역시 OSS 동문이다. 티베트, 중국, 필리핀, 일본과 한국 전문가였다. 1973년부터 1976년 사이 국장을 역임하는 윌리엄 콜비와 가까운 사이였다. 그도 OSS 출신이었고, '불사조 작전(Operation Phoenix)'을 이끌었다.

조직 논리 또는 밥그릇 문제도 고려해야 한다. 문제가 불거지면 먼저 외부의 손과 발이 잘려 나간다. 유럽, 아시아와 남미에 있던 많은 위장 언론사가 타격을 받는다. 계약직 또는 비공식적으로 일하던 많은 언론인들도 자연스럽게 관계가 끊어진다. 문제는 한솥밥을 먹는 내부자다. 각종 위원회, 해외 언론사, 비밀작전, 자금 조달을 위해 직접 설립한 회사 등을 처리하는 문제가 불거진다. 매정하게 정리해고를 할 수는 없다. 민감한 정보를 공유한다는 현실적인 문제도 있지만 OSS 시절부터 함께해 왔다.

늘 해 왔던 방법도 있다. 예산과 인력만 크게 줄어들지 않는다면 자리 이동만 하면 된다. 역할을 크게 바꿀 필요도 없다. 급속하게 성장하는 과정에서 업무가 중복되거나, 국제 정세가 변했거나, 또는 선택과 집중이 필요한 영역도 생겼다. 미국 전체로 보면 역할 분담을 할 수 있는 밑그림도 어느 정도 마련된 상황이었다. 본질은 국제사회의 '공감과 동의'를 얻는 일이다. 채찍과 당근이 아닌 '고차원' 작업은 계속 필요했다.

CIA 관련설이 드러나기 전까지는 '문화자유회의'나 속칭 '앵무새'들이 이 역할을 잘해 주었다. 그러나 음성적인 작업은 더 이상 가능하지도 않고 바람직하지도 않다. '음지'에서 행해지던 일을 이제 '양지'로 끌어올릴 때가 무르익었다. 계기를 만들어 준 곳은 미국 공보처(United States Information Agency, USIA)다. 국제방송위원회(Board for International Broadcating, BIB)를 거쳐 방송위원회(Broadcasting Board of Governors, BBG)를 통해 외양 바꾸기가 일단락된다.

USIA는 냉전이 본격적으로 시작되던 1953년에 출범했다. 태생의 한계가 있는데, 한국전쟁과 관련이 깊다. 앞에서도 잠깐 나왔던 것처럼, 1952년 미국의 세균전이 폭로된다. 공산주의자의 '세뇌'에 의한 것이라고 주장했지만 국제사회의 여론은 급속하게 악화된다. 뭔가 대규모 '홍보' 작전이 필요했다. 전략으로 선택된 매체가 1942년

에드워드 머로

에 설립된 '미국의 소리(Voice of America)'다. 공략 대상을 '철의 장막' 내부가 아닌 자유진영에 속하는 국가로 돌렸다. 독일, 일본, 오스트리아, 인도, 태국, 프랑스 등은 물론 스페인, 유고슬라비아, 이집트, 그리스, 이란과 멕시코 등에도 지국이 세워진다. 1950년대 중반에는 전 세계에 무려 208개의 지부가 들어섰다. 뉴스 전문 언론사가 아닌 일반 방송 채널이었기 때문에 해외 진출이 비교적 쉬웠다. 물론 밥값은 했는데 대표적인 것이 '페드로 작전(Operation Pedro)'이다. 1957년 2월에 시작된 멕시코를 대상으로 한 비밀 활동이었다. 미국은 '긍정적'으로, 소련은 '부정적'으로 보도록 하는 '선호도' 조작 직업이 주요 업무였으며, 영화, 만화, 광고, 출판물 등 다양한 매체가 활용된다.

전환의 계기는 신임 공보처장으로 에드워드 머로가 임명되면서부터다. 머로는 1937년부터 CBS 유럽 지국장을 지냈다. 독일이 점령했을 때에도 철수하지 않고 현지에 남아 소식을 전해 명성을 얻었다. 매카시즘 광풍이 절정이던 1954년 조지프 매카시 상원의원을 정면으로 비판하는 뉴스 프로그램을 내보냈다. 국민은 그를 지지했고, 매카시 의원은 물러났다. 전략기획국(OSS)과 일찍부터 협력해 왔고, 해외 방송 전문가였다. 냉전의 그림자에서 벗어나려 했던 케네디 대통령은 USIA의 이미지 쇄신을 위해 그를 공보처장에 임명한다. 펜타곤과 CIA와 차별되는 국무부다운 작품을 만들어 보라는 요구였다.

에드워드 머로가 제시한 것은 공공외교(Public Diplomacy)다. 뭔가 음침하고 음모론 냄새가 나는 프로파간다를 대신하기 위해서였다. "최고의 프로파간다는 진실이고 최악은 거짓이다. 남들을 설득하기 위해 우리는 먼저 상대가 우리를 믿도록 해야 하며, 믿음을 얻기 위해서는 우리의 진정성이 전제되어야 한다. 남들이 우리의 진심을 알아주기 위해서는 우리가 전하는 메시지 또한 반드시 진실해야 한다."는 게 그의 생각이었다.

머로는 취임 직후 정부의 간섭을 받지 않고 '객관성, 공정성, 균형성' 등 언론의 규범적 가치를 준수함으로써 '신뢰받는' 매체가 되겠다고 선언했다. 국무부의 간섭도 최대한 줄였다. 대외정책의 수단이 아니라 국가 이익이라는 거시적 관점에서 보도하겠다는 의지였다. 의회는 1976년에 'VOA 헌장(Charter)'을 법적으로 인정해 준다. 물론 대외정책을 분명하고 효과적으로 전달하는 것과 궁극적으로 미국 정부의 관점을 대변할 것이란 전제는 없어지지 않았다. 중간 구원투수 역할은 국제방송위원회가 맡는다.

닉슨 행정부는 펜타곤과 CIA 등을 곤란하게 할 폭로를 막지 못했다. 1971년 6월 30일에 연방대법원은 《뉴욕타임스》와 《워싱턴포스트》를 상대로 미국 정부가 제기한 소송에서 '언론의 자유'를 편들었다.[38] "심각하고 돌이킬 수 없는 위험"이라는 증거가 없다는 것이 이유였다. 대통령은 이미 충분한 권력을 갖고 있으며, "의식이 있는 국민(Informed Citizen)"에 의해 견제를 받아야 한다는 점도 강조된다. 그렇다고 목욕물과 함께 아기를 버릴 수는 없었다. 냉전은 여전히 진행형이었고, 심리전의 특성상 한쪽이 쉽게 물러설 수도 없었다.

1973년에 임시 보금자리가 만들어진다. "자유유럽방송(RFE)과 자유방송(RL)의 활동을 계속 지원할 수단을 마련하는 것"과 "소련과 동유럽 국민들과 건설적인 대화를 지속하는 것"이 목표였다. "정확하고, 객관적이면서 맥락이 있는 보도를 하되 미국 대외정책의 목표와 일치하는 방향으로 보도할 것"이라는 내용도 담겨 있다. 대신 CIA가 배후에 있는 것을 은폐하기 위해 민간이 전면에 나오는 것처럼 바꾸었다. 초대 위원장은 텍사스대학교 교수 출신의 존 그로노스키가 맡았다. 후임자는 《포브스》 회장이던 스티브 포브스로, 두 사람 모두 정치와는 무관했다. 공공외교라는 외피를 덧씌우는 작업은 방송위원회(BBG)를 통해 1999년에 마무리된다.

BBG 이사장인 제프 셸은 칼럼을 통해 "러시아투데이(Russia Today)와 BBG 소속 매체는 근본적으로 다르다."고 말한 적이 있다. 의회가 VOA에 부여한 헌장을 지킬 의무가 있기 때문이라는 것이 근거다. 그는 "언론의 기본 원칙에 충실하기 때문에 국제사회의 신뢰를 얻고 있다."는 얘기도 덧붙였다.[39] 다른 나라는 몰라도 최소한 한국

언론에서는 BBG를 프로파간다와 관련짓지는 않는다.

한 예로, 한국언론진흥재단에서 지원한 해외 매체 탐방 후기가 있다. 국내 일곱 개 언론사에서 선발된 기자들이 참가했다. 한국 언론인의 관점을 짐작할 수 있는 부분이 나온다. "지금은 미국 정부에서 독립된 방송위원회(BBG, Broadcasting Board of Governors) 소속으로 운영되고 있으며, 독립된 편집권을 가지고 있다. VOA는 미국연방정부 기관이라는 한계를 가지면서도 동시에 VOA 헌장에 기반하여 정확하고 객관적이며 포괄적인 방송을 할 의무가 주어져 있다."는 내용이 포함되어 있다.[40] 탐사보도 전문매체 중 하나로 VOA를 방문했다는 점도 상당히 흥미롭다.

언론의 보도를 봐도 별로 다르지 않다. 2018년 7월 29일 자《중앙일보》는 "미 전문가들, 유해송환 대가로 종전선언? 신중해야"라는 제목의 기사를 실었다. 출처는 VOA다. "북한과의 협상 경험이 있는 미국 내 전문가들은 북한의 미군 유해송환이 북미 간 신뢰구축에는 도움이 되겠지만, 이른 시일 내에 종전선언을 하는 건 신중해야 한다는 의견을 보이고 있다고 미국의 소리(VOA)가 28일(현지시간) 보도했다."로 인용한다. 미국 관료가 왜《뉴욕타임스》와 같은 권위 있는 언론사가 아닌 VOA를 택했는지, 또 VOA가 미국 정부와 어떤 관계인지 전혀 고려하지 않는다.

《한겨레신문》도 마찬가지다. "제제 위반 의심 북한 선박, 한때 태극기 달고 운항"은 2018년 7월 22일에 나온 기사 제목이다. 전형적인 '카더라' 뉴스를 그대로 전달한다. "UN안전보장이사회의 대북제재 결의 위반에 관여했다는 의심을 사고 있는 북한 선박들이 태극기를 달고 일본과 러시아에 입항한 적이 있는 것으로 나타났다고 자유아시아방송(RFA)이 21일 보도했다.”는 식이다. 유일한 출처가 이 방송이다. 대외정책에서 자유로울 수 없는 BBG 산하 언론이라는 문제의식은 없다. 북한과 관련한 악성 소문의 진원지가 이 매체라는 지적도 하지 않는다. 미국 언론이라면 일단 신뢰하는 '선호도'가 작용한 결과로 볼 수 있다.

2019년 현재 BBG에 속한 매체는 VOA를 비롯해 라디오자유유럽(RFE), 자유방송(RL), 쿠바 방송국(Office of Cuba Broadcasting), 라디오자유아시아(RFA), 중동방송 네트워크(Middle East Broadcasting Networks, MBN) 등이 있다. 규모가 제일 큰 것은 VOA로, 45개국 언어로 방송되며 청취자 규모는 2억 4000만 명에 달한다. RFE/FL는 아프가니스탄, 이란, 파키스탄, 러시아와 우크라이나어로 방송되며, 2500만 명 이상이 시청하는 것으로 알려진다. 중동과 북아프리카를 대상으로 하는 MBN에는 알후라 텔레비전(Alhurra Television), 라디오 사와(Radio Sawa) 또 MBN 디지털 등이 있고 22개국에 방송된다.

BBG의 법적 근거는 1994년의 '국제방송법안(International Broadcasting Act)'이다. 3년 임기의 위원 아홉 명으로 구성된다. 국무부 장관은 당연직 위원이다. 출범 당시에는 USIA의 한 부분이었고, 1999년 '해외업무 개혁 및 구조조정 법안(Foreign Affairs Reform and Restructuring Ac)'으로 독립기구가 되었다. 국무부의 감독을 받는 것은 바뀌지 않았지만 그때부터 해외 매체를 직접 관리했다. 2017년 '국가방위수권법안(National Defense Authorization Act)'이 통과되면서 지금은 '자문 역할'만 한다. '독립기구'라는 것은 허울에 불과하다는 의미다.

　국제사회에서 자유(freedom)가 붙은 단체나 언론사는 미국과 가깝다고 생각하면 된다. 한 예로, 박근혜 정부 때 보수 단체를 지원했던 전국경제인연합(전경련)의 산하 연구소 명칭이 '자유경제원'(지금은 자유기업원)이다. 탈북자 출신이 설립한 단체나 언론사 명칭에는 대부분 '자유'가 들어가 있다. 라디오자유유럽(RFE)도 비슷하다. 아이젠하워 대통령이 내세운 '자유를 위한 십자군(Crusade for Freedom)'을 위해 만들었으며, 소련의 위성국을 공략한다. 같은 건물에 있는 자유방송(RL)은 소련을 대상으로 한다. 공산권에서 망명한 인사들이 언론인으로 활동한다. 해당 국가의 언어를 사용한다는 점, 내부에 아는 사람들이 많다는 점, 같은 민족이라 첩보 활동을 하기 쉽다는 점 등이 작용했다. 한국에서 활동하고 있는 열린북한방송, 자유북한방송과 데일리NK 등이 매년 국립민주주의기금(National Endowment for Democracy, NED)이라는 곳에서 지원을 받는 것과 동일한 맥락이다.[41]

　NED는 국무부, CIA와 관련이 깊은 단체다. 1970년대 후반 '문화자유회의' 등이 중단되면서 그 역할을 대신하고 있다. 1956년 헝가리혁명에도 깊숙이 개입했다. 운영 자금은 여전히 미국 연방정부에서 받는다. 2017년 미국 정부는 러시아투데이(Russia Today)를 외국정보기관(Foreign Agent)으로 분류했고, 러시아도 RFE/RL와 VOA에 대해 동일한 조치를 취했다.

　한국에서 자주 접하는 라디오자유아시아(RFA)도 사정은 비슷하다. RFE과 RL보다 조금 늦게 생겼다. 목표는 중국과 동남아시아 공산권이다. 본부는 필리핀 마닐라, 파키스탄의 다카와 카라치, 일본의 도쿄 등에 있다. 1950년대 반공동맹으로 묶인 국가라는 공통점이 있다. 애초 CIA 자금을 제공하는 위장단체였던 아시아재단에서 돈을 받았지만 1973년 국제방송위원회 산하로 편입된다. 형식적으로는 민간이 운영하는 비영리 기구이지만 정부의 돈을 받는다.

방송위원회의 감독을 받는 것도 변하지 않았다. 지금도 심리전 (psychological warfare)의 수단이라는 증거는 계속 나온다. 한 예로, 리처드 베넷이 쓴 「티베트, 격돌과 CIA(Tibet, the Great Game and the CIA)」라는 글이 있다. 미국 정부가 오랫동안 공을 들여온 달라이 라마와 티베트의 자유화 운동을 다룬다. 베넷은 반정부 시위가 미리 기획되어 있다는 것과 그때마다 RFA가 현장을 취재해 전 세계에 보내는 역할을 한다고 주장한다. 브루킹스 연구원으로 전직 국무부 부차관보로 일했던 케서린 달피노의 증언도 잘 알려져 있다. 그는 "RFA의 언론 활동이 프로파간다에 가깝다는 것"과 "정보원이 주로 미국이 적대시하는 정부에서 망명한 인사라는 점" 등을 지적했다. VOA와 RFA 등은 중국과 북한 등에서 공식적으로 차단되는 매체에 속한다.

BBG 위원회와 VOA의 인적 구성에서도 본질은 잘 드러난다. 한 예로, 노먼 패티즈 위원은 2000년부터 2006년까지 재직했다. 국가 안보와 민접한 관련이 있는 연구기관인 로런스 리버모어(Lawrence Livermore) 회장 출신이다. 외교협회 회원이기도 하고, BBG 산하 중동 위원회 의장을 맡았다. 그가 있을 때 아랍어 방송 라디오사와 알후라 텔레비전이 설립된다.

또 다른 위원으로 1995년부터 2008년까지 위원을 지낸 에드워드 코프먼이 있다. 이란의 정권 교체를 목적으로 설립한 라디오 파다

(Radio Farda)와 페르시아뉴스네트워크(Persian News Network)를 적극 도왔다. 2002년부터 현재(2018년)까지 위원을 맡고 있는 케네스 톰린슨은 전직 VOA 책임자였다. 부시 2세의 정책자문을 맡았던 칼 로브가 친구다. 아스펜재단(Aspen Institute) 회장이면서 CNN 회장을 역임했던 월터 아이작슨도 위원장을 맡은 적이 있다. 국방부혁신위원회 자문위원을 지냈고, 공군, 하버드대학교, 록펠러재단과 카네기과학재단의 이사진에도 참가한다. 담론 전쟁의 선두 주자인 VOA의 책임자는 훨씬 더 정부 쪽이다.

로버트 라일리는 2001년에 취임해 1년 후 펜타곤 정보전략 고위자문단으로 옮겼다. 점령지 이라크 정보통신부 미국 자문위원이기도 하다.[42] 보수 싱크탱크인 헤리티지재단 출신으로, USIA에서도 근무한 경험이 있다. 레이건 대통령의 특별 보좌관을 거쳐 스위스 대사관 공공외교 고위 자문관으로 일했다. 국방대학교(National Defense University) 전략커뮤니케이션 교수로 재직한 경험도 추가된다. 데이비드 잭슨이 후임자이며 2006년까지 일했다. 경력은 언론인에서 출발했지만 2001년 9·11 테러 이후 국방부로 옮겨 테러리즘에 대항하기 위한 정보 캠페인을 맡았다. VOA를 퇴직한 후에는 국무부 커뮤니케이션 부서에서 고위직 공무원으로 일했고, 나중에는 국방미디어활동(Defense Media Activity) 소장이 된다.

또 다른 인물은 데이비드 엔소르다. 현재 '미디어와 국방(Media and National Security)' 프로젝트 소장을 맡고 있다. 백악관 바로 옆에 있는 조지워싱턴대학교 내에 있고, 국방부 관계자, 펜타곤 취재기자, 정부 관료 등이 주로 참석한다. 공동 설립자는 잡지 《공군(Air Force)》

편집장을 맡고 있는 애덤 허버트다. 아프카니스탄 미국대사관 공공 외교 소장을 맡았으며, 외교협회 회원이기도 하다.

지식 아바타

아바타(avatar)는 분신(分身)을 뜻한다. 지배를 받는 사람들이 권력자와 온전한 일체감을 갖는 상태다. 신체의 일부처럼 본능적으로 몸과 마음을 바쳐 충성을 다하는 상황이다. 2009년에 개봉된 역대 흥행 1위 영화 「아바타」를 보면 작동 방식을 대강 알 수 있다. 먼저 아바타가 필요하게 된 맥락이 있다. 지구에 꼭 필요한 언옵타늄이라는 희귀 자원은 인간이 살 수 없는 행성 판도라에 있다. 그곳에는 다수의 원주민이 산다. 전쟁을 하더라도 행성 전체를 상대로 한다는 것은 무리다. 자칫하면 자원으로 얻는 이익보다 안전 유지에 더 많은 돈이 나간다. 미국이 현재 이라크와 아프가니스탄에서 겪는 문제다. 원주민의 자발적 협력을 얻는 것이 제일 좋다. 현지 노동력을 활용할 수 있으면 더 좋다. 방법은?

일단 그들을 알아야 한다. 제국주의 국가들이 식민지를 개척하기 전에 인류학자들을 먼저 보낸 이유다. 권력 구조는 어떠한지, 집단 기억은 무엇인지, 종교와 윤리관은 어떠한지를 분석한다. 관심과 호감을 얻는 것이 다음 단계다. '마음의 유대'를 뜻하는 라포르(rapport)를 만들어 가는 과정이다. 협력 관계를 맺으면 결코 손해 볼 일은 없을 것이란 점도 증명할 필요가 있다. 적대감이 지속되면 채찍이 동원될 수 있다는 것도 일부 보여 준다. 잡지와 언론 등은 적대감을 줄이고 호감을 늘리는 데 아주 유용하다. 반드시 지켜야 할 불문율은 '현지인'을 아바타로 내세우는 일이다. 누구를 아바타로 세워야 할까? 두 번째로 살펴봐야 할 문제다.

극중에서 제이크가 원주민 사회에 성공적으로 편입될 수 있었던 것은 여주인공 네이티리 덕분이다. 오미티카야 부족의 전사로 그녀의 모친은 종교 지도자였다. 단순한 남편감으로는 이 정도 인맥이면 충분했을지 모른다. 원주민 다수가 지도자로 인정하고 따르기 위해서는 뭔가 더 필요했다. 토루크라는 거대한 새를 장악함으로써 제이크는 이 관문을 통과한다. 그들이 원하는 강력한 정신력을 갖고 있다는 것을 증명했기 때문이다. 이를 국제사회에 적용하면 어떨까?

자격 조건으로는 우선 동일한 혈통이라야 한다. 같은 언어를 쓰고, 집단 경험을 공유하고, 신분이 확인되는 동족이라야 한다. 평범한 인물이 아니라는 것도 증명되어야 한다. 전쟁 상황이면 최고의 무사이면 된다. 평상시라면 유학 출신이 여기에 해당한다. 통일신라 최고 승려로 알려진 원효와 의상대사가 당나라로 유학을 가려 했다는 일화를 생각하면 된다. 프란츠 파농도 자신의 경험담을 토대로 프랑스 유학이 갖는 특혜를 설명한 바 있다. 단순한 유학파보다는 해당 사회가 간절히 원하는 것을 채워 줄 수 있는 인물이면 더 좋다.

미국이 관심을 가진 국가는 대부분 군부독재다. 반공 블록이든 자본주의 하부 체제이든 지속성이 중요하다. 민주주의는 통제하기 어렵지만 독재는 권력층 일부만 통제하면 된다는 장점이 있다. 권력을 군인들이 장악한 상태에서 아바타로는 경제학자들이 좋다. 전문성이 필요한 분야이기 때문에 정치권이나 국민 여론에 덜 영향을 받는다. 인플레이션, 이자율, 통화량, 생산성 등 객관화할 수 있는 지표를 관리하는 대표적인 기술관료 집단이다.

고용주 입장에서 봤을 때 몇 가지 장점이 있는데, 일단 통제하기 쉽다. 다른 인문사회 분야에 비해 세분화된 영역이라 표준화된 과정을 만들어 관리하기 쉽다. 공감대를 만드는 것도 어렵지 않다. 원래는 정치경제학이지만 미국에서는 경제학으로 분리된 상태라 '정치'에는 비교적 무관심하다는 것도 장점이 된다. 장차 아바타의 지휘를 받아야 할 국제사회 일반 국민의 관점에서도 이런 사람을 반길 이유가 있다. 미국이나 유럽 등 선진국에서 공부하고 오면 뭔가 그들의 '비법'을 배워 왔을 것 같은 환상이 생긴다. 외환위기 이후 은행 등을 모두 매각하면서 '선진금융'을 배운다는 명분을 내세우던 것을 기억하면 된다. 차관과 융자는 물론 수출 시장 제공 등에서 구조적 권력을 행사하는 미국과 '인맥'이 있는 집단이다. 그래서 다른 평범한 대학이 아닌 '하버드, MIT, 프린스턴, 버클리' 등이 특별 대우를 받는다. 국내 학부는 일반 국민이 우러러보는 명문대라야 한다. 아바타에 투자하는 입장에서 보면 너무 당연하다. 그들이 귀국했을 때 정부 요직이나 핵심 의사결정권자로 진출하지 못하면 본전을 못 뽑는다.

끝으로 살펴봐야 할 부분은 고용주와 아바타가 맺고 있는 거래 내용이다. 극중에서 고용주는 자원개발청(Resources Development Administration)이다. 인간과 나비족의 DNA를 혼합해 아바타를 만들기 위해 상당한 투자를 했다. 공짜는 없다. 제이크가 정보 수집을 도와주면 절단된 다리를 복원하는 수술비를 지원하겠다고 약속한다. 하지만 전쟁으로 모두를 죽일 수 있다는 극단적인 선택에 처하면서 셈법이 달라졌다. 제이크의 입장에서 지불해야 할 비용이 너무 커진 셈이다. 단순히 생각해도 1킬로그램당 무려 2000만 달러나 되는 수익을 얻는데 반대급부가 너무 적다.

맞서 싸우는 대신 양보를 얻어 내기 위해서는 '뭔가' 눈에 보이는 선물이 필요했다. 가령 정신적 지주 역할을 하는 여신 에와(Eywa)가 사는 '영혼의 나무(Tree of Spirit)'는 살리면서 지하 갱도를 파는 방법이 있다. 예전보다 더 좋은 곳에 정착촌을 만들어 주고, 이주에 따른 정신적 피해도 보상하고, 또 향후 발생할지 모를 외부의 위협으로부터 지켜 준다는 약속을 할 수 있다. 자신이 사랑하는 여인과 가족에게 '손해'가 아니라 '도움'이 될 수 있다는 확신을 주어야 했다. 자원개발청 입장에서도 계약 당사자가 '아바타'이기 때문에 반드시 얽매이지 않아도 되지만 흉내를 낼 필요는 있었다. 당면한 목적을 해결한 다음에는 다른 종류의 아바타를 내세우면 된다. 영화를 감독한 제임스 캐머런이 밝힌 것처럼 후속편이 계속 나온다면 확인할 수 있을 것 같다. 국제사회에서 미국은 이와 거의 비슷한 방식으로 접근했다. 대표적인 사례로 칠레의 시카고 보이즈(Chicago Boys)와 인도네시아의 버클리 마피아(Berkeley Mafia)가 거론된다.[43]

2019년 현재 가장 문제가 많은 곳은 라틴아메리카다. 아르헨티나, 멕시코, 브라질, 베네수엘라 등에서 경제 위기는 그치지 않는다. 원인은 복합적이다. 미국이 내세운 아바타들과 관련이 많다는 것만은 명확하다. 월간 《말》에 1995년의 상황이 정리되어 있다.[44] 공통적으로 1970년대 미국에서 공부하고 고국으로 돌아와 고위 경제관료가 된 사람들 얘기다. 먼저 하버드대학교 출신으로는 카를로스 살리나스(멕시코 전 대통령), 호세 마리아 피게레스 올센(코스타리카 대통령)과 에르네스토 페레스(파나마 대통령)가 있다. MIT 박사는 에두아르도 아니나트(칠레 재무부 장관), 기예르모 페리(콜롬비아 재무부 장관), 페르시오 아리다(브라질 중앙은행 전 총재), 모이세스 나임(베네수엘라 전 공업장관) 등이다.

명문 아이비에 속한 대학으로 하버드의 맞수로 알려진 예일대학교에서는 도밍고 카바요(아르헨티나 재무부 장관), 마틴 래브라도(아르헨 안보위 전 의장) 등이 공부를 했다. 대단한 석학들이 경제정책을 좌우했는데도 남미에서는 1980년대 이후 지금까지 위기가 지속된다. 과학이라는 포장을 하고 있지만 경제학이 갖는 한계를 잘 보여준다.

칠레도 예외는 아니었다. 쿠데타가 발생한 것은 1973년이다. 남미의 공산화를 막는다는 명분도 있었지만, 앞에서 얘기한 것처럼 미국 독점기업의 이익을 보호하기 위해서였다. 닉슨 대통령과 키신저 국무부 장관 등이 분위기를 만들었다. 운송업자를 움직여 파업을 선동했고, 그 결과 물가는 큰 폭으로 뛰었다. 국유화 조치로 인해 피해를 본 기득권과 포드재단의 지원을 받아 오던 각종 비정부기구(NGOs)도 동참한다. 폭압적으로 권력을 장악했지만 피노체트 정권에 대한 여론이 그렇게 나쁘지 않았던 것에는 이런 배경이 있다.

군부정권이 미국이 원하는 일련의 개혁정책을 시작하자 미국의 제재도 풀린다. 국제개발처(USAID)와 세계은행 등을 통한 각종 지원도 이어진다. 당근이 쏟아지면서 칠레 경제는 급속하게 회복된다. 인플레이션은 낮아지기 시작했고, 경제성장률도 높아졌다. 각종 자유화 조치가 취해지면서 외국계 투자자본이 들어온 것도 긍정적이었다. 권력 이양과 경제정책이 순조롭게 진행될 수 있는 이유는 잘 준비된 경제 관료들 덕분이었다. 1960년대에 미국에서 유학을 한 실력파들로 '자유화 정책'을 주장해 오던 집단이다. 역시 하늘에서 갑자기 내려오지는 않았고, 미국이 공들여 키운 아바타에 가까웠다.

미국 국무부의 '제4의 대외정책(Point Four Program)'이 출발점이다. 1949년 트루먼 대통령이 발표했다. 미국의 지원이 유럽에만 치우친다는 비판이 있던 때였다. 공산권의 침투를 막고 제3세계를 도울 방법으로 지식을 공유하는 작업이 제안된다. 분야는 농업, 산업, 공중보건 등이었다. 장차 관료로 성장할 수 있는 경제학자들에 대한 육성 프로그램도 시작된다. 재정은 포드재단과 록펠러재단이 맡았다. 대학원 과정을 밟게 될 곳은 미국의 시카고대학교로 결정된다. 핵심 인물은 밀턴 프리드먼과 아널드 하버거 교수다. 공통적으로 탈규제, 국가 개입의 축소, 기업투자 환경의 개선, 법인세 인하 등을 주장했다.

한국으로 치면 서울대에 해당하는 칠레국립대학교가 있었지만 교수진의 성향이 맞지 않았다. 발전경제학을 옹호하는 경제학자들이 많았다. 아르헨티나 출신으로 라틴아메리카 종속이론의 기초를 다진 라울 프레비시가 겸임교수로 일한 적도 있다. 민주적 선거를 통해 사회주의 정권이 탄생할 정도였으니, 국립대는 그 분위기에서 자유로울 수 없었다. 살바도르 아옌데 대통령과 파블로 네루다 역시 이 대학 동문이다.

대안으로 선택된 곳이 폰티피컬칠레가톨릭대학교다. 1888년에 산티아고 대주교가 설립한 명문 사립대로, 한국의 연세대학교와 비

칠레 군부정권 아래에서 시위 현장

슷하다고 보면 된다. 1950년대 중반부터 1970년대까지 대략 100명
정도의 학생이 이 프로그램을 통해 미국에서 유학을 했다. 귀국한 이
후에는 서러움을 좀 받았다. 국립칠레대학교가 주류였고 자유주의
정책에 대한 반감이 강했기 때문이다. 포드와 록펠러재단은 실업자
가 될 처지에 있던 이들을 돕기 위해 각종 연구소와 학과를 설립해
준다. 국립칠레대학교의 기획센터(The Center of Planning, CEPLA), 가
톨릭대학교의 농경제학과(Department of Agriculural Economics)와 국
가기획연구소(Center of National Planning Studies) 등이다.[45]

  대략 20년 동안 미국 유학파 경제학자들은 여섯 배 정도가 늘었
다. 1969년에 이들은 '엘 라드딜로(El ladrillo)'로 불린 '경제발전 프로
그램'을 제안한다. 국유화된 기업을 민영화하고, 시장을 개방하고, 외

국 투자를 확대하자는 주장이었다. 국민은 별로 관심이 없었지만 피노체트 장군이 주목했다. 권력을 잡은 이후 시카고대학교 출신 경제학자들이 대거 경제관료로 임명된다.

재무부 장관 세르히오 데 카스트로, 경제부 장관 파블로 바로나, 예산기획실장 후안 멘데스, 중앙은행 총재를 역임한 프란시스코 로젠데 등이 모두 이곳 동문이다. 1990년대 중반 한국을 비롯한 동아시아 국가가 취한 정책이 대부분 이때 도입된다. 군부가 권력을 잡은 직후 인플레이션이 잡히고 외국인 투자 등으로 호황을 맞았지만 오래가지는 못했다. 1982년에 최악의 금융위기가 터졌고, 실업률은 무려 20퍼센트로 치솟았다. 신자유주의에 대한 환상은 깨졌다. 피노체트는 전임자 아옌데 정부의 정책을 상당 부분 되돌린다. 쿠데타의 배경 중 하나였던 구리 산업도 다시 국유화된다. 장기간에 걸친 군부독재는 1989년에 막을 내렸고, 민주 선거를 통해 파트리시오 아일윈 대통령이 당선된다. 재임 중 빈곤 퇴치와 불평등 해소에 많은 노력을 기울였고 민주화 기반을 닦았다. 미첼 바첼레트 대통령(2014-2018년 재임)은 아옌데 대통령이 속했던 칠레사회당(Socialist Party of Chile) 소속이다. 인도네시아의 경험도 닮은 점이 많다.

미국에서 조지 워싱턴은 건국의 아버지로 높이 추앙받는다. 국제사회가 똑같이 하는 것을 미국은 별로 안 좋아한다. 단결을 하면 통치하기 어렵기 때문이다. 미국의 말을 잘 안 듣는다는 공통점도 있다. 제국주의에 저항해서 등장한 민족주의가 본질적으로 사회주의를 더 선호할 수밖에 없는 것도 영향을 미쳤다. 독립운동가 출신으로 장기간에 걸쳐 권력을 장악했던 자와할랄 네루(인도), 가말 나세르(이집

트), 수카르노(인도네시아) 등이 대
표적인 인물이다. UN을 중심으로
1960년대 이후 비동맹운동을 주도
했다. 쿠데타로 쉽게 무너뜨리기에
는 대중적 지지도가 너무 높았다.

폴 호프먼

　전략적 가치가 높았던 인도네시
아에서는 그래도 꽤 긴 시간 동안 상
당한 투자를 한 덕분에 성공했다. 겉
으로 드러난 고용주는 포드재단과
록펠러재단이다. 공산주의 확산을 막고 경제적 이해관계를 지속하
겠다는 것이 목표였다. 한국전쟁은 이제 겨우 마무리 단계에 접어들
었고, 바다 건너 인도차이나반도에서는 베트남이 힘겹게 독립투쟁을
하던 때였다. 인도네시아에서 또 다른 전쟁을 하기는 힘든 상황이었
다. 록펠러재단의 회장은 나중에 국무부 장관이 되는 딘 러스크다. 공
산주의 확산을 결사적으로 막았던 인물이다. 같은 시기에 포드재단
의 회장은 폴 호프먼이었다. 유럽 마셜플랜 책임자였고, 그 돈의 일부
를 CIA 비밀자금으로 활용한 장본인이다. 그들의 감독 아래 목적이
다른 세 종류의 아바타가 만들어졌다. 상호 호환이 되고 작전회의도
같이했다.

　1965년에 군부 쿠데타를 주도한 세력이 첫 번째 아바타에 해당
한다. 전형적인 이이제이(以夷制夷) 방법을 동원했다. 오랑캐로 하여
금 오랑캐와 싸우게 만드는 전략이다. 미국은 좌파민족주의를 상대
하기 위해 공산주의와 무슬림을 적대시하던 군부 엘리트와 손을 잡

딘 러스크와 린든 존슨 대통령(1968년)

왔다. 한국의 육군사관학교에 해당하는 인도네시아 육군지휘참모대
학(Sekolah Staf dan Komando Angkatan Dara, Seskoad) 출신이 주류였다.
장기집권을 하게 되는 수하르토 장군도 이곳 출신이다. 동문 중 최
소 서른 명 이상이 장관 또는 차관을 지냈다. 장성으로 진급한 인물은
160명이 넘는다. 국방부 장관을 비롯해 국가연구소 소장, 비정부 기
구 등의 책임자로 일한 숫자도 여든다섯 명 정도다. 미국 캔자스주에
있는 지휘참모대학(Command and General Staff College)과는 정기적으
로 교류해 왔다. 포드재단의 주선으로 Seskoad에서 열린 세미나와 강
의를 주도한 육군사령관 아흐마드 야니와 시티 수하르토가 이곳 동
문이다.[46]

제2그룹에 속하는 아바타는 정치학자들이다. "적을 알고 나를 알

면 백 번 싸워도 위태롭지 않다."는 전략을 위한 선택이다. 상대를 배우는 과정에서 자연스럽게 우호 세력을 확대할 수 있다는 계산속도 있었다. 코넬대학교의 남아시아프로그램(Southeast Asia Program)과 MIT의 국제연구센터(Center for International Studies) 등이 전면에 나섰다. 물론 배후에는 CIA와 포드재단이 있다. 베트남전쟁 등을 앞두고 동남아시아 지역의 언어와 문화를 파악하는 것이 목적이었다. 향후 반정부 투쟁이 일어나더라도 이 정보를 유용하게 활용할 수 있다는 잇속도 포함된다.

MIT 연구소의 일부는 포드재단의 지원으로 인도네시아 경기침체의 원인을 조사하는 연구를 진행한다. 이를 계기로 Seskoad 군부 엘리트와 인맥을 만든다. 1954년에는 '인도네시아현대화프로젝트(Modern Indonesia Projcet)'가 코넬대학교에서 시작된다. 종잣돈 22만 4000달러는 역시 포드재단이 냈다. 엄선된 인도네시아 학생 일부가 이 기관을 통해 코넬대학교에서 박사를 마친다. 대표적인 인물이 셀로 수마르얀으로, 귀국 후 곧바로 인도네시아국립대학교 경제학과에 자리를 잡는다. 정치학이나 다른 사회과학 전공은 아직 생기기 전이었지만 버클리 동문들이 밀어주었다. 경제에 영향을 미치는 사회적 요인에 대해 가르쳤다.

제3그룹은 경제학자들이다. 국민 입장에서 봤을 때는 가장 실력이 있고 필요한 것을 채워 줄 것으로 기대되는 집단이었다. 피노체트의 경제팀이 시카고대학교 출신의 미국 유학파였다면, 수하르토에게는 버클리대학교 출신의 경제학자들이 준비되어 있었다. 인도네시아대학교(Universitas Indonesia, UI) 경제학부 학장인 수미트로 조요하디

쿠수모가 결정적인 역할을 했다.

조요하디쿠수모는 원래 명문가 집안 출신으로 네덜란드 식민지 시절부터 정부에 참여했다. 학부는 소르본대학교에서, 박사는 로테르담대학교(네덜란드)에서 받을 정도였다. 독립을 맞았을 당시 그는 경제학 박사학위를 가진 유일한 인물이었다. 1946년 귀국한 후에도 정부의 요직을 두루 거쳤다. 국내에서는 네덜란드와 친한 인사로 분류되었고, 국유화를 둘러싸고 전쟁이 발발하면서 설 자리가 없어졌다. 거물 아바타가 될 만한 동기는 넘쳤다. 급기야 1957년에는 CIA가 후원했지만 실패로 끝난 쿠데타에 연루되어 미국과 영국이 설치한 작전 본부가 있던 싱가포르로 도주했다. 그가 보낸 장학생 중 일부는 이미 그때 버클리대학교에서 공부를 마치고 귀국하기 시작했다. 장학생들이 귀국한 후에는 곧바로 UI에 자리를 잡을 수 있도록 손을 썼다. 자신이 망명 중인 상황 중에도 신임 학장을 임명하지 못하게 했고, 유학파가 돌아오기 전까지는 버클리 출신 교수들이 그 공백을 직접 채워 주었다. 교수로 임명된 제자들은 그와 수시로 연락하는 한편 정기적으로 Seskoad에 나가 강의를 하고 세미나에 참석했다. 인도네시아 최고 엘리트들이 모인 대학의 교과 과정을 사회주의 경제학에서 미국식으로 전면 개편한 것도 이들이다. 수카르노 대통령은 반대했지만 포드재단이 가로막았다. 재정적 후원을 전면 중단하겠다는 협박에 굴복할 수밖에 없었다.

권력을 장악하는 과정에서 수하르토는 많은 피를 흘렸다. 공산주의자로 몰려 죽은 사람만 거의 200만 명이다. 1975년 동티모르 독립운동도 혹독하게 탄압했다. 그런데도 최소한 1998년까지는 정치적 안정과 경제 성장을 이루었다. 한국의 박정희와 여러모로 닮았다. 대통령에 취임한 직후 버클리 출신 경제학자들을 정부 요직에 앉혔다. 이들 경제관료들이 걸어온 길은 거의 같다. 인도네시아 최고 학부를 나와 미국에서 경제학으로 박사학위를 받는다. 귀국한 이후에는 대학에서 교수로 일한다. 군부독재가 시작되면서 관료로 중용된다. 미국 주류의 관점에서 세상을 보고, 경제정책에 대한 상당한 수준의 공감대가 형성되어 있으면서, 대부분 상류층에 속한다는 점도 공통점이다.

경제기획원 장관 위조요 니티사스트로, 외자유치위원장 모하맛 사들리, 경제안정위원장 에밀 살림, 재무부 장관 알리 와르다나 등이 이때 임명된 사람들이다. 남미나 한국의 유학파처럼 이들도 대단한 '비법'을 갖고 있지는 않았다. 미국에서 배운 대로 과감한 탈규제, 무역자유화, 경쟁체제 도입 등의 정책을 도입하는 게 꿈이었다. 그러나 군부가 제동을 걸었다. 불가피하게 점진적 개방을 할 수밖에 없었고 국내 경제에 대한 보호주의 정책을 병행했다. 제3세계가 현실적으로 취할 수 있는 거의 유일한 방법이었다.

국제 정세도 유리한 방향으로 진행되었다. 산유국인 덕분에 1970년대의 유가 상승 혜택을 봤다. 1973년부터 1979년 사이 GDP는 무려 540퍼센트나 높아진다. 석유와 천연가스에서 벌어들인 돈은 기반시설 구축, 교육시설 확충, 공중보건 개선 및 공업 부문 경쟁력 강화 등에 투자된다. 무난하게 성장하던 경제는 1980년내 초반에 난관을 만났다. 전체 수출의 60퍼센트 이상을 차지하던 석유와 가스에서 벌어들인 수익이 큰 폭으로 줄었기 때문이다. 다른 방법은 없었다.

통화 가치를 낮추었고, 고부가가치의 수출 상품을 찾아 나섰다.

국내 산업의 비중도 농업 중심에서 공업으로 꾸준히 전환했다. 1967년과 1996년을 비교했을 때 농업의 비중은 51퍼센트에서 17퍼센트 정도로 줄었고, 공업의 비중은 8퍼센트에서 26퍼센트 수준으로 높아졌다. 통화정책도 한국과 별로 다르지 않았다. 외환시장에 완전히 맡기는 자율변동시스템이 아닌 달러에 연동시키는 고정환율제(페그제)였다.

'홀로 서기' 대신 '분신'을 택한 기회비용은 1990년대 초반부터 더욱 높아졌다. 인도네시아만이 아니라 '아시아호랑이(Asia Tigers)'로 불린 국가들이 모두 해당된다. 쌍둥이 적자를 고민하던 미국의 클린턴 행정부는 과거 우방들을 상대로 추가적인 시장개방을 요구했다. 지금까지 미국을 상대로 무역흑자를 낼 수 있도록 봐주었으니 이제는 미국 물건을 좀 더 구입해 달라는 요구였다. 자본시장을 과도하게 개방한 것이 여기서도 탈이 났다. 국가 차원에서 진행하던 '국산 자동차' 사업은 이제 겨우 걸음마를 떼는 중이었다. 1997년 불어닥친 외환위기란 파도에 침몰했다. 공업화 전략은 그때부터 지금까지 거의 정체다. 국내 산업에서 공업이 차지하는 비중은 2009년 27퍼센트에 머물러 있고, 농업은 16퍼센트 수준이다.[47]

미국의 아바타라는 한계는 문제 해결 과정에서 두드러졌다. 국제 금융체제라는 구조적 문제보다 내부 문제만 봤다. 미국 정부와 IMF가 나중에는 다른 처방을 하게 될 거라는 점도 몰랐다. IMF가 제시하는 구조조정 계획만이 유일한 해법이라 믿었고, 국민을 앞장서서 설득했다. 한국, 태국, 필리핀도 동일한 수술을 받았다. 일찍이 칠레의

시카고 보이즈를 선두로 남미의 미국
유학파들이 택한 그 길이었다.

이상화, 『빼앗긴 들에도 봄은 오는가』

부작용의 양상도 거의 비슷하다.
가령 2003년부터 2010년 기간 동안
상위 10퍼센트의 소비는 60퍼센트가
증가한 반면, 하위 40퍼센트는 오히려
2퍼센트 줄었다. 불평등 정도를 나타내
는 지니계수(Gini Index)도 이 기간 동안
0.3에서 0.4로 높아졌다. 외환 보유고는
꾸준히 늘렸다. 2000년 258억 달러 수
준에서 2018년에는 1140억 달러로 높아졌다. 그렇다고 환율이 안정
을 찾지는 못했다. 외환위기를 맞기 전까지 미국 달러 대비 루피화의
환율은 2500에서 3000 수준으로 안정적이었다. 미국발 위기가 닥친
2008년에는 1만 7000 정도로 폭락했고, 2018년 7월 기준으로도 1만
4500 언저리다. 대책은 금리를 올리고 외평채를 추가로 발행하는 것
밖에 없다. 악순환의 끝이 안 보인다.

대구 수성 유원지에 가면 이상화 시인의 시비가 있다. 큰 석벽에
빼곡하게 「빼앗긴 들에도 봄은 오는가」를 적어 놓았다. 일제 식민지
시대에 지식인이 느꼈던 아픔을 노래한 것으로 알려진다.

입술을 다문 하늘아, 들아
내 맘에는 나 혼자 온 것 같지를 않구나!
네가 끌었느냐, 누가 부르더냐, 답답워라. 말을 해 다오

(······)

강가에 나온 아이와 같이

짬도 모르고 끝도 없이 닫는 내 혼아

무엇을 찾느냐, 어디로 가느냐, 웃어웁다. 답을 하려무나

나는 온몸에 풋내를 띠고

푸른 웃음 푸른 설움이 어우러진 사이로

다리를 절며 하루를 걷는다. 아마도 봄 신령이 지폈나 보다

그러나 지금은 ── 들을 빼앗겨 봄조차 빼앗기겠네

패권질서에 허우적이는 국제사회의 많은 지식인들이 이런 심정
이 아닐까 싶다. 저항하면 채찍을 맞았고, 아바타가 되면 배신당했
다.[48] 그렇다고 모든 것을 '내 탓이오.'라고 하기에는 비슷한 상황에
있는 국가들이 너무 많다. 벌써 봄조차 빼앗긴 것은 아닐지?

사랑하고 있어요
나, 까맣게 까맣게
그리움의 씨앗을 여물며
그댈 향해 가슴을 열었어요.

긴긴 낮 햇살의 어르심으로
가슴에 피어난 여린 꽃잎마다
손 내밀어 준 당신

당신과의 눈맞춤으로 노란
꽃물이 들어 꽃 빛 물든 마음에
오소소 돋아나는 그리움의 씨앗들
비로소 내 안에서 별꽃이 되던 날.

노랗게 활짝 폈던 내 마음도
하늘이 별로 돌아갈 날을 기다리며
당신만을 향해 있었지요.

바라보는 것만으로도 행복한

눈먼 고흐가 되어……

—문근영,「해바라기」에서

14

객토 작업

고향에서 지내던 초등학교 시절, 아침을 깨운 노래 두 곡이 있다. 청도가 새마을운동의 발상지라 그랬는지 모르겠다. 동네에 하나밖에 없는 확성기를 통해 평소 자주 들리던 노래가 나왔다.

　　잘 살아 보세
　　잘 살아 보세
　　우리도 한번 잘 살아 보세
　　금수나강산 어여쁜 나라
　　한마음으로 가꿔서
　　알뜰한 살림 재미도 절로
　　부귀영화 우리것이다
　　잘 잘아 보세
　　잘 살아 보세
　　우리도 한번 잘 살아 보세

동네 청소를 하는 일요일에는 박정희 대통령이 작사와 작곡을 했다고 알려진 이 노래가 나왔다.

> 새벽종이 울렸네 새아침이 밝았네
> 너도 나도 일어나 일어나 새마을을 가꾸세
> 살기 좋은 내 마을 우리 힘으로 만드세

그때는 이해되지 않았지만 지금은 어떤 사연인지 알 것 같다. 대통령은 박정희 한 사람밖에 없는 것으로 알고 살던 때였다. 1979년에 10·26 사건이 일어났을 때 주변 어른들은 하늘이 무너진 것처럼 우셨다. 선거에서도 항상 1번만 찍던 때였다. 정부에서 하라는 것이라면 뭐든 했다. 그중 하나가 과일나무 심기다.

공업화를 통해 경제 발전을 촉진하던 정부 입장에서는 잔류하는 농민들을 위해 뭐라도 해 줘야 할 상황이었다. 미국이 들여온 원조 농산물로 밀농사는 접은 지 오래였다. 통일벼를 시작으로 한때는 쌀농사에 공을 들였지만 그것도 오래 못 갔다. 수입 쌀이 들어오기 시작하면서 보조금 없이는 농사를 지을 수 없었다. 가능한 쌀농사를 줄이고 다른 품목으로 바꾸라고 권장했다. 복숭아, 감, 사과, 밤나무 등을 거의 공짜로 나누어 주었다. 정작 심을 만한 땅이 없다는 게 고민거리였다. 멀쩡한 논과 밭에 심기에는 당장 몇 년을 굶어야 한다. 평소 버려 두었던 산비탈을 개간하는 게 대안이다.

객토 작업이라는 것을 그때 처음 배웠다. 큰 돌은 골라서 한쪽으로 치우고 근처에 있는 흙을 가져다 빈 곳에 채운다. 체(體) 같은 것을 주변에 설치해 두고 자갈만 한 크기의 돌만 골라낸다. 물이 고여 있지 않고 잘 빠지도록 수로를 정리하는 것도 포함된다. 한창 바쁠 때는 농사일에 매달려야 하는 처지라 방학 때가 절정이었다. 일꾼을 따로 둘 형편도 아니니 결국 온 가족이 매달릴 수밖에 없었다. 매일 뙤약볕에서 꽤나 고된 노동을 했던 기억이 난다. 그때가 초등학교 3, 4학년 때다. 덕분에 복숭아밭이 하나 생겼고, 대학을 무사히 졸업하는 데 작은 밑거름이 되었다.

복숭아라고 다 같지 않다는 것은 나중에 깨달았다. 과수원을 하고 있을 때는 늘 풍족하게 먹었다. 양친이 돌아가신 후에는 하는 수 없이 돈을 주고 사 먹기 시작했다. 오래 못 갔다. 고향에서 먹던 맛이 아닌 것도 문제였지만 전에는 없던 알레르기 반응이 왔다. 귀가 너무 간지러워서 먹기 힘들 정도였다. 우연한 기회에 고향 친구가 보내 준 복숭아를 먹었을 때는 신기하게도 문제가 없었다. 몸과 흙이 둘이 아니라는 뜻의 신토불이(身土不二)는 단순한 구호가 아니었다. 별스럽다는 눈총을 받으면서도 가능한 한 고향에서 난 과일을 주문해서 먹게 된 것은 이런 까닭에서다. 제철에 난 과일이나 채소를 먹는 습관도 이때 만들었다.

겨우 일년생 복숭아가 이런 상황이면 '국민성(國民性)'은 어떨까? 민족국가의 구성원이라면 공유할 수밖에 없는 집단 정체성이 자연적인 것이 아니라 만들어진다는 것은 누구나 안다. '전방위적'으로 '상기간'에 걸쳐 '의식적'으로 개입한 결과물이다. 무심코 대하는 태극기, 애국가, 각종 국경일 등은 기본이다. 독립기념관, 동상, 국사 교과서, 영화와 광고도 있다. 월드컵 때마다 등장하는 '대한민국'이라는 구호는 직접적인 증거다. 적과 아군이 생기고, 공유하는 가치와 신념이 있으면서, 집단적 정서와 기억을 나눈다. 집단으로서 '한국인(South Korean)'이 다른 국민과 차이가 나는 것은 이런 상징적인 객토 작업과 관련이 깊다.

한국 사람은 누구일까? 미국, 중국, 일본과 비교했을 때 어떤 특징을 갖고 있을까? 빛깔로 치면 빨강색에 가까울까, 아니면 흰색일까? 동물로 비유하면 육식일까, 초식일까? 장미, 벚꽃, 수선화, 코스모스 중에는 어디에 더 가까울까? 정답은 없다. 장님이 코끼리 만지는 것과 비슷하다. 그럼에도 누구나 고개 끄덕이게 하는 공통점이 하나 있다. '미국'에 대한 감정이 남다르다는 점이다. 객관적으로 확인하기 어렵지 않다.

퓨리서치센터(Pew Research Center)에서 발표하는 호감도 조사는 그중 하나다.[1] 미국을 좋게 보는 한국인의 비중은 평균적으로 70퍼센트대에 달한다. 노무현 정부 때 좀 낮아졌다가 2008년 이후 다시 증가하는 추세다. 2009년 78퍼센트, 2013년에는 83퍼센트, 2014년에는 82퍼센트, 작년 2017년에도 75퍼센트에 머물러 있다. 미국과 특수관계에 있으면서 가장 많은 원조를 받고 있는 81퍼센트의 이스라엘보다 조금 낮다. 1903년부터 식민지였다가 그 이후에도 미국의 직접적인 보호하에 있었던 필리핀도 79퍼센트 수준이다.

민주화운동 이후 고조되었던 반미(反美) 정서가 옅어지면서 미국에서 유학을 한 한국 사람도 엄청나다. 교육부 자료에 의하면, 1945년부터 2013년까지 외국에서 박사 학위를 취득한 사람 중 미국 출신은 57퍼센트에 해당하는 2만 1432명이나 된다.[2] 지금도 별로 안 달라졌다. 전성기에 비해 다소 줄었지만 2016년과 2017년에 미국 유학생 규모는 5만 9000명으로, 중국(35만 명)과 인도(18만 명)에 이어 3위다. 총인구 대비로 하면 세계 1위다. 대만, 일본, 멕시코와 브라질보다 더 많다.

일상에서 접하는 장면도 적지 않다.[3] 2017년 7월 11일에 평택 미8군에서는 성대한 잔치가 열렸다. 한미 양국의 애국가가 울려 퍼지고 월턴 워커 장군의 동상 제막식이 뒤따랐다. 캠프 험프리스 신청사 개관식이다. 토머스 밴달 8군 사령관은 "107억 달러가 투입된 동북아 최대 규모의 초현대식 기지 조성에 한국 측이 비용의 94퍼센트를 부담했다. 감사하다."라고 말한 것으로 전해진다. 여의도의 5.5배 크기로 18홀 규모의 골프장이 두 개나 들어섰다. 장군들에게는 단독주택인 관저가 제공되고, 일반 병사들에게도 고급 아파트가 주어진다. 정의당 김종대 의원은 이곳을 방문한 후 이런 글을 남겼다.

> 황제 주둔. 숙소에 도시가스도 공급받지 못하고 매일 이사 다니기 바쁜 한국군 간부들에게 이런 기지 생활은 군인이 아니라 황제의 삶입니다. 겨우 두 개 사단 규모밖에 안 되는 미군을 위해 한국군은 꿈도 꾸지 못할 이런 기지를 제공한다는 것이 과연 옳은 일인가.[4]

광화문과 시청 앞을 지날 때마다 미국 국기를 보는 것도 낯설지 않다. 태극기 부대를 비롯한 보수단체가 시위를 할 때마다 성조기와 이스라엘 국기를 함께 내걸기 때문이다. 미국 대사관이 있는 위치도 중앙정부청사 바로 건너편이다. 문화체육관광부가 옮겨 가기 전에는 바로 옆에 있었다. 2015년 3월에는 마크 리퍼트 주한 미대사의 쾌유를 비는 부채춤 공연이 진행된 적도 있다. 장소는 세종문화회관 앞이었고, 대한예수교장로회 합동한성 총회 목회자들과 교인들이 함께한 예배 행사 중 일부였다. 대형 교회 목사가 서울에서 열린 친미 집회에서 10만 신도를 앞에 두고 '영어'로 설교해 화제가 된 적도 있다.

권력 집단에서도 별로 안 다르다. 2002년 3월 3일로 거슬러 올라간다. 공군 항공사업단 고등훈련기 사업처장을 맡고 있던 조주형 대령(공사 23기)의 양심선언이 언론을 통해 공개된다. 차세대 전투기(Fighter eXperimental, FX) 사업에서 국방부 고위층이 미국 보잉사의 F15-K 선정을 일방적으로 강요한다는 고발이다. 경쟁업체였던 프랑스 다소사의 라팔(Rafale)이 더 좋은 점수를 받았다는 게 문제였다. 스텔스 기능도 있고, 가격 면에서도 훨씬 좋았다.

위키리크스가 폭로한 문건에 보면, 주한미국 대사까지 나서서 한국 정부에 압력과 회유를 하는 장면이 나온다. 조 대령은 곧바로 국군기무사로 연행되었고 국가기밀누설과 뇌물죄로 구속된다. 대법원에서 징역 1년 6개월에 집행유예 3년이라는 판결이 확정되었다. 2004년 9월 1일에 월간지 《신동아》는 그의 법정 최후진술을 공개했다. 문제의 본질을 그는 "우리의 단 하나 군사 동맹국인 미국의 자국이기주의와 우리나라 지도층 일부의 사대주의"에서 찾았다. 한미 관계에 대해서도 다음과 같이 항변했다.

"미국은 우리나라를 군사적으로 통제하기 위한 계획을 철저하게 준비했고, 우리는 그 올가미에 걸려 있으면서 걸린 줄도 모르고

그것이 최상의 선택인 것처럼 생각
해 왔습니다. (……) 미국의 부시 행
정부가 북한을 테러 지원국에 '악의
축'으로까지 규정하면서 대북 강경
책을 표방하는 것에 대해서도 한반
도의 불안감을 조성함으로써 우리
나라로 하여금 미국 무기를 구매하
도록 만들려는 속셈입니다. (……)
제가 한 행동이 반미로 보일 수도
있겠지만 저는 반미를 주장한 적
은 없으며, 국가 이기주의를 떠나

이만열, 『한국인만 모르는 다른 대한민국』

서 한반도의 평화를 함께 고민하는 진정한 동맹 국가를 원하는 것
입니다. 그러면 저를 반미주의자로 몰아세우는 분들은 친미주의자
입니까?"

특별한 이해관계가 없을 뿐만 아니라 제3자의 관점에서 한국을
잘 이해하는 외국 출신 학자들도 거의 동일한 의견을 제시한다. 이매
뉴얼 페스트라이시, 그의 한국명은 이만열이다. 일본에서 박사 과정
을 마친 후 최종 학위는 하버드대학교에서 받았다. 현재 사단법인 '다
른백년'에서 활동한다. 경희대학교에서 교수로 재직한 적도 있다. 동
북아시아 고전문학을 연구하고 2007년부터 한국에 살고 있는 이만열
은 2013년에 『한국인만 모르는 다른 대한민국』이라는 책을 냈다.

2017년 6월 27일에는 「한국인은 왜 '독립적 사고'를 못하나」란

제목의 칼럼이 나왔다.[5] 먼저 제기하는 질문은 이것이다. "훌륭한 고등교육을 받고 하버드와 예일, 스탠퍼드 등에서 유학한 사람들과 함께 기계공학부터 공공정책, 외교 등에서 뛰어난 지식과 식견을 갖춘 사람들이 차고 넘치는"데도 불구하고 "왜 한국은 서구, 그중에서도 미국에 그렇게 의존하는 걸까?" 그의 진단 결과는 이렇게 요약된다.

> 한국 지식집단의 대미종속은 대다수가 미국 유학파라는 사실과 관련이 있다. 미국 유학을 했다는 것은 문제될 게 없지만, 더 큰 문제는 이들이 미국의 지식을 국내로 수입하는 오파상에 그칠 뿐, 한국인으로서 한국 문제에 대해 전혀 독립적으로 사고하지 못한다는 점이다.

이만열은 지식사회의 고질병으로 사대주의를 지적하면서, 그 폐해로 "서구문화를 비이성적 수준으로 미화하고 개발과 외교, 안보뿐 아니라 도시계획과 설계에서까지 자체적인 아이디어를 내지 못한다는 점"과 "서울대와 연세대, 고려대 등을 졸업한 고학력 지식인들은 한국에 대해 자신보다 잘 알지 못하고 유능하지도 않은 미국 정책 입안가의 잘못된 가정을 기반으로 신문기사를 쓰고 외교 및 안보 정책을 제안하는 점"을 꼽았다.

미국의 반대편에 있는 러시아에서 공부한 박노자 교수의 관점도 같은 선상에 있다. 본명은 블라디미르 티호노프이며, 2001년에 한국인으로 귀화했다. 학부는 러시아 상트페테르부르크대학교에서, 박사는 모스크바국립대학원에서 마쳤다. 경희대에서 교수로 잠깐 일하다

지금은 노르웨이 오슬로대학교에 재직 중이다. 한국어로 된 책을 정말 많이 출간했는데 그중 하나는 2001년에 나온 『당신들의 대한민국』이다.

2007년 5월 3일 자 《한겨레21》과 나눈 인터뷰에는 집단으로서 한국인에 대한 그의 관점이 잘 드러나 있다.[6] 특히 "한국인들의 뼛속에 뿌리박힌 미국 중심주의"의 부작용이 심각하다고 진단했다. 왜 그렇게 되었는지에 대해 다음과 같이 말한다.

박노자, 『당신들의 대한민국』

"(한국의) 역사 교과서는 우리 역사의 전개 과정을 서구 근대주의로 나아가는 목적론적 흐름으로 파악하려 애쓴다. 그러다 보니 근대주의와 별 관계가 없는 실학이 근대주의적인 것으로 탈바꿈하고, 서구적인 의미에서는 민족주의로 볼 수 없는 의병들도 그렇게 묘사된다. 그 시각 속에서 미국은 세계 자본주의를 지켜 주는 가장 착하고 아름다운 나라가 된다. 서구 중심주의, 좀 더 정확히 말해 미국 중심주의는 대한민국에서 나고 자란 사람들이 자연스럽게 갖게 되는 왜곡된 세계관이다. (……) 대한민국 지배계급은 대미 종속성이 강하다. 공부는 어디서 하나? 미국에서 한다. 거기서 최종 학위까지 받아야 여기서 어느 정도 행세할 수 있다. 한국의 수많은 장·차관, 외교부 공무원의 아이들은 어디서 자라나? 미국에서 자란다. (……)

미국인 이상으로 미국화돼 있다. 대한민국을 운영하는 사람들이 그런데 일반인들이 영향을 받지 않을 수 없다."

왜 이렇게 되었을까? 객토 작업을 잘 살펴보면 그 뿌리를 추적해 볼 수 있다. 고향에서 수확한 복숭아는 남달랐다. 동네 분들 밭에서 따먹은 것과 비교해도 월등했다. 몇 가지 이유가 있다. 원래 돌이 많은 땅이었는데 그 위에 흙을 가져다 밭을 만들었으니 물이 잘 빠진다. 산 중턱이고 햇볕이 잘 드는 것도 장점이다. 통풍이 잘 되었고 종일 볕을 받았으니 당도가 높을 수밖에 없다. 땅이 거칠어 꽤 거리를 두고 나무를 심은 것도 한몫을 했다. 적당히 경쟁은 되지만 방해받지 않을 만큼의 간격이다. 집단 정체성을 만들어 가는 과정에 그대로 적용될 수 있다.

큰 돌을 부수고 억지로 밭을 조성하는 작업은 '강제와 억압'을 본질로 하는 경성권력(hard power)에 가깝다. 잡목을 잘라 내고 곡괭이로 비탈을 뭉개는 일은 군대와 경찰을 동원해 반대 세력을 억압하는 것에 비유된다. 햇살과 바람이 잘 들도록 한 작업은 연성권력(soft power)에 해당한다. 집단기억(collective memory) 혹은 집단정서(structure of feeling)에 개입하는 영화, 드라마, 음악, 예술작품 등으로 보면 된다. 일정한 거리를 두고 나무를 심는 것은 지적 권력(smart power)에 속한다. 복숭아 나무끼리 무슨 경쟁을 하느냐고 되물을지 모르지만 그건 틀린 생각이다. 복숭아, 사과와 포도 등은 감나무와 다르다. 모아서 심어야 병충해에도 잘 버티고 좋은 열매를 맺는다.

그래서 과수원이라는 단어가 생겨났다. 지식권력이 작동하는 방식도 아주 유사한데 공개적으로 이루어진다. 모든 과정이 본능이 아닌 이성 차원에서 진행된다. 제자가 스승을 존중하고 그림자도 밟지 않으려 하는 것은 두렵거나 특별한 호감이 있는 것과는 거리가 있다. 인간으로는 좋아하지 않지만 실력이 탁월하면 기꺼이 고개를 숙인다.

몸통과 깃털

퀴 보노(Qui Bono)? 누가 이익을 보는가? 세상을 이해하기 위해 반드시 던져야 할 질문이다. 한반도의 객토 작업 중 '물리적 강제력'이 시작된 때는 1945년 8월 15일 해방 직후라고 보면 된다. 1960년에 박정희와 김종필이 주도한 쿠데타가 일어난 이후는 1차 정비 작업이 대강 완료된 시점이다. 지리산에 숨어 있던 빨치산들도 모두 죽거나 소멸된 때다. 해방 공간과 전쟁 등으로 채워지는 이 시간과 공간을 주도한 세력은 누구일까? 그들은 왜 그렇게 했을까?

몸통과 깃털의 비유가 도움이 된다. 1997년 한보철강 부도와 관련한 비리 사건이 터졌을 때 잘 알려진 얘기가 있다. YS 정부 시절 총무수석비서관을 지낸 홍인길 수석이 주범으로 지목되었을 때 이런 말을 했다. "사람들이 나를 실세라 부르는데 내가 무슨 실세냐. 나는 바람이 불면 날아가는 터레기(깃털의 방언)에 불과하다." 그렇다면 몸통은 누구일까라는 질문이 당연히 나왔다. 대통령의 차남 김현철 씨가 '배후 세력'으로 지목되었다.[7] 한반도 객토 작업의 몸통은 누구였을까? 10장 「파워 엘리트」에서 다룬 미국의 '복합체'다. 1939년 '전쟁과 평화연구'를 위해 만들어진 위원회가 그 원형에 가깝다.

존 매클로이(가운데, 1945년)

　형식적으로 무대를 준비한 곳은 외교협회(CFR)다. 재정과 인사를 관리했던 집단은 록펠러와 JP모건 등을 중심으로 한 초국적 재벌이다. 정부 쪽에서는 딘 애치슨이 있다. 한국이 해방되었을 당시 국무부 차관이던 그는 장군 출신의 조지 마셜 후임으로 1949년에 장관으로 승진한다. '애치슨 라인'으로 알려진 방어선을 발표해 나중에 의도적으로 북한의 남침을 유도했다는 비판을 받기도 했던 인물이다.[8]

　재무부 장관이던 헨리 모건소도 참가자 중 한 명이다. 록펠러 가문과 밀접한 관계였고 이스라엘 건국에도 앞장섰다. 1954년 이란 쿠데타에도 깊숙이 개입한 인물이다. 루스벨트 대통령을 비롯해 월가 쪽과 아주 친했다. CIA 쪽은 앨런 덜레스다. 윌리엄 도너번 장군이 OSS를 창설했을 때는 유럽 지부장이었고, 1949년부터 CIA를 장악했다. 군부에서는 국무부와 국방부를 두루 거친 실력자 헨리 스팀슨이 있었는데 CFR 연구소장을 맡았다. 한국전쟁이 발발했을 때 다시 국방부 장관에 임명되지만 실무는 존 매클로이 차관의 몫이었다. CFR, 포드재단과 록펠러재단 이사장을 두루 역임한 인물이 매클로이다. 그의 지시로 당시 중령이던 딘 더스크가 최초의 38선을 그었다. 1945년 8월 14일에 일어난 일이다. 깃털은 누구였을까?

해방을 맞았을 때 아시아태평양 사령관은 더글러스 맥아더다. 쉰 살 때 이미 육군참모총장에 올랐다. 루스벨트 대통령과 군대 감축 문제로 갈등을 빚은 후 1937년에 일시 전역했다. 2차 세계대전이 발발하면서 다시 현역으로 복귀한다. 그러다 중국에 대한 핵 공격을 두고 트루먼 대통령과 충돌한 직후 1951년에 해임된다. 루스벨트와 트루먼 정부에서 공백을 채운 인물이 조지 마셜과 드와이트 아이젠하워다. 마셜은 1939년에 참모총장이 되었고 그 직후 국무부 장관에 오른다. 아이젠하워는 1940년부터 마셜과 함께한다. 그 이전에는 맥아더의 부관으로 있었다. 복합체의 군부 인맥은 그렇게 해서 스팀슨, 마셜과 아이젠하워로 이어진다. 맥아더 휘하에서 남한을 점령했던 사령관은 존 하지 중장이다. 직속상관에 해당하는 참모총장은 아이젠하워였고, 국방부 장관은 로버트 피터슨이다. OSS에서 CIA로 이어지는 인맥은 또 다른 깃털이다.

피어 드 실바는 1945년 종전 직후 방첩(防諜) 전문 장교가 되었다. 지역 분과장으로 유럽에서 활약한 다음 1953년에 CIA 한국 지부장으로 왔다. 주한 미국대사관에 그의 사무실이 있다. 전담 지역에는 호주, 한국, 홍콩, 남베트남과 오스트리아 등이 포함된다. 헝가리

봉기가 일어난 1956년에 오스트리아 빈에서 잠깐 근무한 이후 1959년에 다시 서울로 복귀했다. 그와 호흡을 맞춘 육군 정보부(Counter Intelligence Corps, CIC) 책임자는 제임스 하우스먼이다. 한국에는 1946년에 건너왔다. 계급은 육군대위였다. 육군사관학교의 전신으로 알려진 군사영어학교에서 교관을 맡았다. 한국 군부와 인연을 맺게 된 것은 이때부터다. 장도영, 박정희, 김재규, 강영훈, 백선엽, 정일권, 채병덕 등이 모두 이 학교 2기 졸업생이다. 해외군사교육훈련(International Military Education and Training, IMET) 참가자 선정 작업에도 개입했는데, 당시 장학생 중 한 명이 김종필이다.

제3의 깃털은 이승만 대통령이다. 웬 불경스러운 말이냐고 할지 모르지만 그렇게 볼 수 있는 상황이 만만찮다. 유럽의 그리스, 동남아시아의 필리핀, 동북아의 한국은 지리적으로는 상당히 떨어져 있지만 닮은 점이 많다. 단순히 미군기지가 있다는 정도가 아니다. 해방을 맞았지만 내전이라는 비극적 상황을 피하지 못한 운명을 공유한다. 원인도 거의 비슷하다. 외세의 지원을 받는 부르주아 계층과 과거와 단절하기를 원하는 기층 민중이 충돌한다. 겉으로는 자본주의와 공산주의 간 갈등으로 보이지만 내면에는 제국주의와 민족주의 간 갈등이 숨어 있다. 1947년에 공식화되는 '트루먼 독트린'과 관련된 얘기다.

목숨을 걸고 무장투쟁을 했던 입장에서 봤을 때 영국의 후광을 입은 조지 2세(그리스), 미국 식민지 시대 고위관료를 지낸 마누엘 록사스(필리핀), 배후에 CIA가 있었던 이승만(한국)은 외세의 앞잡이로 보였다. 내전으로 치닫는 과정도 아주 유사하다. 민주적 선거는 거친다. 단 미국이 원하는 인물이 선출될 수 있도록 사전 작업을 충분히 한다. 반대 쪽에서는 불리한 운동장에서 축구를 하든지 아니면 게임을 포기하는 수밖에 없다. 정부가 수립된 이후에는 좀 더 합법적으로 박해가 진행된다. 결국 무장투쟁으로 내몰리지만 외세와 힘을 합친 정부를 이길 수는 없다. 대량 학살이 따르고, 일부는 빨치산이 되고 다수는 투항한다.

끝이 아니다. 내전의 후유증은 극심한 정치적 분열로 이어진다. 통치 수단으로 빨갱이 사냥이 악용되는 것도 문제를 키운다. 감정의 골이 너무 심해서 쉽게 타협하지 못한다. 정치적 불안정이 반복되고 급기야 군부독재가 들어선다. 미국에서 군사훈련을 받은 장교들이 중심이 된다. 자칫 사회주의 정권이 탄생할 수 있다고 우려하는 미국으로서는 굳이 말릴 이유가 없다. 오히려 그런 상황을 만들기 위해 교육을 시켰다고 보는 게 맞다.

한국의 박정희와 전두환 정권이 미국과 밀착했다는 것은 잘 알려진 사실이다. 1967년에 일어난 그리스의 쿠데타나 1972년부터 실시된 필리핀 페르디난드 마르코스 독재정권에 대해서도 미국의 입장은 다르지 않았다. 고단한 민주화 투쟁이 이어지고 결국 군부는 퇴장한다. 정권은 바뀌지만 못 변하는 게 있다. 미국에 대한 군사적, 경제적, 문화적 의존성이다. 반세기 이상 축적된 결과다.

깃털로 볼 수 있는 두 번째 근거는 이승만과 주변 세력의 태생적 한계와 관련이 있다. 해방 직후 한반도는 혼란스러웠지만 그렇게 나쁘지도 않았다. 일본의 패망을 앞두고 만주 지역과 국내(특히 북한)에서 독립운동은 활기를 찾았다. 노동자와 농민이 중심이 된 자발적 조직도 늘었다. 워낙 소작농이 많았고, 지주에 해당하는 사람은 10퍼센트 정도에 불과했다. 1940년대 이후 공산주의 혐의로 체포된 운동가들이 급증한 것은 이 때문이다.

해방 직후 남한의 94퍼센트 지역에 인민위원회가 결성된 것으로 알려진다. 그중 절반 이상은 실질적으로 위원회가 통치하는 상황이었다. 1945년 9월 6일에는 전국인민대표자회의를 통해 '조선인민공화국'이 선포된다. 주석 이승만, 부주석 여운형, 국무총리 허헌, 내무부 장관 김구 등으로 나름 합리성이 있었다. 공산주의를 채택한다는 말은 전혀 없었다. "자주적 독립국가의 건설, 일본 제국주의와 봉건 잔재 세력 배제, 진정한 민주주의, 노동자와 농민 생활의 향상, 세계 평화에 기여" 등이 주요 합의 내용이었다.

도산 안창호 선생의 마지막 가는 길을 지켰던 인물이 여운형과 조만식이었다. 임시정부를 이끌면서 카이로 선언에서 "적당한 조건이 되면 조선의 독립을 보장한다."는 내용을 이끌어 낸 인물이 김구다. 1943년에는 좌우합작에 해당하는 '한국독립당'을 만들었으며, 노동자들 또한 잘 조직되어 있었다. 1946년 11월에는 조선노동조합전국평의회(전평)가 결성된다. "최저임금제의 확립, 여덟 시간 노동제, 동일 노동에 대한 동일임금 지급" 등 20개조에 달하는 '일방 행동강령'을 내걸었다.[9]

점령군 미국은 입장이 달랐다. "미국과 우호적인 관계를 맺으면서 장기적으로 한반도 전체를 통제할 수 있는 효과적인 정부"의 수립이 목적이었다.[10] 신복룡 교수가 발굴한 의회 청문회 보고서에서도 "미국의 일차적 목표는 한국에서 소련의 지배권을 저지하는 것이고,

한국의 독립은 부차적이기 때문에 향후 몇 년 안에 한국 정부에 완전한 독립을 부여하는 것이 미국의 국익이라고 믿어지지는 않는다. (……) 그러므로 한국의 임시정부의 구성은 적어도 향후 몇 년 동안 미국이 고도의 위장된 지배권을 지속적으로 행사해야 한다는 조건 위에 기초해야 한다.”는 내용이 나온다.[11] 민족대표로 구성되었지만 조선인민공화국이 군정에 의해 곧바로 부정되는 것은 이런 배경에서다. 1945년 10월 10일에 열린 기자회견을 통해 군정은 다음과 같이 밝혔다.

> “북위 38도 이남의 조선에는 오직 한 정부가 있을 뿐이다. 이 정부는 맥더 원수의 포고와 하지 중장의 정령과 아널드 소장의 행정령에 의하여 정당히 수립된 것이다. (……) 자칭 조선인민공화국이든가 자칭 조선공화국 내각은 권위와 세력과 실재가 전연 없는 것이다.”

그러고는 조선인민공화국의 부주석이던 여운형을 지목하면서 “흥행적 가치조차 의심할 만한 괴뢰극을 하는 배우”로 “막후에서 그 연극을 조종하는 사기한”으로 깎아내렸다.

정치에도 직접 개입하기 시작했다. 점령군 사령관 하지 중장의 카드는 김규식이었다. 1946년의 좌우 합작 움직임과 관련이 있다. 국무부 장관 조지 마셜이 이 방안을 주도한 것으로 알려진다. 중국과 한국 모두 대상이었다. 중국에서는 처음부터 실현 가능성이 낮았다. 미국은 국민당에 기울어 있었지만 본토에서 그들은 전혀 지지를 못 받았다. 한국도 비슷한 상황이었다. 북한은 이미 조직이 정비된 상황이었다. 소련도 북한에서는 이미 자신들이 지지하는 모델이 추진되고 있었기 때문에 굳이 간섭하지 않았다. 남한은 달랐다. 일찍부터 이승만을 중심으로 단독정부가 추진되고 있었다. 미국도 그 가능성을 열어 둔 상태였다. 당장 한반도 전체를 영향권에 둘 수 없다면 남쪽이라도 장악하려는 전략이었다.

군정의 입장은 1947년 3월 트루먼 독트린이 발표되면서 분명해졌다. 이승만은 그런 면에서 나쁘지 않은 카드였다. 1946년 6월에 그는 '정읍발언'을 통해 단독정부를 찬성한다고 밝혔다. 프린스턴대학교 박사 출신으로 어느 정도의 영향력은 있었다.[12] 물론 혼자서는 할 수 없고 미국에 의존할 수밖에 없었다. 미국, 영국, 일본에서 유학을 한 주변 인물들은 대부분 일본과 밀접한 관련이 있다. 그들 입장에서는 자칫하면 모든 것을 잃을 수 있는 상황이었다. 특히 일제시대 군인과 경찰을 했던 부역자들의 위기감은 상당했다. 미국은 이들이 이승만을 중심으로 뭉칠 수 있도록 도왔다. 군정이 임명할 수 있는 경찰과 헌병대 등 주요 요직에도 앉혔다. '분열' 전략으로서는 상당히 요긴했다. 중동과 동남아시아 등에서 확인된 것처럼, 미국 입장에서 '공산주의' 위협만큼이나 심각한 것이 '민족주의'다. 되돌릴 수 없는 과거를 이용하면 이 목표를 달성할 수 있다.

1930년대까지만 해도 많은 조선의 엘리트들은 일본에 저항했다. 그 이후에는 현실에 적응할 수밖에 없었다. 리영희 선생이 남긴 『대화』라는 책에도 관련 얘기가 나온다. "해방되던 그때 적어도 조선인의 절반 정도는 일본인이 되었다고 말하는 것이 옳을 거요. 천황의 항복 방송을 들으면서 울었거나 눈물 흘린 사람도 결코 적지 않았으리라고 생각해요."란 대목이다.[13] 《동아일보》 사장 김성수나 초대 법제처장을 지낸 유진오도 그런 경우다.

해방 후 이들이 새 출발을 원하는 것은 자연스러웠다. 군정은 이 지점에서 영악한 결정을 내렸다. 민중이 느끼기에 가장 피부에 와닿는 업무에 군이 평판이 좋지 않던 일제시대 경찰을 배치했다. 통치의 필요성에 의한 것이든 의도적이든 효과는 좋았다. 외세를 등에 업은 일본 부역자들, 어중간한 민족주의자들, 또 사회주의를 원했던 기층 민중이라는 '진영'이 생겼다. 민족주의 진영에서도 공산주의에 대한 입장 차이에 따라 우익과 좌익으로 나뉜다. 대립이 심해지면서 중간 지대는 양쪽 중 하나를 강요받는다. 백범 김구는 민족주의 우파를 대표했고, 몽양 여운형은 민족주의 좌파에 가까웠다. 해방 공간에서 이들은 양쪽의 공격을 받았고 결국 암살된다.

적이 너무 분명한 상황이었기 때문에 각자 진영은 서로를 의심한다. 누가 어부지리를 얻었을까? 한민당도 남로당도 아니었다. 결과적으로는 미국이다. 해방 공간의 많은 암살 배후에 미국 CIC가 있었을 것으로 추정하는 근거다.

단독정부 수립을 전후로 진영 논리는 더욱 분명해졌다. 권력을 선점한 이승만 쪽은 미국과 운명 공동체가 된다. 정부를 수립하기 위해서는 헌법이 필요한데 국회가 있어야 헌법을 만든다. 미국은 남한만의 단독정부 수립을 위해 UN 차원의 교통정리를 도왔다. 1948년 2월에 UN 한국소위원회에서는 남한만의 단독선거가 승인된다. 좌파 민족주의를 대표하던 여운형은 이미 암살된 후였다. 남로당과 사회주의 계열은 불법화되어 아예 선거에 참가할 수 없었다. 남은 것은 한민당과 민족주의 우파 정도였다.

제헌의회로 알려진 5월 10일 선거에서 이승만 계열이 승리한다. 7월 17일에 헌법이 제정되고, 8월 15일에는 정부가 출범했다. 결코 순조로울 수 없었다. 국민이 원하는 수준의 개혁을 할 수 없는 정부였다. 반민족 행위자 처벌법이나 토지개혁 등은 제대로 진행되지 않았다. 군대와 경찰 등이 일제시대 부역자들로 채워진 것과 무관하지 않았다. 대표적인 인물로는 국무총리를 지낸 만주군 헌병 출신의 정일권, 합참의장에 오르는 독립군 토벌에 앞장선 백선엽, 좌익 킬러로 유명했던 수도경찰청장 장택상과 고등계 형사로 악질 친일경찰로 유명했던 노덕술 등이 있다.[14] 해방이 되어도 좋아지기는커녕 더 악화되는 현실에 불만은 축적된다. 1946년 9월 노동자 파업을 시작으로 10월 대구항쟁, 1947년 제주 3·1절 발포사건과 1948년의 4·3사건 또 10월의 여수·순천 10·19사건(여순사건) 등으로 이어졌다.

현실을 반영하는 문학에서도 그 흔적은 쉽게 찾을 수 있다.[15] 1946년에 발표된 정비석의 「귀향」, 1947년 이무영의 「나라님전 상사리」, 또 1948년 채만식의 「낙조」 등은 공통적으로 남한이 장차 미국의 식민지가 될지도 모른다는 불안감을 다루었다. 일본에 충성한 사람들이 요직에 앉는 것도 편하지 않았다. 관련 소설로는 이무영의 「굉장소전」(1946), 계용묵의 「바람은 그냥불고」(1947), 엄흥섭의 「발전」(1947), 채만식의 「맹순사」(1946), 또 전명선의 「방아쇠」(1947) 등이 있다. 농민의 좌절감과 상실감을 고발하는 작품도 잇따랐다. 채만식의 「논 이야기」에는 이런 내용이 있다.

"독립이 되기로서니…….가난뱅이 농투성이가 남의 세토(貰土: 소작) 얻어, 비지땀 흘려 가면서 일 년 농사 지어, 절반도 넘는 도지(賭地: 소작료) 물고, 나머지로 굶으며 먹으며 연명이나 하여 가기는 독립이 되거나 말거나 매양 일반일 터이었다……. 나라가 다 무어 말라비틀어진 거야? 나라 명색이 내게 무얼 해준 게 있길래, 이번엔, 일(본)인이 내놓구 가는 내 땅을 저희가 팔아먹으려구 들어? 그게 나라야?"

황순원의 「황소들」(1946), 최정희의 「풍류 잡히는 마을」(1947), 안회남의 「농민의 비애」(1947)도 높은 소작료와 미군정의 곡물수집 정책에 대한 비판을 담은 작품이다. 한편으로는 미군정을 원망하고, 다른 한편으로는 그들이 내세운 어용노조를 비판하는 노동소설도 쏟아졌다. 이동규가 쓴 1945년의 「오빠와 애인」과 1946년의 「소춘」을 비롯해, 김영석이 1946년에 쓴 「폭풍」과 「전차 운전수」, 또 강형구의 「연락원」과 전명선의 「방아쇠」 등이다.

우여곡절 끝에 대한민국 정부가 수립된 이후에도 미국이 원하던 상황으로 진행되지 않았다. 단독선거 반대를 위해 제도권 진입을 미루던 민족주의 진영이 적극 움직였다. 막강한 배경으로 작용했던 미군도 더 이상 머물 이유가 없었다. 1949년 6월에는 소수만 남기고 대부분 철수한 상태였다. 이승만 정권의 위기감은 높아졌고, 결국 백범 김구도 암살된다. 국회에서는 대통령제를 폐지하고 의원내각제를 도입하자는 결의안이 제출된다. 1950년 5월에 열린 2차 국회의원 선거에서 집권 여당은 참패를 했다. 대통령 직위를 유지하는 것조차 위태로운 상황이었다. 만약 전쟁이 터지지 않았으면 민주 선거를 통해 정권 교체가 일어나는 것은 시간문제였다. 중도좌파와 민족주의자의 연합이 예상되었고, 미국이 결코 원하지 않는 상황임은 분명했다.

국민적 저항을 무력화시킬 수 있는 최고의 방법은 반공이었다. 빨갱이라는 낙인은 전 세계에서 통용된 마법의 주문과 같았다. 군정과 이승만 정부는 '공산주의'라는 악마를 적극 활용했다. 정치 이념만 얽혀 있었다고 생각하면 틀렸다. '경제적 이해관계'도 분명 문제가 되었다. 1940년을 기준으로 했을 때 천연자원의 90퍼센트와 화학제품의 83퍼센트가 북한에서 생산되었고, 남한에서는 기계류의 70퍼센트, 섬유의 84퍼센트, 식료품의 64퍼센트와 출판물과 인쇄물의 88.6퍼센트가 나왔다.[16] 해방을 맞은 조선 사람들은 일본인과 친일 세력이 독점하고 있는 토지와 기업, 주요 광산을 되돌려 받기를 원했다. 그래야 먹고살 수 있었다.

미국은 전략적으로 움직였다. 1948년 제헌의회가 성립될 당시 미국은 전혀 속내를 드러내지 않았다. 외형적으로 봤을 때 깨끗하게 물러났지만 자신들의 도움이 없다면 이승만 정권이 금방 무너진다는 것을 모르지 않았다. 그런데 떠났다. 왜? 브루스 커밍스가 쓴 『한국전쟁의 기원』에 관련 내용이 나온다. 1948년 10월경 소련은 북한에서 완전히 철수했지만 미국은 잔류를 선언했다. 이란과는 정반대 상황이었다. 북부 유전 지역에서 철수를 미루던 소련을 향해 미국, 영국과 프랑스는 UN을 통해 압박한 사례가 있다. 민족주의 성향이 강했던 이란 정부도 원했던 일이었다.

남한에서 미국의 모습은 달랐다. 대부분 OSS 요원들로 채워진 군사고문단(Korea Milarty Adisory Group, KMAG)은 1949년 이후에도 계속 머물렀다. 인원은 500명 정도에 예산은 2000만 달러나 되었다. 육군포병학교, 육군보병학교, 국방부헌병학교와 육군정훈학교 등이 이때 생겼다. 군인, 경찰, 해안경비대 등을 대상으로 군사훈련만이 아니라 반란군을 진압하는 기술도 가르쳤다. 남한이 불쌍해서 그렇게 한 것은 아니었고, 미국이 원하는 정부를 수립하겠다는 목표가 명확했다. 장차 내전이 발생하는 상황에 대비한다는 의미로 볼 수 있었다.[17] 1954년에 프랑스가 떠난 이후 베트남에 남아 장차의 전면전을 준비한 것과 거의 동일한 상황이다. 일부에서 말하는 '내전 유발설'은 이런 근거에서 나온다.

박명림 교수는 "제3세계 국민들이 서로 싸우게 된 기원은 거의 전부 제국과 제국주의에 의한 국가와 영토, 종족과 민족의 분할 때문이었다. 훗날 전쟁을 치르도록, 한 민족을 협력세력과 저항세력으로 갈라놓은 것도 제국주의였다."고 말했다.[18] 한국에도 적용된다. 전쟁 직후 영국, 프랑스, 네덜란드 등 기존 제국을 동맹으로 묶은 것은 미국이었다. 군사적, 경제적으로 경쟁 상대가 아니던 소련이 냉전을 먼저 시작했다고 보는 것은 무리다.

한반도에서 미국은 곧 속내를 드러냈다. 미군정이 파견한 군사자문관이 이승만에게 텅스텐 광산 얘기를 꺼낸 때가 1951년이다. 해방 직후부터 소문으로만 떠돌던 미국 정치권과 재계의 관심사가 공식화된 계기다. 평안남도 운산 금광에서 떼돈을 벌었던 '동양연합광물회사(Oriental Consolidated Mining Company)'의 경험과 관련이 있다. 구한말 고종에게 채굴권을 넘겨받은 이 회사가 채굴한 금은 900만 톤에 달했다. 당시 기준으로 순이익만 1500만 달러였다.[19] 당시 소유주 중 한 명이 쿠어스 맥주로 유명한 아돌프 쿠어스다.

맥아더와 그의 오른팔 코트니 휘트니의 돈 욕심도 결코 뒤지지 않았다. 2차 세계대전이 끝난 직후 두 사람은 필리핀 최대 금 생산 업체인 '벵게트 회사(Benguet Company)'에 투자자로 참가한다. 필리핀 점령군 사령관으로 지분을 챙긴 것으로 보면 된다. 최측근으로 분류되는 로버트 아이젠버거 중장의 형은 나중에 한국 텅스텐 사업권을 따낸다. 이승만 대통령의 최측근이던 굿펠로가 다리를 놓고, 워싱턴 법률회사에 소속된 존 스태거스가 추진한 계약이었다. 희토류와 더불어 텅스텐은 전 세계적으로 물량 확보를 위해 경쟁하는 자원이다. 자동차, 전자제품과 의료기기, LED 우주산업 등에 쓰인다. 단일 규모로는 대구텍(예전의 대한중석)이 보유하고 있는 상동광산의 매장량이 세계 최대이며, 한때 대한민국 텅스텐 수출의 70퍼센트를 차지할 정도였다.[20] 중국공산당의 개입으로 북한을 점령하지는 못했지만 38선을 넘어 북으로 진격한 이유를 설명해 줄 수 있는 하나의 단서다.

1953년 12월 14일에는 '경제재건과 재정안정 계획에 관한 합동경제위원회 협약'이 양국 간에 체결된다. '자유기업원칙, 기업의 자기자금부담원칙, 자유가격제를 통해 관리경제를 자유경제 체제로 전환'하는 것이 핵심이었다. 1954년 2차 헌법 개정 때는 더욱 노골적으로 압력을 행사했다. 문제가 된 부분은 제헌헌법 87조의 "공공성이 강한 중요한 재화와 서비스를 생산하는 기업을 공기업(국영 또는 공영)으로 운영하는 것을 원칙"으로 한다는 내용과, 88조의 "국방 및 국민생활의 필요에 따라 사영기업을 공기업으로 전환하거나 그 경영을

코트니 휘트니와 더글러스 맥아더(1950년)

통제할 수 있도록 한"조항이다. 정부는 결국 광물자원과 중요 산업의 국유화 원칙을 폐기했다. 예외적인 경우에 한해서만 국유화 또는 공유화할 수 있도록 문구도 바꾸었다.

깃털로 볼 수 있는 또 다른 근거는 이승만의 세계관과 종교관이다. 미국에 대한 이승만의 생각은 거의 숭배 수준이었다. "미국은 결코 침략국이 아니다. 미국 사람들은 곤란에 처해 있는 모든 국가들을 돕고자 하고 있으며, 그 대가로서 영토나 또는 기타 보수를 바라지 않는"국가로 알았다. 필리핀을 점령한 것에 대해서도 "해방과 원조를 목적한 것이지 침략을 뜻하지 않았다. 필리핀 사람을 교육시켜 도와주어서 독립권 얻기로 목적한 것을 잊어버릴 사람은 없을 것"이라고 말할 정도였다.[21] 평균에 속하는 백인 주류의 생각과 정확하게 일치한다.

독실한 기독교 신자였다는 점도 여러모로 유리했다. 교회는 반공 전선을 확대하는 데 효과적인 동맹이다. 북한에서 내려온 많은 개신 교 목사들은 이후 거의 맹목에 가까운 반공투사가 된다. 교회에 속한 많은 월남 청년들은 '우익 폭력' 단체를 주도한다. 1948년 5월 31일 제헌국회 행사는 이를 잘 보여 주는 사례다. 임시의장을 맡은 이승만 은 회의 진행에 앞서 "누구나 오늘을 당해가지고 사람의 힘으로만 된 것이라고 우리가 자랑할 수 없을 것입니다. 그러므로 하나님에게 감 사를 드리지 않을 수 없습니다."라고 말했다. 그날 기도를 진행한 사 람은 이윤영으로, 조만식 등이 세운 조선민주당 부대표를 지냈다. 우 익폭력 단체로 알려진 서북청년단과 관련이 깊다. 하나님의 은혜로 일제로부터 해방되었다고 강조하며 이렇게 기도했다.

"하나님이시여, 이로부터 남북이 둘로 갈리어진 이 민족의 어려 운 고통과 수치를 신원하여 주시고

우리 민족 우리 동포가 손을 같이 잡고 웃으며

노래 부르는 날이 우리 앞에 속히 오기를 기도하나이다.

(……) 역사의 첫걸음을 걷는 오날의 우리의 환희와 우리의 감 격에 넘치는 이 민족적 기쁨을 다 하나님에게 영광과 감사를 올리나 이다."[22]

반공주의와 기독교의 결합은 전 세계에서 발견되는 현상이다. 남 미 쿠데타 현장에도 맞은편에는 늘 가톨릭교회가 있었다. 그들은 '권

세는 하느님에게서 난다.'는 관점에서 늘 권력 집단을 편들었다. 물론 천주교 내부에는 다르게 생각하는 사람들이 있다. 도니미카에서 목회를 하던 구스타보 구티에레스 신부가 대표적인 인물이다. "하느님은 힘 없고 나약한 민중의 편이었다."는 점과 정의롭지 못한 세상을 '혁명'하셨다는 점을 강조했다. 정치, 경제라는 구조적 문제를 해결하지 않고서는 인간답게 살 수 없다는 것을 깨달은 덕분이다. 로마 교황청의 혹독한 탄압을 받지만 '게릴라' 운동과 더불어 '해방신학'으로 뿌리를 내리게 된다. "내가 기뻐하는 금식은 흉악의 결박을 풀어 주며, 멍에의 줄을 끌러 주며, 압제당하는 자를 자유하게 하며, 모든 멍에를 꺾는 것이 아니겠느냐."라는 「이사야」 58장 6절 말씀을 근거로 한다. 교회 내부에서 비주류였고 그들도 탄압받는 당사자라는 게 문제다.

줄곧 미국의 통제권 안에 있었다는 것이 마지막 근거다. 이승만이 믿고 의지하면서 자문을 구한 미국인이 두 명 있다. 그중 한 명은 프레스턴 굿펠로다. 1941년에 굿펠로가 OSS 부국장으로 있을 때 인연이 시작된다. 특별작전팀을 운용하던 그가 광복군 출신 일부와 국내 진공작전을 논의할 때 이승만이 연락책이었다. 미국 국무부의 반대로 이승만이 귀국하지 못하고 있을 때 결정적인 도움을 준다. 반대 급부로 한국의 금광과 텅스텐 이권을 약속받았다. 전쟁 중에 굿펠로는 이 사업을 시작했고, 맥아더와 측근 장군들과 나누어 가졌다. 수익금의 일부는 이승만의 정치 자금으로 쓰였다.[23] 단독정부 수립을 고집했던 이승만을 설득하기 위해 하지 중장이 국무부에 추천한 인물이기도 하다. 그간의 친분을 활용하면 미국 정부의 입장을 효과적으로 전달할 수 있을 거라는 판단이었다.

그 이후에도 굿펠로는 군사고문 자격으로 한국 정부에 깊숙이 개입했다. OSS의 경력을 고려하면 1946년 조선경비대 내에 정보분과가 만들어질 때에도 도움을 준 것으로 짐작된다. 이곳에서 미군과 한국 방첩대(CIC)가 함께 근무했다. 관련 자료가 밝혀진 것은 없지만 브루스 커밍스 또한 CIC 활동에 그가 함께 했을 것이라고 주장한다. 제주 4·3사건과 관련해 "국무부 장관 딘 애치슨과 많은 얘기를 했으며, 미국 정부에서는 한국이 이번 사건을 어떻게 처리하는지에 관심이 많다."는 발언을 한 기록도 남아 있다.[24]

또 다른 인물은 CIA와 연결되어 있는 로버트 올리버다. 올리버는 펜실베이니아주립대학교 교수로 재직하는 동안 한국 정부의 로비스트를 겸했다. 이승만 대통령이 김일성 제거 계획 등을 미리 상의한 인물이다. 미국 정부나 의회에 자신의 계획을 알리고 지원받기 위해서는 항상 그를 먼저 거쳤다. 워싱턴의 분위기를 전해 주고 정책을 수정하거나 연기하는 등의 제안도 했다. 대외정책 자문 역할로 보면 된다. 영문 연설문을 교정해 주고, 한국 정부가 발행한 홍보지《코리아 퍼시픽 통신(Korea Pacific Press)》과《코리아 서베이(The Korean Survey)》의 편집장도 맡았다. 공짜는 아니었다. 1949년부터 1952년 기간에만 무려 12만 달러 정도의 자문료를 챙겼다. 대학 교수 월급이 500달러 정도일 때이니 단순히 도와준 역할에만 그친 게 아니라는 것도 드러났다. 1954년에 드러난 자료에 따르면, 올리버는 대통령 특별보좌관에 임명된 CIA 요원이다. 이승만에 큰 영향을 미칠 수 있는 인물로, 한국 정부와 관련한 핵심 정보원 중 하나로 평가된다.

올리버는 『이승만: 신화 뒤의 인물(Syngman Rhee — The Man Behind the Myth)』이란 책을 펴내기도 했다. 마지막 장에는 이런 내용이 포함되어 있다.

우리 시대의 가장 걸출하였던 위대한 인물 중에서 그는 아마도 가장 덜 알려진 인물일 것이다. 위대한 정치가가 반드시 강대국에서만 배출되는 것은 아니다. 약소민족 중에서도 얼마든지 큰 인물이 나올 수 있다. 이승만은 참으로 위대한 인물이다. 그는 조직력과 지도력, 그리고 예언자의 비전을 두루 갖춘 인물이었다.[25]

평범한 백인이 뿌리 깊게 갖고 있는 '동양인'에 대한 인종주의적 편견을 감안하면 선뜻 곧이곧대로 받아들이기 어렵다. 게다가 올리버는 한국과 미국 정부 양쪽에서 고용된 인물이었다. 제3세계 독재자 한 명 칭찬해 준 대가로 그 정도 대접을 받는다면 괜찮은 거래가 아니었을까.

논두렁 태우기

꽃샘추위가 몰려올 즈음 시작된다. 겨울바람은 아직 드세다. 자칫 산불로 번질 수도 있지만 늘 해 오던 일이라 별로 망설이지 않는다. 논과 논 사이에 있는 두렁을 태우는 얘기다. 멀쩡한 들판을 태우는 게 이상해 보이지만 그럴 만한 이유가 있다. 우선 불을 지르면 해충이 없어져 애써 가꾼 농사를 지킬 수 있다. 잡풀이 타고 남은 재는 훌륭한 거름이 된다. 콩과 같은 작물을 논둑에서 키울 수 있는 것은 이 작업 덕분이다. 봄나물로 요긴한 쑥이며 냉이와 달래가 그 자리에서 자란다. 그냥 두면 풀만 무성해진다. 그런데 달리 생각해 볼 부분이 있다. 난데없이 불길에 휩쓸리는 잡풀이나 해충들은 어떤 기분일까? 인간의 관점에서는 먹을 수 있는 풀과 그렇지 않은 것이 다르지만 같은 생명체다. 벌레 중에서 해로운 것과 이로운 것을 구분짓는 것도 인간의 잣대다. 구더기, 지렁이, 개미와 꿀벌이 보면 생태계에 가장 해로운 존재가 인간이다. 만약 불에 타 죽은 생명체에게 동등한 발언권을 준다면 어떤 일이 벌어질까? 인간이 감당하기 힘든 진실이 드러날 가능성이 아주 높다.

해방 공간에서 발생한 참혹한 학살도 상황이 비슷하다. 죽은 자는 말이 없다. 할 수가 없다. 잔치를 벌이는 소수만 말할 권한이 있다. 모든 허물은 말 못하는 사람들이 짊어지고 간다. 폭도, 반역자, 불순분자, 빨갱이, 부역자 등 온갖 낙인이 찍힌다. 목숨을 간신히 구걸한 사람도 입을 못 연다. 주먹은 너무 가깝고 법은 없다. 직접 총을 쏘고, 칼과 죽창으로 찌른 이들도 약자라는 것을 점차 알게 된다. 진짜 '몸통'을 찾고 싶지만 너무 멀고 높다. 현장 책임자 위에 본부 상관이, 그 위에 정부 고위 관료가 있다. 그중에서도 눈에 보이지 않는 집단이 더 힘이 세다.

눈에 안 보이는 권력을 상대할 수 있는 것은 없다. 유치환의 「그리움」에 나오는 "파도야 어쩌란 말이냐/ 파도야 어쩌란 말이냐/ 임은 물같이 까딱 않는데/ 파도야 어쩌란 말이냐/ 날 어쩌란 말이냐"와 같은 심정이 된다. 『태백산맥』을 쓴 조정래 선생은 이런 감정이 쌓이고 쌓인 게 한(恨)이라고 했다. 복수를 하든지, 벌을 받게 하든지, 최소한 사과라도 받아야 하는데 전혀 응어리를 풀지 못한 채 축적되는 집단심리다. 한국 노래 중 유독 구슬프고 애절한 곡조가 많은 것과 관련 있다. 가수 조용필이 부른 "한 많은 이세상 야속한 님아/ 정을 두고 몸만 가니 눈물이 나네/ 아무렴 그렇지 그렇고말고/ 한오백년 살자는 데 웬 성화요"에 나오는 그런 정서다.

미군정에 대한 환상은 오래지 않아 깨졌다. 그럴 수밖에 없었다. 본질은 '먹고사는 문제'와 관련이 있다. 일제 식민지 동안 한국의 토지, 자원과 기업은 대부분 일본인 소유였다. 90퍼센트 정도였던 것으로 알려지는데 해방이라는 것은 이것을 되찾는다는 의미다. 제국을 제 손으로 쫓아낸 경우라도 주권을 제대로 행사하지 못한 게 현실이다. 연합국과 같이 싸웠던 그리스도 결국 내전을 겪어야 했다. 필리핀도 그랬다. 한국의 해방은 투쟁으로 얻은 게 아니었다. 일본을 대신해서 새로운 주인이 왔을 뿐이다. 점령군이다.

미국 대사관에서 작성한 보고서에 잘 나와 있다. 한국에 대해 잘 알지도 못했고 그럴 이유도 없었다. 공개된 것 중에는 "한국은 세계에서 공산주의가 싹틀 수 있는 최적의 조건을 갖춘 지역이다. 만일 일본인들이 소유한 사업체를 '인민위원회'(공산당)가 소유하게 된다면 그들은 어떠한 투쟁을 할 필요도 없이 이를 획득하게 될 것이다."라는 내용이 포함되어 있다.[26] 공산주의 위협 때문에 한국 국민이 원하는 대로 해 줄 수 없다는 암시다. 속내는 달랐고 탐욕이 앞섰다. 점령군으로 왔는데 전리품에 대한 권리를 포기하는 법은 없다.

중요 기업을 국유화하려 한 이란과 과테말라 등은 곧바로 쿠데타를 당했다. '공산주의'라는 악마는 동원되었을 개연성이 높다. 냉전이 끝난 이후에 '불량국가'가 등장했고, 지금은 '테러리즘'이 그 자리를 대신하고 있다는 정도만 기억하자. 전쟁 직전까지 동맹이었다가 갑자기 적이 된 경우가 너무 많다. 적색공포가 있었던 소련이 '공공의 적'이 된 것은 그렇다 하더라도 제3세계에 갑자기 그렇게 많은 공산주의자가 생겨났다고 믿기는 어렵다.

해방된 국가 입장에서 취할 수 있는 전략은 크게 세 가지 정도였다. 국제사회를 종합해 보면 대강 그림이 나온다. 그중 첫 번째는 '주인'만 바꾸고 그대로 가는 방식이다. 영국에 있던 왕(그리스), 맥아더 사령부에 있는 관료(필리핀), CIA의 도움을 받은 남한이 그런 상황이었다. 점령군 입장에서는 권력 공백기 없이 상당한 수준의 떡과 고물을 챙긴다. 일본이 남겨 둔 재산과 희소자원 등이 꽤 많았다는 것은 앞에서도 얘기했다. 형식적이지만 독립국가로서 민주주의를 채택할 수 있다. 미국이 정해 둔 '테두리'를 벗어나지 않으면 군사적 보호와 경제적 지원도 받는다.

물론 좋은 점만 있는 것은 아니다. 장기적으로는 독이다. 필리핀에서 보듯 준식민지로 계속 살게 된다. 한국만 거의 유일한 예외다. 덴마크나 노르웨이처럼 잘 살게 된 나라도 있지 않느냐 할지 모르겠다. 출발점이 다르다. 이들 나라는 제국이었고 풍부한 인프라에 먹고 살 조건이 충분히 갖추어진 상태였다. 식민지에서 착취한 재물도 상당한 수준이었다.

민족 정서도 넘어야 할 산이다. 일본에 대한 감정이 워낙 안 좋다. 일본인이 여전히 지배하는 현실을 순순히 받아들일 국민이 많지 않았다. 피 흘려 싸운 농민과 소작농은 더했다. 남로당과 인민위원회 등에 적극 가입한 집단이 떡은커녕 '고물'만 먹으라는 회유를 받아들일 가능성은 낮다. 그래서 자발적으로 조직하고 집단으로 행동하게 된다. 워낙 장기간 분열된 상태라 다른 계층이 협력하지 않을 가능성도 높다. 일제시대 지주계급과 자본가들이 순순히 양보하지도 않는다. 중간에 있는 소시민을 누구 편으로 만드느냐가 문제가 된다. 권력도, 돈도, 또 선전 매체도 없는 상황에서 쉽지 않은 게임이다. 정치를 잘못해서 생활이 힘들어지면 기회가 올 수는 있지만 혁명의 가능성은 낮다. 국제사회 대부분은 이 길을 택했다.

진영논리에 빠지지 않고 '비동맹'운동에 참여하는 것이 두 번째 전략이다. 쉬운 길은 아니지만 피를 덜 흘릴 수 있다. 불가능한 일도 아니었다. 중국과 인도 정도가 성공 사례에 해당한다. 1965년 이전의 수카르노(인도), 유고의 티토, 이집트의 나세르, 인도의 네루 등이 취한 방법이다. 강력한 지도자가 있어야 하고 엘리트 간 합의가 중요하다. 정통성을 가진 권력집단도 필요하다.

당면한 안보 위협도 없어야 한다. 그렇게 되면 군대와 경찰을 양성하는 것도 기술적, 재정적 지원 정도에만 그치도록 제한할 수 있다. 중국이 내세운 '중체서용(中體西用)'에 가깝다. 국가 건설 과정의 주도권을 장악한 상태에서 필요한 부분만 선별적으로 받아들인다는 의미다. 구성원 간 화합이 이루어지도록 공정하고 합리적인 분배 질서를 형성하는 것도 필수적이다. 집안싸움을 하다가도 남이 개입하면 잠시 미룰 수 있는 성숙함이 요구된다.

한국은 첫 단추부터 잘못된 경우다. '분열시킨 후 통치한다.

(Divide and Rule)'의 공식이 적용 가능한 모든 조건을 허용했다. 미국에 대한 '환상'이 작용한 것일지도 모르지만 준비 작업을 적극 도왔다. 그중 하나가 '조선경비대' 창설이다. 무기도 공급해 주고 군사훈련도 시켜 주면 좋은 일 아닌가 생각할지 모르지만 공짜는 없다. 미국식 훈련을 받고, 교관도 미국인이다. 반공이라는 목적이 분명했고, 그 속살은 '민족주의' 탄압이다. 자칫 교육을 시켰는데 자신들에게 총부리를 겨눌 우려가 있으면 시작하지 말아야 할 프로젝트였다. 내부의 단합을 계속 무력화시켰다는 것도 주목할 필요가 있다. 인민위원회와 노동조합을 일단 불법화했다. 분열과 갈등을 의도적으로 부추긴 것에 가까웠다. 악질로 알려진 친일 부역자를 활용한 것이나, 토지개혁 문제 및 중요 기업과 자원의 국영화 등에서 상대적 박탈감을 키웠다.

마지막으로 남은 전략은 '쿠데타' 또는 '내전'으로 최악의 상황이다. 미국이 해 온 방식을 보면 해방 정국의 암살에 깊숙이 개입했을 가능성이 높다. 전략기획국(OSS)이 적국을 대상으로 유럽과 동남아시아 등에서 했던 방식과 너무 닮았다. 암살만 보지 말고 파업, 프로파간다, 우호적 단체 결성 등을 종합해 보면 그런 의혹이 더 짙다. 박태균과 정창현이 2017년에 펴낸 『암살: 왜곡된 현대사의 서막』에도 나오는데, 암살을 둘러싼 뒷얘기를 봐도 어렵지 않게 짐작할 수 있다.

첫 희생자는 송진우다. 미국 첩보대(CIC)의 지원으로 결성된 한국민주당 당수였고, 그들의 보호를 받던 중이었다. 범인들이 곧 잡혔는데 주범은 한현우였고 일당은 모두 다섯 명이었다. 그들은 "굴욕적인 신탁통치를 찬성하고 반탁운동을 진압했기 때문"에 죽였다고 진술했다. 하지 중장과 한민당에서는 '김구'를 배후로 몰았다. 1947년 7월과 12월에는 몽양 여운형과 설산 장덕수가 암살된다. 경찰은 이번에도 임시정부가 뒤에 있다는 의혹을 흘렸다. 책임자로 수사를 지휘한 인물은 친일파로 잘 알려진 장택상과 수사과장이던 노덕술 등이다. 1949년 6월에는 백범 김구도 희생자가 된다. 저격범은 안두희로 방첩대 소속 중위였다. 책임자는 김창룡이다.[27]

흥미로운 공통점도 드러났다. 암살과 관련한 인물들이 모두 '평안도' 출신이라는 점이다. 우익단체로 유명한 서북청년단 중에는 이곳 출신이 많다. 범인들 간 서로 잘 알고 있었다는 얘기도 나왔다. 암살범을 비롯해 주요 관련 인물은 그 뒤 종적을 감추거나 사면된다. 권력이 개입하지 않으면 안 되는 일이다. 당시 한국의 권력 구조에서 정점은 이승만 정부였지만 미국의 감독을 받았다. 국내 CIC가 행동대 역할을 했으며, 그 밑에 조선경비대와 경찰이 있었다. 한홍구 교수에 따르면, 안두희에게 지시를 내린 인물은 김창룡이다.[28]

만약 1950년 여름에 전쟁이 발발하지 않았으면 쿠데타가 일어났을 가능성이 아주 높았다. 모든 조건이 갖추어진 상황이었다. 1948년 8월에 정부가 수립되기 전부터 정부에 대한 불신은 상당한 수준이었다. 단독정부를 먼저 수립했기 때문에 명분도 잃었다. 1947년과 1948년 사이에는 전국적인 민중 항쟁이 진행되었다. 많은 사람들이 학살당했다. 정부에 대한 불신은 1950년 선거를 통해 확인된다. 전쟁 직전, 남북협상을 다시 시작하자는 분위기가 형성되고 있었다. 미국이 전혀 원하지 않는 남한 내 친소련 또는 사회주의에 우호적인 정권이 들어설 가능성이 높았다. UN 합의로 인해 미국이 공식적으로 개입하기는 어렵다. 쿠데타는 주로 이럴 때 동원된다.

정권을 잃으면 목숨이 위태로운 집단은 한민당을 중심으로 한 친일 부역자 집단이었다. 미국이 있는 동안에는 버틸 수 있었지만 당시 상황에서는 무리였다. 그리스, 남베트남, 남미와 중국 등에서 공통적으로 나타난 현상이다. 정통성을 가지고 있는 집단이 미국의 도움을 청할 일은 없다. 미국 입장에서도 자국의 이해관계를 관철시키기 위해서는 이들과 협력하는 것이 불가피했다. 권력을 장악하고 있는 일부 군인과 경찰도 상황은 다르지 않았다. 일본에 협력했다는 과거를 가장 효과적으로 만회하는 길은 확실한 '반공주의자'가 되는 것밖에 없었다. 특수훈련을 받은 반체제 활동 전문가들 500명 정도가 한국에 머무르고 있었다. 놀고 있었던 것도 아니고, 전국에 흩어져 군사학교를 세우고 군인들을 가르쳤다. 정보 수집은 기본이 아니었을까? 1950년 전쟁은 그런 상황에서 시작된다.

국제 기준에서 보면 '통일전쟁'이다. 1861년 미국에서 벌어진 '남북전쟁'과 명칭도 똑같다. 전형적인 내전이었다. UN에서 무력 개입을 승인하는 결의안이 채택되었지만 공정한 게임은 아니었다. 당시 소련은 '중화인민공화국'의 상임이사국 승인과 관련해 회의에 불참하고 있었다. 유고슬라비아는 반대표를 던졌고, 인도와 이집트는 기권했다. 찬성한 7개국에는 미국, 영국, 프랑스를 비롯해 노르웨이, 에콰도르, 쿠바, 대만이 포함된다. 미국과 한 배를 탄 동맹국이다.

거의 비슷한 시기에 진행되던 그리스 내전에는 UN 성명 정도만 발표되었다. 당시 영국과 미국은 내전의 당사자로 비판받는 중이었다.[29] 1950년 전쟁 상황도 비슷했다. 연합군에 참가한 국가는 16개국이지만 참전 군인의 90퍼센트, 해군력의 86퍼센트, 또 공군력의 93퍼센트는 미국이 단독으로 맡았다. 브루스 커밍스 등이 지적한 것처럼, 한반도는 1949년부터 준내전 상태였다. 불씨는 몇 년 전부터 뿌려졌다. 먼저 시작된 계기는 1946년 가을의 노동자 대파업이었다. 군정이 실시된 지 겨우 1년밖에 지나지 않은 때였다.

1946년 9월 23일, 7000명의 부산 철도 노동자들이 파업을 결의한다. 24일에는 서울을 비롯해 전국에서 4만 명이 동조 파업에 나섰다. 출판, 체신, 섬유, 전기 등 각 분야의 노조도 참여한다. 단순한 파업이었으며 요구 사항만 봐도 드러난다. 맨 먼저 내건 조건이 "쌀을 달라."였다. "물가가 오른 만큼 임금을 인상하라, 공장 폐쇄를 반대한다, 노동운동의 자유를 보장하라, 반동테러를 막아 달라, 또 언론, 출판, 결사의 자유를 보장해 달라."고 했다.

한국은 미국이 아니었다. 더구나 점령군이었다. 9월 30일에 하지 중장은 3000명의 진압 부대를 투입한다. 제대로 저항도 못 한 채 파업은 끝이 난다. 광복청년회, 서북청년회와 독립촉성국민회 청년부 등이 이때 파견된다. 책임자는 나중에 문교부 장관이 되어 반공교육을 주도하는 이선근이었다. 불씨는 전혀 사그라들지 않았다. 10월 1일 파업에 참가하던 노동자 김용태 씨가 경찰의 총에 맞아 숨졌다. 대구경찰서 앞에 시신을 갖다 놓은 채 분노한 시민들이 동참한다. 대구에서만 32만 명 정도가 참가한 것으로 알려진다. 10월 2일, 오후 7시에 계엄령이 선포되고, 미군, 국방경비대, 경찰과 우익청년단이 투입된다. 죽거나 다친 사람만 수백 명이 넘었다. 끝이 아니라 시작이었다. 남한 전역 일흔세 개 시군 농촌 지역으로 시위가 확산되고, 대략 1만 5000명

이상이 사살된다. 지금도 정확한 숫자는 모른다.

좌파 세력의 사주에 의한 공산폭동! 치안당국과 한민당의 공식 입장이었다. "파괴적 선동분자들이 이 사회심리를 이용해서 발화점까지 끌어올려서 교묘히 점화하는 데 성공한 것"이라는 성명을 내건다. 민중시위나 파업에 주도 세력이 없기는 어렵다. 모든 행사는 기획된다. 요구 조건도 내걸어야 하고, 앞서 나가는 사람도 있다. 그렇지만 일방적인 선동만으로는 대규모 시위로 번지지 않는다. 정당한 이유가 있고 공유하는 집단 정서가 있어야 한다.

남로당과 인민위원회 사람들은 일종의 마중물 역할을 했다. 분수처럼 터져 나온 분노는 민중의 몫이다. 폭동이 아닌 민중항쟁으로 볼 만한 근거가 있다. 파업은 노동자가 시작했지만 농민도 합세했다. 전국적이었다. 대구에 많았던 것은 좌파가 아니라 노동자였다. 일제시대 때부터 섬유와 출판산업 등의 중심 도시로 알려진 곳이다. 우편국노조, 출판노조와 섬유산업노조 등이 잘 조직된 상태였다. 9월 30일에도 서른여 개 업체와 4000명 정도의 노동자가 파업에 참가했다.[30] 전국적으로 파업이 진행되었다는 것은 뭔가 불만이 축적되어 있었다는 얘기다. 농민들이 가세했다는 것은 또 다른 문제다.

경북 지역은 농촌이 많다. 당시 국민의 77퍼센트가 농민이었고, 그중 85퍼센트가 자기 땅이 없거나 겨우 먹고살 정도만 갖고 있는 소작농이었다. 1945년 12월 8일에는 전국농민조합총연맹(전농)을 결성했다. 일제와 민족 반역자 및 대지주의 토지를 몰수해 빈농에게 토지를 나누어 줄 것, 양심적인 조선인 대주주에 대해서는 3.7제 소작료를 적용할 것 등을 실천 과제로 내세웠다. 노동조합과 마찬가지로 미국에 의해 불법화된다.

분노가 쌓인 상태에서 1946년 하반기부터 군정은 양곡을 강제로 걷어 가기 시작했다. 시중 가격의 6분의 1에 불과했으며, 그것도 악명 높았던 일제시대 경찰이 앞장섰다. 양곡을 뺏기지 않으려고 저항하다 처벌을 받은 사람이 1947년 3월까지 8631명이나 되었다.[31] 고향을 떠난 사람들이 돌아왔지만 제대로 먹을 것도 거처할 곳도 없었다. 그래서 요구 사항으로 내건 것이 "경찰을 비롯한 친일파 제거, 식량난과 생활난 해결, 좌익인사 구속에 대한 항의 및 민주주의 보장"이었다.

전국적 항쟁으로 번진 배경을 정해구 교수는 "당연히 배제되고 처벌될 줄 알았던 친일 민족 반역자의 재등장, 만연하는 실업난과 모리배의 발호, 해외 귀환동포의 급증과 이에 대한 무대책, 토지개혁의 지연과 인민위원회의 좌절 등이 해방과 더불어 그 새로운 기대로 충만했던 민중의 좌절감을 급속히 심화시킨 것"에서 찾았다.

『10월 항쟁: 1946년 10월 대구, 봉인된 시간 속으로』(2016)의 저자 김상숙의 입장도 같다. "전국적 지도부 없이 지역 민중과 지역 진보세력의 힘으로 전개된 항쟁"이라는 것이 결론이다. 12월 8일 전주 농민항쟁을 끝으로 10월 사태는 일단락된다. 좌익으로 의심되는 무수한 사람들이 죽거나 체포된 이후였다. 일부 생존자들은 그때부터 산사람이 된다. 제주의 비극이 시작된 것은 그 직후다. 10월 민중항쟁과는 별로 관련성이 없다.

제주를 가 보면 알지만 참 평화로운 곳이다. 전혀 죽음의 그림자가 느껴지지 않는다. 안치환이 「잠들지 않는 남도」를 통해 노래할 때도 잘 몰랐다. 대학 시절에 잠깐 힉원강사로 가 있으면서 깊숙이 감춰진 울분을 봤다.

　　외로운 대지의 깃발

　　흩날리는 이녁의 땅

　　어둠살 뚫고 피어난

　　피에 젖은 유채꽃이여

　　검붉은 저녁 햇살에

　　꽃잎 시들었어도

　　살 흐르는 세월에

　　그 향기 더욱 진하라

　　아~ 아~ 아! 반역의 세월이여

　　아! 통곡의 세월이여

　　아! 잠들지 않는 남도 한라산이여

　　분수령이 된 사건은 1947년에 일어났다.[32] 제주북초등학교에서 3·1절 기념식이 열렸다. 여자들과 어린아이들도 많이 왔다. 인민위원회를 중심으로 청년동맹과 부녀동맹 등이 잘 조직되어 있었던 덕분이다. 주민들의 자치조직이 먼저였고, 나중에 정치적 목적을 가진 남로당 계열의 소수 조직이 합류한 경우다. 미국과 정부가 주장하는 것처럼 남로당에 의한 폭동이 아니었다. 주동자로 재판을 받은 245명의 성격이 이를 잘 보여 준다. 농업 아흔일곱 명, 교사 여든한 명, 공무원 스물네 명(경찰, 면장/이장/서기 포함), 회사원 여덟 명, 상업

다섯 명 순서였다. 연령대도 이십 대(154명)와 삼십 대(74명)로 대부분 젊었다.

중심 인물 중 한 명이던 고창무의 글에 제주 도민의 마음이 잘 녹아 있다. 1960년 7월 16일 자 《조선일보》에 실린 글을 통해 그는 이렇게 말했다.

제주도민이 빨갱이는 아니었다. 분별 있는 분은 생각하여 보시라. 토호도 없고 3정보 이상 농토를 가진 지주도 없는 이 고장에 당시 각 정당이 서로 떠들어대던 농토의 무상몰수 무상분배, 유상몰수 무상분배, 유상몰수 유상분배 등에 무슨 이해관계가 있어 헌신적 투쟁을 하였겠는가. 도민에게는 해 뜨면 나가서 일하고 저녁이면 들어와 쉴 수 있는 자유만 보장되면 그만인 것이다.

행사장에서 나온 구호 중에는 "3·1 정신을 계승하고 발양할 것을 다짐하며, 외군 철퇴, 외세의 간섭 배제, 미소공동위원회의 조속 개최, 조국의 신속한 통일 독립의 전취" 등이 있었다. 정치투쟁과 무관한 섬 사람들의 자체 행사로 생각했다는 것은 1947년 4월 2일 자 《경향신문》 보도에서도 확인된다. 현장을 둘러본 기자는 이렇게 썼다.

3월 1일을 앞두고 육지로부터 경찰대가 상륙하였을 때 그들은 내심으로 적이 의아하였던 모양이다…… 이 파업에 관공리는 물론 제주 출신 순경들까지 참가한 것은 제주의 특성을 아는 사람으로서는 조금도 놀랄 것이 없는 일이다.

행사를 마친 후 자연스럽게 시가 행진을 하던 중 사고가 났다. 말을 탄 경관 한 명이 어린아이를 치고 그냥 가 버렸다. 화가 난 어른들 중 일부가 돌을 던졌고, 근처에 있는 미군청으로 몰려갔다. 무장경찰이 사격을 시작했고 현장에서 여섯 명이 죽임을 당했다. 부상자도 꽤 많았다. 제주 시민들은 3월 10일부터 민관합동 총파업에 들어갔다. "감찰총장을 즉시 파면하고 발포 책임자를 엄중 처벌하라! 무장응원대를 즉시 철수하라! 미군 책임자는 사죄하라!" 등을 요구 조건으로 내걸었다. 관공서, 학교, 직장 등이 동참했다. 혹독한 탄압으로 진정되기 직전까지 166개 기관에서 4만 1211명이 참여한 것으로 드러났다. 제주 출신 경찰들도 다수 포함되어 있었다.

집권자들은 전혀 다른 관점에서 접근했다. 적진에서 대규모 소요 사태를 일으킴으로써 정치적 목적을 달성한다는 관점에서 보면 훌륭한 불쏘시개였다. 트루먼 독트린이 발표된 게 불과 한 달 전이던 3월 12일이었음을 기억하면 도움이 된다. 미군이 개입하려면 근거가 있어야 한다. 비슷한 시기 그리스에서 했던 것처럼 '내전' 또는 '쿠데타'를 정당화할 수 있는 뭔가가 필요했다. 단순한 정치시위라는 것과 외부 세력이 개입한 '폭동'은 전혀 성격이 다르다. 제주 4·3사건은 그래서 처음부터 소련이 지원하는 '공산주의 혁명'으로 포장될 가능성이 높았다.

1947년 4월에 극우파로 분류되는 유해진이 제주지사로 임명된다. 경무부장 조병옥은 "제주도는 주민의 90퍼센트 이상이 빨갱이다. 건국에 방해가 된다면 싹 쓸어 버릴 수도 있다."고 말했다. 그는 또 "대한민국을 위해서는 제주도 전역에 휘발유를 뿌리고 거기에 불을 놓아 30만 도민을 한꺼번에 태워 없애야 한다."는 발언도 주저하지 않았다. 파업에 연루되어 경찰 예순여섯 명이 해임되었고, 그 자리를 서북청년단 소속 사람들이 채웠다.

육지에서 온 경찰과 이들의 잔혹상은 대단했다. 총파업 이후 4·3 사건이 일어나기 전까지 2500명 이상이 구속되었다. 단독선거가 발표된 1948년 1월부터 한반도 전역에는 새로운 긴장이 확산되기 시작했다. 많은 정당과 단체에서 반대 성명을 냈다. 분단을 반길 사람은 많지 않았고, 좌파와 우파 또 중도파도 똘똘 뭉쳤다. 1948년 2월 7일에는 단독선거를 반대하는 전국적인 파업이 진행된다. 제주에서 또한 번의 검거 바람이 불었고, 그중 세 명이 고문 중 사망하는 일이 터졌다. 마침내 4월 3일 무장투쟁이 시작된다. 남로당 제주도위원회의 결정이었다. 현직 교사들이 많았다.

지휘자였던 김달삼은 대정공립중학교에서 역사를 가르쳤다. 이덕구는 조천중학원, 김용관은 하귀국민학교 교장, 고칠종은 농업학교 교원이었다. '단독선거'를 반대한다는 정치적 구호도 있었지만 "도민 생활의 안전을 복구시키는 당국의 적절한 시책, 민심을 안정시키기 위한 경찰의 무장해제, 경찰관의 권력남용의 엄금 및 모모 사설 단체의 숙청"과 같은 요구 조건을 내걸었다. 겨우 1000명 남짓한 집단이 고립된 섬에서 대단한 반정부 투쟁을 한다는 것은 과장이었다. 진압 작전을 지휘했던 9연대장 김익렬은 이들과 무장해제에 관한 합의점을 찾았다. 그러나 협상 사흘 만인 5월 1일에 제주읍 오라리 방화사건이 일어났다. 제주에 파견된 서북청년단의 소행이었다. 무조건 유혈진압을 주장하는 조병옥 경무대장과 김익렬은 격렬하게 대립했고, 김익렬은 결국 해임된다. 그의 후임으로 임명된 인물이 제임스 하우스먼이 아꼈던 박진경이다. 일본군 장교 출신으로, 도민을 무차별 학살한 것으로 악명을 얻었다. 결국 그도 부하의 손에 암살된다. 5월부터 미국이 본격 개입한다. 임시군사고문단(PMAG), 방첩대(CIC)와 미군 59중대 등이 속속 들어왔다.

단독선거는 한민당이 원하던 결과로 끝이 났다. 대통령으로 이승만이 당선된다. 1948년 10월 11일 제주도에는 경비사령부가 설치된다. 미군을 지원하기 위한 부대다. "해안선에서 5킬로미터 이상 중산간 지역은 적성 지역으로 간주, 그곳에 출입하는 사람들은 무조건 사살하겠다."는 포고문이 발표된 것은 17일이다. 작전 책임자는 송요찬 소령으로 바뀐 상태였다. 1기 군사영어학교 졸업생으로, 역시 하우스먼이 키운 인물이다.[33]

11월 17일에는 계엄령이 선포된다. 프로파간다 역시 작동했다. 제주도 인근에 소련 잠수함이 출현했다는 얘기가 떠돌았지만 허위정보였다. 1949년 6월 7일 무장투쟁을 이끌던 이덕구 등이 사살되면서 막을 내렸다. 전쟁이 터진 후에도 또 한 차례 광풍이 몰아쳐서 보도연맹과 관련한 사람들 250명이 처형된다. 대전교도소에 수감되어 있던 4·3사건 관련자 2500명도 실종된다. 국무총리실 산하 '제주 4·3사건 진상규명 및 희생자 명예회복 위원회'에 희생자 규모가 잘 나와 있다. 확인된 사망자만 1만 명이 넘는다. 행방불명된 사람도 약 4000명으로, 당시 제주 인구의 10퍼센트에 해당하는 숫자다. 군사독재가 진행되는 동안에는 연좌제라는 사슬에 묶여 살았다. 경찰의 감시는 기본이고, 공무원 임용이나 사관학교 입시 등 각종 시험, 공기업 입사, 국내외 여행 등도 제약을 받았다. 극소수 살아남은 사람들은 이번에도 빨치산이 되었다. 1954년 9월 21일에야 공식적으로 종료된다.

내전의 또 다른 불꽃은 여수에서 타올랐다. 공식 명칭은 '여수·순천 10·19사건'이다. 확인된 사망자만 3384명이고, 추정치를 합치면 1만 명이 넘는다. 행방불명자도 800명 정도다. 1948년 10월 19일에 시작해 1954년 10월 27일에 마무리된다. 제주도 4·3사건을 진압하러 가라는 명령을 14연대 장병들이 거부한 것이 발단이다. 왜 그랬는지는 호소문에 잘 나와 있다.

모든 동포들이여! 조선 인민의 아들인 우리는 우리 형제를 죽이는 것을 거부하고 제주도 출병을 거부한다. 우리는 조선 인민의 이익과 행복을 위해 싸우는 인민의 진정한 군대가 되려고 봉기했다. 친애하는 동포여! 우리는 조선 인민의 복리와 진정한 독립을 위해 싸울 것을 약속한다. 애국자들이여! 진실과 정의를 얻기 위한 애국적 봉기에 동참하라. 그리고 우리 인민과 독립을 위해 끝까지 싸우자. 다음이 우리의 두 가지 강령이다. 첫째, 동족상잔 결사반대. 둘째, 미군 즉시 철퇴. 위대한 인민군의 영웅적 투쟁에 최고의 영광을!

군대 내에서 반란을 했다는 게 낯설지만 여기에도 사연이 있다. 먹고사는 문제와 권력 관계가 작용했다. 미국과 이승만은 시간표가 있었다. 미군이 철수하기 전에 국방군을 어느 정도 키워야 한다는 공감대가 있었다. 지원 자격을 문제 삼으면 이 목표를 달성하기 어려웠고, 절대 다수가 사회주의에 호감을 갖고 있던 때였다. 먹고살 만한 사람들이 굳이 군대에 지원할 일도 없었다. 농민의 50퍼센트 정도가 소작농이었고, 많은 사람들이 머슴으로 살 때였다. 군대에 이들이 몰리는 것은 자연스럽다. 악질 경찰에 맞설 수 있다는 것도 장점이었다. 당일 주동자들 또한 일본군에 참전했지만 민족주의 성향이 강한 일반 병사들이었다. 반면 경찰 집단은 달랐다. 조병옥과 노덕술 등 책임자부터 말단에 이르기까지 악독한 친일 부역자들이 많았다. 군정은 일제시대부터 공산주의자를 검거해 왔던 전문성을 인정했고, 정부는 권력의 하수인으로 그들이 필요했다.

대구의 10월항쟁에서도 요구 조건의 하나가 이들에 대한 처벌이었다. 지창수 상사를 중심으로 마흔 명 정도가 일으킨 반란이다. 장교들은 남로당 중앙당 출신이었고, 하사관 중에는 지역당이 많았다. 서로를 잘 몰랐다. '때가 아니다.'라고 말리던 장교들은 그 자리에서 사살되었다. 14연대에 소속된 다른 사병들은 동조하는 사람들이 많았다. 살아온 배경이 비슷하다는 것과 경찰에 대한 반감이 분노에 불을 질렀다. 다음 날 새벽까지 여수경찰서, 관공서, 은행과 신문사 등이 차례로 점령되었다. 같은 연대에 소속되었던 순천 지역의 군인도 합류했다. 광주에서 파견된 진압군도 사령관이 죽고 난 뒤에는 그들과 한 편이 되었다.

정부에 대한 불만이 높았던 시민과 학생들도 예외가 아니었다. 한풀이가 시작된다. 대상은 경찰, 지주, 공무원들로 대략 1000명 정도가 희생되었다. 10월 22일 순천역에 도착한 남로당 책임자 이현상은 이런 상황에 경악한 것으로 전해진다. 동족을 죽이지 않겠다고 시작된 반란으로 무고한 시민이 죽임을 당했다. '전투 중인 적이 아니면 절대 살상하지 말라.'는 지리산 유격대의 원칙이 이때 정리된다. 돌이킬 수는 없었다. 연대 병력으로 미국와 정부를 상대한다는 것도 불가능했다. 그나마 사방 800리에 달하는 지리산이 있다는 게 위안이었다. 함께한 인원은 600명 정도였고, 결말은 예정되어 있었다. 중국공산당이 했던 것과 같은 대장정은 애초 불가능했다.

그들은 9600킬로미터라는 방대한 국토를 가로질렀다. 계속 이동하면서 '독 안에 든 쥐' 신세를 피할 수 있었다. 남한의 빨치산에게 그런 호사는 그림의 떡이었다. 지리산에서 총에 맞아 죽고, 얼어 죽고, 굶어 죽을 때 자주 불렀던 노래가 있다. 1947년 박기동이 폐결핵으로 죽은 어린 누이를 땅에 묻고 남긴 제문에 월북한 작곡가 안성현이 곡을 붙인 「부용산」이다.

> 부용산 산허리에
> 잔디만 푸르러 푸르러
> 솔밭 사이사이로
> 회오리바람 타고
> 간다는 말 한마디 없이
> 너만 가고 말았구나
> 피어나지 못한 채
> 붉은 장미는 시들었구나
> 부용산 산허리에
> 하늘만 푸르러 푸르러

막 수립된 정부가 이런 상황을 대처할 능력은 없었다. 제주도만 하더라도 민간인이었다. 군인과 민간인이 혼재되어 있는 도심 지역에서 반란을 다루어 본 경험 있는 인력이 필요했다. 군정이 추천한 인물은 앞에서 나왔던 굿펠로다. 1942년 1월, 적진에 침투해서 첩보 활동, 사보타주, 게릴라 지휘 등을 전문적으로 수행할 요원 훈련소를 창설한 인물이었다. 전쟁을 거치면서 OSS 전 요원이 이 교육을 받게 된다. 작전을 직접 수행하는 군대와 정보기관과 경찰 등에서 수집한 각종 정보의 연결고리를 맡는 일군의 전문가들이 여기서 탄생한다.

현지인 정보요원과 인맥을 쌓고 요주 인물에 대한 명단을 미리 파악해서 군대에 넘겨 주는 일도 맡았다. 1990년 보안사령부 윤석양 이병이 민간인 사찰 명단을 폭로하면서 일반에게 공개된 그 자료다. 발원지는 영국이고, 미국에서 제대로 꽃을 피워 한국에 수출된 반란 진압작전이었다. 2차 세계대전 중에는 독일과 이탈리아의 비밀경찰과 싸웠다. 로마, 런던, 니스 등 대도시가 주요 무대였다.[34]

제임스 하우스먼은 이렇게 길러진 전형적인 인물이다. 한국어도 꽤나 잘했다. 제주 현장에는 자신의 심복이던 박진경을 보냈다. 군이 본인이 직접 갈 필요가 없었다. 1950년 6월 28일 한강 인도교 폭파를 최종 지시한 인물이기도 하다. 피란에 나섰던 800명 정도가 즉사했다. 워싱턴으로 잠깐 돌아갔다가 CIC 한국 지부장으로 승진한 1956년부터 계속 한국에 머물렀다. 1981년까지 UN과 주한미군 자문관으로 일했다. 순천 반란은 성격이 달랐다. 자칫하면 군대 전체로 확산될 수 있었고, 몇 개 도시는 이미 전염된 상태였다. 하우스먼은 전문성을 십분 발휘했다. 군사고문단이라는 이름으로 한국에 나와 있던 다른 OSS 출신도 도왔다. 1950년 2월까지 순천과 그 일대에서 희생된 사람은 1만 1131명으로 알려졌다. 대상은 반란을 도왔거나, 혐의가 있거나, 단순히 숙식을 제공한 시민들이었다. 즉결 재판이었고 바로 사형시켰다. 목숨을 건진 사람들은 분노와 두려움을 안고 산으로 갔다.

원산지를 미국 OSS로 봐야 할 또 다른 작품이 국민보도연맹(國民保導聯盟) 사건이다. 단일 사건으로는 희생자 규모가 가장 크다. 김동춘 교수는 "단군 이래 우리 역사에서 국가 공권력이 저지른 가장 잔혹하고 비인도적이고 반국민적인 범죄"라고 평가했다. 국민보도연맹이라는 단체가 설립된 것은 1949년 6월 5일이다. 과거 남로당 등 좌익 단체에 가입해 활동했거나 이와 관련한 범죄 경력이 있는 인물을 교육시키는 한편, 체계적으로 관리하는 것이 목적이었다.

전국에 걸쳐 30만 명 정도가 이 단체에 이름을 올렸다. 문인들 중에는 정지용, 김기림, 염상섭, 양주동, 김용호, 황순원, 이쾌대, 전원배 등이 명단에 있다. 전향을 선언한 후에도 이들은 감시를 받았고, 정부가 주도한 반공행사에 동원된다. 또한 월북을 했거나 가족 중 좌익 관련 사범이 있으면 의무 가입 대상이 되었다. 전혀 관련이 없는 사람들도 먹을 양식을 준다는 말에 속아 가입한 경우도 많다. 십 대 중·고등학생도 적지 않았다. 1950년에 6·25전쟁이 시작된다. 그때부터 약 3개월에 걸쳐 보도연맹에 가입한 회원을 대상으로 한 무차별 학살이 벌어졌다. 전쟁 당시 형무소에 수감되어 있던 3만 7000명 중 2만 명 정도가 재판도 없이 살해되었다. 보도연맹 결성인을 작성하고 제안한 사람은 반공주의자로 유명한 오제도 검사였고, 검찰과 경찰이 주역이었다. 대검찰청 차장검사 옥선진은 연맹 부총재를 맡았고, 서울지검 검사장 이태희, 차장검사 장재갑, 검사 오제도, 정희택, 선우종원 등이 지도위원이었다. 김태선(서울시 경찰국장)과 최운하(사찰과장)도 깊숙이 개입한 인물이다.

언론 보도나 기존 연구에서도 '보도연맹' 사건은 주로 일본과 관련을 짓는다. 한 예로, 한홍구 교수는 "전쟁이 발발하자 다급해진 정부는 일제가 작성해 놓은 좌익사범 처리 지침에 따라 학살을 벌인 것 같다."고 말한다. 《한겨레 21》의 신승근 기자도 "보도연맹원은 48년 12월 1일 공포된 국가보안법으로 대량 구속자가 발생하고 전국 교도소가 넘쳐나자 이를 해소할 묘안으로 나왔다."고 평가한다.[35] 일본의 치안유지법이 국가보안법의 근간이 되었다는 얘기다.

친일파 음모론을 보다 구체적으로 제시하는 분은 임영태다. 그는 이 단체의 뿌리를 1938년 7월 24일에 만들어진 '시국대응사상보국연맹'에서 찾는다. 당시 이를 주도한 곳은 조선총독부 법무국 관할의 사상범보호관찰소다. 또 "일본정신의 함양과 내선일체의 강화, 전향자의 선도 및 보호를 주된 사업"으로 한, 1941년에 설립된 대화숙(大和塾)도 관련이 깊다고 얘기한다. 틀린 지적은 아니지만 완성된 그림은 아니다. 몸통은 미국이라는 관점에서 좀 보완할 필요가 있다.

일본은 패망한 제국이니 친일 부역자가 마냥 편할 수는 없었다. 권력을 유지하기 위해, 또 생존의 필요성 때문에 탄압 정책에 앞장서지만 한 핏줄이라는 것은 늘 부담이다. 인간은 명예도 먹고산다. 자신을 둘러싼 적대적인 분위기를 잘 알았다. 일종의 섬과 같은 존재였다. 좋은 싫든 미국의 눈치를 볼 수밖에 없었다. '보도연맹' 최고지도위원으로 이름을 올린 것은 이런 맥락에서 볼 필요가 있다. 진짜 실세는 이런 단체에 이름을 안 올린다. 국가보안법의 뿌리가 일제의 치안유지법이라는 것도 달리 볼 부분이 있다. 법은 국회에서 제정된다. 제헌의회에 친일파가 많은 편이었지만 지배적인 국민 정서를 부정하기는 어렵다. 제헌 헌법의 기초를 잡고 초대 법제처장을 했던 유진오 박사가 대표적인 인물이다. 젊었을 때만 해도 그는 좌파 민족주의자였다. 1940년대 이후 일본에 협력했지만 해방 공간에서는 민족의 미래를 고민한 사람이었다. 1948년에 제정된 헌법을 보면 알지만 미국의 영향을 더 많이 받았다.

1948년 12월 1일이라는 시대적 상황도 고려해야 한다. 여순사건 직후였다. 미 군정과 이승만 정권 내부에서는 내전을 염두에 두고 있었던 시점이다. 굿펠로가 군사 고문으로 왔다는 것에서 짐작할 수 있듯 전쟁 상황을 전제로 한 법안이었다. 필요성을 강력하게 주장한 인물도 법무부나 경찰이 아닌 국방부 장관 이범석과 참모총장 채병덕이었다. 그렇다고 땅에서 솟아난 것은 분명 아니다. 미국에도 비슷한 법이 있었다면 얘기가 달라진다.

일본이 진주만을 공격한 것은 1941년 12월 7일이다. 그보다 한참 앞서 미국은 일명 '스미스 법안(Smith Act)'으로 알려진 '외국인 등록법(Alien Registration Act)'을 제정했다. 1940년 6월 29일부터 시행된다. 크게 세 가지 내용을 담았는데, 그중 첫째는 '반체제 활동'과 관련한 것으로 "정부를 전복하거나 파괴하려는 일체의 행위를 비롯해 그럴 의도를 담은 출판물과 사진 등을 인쇄 또는 배포하는 것, 또한 관련 조직을 만들거나 도와주는 것"을 불법으로 규정했다.

관련 법을 어긴 외국인은 추방할 수 있다는 것이 둘째다. 마지막

셋째는 '외국인 등록'을 강제한 조항이다. 입국 허가를 뜻하는 비자(Visa)를 신청하거나 영주권을 위해서는 반드시 가족에 대한 신상 정보는 물론 지문을 찍도록 했다. 당시만 해도 그 이유를 잘 몰랐지만 1942년 2월 19일에 그 의미가 드러났다. 루스벨트 대통령은 적을 이롭게 할 수 있다는 이유로 태평양 연안 지역에 있는 모든 일본인을 집단 수용소로 보냈다. 행정명령 9066호를 통해서다. 미국 시민권자 예순여섯 명도 포함되어 있었다. 모두 합법적으로 미국에 거주하는 일본인들이었으나 당시 수용소에 끌려간 인원은 11만 명이 넘었다.

'국가보안법'은 1948년 12월 1일에 제정된다. 1조에 "국헌을 위배하여 정부를 참칭하거나 그에 부수하여 국가를 변란할 목적으로 결사 또는 집단을 구성한 자는 좌에 의하여 처벌한다."는 내용을 담았다. 2조의 "살인, 방화 또는 운수, 통신기관건조물 기타 중요시설의 파괴 등의 범죄행위를 목적으로 하는 결사나 집단을 조직한 자" 또 3조의 "전 2조의 목적 또는 그 결사, 집단의 지령으로서 그 목적한 사항의 실행을 협의선동 또는 선전을 한 자"도 같은 맥락이다.

노무현 정부 시절 폐기하려 했던 현재 국가보안법에도 핵심 조항은 그대로 지속된다. "국가의 안전을 위태롭게 하는 반국가활동"(1조), "국가의 존립·안전이나 자유민주적 기본질서를 위태롭게 한다는 점을 알면서"(5조), 또 "반국가단체나 그 구성원 또는 그 지령을 받은 자의 활동을 찬양·고무·선전 또는 이에 동조하거나 국가변란을 선전·선동한 자"(7조) 등이다. 제정 당시 여섯 개 조항으로 시작된 이 법은 1958년이 되면 40조의 방대한 괴물로 성장한다. 미국은 국내에 거주하는 '외국인'을 대상으로 했지만, 이승만 정부는 '자국민'을 겨냥했다.

물론 일부 미국 시민도 이 법으로 구속된 적이 있다. 전쟁 또는 광신적인 '반공주의'가 휘몰아치던 시기에 잠깐 그랬다. 한국전쟁이 한창 진행 중이던 1951년 6월 4일, '데니스 대 미국(Dennis v. United States) 사건'에서 대법원은 외국인등록법이 헌법에 위반하지 않는 것이라고 판결을 내린 적도 있다. 그러나 근본적으로 미국 수정헌번 I조에 나와 있는 "언론의 자유를 막거나, 출판의 자유를 침해하는 것"에 해당된다는 문제 제기가 잇따랐다. 결국 1952년 '휘트니 대 캘리포니아(Whitney v. California)' 사건 이후에는 "명백하고 현존하는 위협"에 있을 경우로만 제한적으로 적용되는 것으로 바뀌었다.

일본 '사상보국연맹'의 대상도 '조선에서 전향한 사람들'이었지 일본인 대상이 아니었다. 대화숙(大和塾) 또한 전향을 거부하는 '조선인' 사상범을 강제 수용할 수 있도록 한 조치다. 게다가 '잠재적 협력자'를 대상으로 한 대규모 블랙리스트 작성의 차원이 아니었다. 민간이 아니라 군대가 주도했다는 점도 큰 차이다. 질서 유지 차원이 아니라 반란 차원에서 접근했다는 말이다. 굿펠로를 중심으로 한 OSS의 그림자가 짙다. 전쟁 중 적을 대상으로 한 작전이다.

남한에서 미국 CIC는 별도의 건물을 갖지 않았다. 한국과 같이 일했기 때문에 진행되는 일을 전혀 어렵지 않게 감시할 수 있었다. 한솥밥을 먹으면 친해진다. 훈련소 교본에 나와 있는 전략이다. 미국인을 숭배했던 이승만 대통령도 밀을 잘 안 듣는 징교가 있으면 자신에게 알려 달라고 했다. 몇 마디 정보 보고를 통해 인사권에 직접 영향을 미칠 수 있는 구조다. "그때 모든 사령관의 파면과 임명이 내 손을 거쳐 갔으며, 내가 사령관과 이승만 대통령 사이를 연결해 주는 사람이었고, 나는 그 두 사람의 유일한 통로였다. 나는 어떤 사람도 거치지 않고 직접 대화가 가능했으며, 내가 원한다면 국방부 장관과도 바로 대화가 가능했다. 그래서 내가 모르면 그런 것이 없다."고 하우스먼이 말한 이유다.[36] 권력질서가 엄연히 존재했지만 잘 안 보인다. 한국의 방첩대는 일종의 비서 역할을 했다. 필요하면 같이 조사를 하고, 피난민 심사에도 참가하고, 통역을 하거나 연락요원을 맡았다.

또 다른 인물이 육군 정보국 소속으로 있던 CIC 책임자 김창룡이다. 1956년 1월 30일. 특무대장 김창룡 육군 소장이 피살된다. 한 달 뒤 범인이 체포된다. 휘하에 있던 허태영 대령과 부하들로 밝혀졌다. 범행 동기에 대해 허 대령은 이렇게 말했다.

"김창룡은 일제시대 북만주에서 악질 일본 헌병으로 일하면서 수많은 애국독립투사를 투옥했다. 중국에서 연합국 포로수용소의 감시원으로 일할 때는 포로를 학대한 친일전범이다. 그는 월남한 후 공산당을 쫓는 군 정보기관에서 근무한 것을 계기로 개인적 영달을 위해 혈안이 되어 행동했다. 그는 옥석을 가리지 않고 무분별하게 숙청을 되풀이하여 공산당원 1에 대해서 양민 10의 비율로 무고한 사람들을 괴롭혔다. 김창룡이 취급한 사건 전부가 허위날조했거나 침소봉대한 것이다."

또 다른 배후 인물이던 강문봉 중장도 이렇게 진술했다.

"김창룡은 직속 상관인 참모총장이나 국방부 장관을 무시하고 직접 대통령에게 보고하는 따위의 월권을 자행했다. 비위사실의 보고 내용도 사감에서 나온 것이 많았다. 김은 정보를 군사 목적이 아니라 자신의 세력 확장에 이용했다. 또 지휘관 사이를 이간시켜 장성들을 분열시켰다. 특무대는 본래의 사명을 망각하고 지휘관들을 감시하는 데 열중했다. 특무대는 육군의 암적인 존재였기 때문에 죽였다."[37]

김창룡은 함경남도 출신이다. 만주에서 관동군 헌병을 거쳐 첩보부대원으로 일했다. 평생 정보 공작의 전문가로 살았다. 일본과 싸우고 있었던 공산당 킬러였다. 주로 만주인과 북한에 거주하던 동포였다. 전쟁이 끝난 직후 고향에 돌아간 뒤 바로 구속된다. 두 번이나 사형 선고를 받았지만 탈출했다. 북한에서 내려온 것은 1946년이고, 곧바로 조선경비사관학교에 몸담았다. 육군 대위로 승진한 1948년부터 한국 CIC에 배치된다. 별명이 '스네이크 김'이다.

뱀이 마음껏 활개를 칠 수 있도록 뒷배가 된 인물이 하우스먼과 이승만이다. 10월 말, 반란이 진압된 직후부터 대규모 군대 내 좌익사범 색출 작업에 앞장섰다. 박정희 대통령도 이때 구속된다. 정일권과 채병덕 등의 요청을 받은 하우스먼이 그를 구해 준다. 무려 4000명에 가까운 장교와 사병들이 처벌을 받았다. 증거는 필요 없었고 고문을 해서 이름이 나오면 바로 처리하는 식이었다. 보도연맹 가담자를 즉결 처형하라고 명령을 내린 장본인이기도 하다. 제임스 하우스먼의 승인 없이는 불가능한 일이었다. 미국 펜타곤에 있는 CIC 본부

장이 그의 직속 상관이다.

당시 일본에 있는 맥아더 장군과 군정 사령관은 지휘라인이 아니었다. 윗선으로는 국방부 장관과 대통령만 있었다. 대학살 당시 몸통은 차관이던 로버트 레벗으로, 냉전을 기획한 핵심 인물 중 한 명이다. 10장 「파워 엘리트」에서 다룬 딘 애치슨, 존 매클로이, 조지 캐넌 등과 한통속이다. 1951년 7월에는 국방부 장관으로 승진했고, 퇴임 후에는 월가 금융기관으로 갔다. 브라운 브라더스 해리먼(Brown Brothers Harriman)이라는 은행이다. 연방준비위 의장을 지낸 리처드 피셔와 앨런 그린스펀이 이 회사 출신이다.

분재(盆栽)

제주에 있는 '생각하는 정원'은 꽤 인기가 높다. 방문하기 전에는 '정원이 어떻게 생각을 할까.'라고 물어봤다. 정확한 의도는 모르지만 '많은 것을 생각'하도록 도와주는 정원이 더 맞는 것 같다. 전혀 상상할 수 없는 형태의 나무가 참 많다. 몇 개의 열매를 무겁게 달고 있는 모과나무가 가장 인상적이었다. 고향에서 본 것과는 너무 달랐다. 널찍한 공간에 마음껏 가지를 뻗은 후에야 모과를 맺는 줄 알았다. 이곳에서는 별로 크지도 않은 화분에 담겨 있었고, 키도 나지막했다. 밑둥치는 기형적으로 굵었다. 몇 갈래 튼튼한 가지가 있었지만 아주 짧았다. 모과가 열려 있다는 게 신기할 정도였다. 관상용으로 특별히 '제조'되었음을 알 수 있었다. 멋대로 자라지 못하도록 가지를 잘랐을 것이고, 원하는 방향으로만 뻗도록 비틀었을 터였다. 혹시 나무를 고문하는 게 아닌지 물었다. 안내하시는 분은 "훈육을 위해 회초리를 드는 것처럼 잘못 자라는 가지를 자르고 철사를 감아서 교정시키는 것"이라 꼭 그렇게 볼 일은 아니라고 대답했다. 부러진 가지나 뜯긴 잎도 금방 살아나고 오히려 생존력이 높아진다는 말도 덧붙였다. 정작 당사자인 나무가 말을 못 하니 진실은 알 길이 없다.

"모든 계급의 한국인들이 토착적인 뿌리에서 완전히 뽑혀져 자신의 사회적 보금자리 바깥으로 송두리째 내던져졌다." 한국전쟁에 대한 브루스 커밍스의 평가다.[38] 전쟁 직후 한반도 상황은 불길이 휩쓸고 지나간 논두렁과 크게 다르지 않았다. 잿더미 속에서 겨우 목숨을 건진 사람들은 눈치만 봤다. 엄혹한 시절을 버텨야 했던 기층 민중은 더 그랬다. 다른 세상을 꿈꾼 게 죄였다. 왜 바보같이 굴었느냐고, 또 왜 선동에 속았냐고 따질 일은 결코 아니었다. 다른 세상이 가능하다고 믿었기에 피를 흘린 그들이다.

미국도 가능하다는 희망을 주었다. 존 하지 중장은 1945년 9월 11일 기자 회견을 통해 "미군은 조선 사람들의 사상과 의사 발표에 간섭도 안 하고 방해도 안 할 것이며, 출판에 대하여 검열 같은 것을 하려 하지도 않는다."고 밝혔다. 언론보도 책임자 헤이워드 중령도 이튿날 "언론의 자유는 절대 보장하겠으며 연합군에게 불리한 것 이외에는 제출이나 검열을 받지 않더라도 관계없다."는 점을 확인해 주었다.[39]

일본이 만든 악법들도 모두 폐지되었다. 그해 10월 9일이다. 군정장관 육군소장 A. B. 아널드의 명의로 발표된 군정법령 11호는 "북위 38도 이남의 점령 지역에서 조선 인민에게 차별 및 압박을 가하는 모든 정책과 주의를 소멸하고, 조선 인민에게 정의로운 정치와 법률상 균등을 회복케 하기 위하여 아래 법률과 그 효력을 폐지한다."고 밝혔다. 정치범 처벌법, 예비검속법, 치안유지법, 출판법, 정치범 보호 관찰령 등이 포함되어 있었다. 그러나 현실은 정반대로 흘렀다. 이승만 대통령을 비롯해 관료, 대학총장, 목사들이 가르친 것과 달랐다.

맥아더 사령관의 포고문이라는 '울타리'를 벗어나면 안 된다는 것을 몰랐다. "태평양 방면 미국 육군부대 총사령관"으로서 "나의 지휘하에 있는 승리에 빛나는 군대는 금일 북위 38도 이남의 조선 영토를 점령한다."는 말의 본질을 이해하지 못했다. 포고령에 나온 "인권 및 종교의 권리를 보장"받을 수 있다는 말이 정치적, 경제적, 문화적 권리로 확대된 것은 아니란 점을 깨닫지 못했다. 결정적으로 3조에 명시한 "점령부대에 대한 모든 반항행위 혹은 공공의 안녕을 방해하는 모든 행위에 대하여는 엄중한 처벌이 있을 것이다."를 너무 순진하게 해석했다.

잘못을 저지르지 않거나 법만 어기지 않으면 되는 차원이 아니었다. '반항 행위'와 '공공의 안녕'에 위반된다는 것을 판단하고 적용할 당사자가 '점령군' 자신이었다. 틀려도 바로잡을 수 없었고, 항의하면 더 가혹한 처벌이 돌아왔다. 게다가 정말 억울한 일이지만 인민위원회나 남로당 가입은 어느덧 자기도 모르는 사이에 '원죄'가 되었다. 해방 직후 이들 단체는 전혀 불법이 아니었다.

1947년 조선신문기자협회가 서울 시민 2495명을 대상으로 한 여론조사에서 '조선인민공화국'을 국호로 하자는 의견은 70퍼센트로 나왔다. 점령군 당국의 정치적 목적과 필요에 따라 나중에 '불법'이라는 낙인이 찍혔을 뿐이다. 탈퇴할 수 있는 기회도 주지 않고 곧바로 '빨갱이'로 만들었다. 일종의 분재 작업도 곧바로 추진되었다. 크게 보면 처벌과 보상이다. 원하지 않는 방향으로 자라는 가지나 뿌리는 잘린다. 끈이나 철사를 통해 비틀리거나 교정되어야 한다. 넘지 말아야 할 '경계선'을 넘은 데 대한 처벌이다.

반면 원하는 대로 자리 잡은 나무는 각별한 보살핌을 받는다. 온실이라는 안락한 공간에 머물게 해 준다. 정기적으로 물과 영양주사 등도 공급된다. 들판에서는 상상할 수 없는 특혜다. 보상을 받기 위해서는 무슨 생각을 하고, 어떻게 행동하며, 궁극적으로 '무엇'(정체성)이 되어야 하는지에 대해서도 지침이 내려왔다. 채찍으로는 국가보안법과 사전검열 제도가, 당근으로는 공보처, 외교부와 문교부 등을 통한 다양한 형태의 '지원'이 따랐다.

1945년 11월 10일 자《매일신보》에 정간 명령이 떨어졌다. 일본어로 발행된《경성일보》와 더불어 국문으로 발행되고 있던 유일한 신문사였다. 일본이 운영하던 것을 조선인 기자들이 중심이 되어 인수했다. 일본의 재산을 압류해 한국이 운영한 '자주 관리' 운동의 대표적 사례였다. 인민위원회 등을 지지하는 기자들이 많았는데 명확한 정간 이유는 밝히지도 않았다. 군정은 이 회사의 윤전 시설을 이용해《조선일보》와《동아일보》도 발행될 수 있도록 도왔다. 회사 명칭도《서울신문》으로 바꾸도록 했다. 보수 우익 중심의 임원들이 들어왔으며, 언론(인)에 대한 백색테러도 잇따랐다.

12월 29일에는 좌익계로 분류되던《조선인민보》가 피습을 당했다. 극우지였던《대동신문》도 1946년 1월 7일에 공격을 받았다. 군정에 대한 비판으로 처벌받는 사례도 늘었다. 1946년 4월 25일에는 《조선일보》사장 홍증식과 편집국장 김오성이 불구속 기소된다. 「식량과 우리의 요구」라는 사설과 사회면에 실린 "쌀을 달라고 요구하는 시민 중 한 명이 총에 맞아 부상당했다."는 기사를 문제 삼았다. "공중 치안 질서를 교란한 자, 정당한 행정을 방해하는 자, 또는 연합국에 대하여 고의로 적대행위를 하는 자"를 처벌한다는 맥아더 포고 2호가 적용되었다.[40]

1946년 5월 29일에는 발행의 자유 자체를 제한하는 '등기제'가 시행된다. 군정법령 88호를 통해서다. I조를 통해 "신문 기타 정기간행물을 허가 없이 발행하는 것은 불법"이라는 점과 "현행 발행 배포하고 있는 신문 등에 대해서도 1946년 6월 30일 이후 위의 규정에 따라 허가증을 게시할 것"을 요구했다. 뒤이어 1947년 3월에는 공보부령 I호를 통해 신규 허가를 당분간 정지하고, 발행 실적이 없는 정기간행물의 허가가 취소되었다. 좌파 성향의 많은 언론사들이 이 과정에서 소멸된다. 《호남신문》, 《동광신문》, 《전남민보》, 《민주중보》, 《신광일보》, 《노력인민》 등이 여기에 해당된다.[41] 트루먼 독트린의 발표와 단독정부 추진과 무관하지 않은 조치였다.

1947년 7월 19일에 단독정부 수립의 최대 장애물로 알려진 몽양 여운형이 암살된다. 이튿날인 7월 20일에는 구국대책위원회가 꾸려졌는데, 열한 개 정당 서른다섯 개 사회단체가 참가한다. 몇 가지 요구 조건을 내걸었다. "여운형 선생에 대하여 민주주의 정당 및 사회단체의 인민장으로 할 것, 범인을 즉시 체포할 것, 일체 테러단을 즉시 해산하고 엄벌할 것, 경찰의 책임자를 추궁 파면할 것" 등이다.

주의 깊게 봐야 할 부분은 당시 백색테러가 정말 많았다는 점이다. 1946년부터 설립된 우익 청년단체는 마흔 개가 넘었다. 유진산(柳珍山), 김두한(金斗漢) 등의 대한민주청년동맹, 오정방(吳正邦)의 건국청년회, 오광선(吳光鮮), 채택용(蔡澤龍) 등의 광복청년회, 서북청년회, 독립촉성국민회 청년부 등이다. 1947년 8월에는 이 단체들이 통합된 대동청년단(大同靑年團)이 설립된다. 단장은 이승만이었지만 실질적인 책임자는 이선근이다. 일본 와세다대학교를 나와 서울대에서 '화랑도' 연구로 박사를 받은 인물이다.

경쟁자이자 협력자였던 '조선민족청년단'(족청)도 있다. 이사회에는 김활란과 백낙준 등이 이름을 올렸다. 얼핏 보면 미국과 무관한 국내 문제로 보인다. 그러나 미국 CIC를 변수에 넣으면 보다 많은 일이 설명된다. 전쟁 동안 독일의 비밀경찰과 싸울 때 미국이 동원한 방식과 아주 흡사하다.

미국 OSS 요원은 국내 소요 사태, 사보타주, 요인 암살 등을 전문적으로 훈련받은 군인들로, 현지인을 앞세우고 자신들은 표면에 드러나지 않는다. 증거가 있다. 미군정은 대표적인 우익청년단체였던 족청이 지도자 양성학교를 설립할 수 있도록 도왔다. 당시 돈으로 33만 5000달러를 지급한 것으로 알려진다. OSS 출신 어니스트 보스 중령을 파견해 훈련을 맡겼다. 군정장관을 지낸 존 하지와 아처 러치 장군의 명령 없이는 안 되는 일이다.[42]

족청의 규모는 1946년 9월 창설 당시 300명에 불과했다. 수원에서 훈련을 받은 요원들이 양산되면서 1947년 11월에는 30만 명, 1949년에는 115만 명 규모의 준군대 조직으로 성장한다. '퀴 보노

(Qui Bono?)' 관점에서 '누가 이익을 얻고 누가 비용을 지불하게 되는가?'를 생각해 보면 된다. 당시 혼란과 암살의 최대 수혜자는 단독정부를 추진했던 미국과 이승만이다. 적과 아군의 구분은 더욱 선명해진다. 북한은 말할 것도 없고, 좌우 합작을 하려는 집단도 자연스럽게 적으로 돌릴 수 있었다. 민족주의 진영은 자중지란에 빠졌다.

김구를 중심으로 한 민족주의 우파에 속하는 임정 세력이 당시 백색테러의 배후로 지목된다. 9월 파업과 10월 민중항쟁을 계기로 '낙인'이 찍힌 남로당의 입지는 더 좁아졌다. 정치 공작의 제물로 삼기 좋은 대상이다. "모든 게 북한 탓"이라고 했던 박근혜 정부를 생각하면 된다. 냉전이 진행되는 동안 반복해서 확인된 전략이다. 누군가를 빨갱이로 규정할 수 있는 힘이 있으면 유용한 게 많다. 정부로서는 자신을 비판하는 모든 세력에 이 혐의를 덧씌울 수 있다. 정서적인 판단이 앞서는 대중도 진실에는 별로 개의치 않고 동조한다. 정말 좋은 점은 그들이 반박할 수가 없다는 점이다. 본인이 안 한 일을 자백할 수는 없다. 그래서 늘 나오는 게 '의도' 또는 '음모론'이다. 고문이나 다른 방법으로 조작하기도 쉽고 증거도 필요 없다. 범인의 자백과 그럴듯한 물증만 있으면 된다.

군정 당국에 의한 1947년 8월의 남로당 대규모 구속 사태는 이 전략에 잘 들어맞는다. 명분은 '남조선 적화계획'과 '군정파괴음모사건'이라고 내세웠지만 구체적인 증거는 없었다.[43] 장택상 수도청장이 "세상에서 떠드는 바와 같이 예비검속은 아니다."라고 밝혔지만 진실은 아무도 모른다. 남로당 중앙기관지《노력인민》과《우리신문》이 폐간되고 남조선해방통신이 문을 닫은 것은 그 직후다. 제주 4·3사건과 여순사건이 일어났을 때도 상황은 비슷했다. 정부는 배후로 남로당과 북한을 지목했다. 제주도민 90퍼센트는 자신도 모르게 불온집단의 선동에 휘둘린 빨갱이가 되고 만다. 진실이 아니라는 것은 한참이 지나서야 밝혀진다.

'언론정책 7개항'은 1948년 9월 22일에 발표된다. 다음에 해당할 경우 정간 또는 폐간시키겠다는 내용이다. "허위사실을 날조·선동하는 기사, 자극적인 논조나 보도로 민심을 격양·소란케 하는 외에 민심에 나쁜 영향을 미치는 기사, 국가 기밀을 누설하는 기사, 우방과의 국교를 저해하고 국위를 손상케 하는 기사, 공산당과 이북괴뢰 정권을 인정 내지 비호하는 기사" 등이다.

언론사 중에서 폐간 또는 정간을 당하는 사례가 늘기 시작했다. 1948년 9월 15일에 《조선중앙일보》가 폐간 명령을 받는다. 뒤이어 《제일신문》과 《세계일보》에 정간 처분이 떨어졌다. 진보적 민주주의를 표방한 언론사라는 공통점이 있다. 1949년에는 《국제신문》과 《수도신문》이 문을 닫았다. 대중이 많이 읽었던 잡지도 예외가 아니었다. 좌익 계열로 분류된 《문장》, 《문학》, 《우리문학》, 《소련기행》과 《농토》 등이 잇따라 폐간되었다. 전쟁 직전에 탄압은 더욱 심해졌다.

문학과 음악도 검열의 칼날을 피할 수 없었다. 미군정 법령 72호는 1946년 5월 4일에 발표된다. 무려 여든두 개 항에 걸쳐 불법 행위를 나열했다. 각종 출판물과 공연물 검열과 관련한 조항은 대략 세 개다. 먼저 22항에 정부에서 인정하지 않은 단체나 조직에 "참가하기나 원조하는 인쇄물, 서적의 발행, 유포 또는 이러한 행동을 선전, 유포하는 물건을 갖고 있거나 또는 이런 단체 운동의 기, 제복, 휘장으로써 하는 선동 행위"가 나오다. 31항에도 "주둔군, 연합국 또는 국민에 대해 유해, 불손하고 기자와의 불평, 불쾌를 조장하고 필요한 신고를 하지 않은 인쇄물, 등사물, 서적의 발행, 수입, 유포"를 금지했다. "군정과 그 명령하에 행동하는 자에 대한 비방물의 발행과 유포"도 포함된다. "인민을 경악, 흥분시키는, 또는 주둔군이나 그 명령에 따라 행동하는 자의 인격을 손상하는 유언비어의 살포"에 대한 내용 역시 32항에 명시되어 있다.

얼마 뒤 1946년 11월 23일에 설립된 남조선노동당이 불법화된다. 조선공산당, 남조선신민당, 조선인민당이 합쳐 만든 단체로 1대 당 대표는 여운형이었다. 2대는 일제시대 조선 3대 민족 인권 변호사로 알려진 허헌이다. 지금의 고려대학교 총장과 《동아일보》 사장 직무대리 등을 거쳤고, 일제 말기에는 옥고를 치르기도 했다.

임화의 『찬가(讚歌)』라는 시집이 판매 금지된 것도 이즈음이다. 죄목은 32항 위반이다. 1946년 5월 20일 자 《현대일보》를 통해 첫선을 보였고, 1947년 2월 10일에는 백양사에서 출판되었다. 「깃발을 내리자」란 시가 문제였다. 모두 3절로 구성되어 있는데, 후렴구에는 "동포여! 일제히 깃발을 내리자"가 반복된다.

노름꾼과 강도를
잡던 손이
위대한 혁명가의
소매를 쥐려는
욕된 하늘에

무슨 깃발이

날리고 있느냐

(……)

가난한 동포의

주머니를 노리는

외국 상관의

늙은 종들이

광목과 통조림의

밀매를 의논하는

폐(廢) 왕궁(王宮)의

상표를 위하여

우리의 머리 위에

국기를 날릴

필요가 없다

(……)

살인의 자유와

약탈의 신성(神聖)이

주야로 방송되는

남부조선

더러운 하늘에

무슨 깃발이

날리고 있느냐

최초의 레코드 판매 금지 사건은 1949년 9월 1일에 일어났다. 대상이 된 노래는 「여수야화(麗水夜話)」다. 당시 유명했던 가수 남인수가 불렀다. 정부가 알리고 싶지 않았던 여수·순천 사건을 다루었고, 민심에 악영향을 줄 수 있다는 게 이유였다. "왜놈이 물러갈 땐 조용하드니/ 오늘에 식구끼리 싸움은 왜 하나요/ 의견이 안 맞으면 따지고 살지/ 우리 집 태운 사람 얼굴 좀 보자"란 내용의 3절을 문제 삼았다. 1949년 11월에는 '월북문인저서' 판매가 금지된다. 1952년에는 '월북작가가곡가창금지 및 수록된 유행가집 판매금지' 조치가 뒤따랐다. 음반 중에는 조명함의 「낙화유수」 쉰일곱 곡, 박영호의 「오빠는 풍각쟁이」 외 서른일곱 곡, 안기영의 「마의태자」 외 두 곡, 이면상의 「진주라 천리길」 등이 포함되었다.

문인 중에는 시인이자 영화배우였던 임화, 소설가이자 평론가였던 김남천, 잡지《문장》을 책임지고 있었던 소설가 이태준과 시인 이육사의 동생으로 평론가였던 이원조 등이 있다. 「임꺽정」의 작가 홍명희, 「소설가 구보씨의 하루」를 쓴 박태원, 「두만강」을 남긴 이기영도 대상자였다. 그 밖에 이태준, 안회남, 박노갑, 김소엽, 허준, 현덕 등이 해당자다.

1950년 전후 발간된 시집 예순 권 중 열 권 정도가 이때 판매금지 대상에 올랐다. 대략 쉰 명 정도다. 1990년에 해금된 이후 유명세를 탄 시인들이 다수 포함되어 있다. 그중 한 명이 백석이다. 「남신의주 유동 박시봉방」이라는 시는 지금도 유명하다.

어느 사이에 나는 아내도 없고, 또

아내와 같이 살던 집도 없어지
고
　　　그리고 살뜰한 부모며 동생들
과도 멀리 떨어져서
　　　그 어느 바람 세인 쓸쓸한 거리
끝에 헤매이었다
　　　바로 날도 저물어서
　　　바람은 더욱 세게 불고, 추위는
점점 더해 오는데
　　　나는 어느 목수(木手)네 집 헌
삿을 깐
　　　한방에 들어서 쥔을 붙이었다
　　　이리하여 나는 이 습내 나는 춥고, 누긋한 방에서
　　　낮이나 밤이나 나는 나 혼자도 너무 많은 것같이 생각하며……

백석, 『사슴』

　정지용의 작품도 금서 목록에 들어갔다. 대표적인 서정시인 중
한 명이었고, 납북인지 월북인지도 정확하지 않은 상황이었다. 대학
때 그의 「유리창」을 자주 읽었던 기억이 있다.

　　　유리에 차고 슬픈 것이 어른거린다
　　　열없이 붙어 서서 입김을 흐리우니
　　　길들은 양 언 날개를 파닥거린다
　　　지우고 보고 지우고 보아도

권영민 엮음, 『정지용 전집』

새까만 밤이 밀려나가고 밀려와 부
딪히고
　물 먹은 별이, 반짝, 보석처럼 박힌
다
　밤에 홀로 유리를 닦는 것은
　외로운 황홀한 심사이어니
　고운 폐혈관이 찢어진 채로
　아아, 너는 산새처럼 날아갔구나

　　　공보처는 1948년 11월 4일에 국
회를 통과한다. "법령의 공포, 언론,
정보, 선전, 영화, 통계, 인쇄, 출판, 저작권 및 방송에 관한 사무를 관
장"하는 기구다. 외양은 바뀌었지만 속은 이전과 달라진 게 없었다.
1947년 5월 30일에 설립한 '민정공보국(Office of Civil Information,
OCI)'의 정책을 그대로 이어받았다. "미국 점령군에 대한 호의적 태
도를 끌어내고", "미국의 대외정책과 미국적 생활체계에 대한 폭넓은
이해와 수용을 발전시키고", "미국이 물러난 뒤에도 미국에 대한 호
의적 태도가 남아 있도록 하는 것"을 목적으로 한 조직이었다.[44]
　　군정이 잠깐 발간했던 《주간 다이제스트》와 《농민주보》와 같은
잡지를 비롯해 《조선전진보》와 같은 보도영화도 전수받았다.[45] 공보
처장은 미국 유학파이면서 개신교 신자라는 공통점이 있다. 미국인
과 대화가 가능하고, 그들의 정서를 공감하고 정책 방향에 동의하는
인물이다. 1대는 김동성으로 오하이오주립대학교를 나왔다. 2대와 4

대는 이철원이며, 컬럼비아대학교 졸업생이다. 전쟁 직후 이승만이 부산으로 피신을 갈 때 수행했던 세 명 중 한 명에 포함될 정도의 최측근이었다. 1949년 10월, 국가정책의 기본방향은 "공산주의에 대한 결사전쟁"이라고 규정한 장본인이기도 하다. 언론출판기관에 대해서도 "국가 존립에 위해(危害)를 가하는 공산주의에 대한 투쟁에서 적개심을 앙양하고 투쟁의욕을 진작하는 일"을 요구했다.[46] 전략기획국(OSS) 심리전에 나온 것처럼 언론을 "국민정신을 지도하는 심리전 내지 신경전의 투사이며 군중심리의 조직자"로 봤다. 웨슬리대학교를 거쳐 컬럼비아대학교를 나온 김활란이 3대 처장이다. 임기를 맡은 지 3개월 만에 이철원으로 다시 바뀐다. 5대 역시 시카고대학교에서 신학을 공부한 갈홍기로 현직 목사였다.

반공이데올로기 주입이라는 목표는 다양한 방식으로 추진된다.[47] 1948년 10월의 '문인조사반'이 그 시작이다. 여순사건이 터진 직후에 구성된 문인 단체로 박종화, 김영랑, 이헌구, 정비석, 최영수, 정홍거 등이 회원이다. '픽션'(허구)을 통해 반공의식을 확산시키는 것이 목적이었다. 반공서적과 잡지 발행도 시작된다. 주요 간행물로는 『한국의 정치경제』, 『공산당 치하의 중국』, 『북한괴뢰집단의 정체』, 『북한의 정치보위국 전모』, 『소련군정의 시말: 북한분할과 적화음모의 정체: 평안남도편』 등이 있다. 공보처가 직접 발행한 매체는 《주보》, 《정보》, 《내외정보》, 《주간새소식》 등이다. 발행 부수가 가장 많고 영향력이 있었던 것은 그중에서 《주보》다. 자주 다룬 주제는 "일민주의의 정의, 국가보안법 해설, 언론출판자유의 진상, 최근의 북한실정" 등 이승만에 대한 홍보와 반공이 중심이었다.

방송도 빠지지 않았다.[48] 정부 각료들의 정치적 견해와 국무회의 내용이 주로 나왔다. 1949년 10월에는 "민족정신 앙양과 공산당의 음모 흉계를 폭로"하는 계몽 프로그램을 특별 방송한 적도 있다. 「이북 동포에게 보내는 시간」과 「우리의 나아갈 길」과 같은 반공 프로그램도 내보냈다. 전쟁 직후에는 국방부 정훈국이 모든 방송에 대한 사전 검열을 실시했다. 반공과 관련한 프로그램으로는 「이 지방 소식」, 「마이크 인터뷰」, 「정부종합 뉴스」, 「좌담회」, 「결전의 모습」 등이 있다.

미국 정부가 직접 운영하던 해외 방송도 있었다. 목적은 심리전이다. 그중 하나는 4부에서 다룬 미국 샌프란시스코에 본사를 둔 미국의 소리(VOA)다. 'UN총사령부의 소리(Voice of United Nationa Command, VUMC)'도 이 매체와 별도로 설치되었다. 일본과 한국의 방송 시설을 이용해 남북한 주민과 군인, 또 일부 지역 섬을 대상으로 한 방송이었다.

공보처장의 담화문도 중요한 활동 중 하나였다. 이철원 공보처장 당시 연설문이 몇 개 남아 있다. 1951년 7월 22일. 이승만 대통령은 취임 3주년을 맞는다. 공보처는 이를 기념하는 담화문을 발표한다. "초대 대통령에 당선되어 취임한 이래 우리 민족의 운명을 쌍견에 걸고 민족통일을 위하여 일시도 쉴 사이도 없이 전력하여 왔다. 더욱이 6·25사변 이후에는 민족의 총력을 기울여 멸공전선에 궐기시키는 동시에 유엔군의 협조를 얻어 침략자 격멸에 매진하고 있다." 는 내용이었다.

같은 해 8월 15일 기념 담화에서도 "광복절을 의례적 경축에만 그치지 말고 적색 제국주의를 격멸하고 남북통일을 전취하는 일대국

민행동을 방방곡곡에서 일으켜야 할 것"이라고 말한 것으로 전해진
다. 공보처는 또 "공산독재하의 뿌리박힌 그릇된 사상을 말살시키며
대한민국의 올바른 민주주의를 선전 계몽해 국민으로 하여금 조국을
위하고 민족을 사랑하는 사상으로 육성케 할" 목적의 문화공작반을
가동했다. 간판으로 내세운 단체는 단독정부 추진을 위해 서른세 개
문화단체가 1947년에 만든 '전국문화단체총연합회'였다.

문총구국대(文總救國隊)가 결성되고 종군 강연회, 시국 강연회,
문학과 음악의 밤, 또 각종 시화전이 잇따랐다. 《전선문학》 등 기관
지와 전쟁문고 등도 발행된다. 국어 교과서에서 한 번쯤 이름을 들어
본 문인들은 거의 다 포함되어 있다. 종군작가단은 육군, 공군과 해군
으로 나누어 조직했다. 육군의 경우 단장은 최상덕, 부단장은 구상과
김송, 또 정비석, 방영준, 장덕조, 최태웅, 조영암, 양명문, 박인환과
작곡가 김동진이 소속되었다.

'창공구락부'로 알려진 공군에는 단장 마해송, 부단장 조지훈, 사
무국장 최인욱, 그 밖에 박두진, 박목월, 김동리, 황순원, 전숙희, 김윤
성 등이 함께 했다. 해군에 참가한 염상섭, 이무영과 윤백남 등은 아
예 사관생도 훈련을 받았다. 군함정을 타고 다니면서 활동했고, 여기
에는 박계주, 박연희, 윤금숙과 안수길 등도 포함된다.[49] 1952년 6월
부터 약 3개월에 걸쳐 진행된 "포스터, 신문, 라디오, 선전탑과 현수
막, 슬라이드 사진전" 역시 공보처 작업이다.

문교부 역시 군정의 연장선이었다. 인적 구성을 보면 잘 드러난
다. 군정은 애초 1945년 8월 16일 교육계의 자발적 단체로 결성된 '조
선학술원'을 인정하지 않았다. 대신 총독부 학무국장이던 염상섭과

오천석을 통해 '조선교육위원회'를 구성했다. 미국이나 일본 등에서 교육을 받고, 종교는 기독교(개신교)이면서, 또 한국민주당 출신이라는 공통점이 있다.[50] 반공과 친미라는 색채가 뚜렷하다. 위원장은 만장일치로 김성수가 선출된다. 곧이어 교육정책에 대한 보다 전문적인 자문을 목적으로 '조선교육심의위원회'도 구성했다. 위원 중에는 김성수, 유진오, 윤일선, 백남운, 조병옥, 박종홍 등이 포함되었다.

1946년 3월에 위원회는 '최종 보고서'를 제출하고 해산된다. 제안 내용 중에는 일본식 학제를 폐지하고 미국식 6-3-3-4 학제로 하자는 내용도 포함되어 있다. 대학의 수업은 4년으로 하고, 전문학교와 대학교에 들어가기 위한 예비학과를 없애는 것, 또 전문대학을 대학으로 승격시키는 것도 포함된다. '국립서울대 설립 계획안'(국대안)도 이 무렵 마련된다. 문교부는 1946년 7월에 이를 발표했고, 8월에는 군정의 법령으로 정해진다.

교육법은 1949년 12월 31일에 제정된다. 대한민국이 지향하는 인간상을 제시했다. "견일불발의 기백을 갖게 하고, 애국애족의 정신을 기르고, 진리탐구의 정신과 과학적 사고력을 키우고, 자유를 사랑하고 책임을 존중하며, 또 유능한 생산자요 현명한 소비자"라는 목적을 밝힌 2조에 나와 있다. 교과서에 실린 위대한 인물로는 세종대왕, 손기정, 안중근, 화랑, 링컨 등이 포함된다. 적극 강조한 규범은 "자유, 규율, 민주정치, 정의, 노동, 보건과 위생, 이상, 용기, 민족성, 가족주의, 자치, 인격, 신념" 등이다.[51]

정부가 학교 교육에 개입할 수 있는 법적 근거를 마련한 것도 이 법이다. "대학, 사범대학, 각종 학교를 제외한 각 학교의 교과를 대통령령으로 정하고 각 교과의 교수요목 및 수업시간은 문교부령으로 정한다."(155조)와 "대학, 사범대학, 전문대학을 제외한 각 학교의 교과용 도서는 문교부가 저작권을 가졌거나 검정 또는 인정한 것에 한한다."(157조)를 통해서다. 전쟁은 정부의 통제가 더욱 강화되는 계기를 만들었다. 문교부가 이 기간에 허락한 유일한 교과서는 초등학교용 『전시생활』 1, 2, 3과 중학생용 『전시독본』뿐이었다. 적은 공산당이고 친구는 연합군이라는 내용이 중심이다.[52]

본격적인 반공교육은 국방부 공보실장을 역임한 문교부 장관 이선근과 관련이 많다. 1954년 4월 22일 취임 기자회견을 통해 이선근은 정책 지향점을 "반공민주교육 강화, 교육의 질적 향상, 언어문자의 간소화와 국민생활의 간소화" 등 세 가지로 정리했다. 뒤이어 6월 12일 문교부는 '문편 544호 반공방일요항에 의한 수업 실시에 관한건'을 공지한다. 각 학교에서는 매 학년 매주 한 시간 이상 반공방일 교육을 실시한다는 지시였다. 1956년에는 '도의교육요항'이 발표되었으며 "반공, 방일의 정신"이라는 문구가 처음 포함된다. 목표는 "반공방일의 사상을 견지한다, 국가에 대한 충성심을 갖는다, 민족의 고유문화와 미풍양속을 유지 발전시킨다, 품위 있는 세계시민으로서 자유세계와 친화한다."로 설정했다.

흥미로운 부분은 이때부터 '일본 때리기'가 추가된다는 점이다.[53] 갑자기 왜? 원래 이승만이 일본을 적대시했다는 것은 별로 설득력이 없다. 그는 미국의 대외정책만 좇았다. 일본이 진주만을 공격하고 미국의 적이 된 이후 반일(反日)로 돌아섰다. 정부 수립 단계에서 친일파로 분류되는 인사들과 밀착했다는 것도 잘 알려져 있다. 몇 가지

추측할 수 있는 배경이 있다. 미국의 대외정책에서 이승만의 몸값을 높이려 한 전략이 그중 하나다. 냉전 질서를 편성하면서 미국은 한국, 일본과 함께 해양세력을 구축하려 했다. 일본과 한국이 과거 식민지 앙금으로 인해 협력하지 못하면 중국과 소련을 견제하는 반공동맹 구축이 지장을 받는다. 1951년 한일협정을 미국이 주선한 것도 이런 배경에서다. 미국에 요구할 것이 많았던 한국 정부로서는 이 카드를 잘 활용할 필요가 있었다.[54]

또 다른 변수는 1955년부터 시작된 일본과 북한의 관계 개선 움직임이다. 일본의 하토야마 이치로 총리는 그해 기자회견을 통해 소련, 중국, 북한 등과 관계를 정상화하기 위한 회담을 개최하겠다고 밝혔다. 북한도 2월 25일 외무성 담화를 통해 "상이한 사회제도를 가진 모든 국가들과 평화공존의 원칙에서 출발하여 정상적인 관계를 수립할 용의가 있다."고 답했다. 10월 21일에는 "국교 정상화를 위한 양국의 적극적인 노력, 수교 여부와는 별도로 경제적 교류의 추진, 어로 자유의 보장, 양국 교민들의 본국에 대한 자유로운 왕래 보장, 상호간 문화교류 실현" 등의 내용을 담은 '공동선언'이 발표된다.[55]

미국이 이 상황을 방관할 리 없다. 1956년 10월 일본과 소련의 국교 정상화 이후 이 논의는 지속되지 못했다. 문교부의 '도의교육'에서 반일주의를 강조한 것은 정확히 이 시점이다. 일본을 무조건 배격하는 것도 아니었고, "북한에 대한 우호적인 태도를 취하는 일본"이 싫다는 입장이었다. 우연의 일치일지는 모르지만 미국이 원하던 목소리였다.

끝으로, '통치전략' 차원에서 이해할 수 있는 부분이 있다. 권력

이승만 대통령(1958년)

자 입장에서 '공공의 적'은 여러모로 유용하다. 몸통은 미국의 복합체로 이승만은 깃털이라는 관점이 도움이 된다. 해방을 맞은 후 한국은 분단전쟁을 겪었다. 죽거나 다친 사람만 500만 명이 넘는다. 1000만 명의 이산가족이 생겼다. 북한과 공산주의자만 희생양으로 삼는 것에도 한계가 있었다. 민족주의 정서는 엄연한 현실이니 외부 세력 중 누군가 '악마'의 역할을 맡을 수밖에 없다.

미국은 이미 '은인'의 나라로 증오는커녕 부러움과 모방의 대상이 되었다. 게다가 해방공간의 악행은 모두 일본에 부역한 인물들에 의해 저질러졌다. 미국이 남미의 암살대(death squad) 역할을 했던 우익청년단에 자금과 훈련을 제공한 사실은 극소수만 알았다. 미국이 일본을 한국보다 더 중요하게 생각하고 챙긴다는 것도 확인된 상황이다. 그뿐만 아니라 '반일(反日)' 감정을 거스르면 정치적으로 유리할 게 없다. 전후 한국인의 집단 정체성 형성 과정에 미국이 늘 함께했다는 점에도 주목할 필요가 있다. 고용주와 아바타에 가까웠다는 권력관계는 엄연히 존재했지만 말이다.

국제사회의 정체성 형성에 미국은 일찌감치 '전방위'로 개입한 역사가 있다. 1940년대 초반 남미가 대표적이다. 데이비드 록펠러가 책임자였다. 미국에 대한 반감이 상당했던 악조건에서도 성공을 거두었다. CBS 방송국은 물론 영화, 음악, 출판물 등이 모두 동원된 작업이었다. 트루먼과 아이젠하워를 거치면서 해외군사협력, 경제원조, 국제개발처(USAID) 등이 본격적으로 추진되었다는 점도 놓치면 안 된다. 1960년대 중반에 가서야 실체가 밝혀진 CIA가 후원하는 각종 공익재단도 많았다.

한국도 결코 예외가 아니었다.[56] 1948년부터 군인 중 엘리트에 속하는 장교를 대상으로 해외군사교육훈련(IMET)에 보냈다. 전쟁 중이던 1951년부터는 매년 보병학교 150명, 포병학교 100명 등 250명 정도가 이 프로그램의 수혜자였다. 공무원을 대상으로 하는 '위스콘신대학교' 연수 프로그램도 있다. 관료 중 유독 미국 유학파가 많은 것은 이런 인연 덕택이다. 국무성이 주관하는 초청 프로그램에 참가한 지식인, 언론인과 지방 유력인사도 많았다. 문인과 예술가도 해당된다. 국제펜클럽을 지원했으며, CIA는 은밀하게 아시아재단과 한미재단 등에 자금을 댔다.

1950년대를 거치면서 미국으로 유학을 떠나는 한국인의 숫자도 급증했다. 문교부 집계에 따르면, 1959년 기준으로 해외 총유학생 규모는 4703명이었다. 그중 미국은 4193명으로, 2위인 프랑스의 138명과 비교했을 때 엄청난 숫자다. 집단 정체성 관리를 위한 정책적 목표는 이런 시대적 상황과 밀접하게 맞물려 있다.

'외국도서번역심의위원회'도 그중 하나로, 문을 연 해는 1953년이다. 문교부 차관이 위원장, 편수국장이 부위원장이다. 위원은 과학, 기술, 예술과 사상 등 각 분야 전문가 또는 학식이 풍부한 자 중에서 위촉된다. 우리가 당연하게 받아들이는 유럽사 중심의 세계사와 모든 문명과 진보의 중심을 미국에 두는 인식의 테두리를 설정했다. "적성국가와 공산주의자 및 그 추종자의 저작물, 공산주의 서적을 주로 간행하는 출판사의 출판물, 일본 서적, 미풍양속과 공공질서를 해할 우려가 있는 도서를 엄격히 제한"한다는 것이 기준이었다.

외국 도서 번역사업 5개년 계획도 이 법에 따라 진행하여 모두 152권의 책이 선정되었다. 버트런드 러셀의 『서양철학사』, 제이컵 살원 샤피로의 『현대구라파사상』, 존 듀이의 『민주주의와 교육』, 존 스튜어트 밀의 『자유론』, 로버트 올리버의 『이승만 박사전』과 『한국동란사』, 아서 세실 피구의 『자본주의 대 사회주의』 등이 여기에 해당하는 책이다.[57]

번역은 문학 분야로도 확산된다. 국제적인 문학단체에 회원으로 참가하기 시작한 것과 관련 있다. 국제펜클럽(1954년), 국제도서관협회(1955년) 또 한국시인협회(1957년) 등이다. 1957년에는 '출판물국제교환한국센터'도 설치된다. 자유우방국가를 중심으로 저작물을 번역하고 배포하고 교환하는 일을 담당했다. 1960년대 국내 번역서적이 322권으로 1950년대에 비해 대여섯 배 정도 급성장한 배경이다. '세계문학전집'이 정음사, 을유문화사, 동아출판사 등에서 출판된 것도 이 무렵이다. 약간의 차이는 있지만 미국과 유럽이 중심이 된 번역이라는 것은 부정할 수 없다. 공통적으로 『톰 소여의 모험』, 『백경』, 『루소의 참회록』, 『에머슨 선집』, 『제2의 성』, 『젊은 사자들』, 『양철북』 등이 포함된다.

학술 분야에 대한 사상 검증은 1955년부터 확산되었다. 당시 신흥대학 총장으로 있던 조영식 박사가 쓴 『문화세계의 창조』가 대표적 사례다. 정식 대학 교재로 사용되는 책을 문제 삼았다. "국가정책인 반공에 어긋나는 불온한 구절이 있다."는 게 죄목이었다. 동일한 잣대로 한태연의 『헌법학』은 판매 금지를 당한다. "민주진영과 공산진영은 공존이 불가피하다."는 내용의 강의가 문제가 되어 성균관대학교 이동화 교수가 구속되기도 했다.

검찰의 판단에 권위를 부여해 준 곳은 주요섭, 양주동, 황산덕, 양병탁, 김중한, 고승제 등 대학 교수 스물두 명으로 구성된 '심의회'다. 영화 「변호인」에 나왔던 '공안문제연구소'나 '현대사상연구원'와 비슷한 곳이다. 폭력적인 방법을 통해 울타리가 설정된 다음에는 회유하는 전략 역시 빠질 수 없다. 학교를 통한 정규 교육 얘기다. 교과서는 '정답'을 요구한다. 정서적 거부감과 무관하게 '당연한 것'으로 받아들여야 한다.

반공 교과서는 1954년부터 보급되었는데 연령대별로 달랐다. 초등학생은 『반공독본』을, 중학생과 고등학생은 『애국독본』과 『반공교본』을 배웠다. 교재 뒷면에 실린 '교수 지침'에 "우리 민족의 사활 문제로 되어 있는 반공교육이 굳세게 실시되어야 할 시급한 때임을 생각하고 이 교재를 꾸민 것입니다."라는 배경 설명이 나온다. 특별히 유의해야 할 사항으로는 "공산주의가 우리 민족과는 어느 모로 보든지 불구대천의 반대임을 명확하게 이해하도록 할 것, 침략만을 일삼는 공산주의를 절대 배격케 할 것, 6·25사변의 원인을 철저히 알려서 진실한 반공, 멸공(滅共) 생활을 하게 할 것, 남북 분단과 항상 공산 침략의 위험성이 있음을 밝혀서 각오를 새롭게 할 것, 유물적이며 항상 파괴적이며, 비평화적인 악독한 혁명만을 일삼는 공산주의를 철저하게 비판하도록 지도할 것" 등이 있다.[58]

당시 교과서에서 강조된 내용은 "유엔군이 한국을 구원해 주었다, 북한과 일본은 똑같이 나쁜 집단이다, 빨갱이는 잔혹하다, 또 이승만 대통령은 위대한 반공지도자다." 등이다. 분단의 원인을 1896년 러시아와 일본의 협상에서 찾는 주장도 빈번하게 등장했다. 1950년부터 이선근이 언론을 통해 제기한 독특한 해석이다. 한 예로, 중등용 『애국독본』 36쪽에는 "우리 민족의 최대 비극이요, 전 인류의 불행까지 가져온 이 문제가 저 '얄타'의 밀약보다도 반세기를 앞서 간악한 일제 대표와 음흉한 로제(러시아제국) 대표 간에서 이처럼 제기되었던 것"이라는 내용이 나온다.

정부가 그다음으로 관심을 쏟은 쪽은 영화다. 영화는 제작, 배포, 상영이라는 세 단계를 거친다. 대부분의 예술 작품처럼 '제작' 자체를 통제할 방법은 많지 않다. 시와 소설, 노래, 뉴스와 비슷하다. 정부는 주로 '상영' 단계에 개입하는데 대본을 미리 받아서 걸러 낸다. 만약 간과한 부분이 있어서 상영이 되더라도 바로 '금지' 조치를 내리면 된다. 텔레비전이나 라디오가 등장하고 확산된 건 1940년대 정도다. 영화는 1920년대부터 대중이 쉽게 접하는 매체였다. 영향력이 상당했다는 것과 권력이 어떤 식으로든 개입했을 가능성이 높다는 것을 짐작하게 된다. 일제시대에도 그랬고, 해방 이후에도 별로 달라지지 않았다. 라디오를 갖고 있는 가정도 그렇게 많지 않던 때다. 읽는 것에 익숙하지 않았던 평범한 사람들도 영화는 편하게 즐겼다.

독일, 소련과 미국 등도 이런 이유에서 영화를 통한 '프로파간다'에 상당한 투자를 해 왔다. 맥아더 사령부도 한국을 점령한 직후부터 「조선전진보」라는 보도영화를 제작해 배포하기 시작했다. 정부 수립 후 설립된 공보처에서도 지속된다. 대중을 장악하는 데 있어서 영화의 영향력을 잘 알았던 것은 문화계도 마찬가지였다. 문학 단체가 좌와 우로 나뉘어 충돌했던 것처럼 영화계에서도 비슷한 일이 진행되었고 과정도 흡사했다. 한쪽은 자발적인 성격이 강했고, 다른 쪽은 권력이 의도적으로 개입해 조직되었다.

문학계에서는 '조선문학동맹'과 '전조선문필가협회'가 대립하는 양상이었다. 단체의 성격은 구성 인물을 보면 잘 드러난다. 문학동맹의 위원장은 홍명희다. 부위원장으로는 이기영, 한설야, 이태준이 선출된다. 작가로서 명망이 높았고, 일제에 저항하기 위해 결성된 조선프롤레타리아예술가동맹(Korea Artista Proletaria Federacion, KAPF) 출신이 많았다. "일본제국주의 잔재의 소탕, 봉건주의 잔재의 청산, 국수주의의 배격, 진보적 민족문화의 건설, 조선문학의 국제문학과의 제휴" 등을 강령으로 내걸었다.

'문필가협회'의 강령은 상당히 달랐다. 목표로 "태극기 깃발 아래 공의(公意)를 형성하여 인류의 공통된 민족국가 이념 위에 역사가 중단되었던 조국을 재건하고 국민문화를 꽃피우기 위하여 진정한 민주주의 문화를 건설하려 한다."를 내세웠다. 회장은 정인보가, 부회장으로 박종화, 채동선, 설의식이, 또 총무에 김광섭과 이하윤이 선출된다. 창립 행사 때는 이승만, 안재홍, 조소앙과 미군정 장관이 와서 축사를 했다. 분과위원장을 별도로 두었는데, 언론은 이선근이 맡았다. 첫 사업으로 기관지《중앙순보(中央旬報)》를 발간했고, 이승만의 저서인 『독립정신(獨立精神)』과 『일본패전의 진상』을 출간했다. 1947년 '전국문화단체총연합회'(전총)로 통합된 후 전쟁 중 '문총구국대'의 핵심이 된다. 1961년 군사 쿠데타 때 해체된 다음에는 '한국예술문화단체총연합회'(예총)로 명칭을 바꾸었다.

영화 쪽에서도 자발적인 단체는 좌파 인사들이 먼저 시작했다. 1945년 12월에 결성된 '조선영화동맹'이다. 제시된 강령은 "일본 제국주의 잔재의 소탕, 봉건주의 잔재의 청산, 국수주의의 배격, 진보적 민족영화의 건설"이다. 군정이 들어선 이후 급증하기 시작한 미국 영화에 대해 '문화적 침략'이라는 점을 우려하는 한편, 조선 영화에 대한 보호책도 요구했다. 온건한 좌파와 우익으로 분류되는 인물도 많았다. 집행위원장은 우파로 분류된 안종화가 맡았고, 서기장은 추민이 선출된다. 곧 월북하게 될 김한, 문예봉, 독은기, 서광제, 김정혁 등도 이 단체에 속해 있었다. 맞은편에는 제대로 된 단체도 없었다. 1946년 11월에 창립한 '조선영화극작가협회' 정도만 있었다. 참가자로는 안석주, 전창근, 김광주 등이 있다. 그러나 영화에서 좌파 감독은 제대로 활동하지 못했다. 현실이 받쳐 주지 않았다. 극작가 유치진은 이 상황을 이렇게 분석했다.

군정은 영화를 검열한다. 미국 사람의 고유 권한이다. (……) 우리네 도덕관으로는 도저히 용납할 수 없는 비윤리적인 장면을 공공연히 상영한다…… 이 때문에 종래 가지고 있던 관객 동원의 균형을 잃고 연극뿐만 아니라 일반적으로 진지한 연예물은 파리를 아니 날릴 수 없게 되었다.

민족주의 성향이 강한 윤봉춘의 「윤봉길 의사」, 이규환의 「민족의 절규」, 최인규의 「독립전야」, 김영순의 「불멸의 밀사」, 또 윤대룡의 「조국의 어머니」 정도만 겨우 알려져 있다. 정부의 지원을 받을 수 있었던 반공영화는 그래도 꾸준히 늘었다. 1949년만 해도 「전우」(감독 홍개명), 「성벽을 뚫고」(감독 한형모), 「나라를 위하여」(감독 안종화), 「북한의 실정」(감독 이창근), 「무너진 삼팔선」(감독 윤봉춘) 등이 개봉된다.[59]

정부가 영화에 다시 관심을 기울이게 된 시기는 휴전 이후다. 1955년 2월 17일에 정부는 문교부직제를 개편한다. 1조를 통해 "문교부는 교육, 과학, 기술, 예술, 체육, 출판, 저작권, 영화검열 기타 문화행정에 관한 사무를 관장한다."고 밝혔다. 1949년 법과 비교했을 때 "출판, 저작권, 영화검열"이라는 단어가 추가되었다. 그해 4월에 '영화 및 연극각본 검열에 관한 건'과 영화검열요강(1955년 4월) 시행령이 나왔다. 영화검열 기준 초안과 레코드 검열 기준도 각각 5월과 10월에 발표된다.

'공연물 허가'를 받기 위한 기준은 1957년 4월에 공개되었다. "자유세계 생활의 즐거움을 보여 주는 것", "애국, 정의, 용감, 의협, 개척

영화 「서부전선 이상없다」(1930년)

등의 정신을 강조한 작품", "종교 또는 도덕에 관한 건실한 '모티브'를 가진 작품" 또는 "인도주의를 기조로 하는 건전한 문예작품" 또는 "역사 또는 전기에서 취재한 것으로 과거나 현재의 위인, 또는 사건을 통하여 감동을 얻을 수 있는 작품" 등이다. "사회비판적인 수위가 높은 작품"을 비롯해 "미국을 너무 선정적이고 퇴폐적인 이미지로 보여 줄 우려가 있는 작품"은 모두 배제되었다. 그래서 존 포드 감독의 작품 중 낭만적인 연애를 다룬 「모감보」는 개봉되었지만 「분노의 포도」는 개봉되지 못했다. 대공황 시기 미국 내 불평등을 고발한 존 스타인벡의 소설을 원작으로 했기 때문이다. 검열 대상은 한국보다는 미국 영화가 더 많았다. 나름 이유가 있다.

1950년대 수입 영화의 80~90퍼센트는 미국산이었다. 1951년

영화 「피아골」(1955년) 촬영 장면

에 수입된 열다섯 편 중 다섯 편이 미국 영화였다. 비중은 계속 늘어난다. 1952년에는 예순여섯 편 중 마흔다섯 편이, 1953년에는 여든네편 중 마흔여덟 편이, 1954년에는 152편 중 109편으로 늘었다. 국산영화가 1년에 열두 편에서 스무 편 정도 제작되는 동안 외국 영화는매년 100편에서 150편 정도가 수입되던 때다. 영화의 영향력은 결코무시할 수 없는 수준이었다.

　이선미의 논문 「미국을 소비하는 대도시와 미국 영화」(2006)에관련 내용이 잘 정리되어 있다. 논문의 첫 부분에 "우유와 같은 구호제품을 나누어 주던 교회와 메릴린 먼로가 나오는 영화 「나이아가라」를 보기 위해 줄을 선 긴 행렬"에 대한 얘기가 나온다. 그에 따르면 "미국은 먹을 것과 입을 것을 지원하는 나라이며, 교육과 각종 기계설비를 제공하는 물질적 풍요의 나라였다. 미국은 의식주와 같은 구체적인 일상생활의 소모품들을 통해 직접적이고 일상적인 방식으로 전후 한국 사회를 전면적으로 장악한 나라"로 인식되었다.[60]

검열을 통과한 작품 중에는 지금도 낯익은 영화가 많다. 「로미오와 줄리엣」, 「서부전선 이상없다」, 「전장아 잘 있거라」, 「광야의 결투」, 「해저 이만리」, 「지상에서 영원히」, 「내가 본 마지막 파리」, 「벨라 크루즈」, 「돌아오지 않는 강」, 「하이눈」, 「셰인」, 「이유없는 반항」 등이다. 반면 국산 영화들은 공산당을 "침략 도발자, 비인간적 존재, 매국노"로, 또는 국군이나 연합군은 "자유를 수호하고 인간을 사랑하며 민간인을 보호하는 중립적인 법과 같은 존재"로 재현한다는 테두리에서 벗어나지 않았다.[61] 한형모가 감독한 「정의의 진격」과 같은 기록영화가 국방부를 통해 직접 제작되던 시절이었다. 국산 영화 중에서 검열 대상이 된 영화는 빨치산에 대한 동정심을 유발할 수 있다는 이유로 잠깐 상영금지 조치를 당했던 「피아골」(1955) 정도였다.

전쟁을 계기로 전성기를 맞게 된 대중잡지도 적극 활용된다. 일본은 1930년대 중반 이후 한국어로 된 출판물을 금지시켰다. 막혀 있던 봇물이 터지듯 해방 이후 한글 출판물은 넘쳐 났다. 군정이 언론의 자유를 허락하겠다고 밝힌 것도 도움이 되었다. 누구나 정보에 목마르던 때였다. 민족주의 좌파 성향이 강했던 《해방일보》와 《조선인민보》를 시작으로, 《조선일보》 《동아일보》가, 또 극우 논조의 《대동신문》이 잇따라 창간된다. 잡지도 뒤지지 않았다. 1945년 10월에 《조선주보》가 처음 나온 이후 월간지 《민성》이 나왔다. 11월에는 《선봉》과 《선구》가, 12월에는 《백민》이 발간된다. 규모가 가장 컸던 《서울신문》에서 발행하는《청맥》도 1946년 1월에 창간호를 냈다. 당국의 개입은 단독정부 수립안이 결정된 이후 꾸준히 잦아졌다.

1947년 11월에 미군정은《민주조선》을 발간했다. 편집 책임자는 공보처장을 두 번이나 맡은 이철원이었다. 한민당 출신의 설의식, 조병옥, 함상훈, 원세훈 등이 쓴 글이 많았다. "민주조선의 영원한 번영을 위해 합리적인 진리를 전달하는 것"과 "민주주의 진리와 연구를 통해 민족 자주의 힘을 양성하는 것"을 목표로 내세웠다. 정부가 수립된 이후에는 공보처에서 정책 홍보지를 냈는데, 1949년 4월 6일 1호가 발간된《주보》다. 정부의 주요 법령, 정책, 규정, 주요 인사의 연설과 담화문 등을 실었다. 그해 8월에는 미 공보원의 후원을 받은 월간《문예》가 나왔다. 발행인은 모윤숙, 주간은 김동리, 편집장은 조연현이다. 국방부 정훈국이 용지와 인쇄 시설을 제공하고 살림살이도 보탰다. 그러나 잡지 대부분의 발행부수는 1000부에서 5000부 정도로 영세한 규모였다. 영향력도 별로 크지 않았다.

전쟁을 거치면서 대중잡지 전성기가 열렸다. 많은 피난민들이 부산과 대구로 몰렸다. 전쟁이 진행되던 중이라 다들 '정보'에 목말랐다. 전선의 현황도 궁금했지만 국제사회의 동향도 큰 관심거리였다. 장기전으로 치달으면서 '교양'과 '오락'과 같은 다른 욕구도 커졌다. 한 시인은 당시 상황을 "신문기자, 잡지기자, 군인들 가릴 것 없이 모두 '문학적 생활'에 빠져들게 하는 독특한 풍경"이었다고 전한다.[62]

전쟁이 터지기 전만 하더라도 매일 발행되던 신문이 이 역할을 했다. 전쟁 중에는 상황이 여의치 못했다. 언론사의 본사는 대부분 서울에 있었다. 피난지에서 제대로 된 신문을 제작할 수는 없었다. 용지도 부족했고, 인쇄 시설도 마땅치 않았다. 잡지는 훌륭한 대안이었다. 영세한 출판사에서도 인쇄를 할 수 있었다. 잉크와 종이와 같은 원재료비도 적게 들었으며, 게다가 활용할 수 있는 인력이 많았다. 대구의 경우, 1950년대 중반 인구가 거의 두 배로 늘었다. 서울로 돌아가지 못한 많은 지식인, 언론인, 문인들이 내려와 있었다. 뭐라도 할 일만 있으면 마다할 상황이 아니었다. 틈새시장을 노린 잡지들이 이 지역을 중심으로 잇따라 발행된 것은 이런 배경에서다.

부산에서만 1951년에 《주간국제》, 《코리아》, 《신조》, 《희망》, 《정계공론》, 《신생공론》 등이 출간되었다.[63] 대구에서도 1952년에 《소년세계》, 《신태양》, 《학원》 등이 발간되기 시작했다. 대표적인 성공 사례는 학생잡지 《학원》이다. 최대 발행 부수를 자랑하던 《동아일보》의 8만 부에 맞먹는 인기를 누렸다. '중학생' 언저리에 있는 독자가 대상이었다. '학원 문학상' 등을 통해 독자의 참여를 이끌어 냈다.

'피란문학'으로 불릴 만큼 많은 문인과 예술가들이 대구 향촌동에 몰려 있었던 것도 도움이 되었다.[64] 문학상 심사위원으로 조지훈, 장만영, 김동리, 노천명, 박목월, 박두진, 정비석, 안수길 등 쟁쟁한 인물들이 초빙될 정도였다. 연재물을 많이 실었고, 주제도 명랑소설, 소년소설, 소녀소설, 감격소설, 순정소설과 희망소설 등으로 세분화시켰다. 특히 세계명작 「동-키호테」와 「노오돌담의 꼽추」, 희망소설 「일곱 별 소년」, 애국소설 「월계관」, 또 역사소설 「홍길동」 등이 인기를 끌었다. 명랑만화 「꺾구리군-장다리군」과 풍운만화 「코주부 삼국지」도 독자들이 즐겨 찾았다.[65]

미 공보처와 한국 정부는 잡지의 활용 가능성을 찾았다. 전쟁이 지속되면서 정부 차원의 '정보 캠페인'도 필요했다. 전쟁 이후를 대비해 준비시키는 작업도 빠질 수 없었다. '작전명 앵무새(Operation Mockingbird)'와 비슷하게 잘나가는 매체가 있으면 경제적인 도움을 미끼로 회유한다. 적당한 매체가 없으면 적절한 인물을 내세워 창간을 한다. 필요하면 현직 언론인을 직접 또는 간접적으로 고용한다. 먹고살아야 하는 상황에서 이 유혹을 뿌리칠 사람은 별로 없다. 전후 한국인의 정서, 기억과 지식에 많은 영향을 미친《희망》,《자유세계》,《사상계》 등이 등장한 배경이다.

공통점이 많다. 우선 발행 시기와 지향점이 비슷하다. 전쟁 중이었고 '심리전'의 필요성이 높던 때였다. 적군의 사기는 떨어뜨리고 아군의 단결심은 지속시켜야 했다. 왜 싸워야 하는지, 장차 어떤 국가의 청사진이 필요한지, 보고 배워야 할 대상은 무엇인지 등에 대한 '집단적 합의'를 만들 필요도 있었다. 정부, 군대 혹은 미 공보처와 관련이 있다는 점도 닮았다. 당시는 모든 게 부족했다. '인쇄 용지'가 없다는 게 제일 큰 문제였다. CIA 위장단체였던 아시아재단은 수천 톤에 달하는 인쇄 용지를 수입해 이를 필요한 곳에 나누어 주었다.

역량 있는 필자를 섭외하고 원고를 확보하는 것도 결코 쉬운 일은 아니었다. 공략층과 잡지 성격은 좀 달랐지만 '사상투쟁'이라는 목표 또한 일치했다. 먼저 발행된 것은 1951년의 월간《희망》이며, 발행인은 김종완이다. 잡지 쪽은 문외한이었고 약관 스물다섯 살에 불과했다. 극우 성향으로 악명이 높았던《대한일보》 조사부장 출신이다. 발간 1년도 지나지 않은 1952년에 한국잡지협회를 만들었다. 본인이 회장이 된다. 뒷배가 없이는 불가능한 일이다.

군정훈국으로부터 용지도 공급받는다. 당시 시가로 700만 원에 달하는 2700권을 군대에 납품할 정도였다. 1952년 7월 창간 2주년을 맞아 민의원 의장이던 신익희와 국무총리 이범석 등이 기념사를 보냈다. 조선민족청년단 단장이었고, 군정의 도움으로 훈련소도 운영했던 인물이 이범석이다. 편집인으로 참여한 공중인이라는 인물도 흥미롭다. '문총구국대'에 참가한 시인이며, 해군종군작가단에 속해 있었다.

정부의 협력이 없으면 확보하기 어려운 원고도 잘 구했다. II장에 나온 '작전명 MKUltra'가 한창 진행되던 시기였음을 기억하면 된다. 당시 세뇌에 필요한 약품을 개발하기 위해 일반 시민은 물론 부랑자, 마약 중독자, 죄수 등이 총동원되었다. 합법적으로 이런 실험 대상을 구하기 위해서는 군대와 경찰의 도움이 없으면 안 된다. 《희망》에 실린 간첩과 빨치산, 월남 귀순자의 수기도 그런 차원에서 보면 된다. 미국에 다녀온 유명 인사의 기행문이나 미 공보처 사진도 아무나 얻을 수 없는 자료다. 게다가 미국 CIC와 관련이 깊었던 이범석과 지청천을 비롯해 이승만, 장면, 조봉암, 김창룡 등 고위 관료의 글도 많이 게재했다. 잡지를 발간한 목적은 1953년 신년 특별호에 짧게 나온다. 발행인 김종완이 직접 작성한 글이다.

시람은 누구나 희망에서 살고 또 희망으로서 끝나는 것입니다. (……) 전쟁의 승패가 힘과 힘의 대결에서 결정된다 함은 너무나도 뻔한 사실이거니와 더욱이 현대전이 총력전이라 함에 있어서 전쟁의 절대적인 요소가 총력전의 태세의 완비와 실천에 있음은 재론을 표할 바도 아닐 것입니다. 그러면 여기서 오는 전후방이 없는 총력전을 수행하고 있는 우리에게 무엇보다 중요한 것은 힘과 힘의 결속이 필수적인 요청이 아닐 수 없습니다.

장르는 다양했다. 화보, 탐방기(르포), 특별조사보도, 논단, 주부지식, 수기, 지역뉴스, 해외뉴스, 만화, 광고, 인터뷰, 문예, 독자투고 등이 모두 활용되었다. 그중에서 '화보'는 무엇을 '희망'하고 있는지 사진을 통해 보여 주었다.[66] 1952년 12월부터 이듬해 2월 호에 실린 「우리 부자(父子)의 희망」란이 그중 하나다. 정치가 이기붕과 그의 장남 이강석이 말을 타고 찍은 사진이 나온다. "앞으로 나라와 젊은 이들을 위하여 힘껏 봉사하겠다."는 말과 그의 학력과 경력이 소개된다. "서울 중학 3학년에 재학 중, 학과 전체의 성적이 우수할 뿐만 아니라 특히 문학에 소질이 있다."는 이강석에 대한 소개도 있다.

화보 제목은 몇 달 간격으로 달라진다. 「우리 딸자랑」이란 지면에는 김재원(당시 국립박물관장), 최규남(문교부 장관), 김용우(국방부 장관)와 그들의 딸 이야기가 나온다. 「일요일을 손자와 함께」에는 소설가 박종화, 부통령 함태영, 민주당 고문 박순천 등이 손자와 함께 정원을 거니는 사진이 실렸다. 또 「같은 길을 걷는 모녀상」에는 배우 전옥과 노재신, 피아니스트 안영자 등이 소개되었다. 보고 배워야 할 존재로 부각되는 또 다른 인물상은 '유망주'(천재) 사진이다. "자라나는 예술가", "학생 NOI 탐방", "특집 젊은 세대의 선봉" 등의 제목으로 실렸다. "현대는 잔인하다…… 인간도 발전하지 않으면 쓰레기통만치의 값어치도 얻기 어려운 것…… 여기에 십 대, 이십 대로서 일

가를 이룬 산증거를 보이기로 했다."는 게 목적이다.

공산주의를 일종의 '전염병'이나 절대 공존할 수 없는 존재로 인식되도록 하는 작업은 개인의 체험담을 통해서 이루어졌다. 전쟁이 진행되는 동안에는 종군기자 수기가 많았는데 전장의 긴장감과 치열함을 전했다. 휴전협정 이후에는 월남한 사람들, 빨갱이로 재판을 받았거나 또는 간첩으로 구속된 사람에 관한 소식을 자주 다루었다. "북한문화계의 파멸상 — 납치문화인의 포섭현황"(김용제), "간첩 '십이호'의 고백"(김신석), "나는 이렇게 탈주했다"(배상하), "나는 대남 스파이였다 — 붉은 간첩의 수기"(이효신), "세칭 제주도 여공비의 성생활 백서"(조순애) 등이 여기에 속한다.[67]

유홍준 교수의 『나의 문화유산 답사기』에 보면 '취향'이 어떻게 길러지는지를 보여 주는 구절이 나온다. "사랑하면 알게 되고 알게 되면 보이나니, 그때 보이는 것은 전과 같지 않으리라."는 얘기다. 미국을 동경하고, 모방하고, 배우고, 정서적으로 일체화시키는 작업은 이런 방식으로 진행되었다. 1954년 9월 호에는 "컬럼비아대학교에 모인 세계 각국 유학생들의 어학공부 장면"이라는 제목의 화보가 실린다. 미국 공보처에서 제공한 사진인데 유명 인사들의 미국 '체험담'은 이런 호기심을 현실감 있는 실체로 만들었다. 미국이 얼마나 부유하고 강력한 나라인지, 문화적으로 얼마나 앞서 있고 배울 게 많은지, 또 미국처럼 되기 위해 우리는 어떻게 변해야 할지 등의 내용으로 꾸며졌다. 미국에서 유학을 했거나 교환교수 경험이 있었던 사람, 정부가 특별히 관리했던 예술가, 또 경제회담과 군사시설 견학 등을 다녀온 정부 관료 등이 필자였다.

단순 시찰과 관련한 글로는 "해군 소장의 미 해군 시찰 — 부족한 것은 물량과 시설뿐"(김성삼), "아메리카와 런던, 파리"(전풍진), "건축으로 본 미국"(유진호), "도미 시찰 중의 가지가지 일화"(박기병, 육군소장) 등이 있다. 록펠러와 한미재단 등은 예술가를 주로 초대했다. "브로드웨이의 촌뜨기"(전숙희, 수필가), "내가 본 아메리카인"(유치진, 극작가), "미국 만화 기행"(김용환, 만화가) 등이다. 대학 교수는 주로 미국 국무성의 초청을 받았다. 이건호 고려대학교 법대 교수는 "미국풍물 야화"라는 글을, 서울대 이희승 교수는 "미국 여행 중 실수한 일"에 대해, 또 평론가였던 백철 중앙대학교 교수는 "미국, 미국인의 인상"이라는 제목의 인터뷰 기사를 실었다.[68]

단순한 감상문을 넘어 국가 '재건'에 대한 전략을 제시한 글도 많다. 한 예로 대구 민의원 출신의 조재천은 이렇게 적었다.

미국은 이미 공고히 구축된 민주기반 위에서 고속도 자동차를 타고 나날이 전진하고 있는 데 비하여 한국은 자전거라도 타고 전진해야 할 터인데 민주역행뿐아니라 미약한 민주 기반마저 허물려는 자들이 속축한다는 것은 얼마나 통분한 일인가.[69]

월급 대신 미국 여행을 선택한 시인 박인환의 글도 자주 나왔다. 그의 「여행」이라는 시에는 다음과 같은 내용이 담겨 있다.

이즈러진 회상
불멸의 고독

구두에 남은 한국의 진흙과

상표도 없는(공작)의 연기

그것은 나의 자랑이다

나의 외로움이다

또 밤거리

거리의 음료수를 마시는

포틀랜드의 이방인

저기

가는 사람은 나를 무엇으로 보는가

미국 사람들이 한국에 대해 관심도 없고 제대로 알지도 못한다는 것에 상당한 충격을 받은 것으로 전해진다. 미국에서 한국전쟁은 '잊힌 전쟁'이라는 점과 관련이 있다. 미국 내부에서도 매카시즘 광풍이 불 때였다. 전쟁과 관련한 거의 모든 정보는 그때 검열을 받았다.

월간《자유세계(Free World)》는 트루먼 행정부의 '진실 캠페인' 전략에서 비롯된다. 필리핀 마닐라에서 출판되었고, 전략적인 관리가 필요한 국가들을 노렸다. 태국, 미얀마, 중국, 베트남, 라오스, 캄보디아와 말레이시아판이 나온 것은 그런 까닭에서다. 한국어 판은 1952년 1월 부산에서 시작된다. 발행인이 당시 내무부장관이던 조병옥이다. 미극동사령부 심리전 부대에서 제작한《자유의 벗》과 미 공보원이 제작한《새 힘》과 함께 널리 읽혔다. 민간에서 발행되면서 동일한 심리전 역할을 담당했던《라이프》,《타임》,《리더스 다이제스트》,《뉴스위크》영어판과는 협력 관계였다.[70] 반공 동맹으로 동아시아를 하나의 공동체로 묶으려는 것이 목표다. 그래서 필리핀, 태국, 대만, 홍콩, 싱가포르, 인도네시아 등에 대한 얘기를 자주 다루었다. 한 식구가 되었으니 서로 잘 알고 지내라는 의도로 보면 된다.

미국 다음으로 필리핀에 관한 얘기가 많았다. 동아시아의 모범국으로 미국의 지원을 통해 교육과 기술 교류의 중심지가 되었다는 점이 작용했다. 전쟁의 잔혹상과 공산주의에 대한 적개심을 불러일으키는 홀륭한 소재로써 한국 얘기도 비교적 많았다.[71]

앞의 두 잡지와 비교했을 때 《사상계》는 차원이 많이 다르다. "《사상계》가 혁명을 낳고 혁명은 「광장」을 낳았다!" 정종현 교수가 2015년 6월 25일 자 《한겨레》에 기고한 글의 제목이다. "한국 지성사와 언론사상 가장 중요한 잡지 중 하나다. 식민지 시기의 《개벽》과 이후 《창작과비평》으로 이어지는 지식인 잡지 계보의 중추이기도 하다."는 평가가 나온다. 2018년 3월 29일 《연합뉴스》에도 "시대의 등불, 잡지 「사상계」"란 기사가 등장한다. 글로벌코리아센터의 김은주 고문이 쓴 글이다. "장준하가 사재를 털어 만든 《사상계》는 독재정권에 맞서 싸우는 양심세력을 대변하는 잡지로 받아들여졌으며, 사상적 자양으로 지식인과 학생들에게 폭발적인 인기를 끌었다."는 내용도 나온다. "엄혹한 시절, 《사상계》는 등불이었다. 한 권의 잡지가 이처럼 많은 사람에게 힘이 되어 준다는 것은 놀라운 일이다. 사회 갈등이 크고 가치관의 혼란이 심한 지금, 《사상계》 같은 잡지의 존재가 아쉽다."는 말도 덧붙였다. 1952년의 《사상》은 정부 기관지였지만 이때부터 민족 지성을 위한 독립 매체가 되었다는 '신화'를 깔고 있다. 실체는 많이 다를 수 있다.

발행인 장준하는 박정희 정권 당시 의문사를 당한다. 1960년 이후 잡지의 성격이 '독재에 저항하는 것'으로 많이 바뀐 것도 사실이다. 몇 차례 내세울 만한 '훈장'도 있다. 이승만 대통령의 지시에 따라 이선근 문교부 장관이 추진했던 '한글 간소화' 정책을 막은 것도 이 잡지다. 반대 여론을 형성하는 계기를 마련한 것은 1954년 6월 한글 학자 허웅이 발표한 「현행철자법 개정론에 대한 재검토」란 글이다. 1958년 8월 호에 실린 함석헌의 「생각하는 백성이라야 산다」로 인해 필화를 겪기도 했다. 당시로서는 상당히 파격적이던 "6·25는 꼭두각시의 놀음이었다."는 주장이 나온다.

"선거를 한다면 노골적으로 내놓고 사고팔고 억지로 하고, 내세우는 것은 북진통일의 구호뿐이오, 나 비위에 거슬리면 빨갱이니, 통일하는 것은 칼밖에 모르나? 칼은 있기나 하나?"라는 내용도 문제가 되었다. 결국 국가보안법 위반 혐의로 저자는 구속되고, 발행인 장준하와 주간 안병욱은 조사를 받았다. 1970년에는 김지하의 시 「오적」을 게재해 폐간을 당했다. 1절부터 자극적이었다.

> 시(詩)를 쓰되 좀스럽게 쓰지 말고 똑 이렇게 쓰렷다
> 내 어쩌다 붓끝이 험한 죄로 칠전에 끌려가
> 볼기를 맞은 지도 하도 오래라 삭신이 근질근질
> 방정맞은 조동아리 손목댕이 오물오물 수물수물
> 뭐든 자꾸 쓰고 싶어 견딜 수가 없으니, 에라 모르겠다
> 볼기가 확확 불이 나게 맞을 때는 맞더라도
> 내 별별 이상한 도둑이야길 하나 쓰것다

당대 힘 있는 집단을 모조리 '다섯 도둑 집단'(그래서 오적(五賊))
으로 불렀다.

첫째 도둑 나온다 재벌이란 놈 나온다

돈으로 옷해 입고 돈으로 모자해 쓰고 돈으로 구두해 신고 돈으
로 장갑해 끼고

(……)

또 한놈 나온다

국회의원 나온다

곱사같이 굽은 허리, 조조같이 가는 실눈

가래끓는 목소리로 응승거리며 나온다

털투성이 몽둥이에 혁명공양 휘휘감고

혁명공약 모자쓰고 혁명공약 배지차고

(……)

셋째놈이 나온다 고급공무원 나온다

풍신은 고무풍선, 독사같이 모난 눈, 푸르족족 엄한 살

콱다문 입꼬라지 청백리(淸白吏) 분명쿠나

넷째놈이 나온다 장성(長猩)놈이 나온다

키크기 팔대장성, 제밑에 졸개행렬 길기가 만리장성

온몸이 털이 숭숭, 고리눈, 범아가리, 벌룸코, 탑삭수염

짐승이 분명쿠나

(……)

마지막놈 나온다

장차관이 나온다

허옇게 백태끼어 삐적삐적 술지게미 가득 고여 삐져나와

추접무화(無化) 눈꼽낀 눈 형형하게 부라리며 왼손은 골프채로

국방을 지휘하고

오른손은 주물럭주물럭 계집젖통 위에다가 증산 수출 건설이라

깔짝깔짝 쓰노라니

《사상계》는 양심적 지성을 대표하는 잡지로 전혀 손색이 없다. 덕분에 미국의 아바타 역할을 훌륭하게 수행했다는 사실은 지금도 아는 사람이 별로 없다. 문화를 통한 전쟁을 '문화냉전'이라고 한다. 프랜시스 손더스의 『문화적 냉전 ─ CIA와 지식인들』(1999)에 잘 정리되어 있다. 그는 "특정 주체가 실은 누군가의 의도대로 움직이면서도 정작 스스로는 자신의 의지에 따라 움직인다고 믿게 되는 것"이 최고의 목표라고 한다. 권력의 삼차원이 문학, 음악, 회화, 연극과 영화 등을 통해 관철된다는 의미다.[72]

장준하는 이 역할을 하기에 적당한 '아바타'였다. 미국 OSS와 인연을 맺은 것은 1940년대다. 임시정부에 있을 때 굿펠로가 준비하던 한반도 진공작전에도 참가했다. 백범 김구가 중국의 장개석의 배려로 임시정부를 이끌 때였다. 국내에서는 백범을 떠나 이범석을 도왔는데, 미국 CIC 출신 교관이 군사훈련을 가르치는 동안 자신은 정신교육을 맡았다. 직책은 조선민족청년단 중앙훈련소 교무처장이다. 그 이후에는 목회 활동을 했다. 평안북도에서 태어났고, 부친도 목사

님이다. 북한 공산당의 탄압을 받아 월남한 서북 출신으로, 반공주의로 똘똘 뭉친 개신교와 정서적 교감이 많았다. 반공과 친미가 이미 내재화된 상태로 볼 수 있다.

1952년에는 문교부 산하의 '국민사상연구원'에서 일했다. "남북한을 통한 국민 전체의 두뇌에서 독재적 공산주의 사상을 일소하고 자주적인 민주주의를 도입하여 국민 전체를 모든 민주우방과 호흡을 같이 하고 사고를 같이 하고 생활방식을 같이 하게 지도, 계몽하여 국제적 우의를 돈독히 하는 동시에 신질서 건설에 적극 공헌하도록 지도"할 목적으로 생긴 조직이다. OSS 시절 잡지《제단》을 만들었던 경험을 살려 1952년 9월에《사상》의 편집주간을 맡았다. '담론전쟁'이라는 목표가 뚜렷했다. 연세대 총장이던 백낙준은 축사를 통해 다음과 같이 밝혔다.

사상 문제의 중요성은 장황한 논의를 요할 바 아니며 자명한 사실입니다. (……) 바라건대《사상》지는 우리 민족의 활로를 제시하고 모든 사상과 억설을 숙청하고 건실한 정신을 길러 건전한 국민으로 민주국가 완성에 유다른 기여가 많기를 빌어 마지아니하는 바입니다.

발행인 이교승 또한 창간사를 게재했다.

총탄의 전쟁에 배합하여 일대 반성과 모색과 노력으로서 세계관, 국가관, 인생관의 형성에 의한 사상과 이념의 투쟁이 절실히 필요하게 되었다…… 우리는 공산주의가 발생된 유래와 근거한 철학과 그의 전술을 철저히 파악하고…… 또 우리 자신이 구비한 철학과 이론의 장단을 여실히 인식하여 전쟁의 성격과 의의를 포착할 뿐 아니라 반드시 승리할 신념을 견지하여야 할 것이다.[73]

정말 운이 좋았는지 모르지만 미 공보원와 반공 관련 단체가 늘 주변에 있었다. 4호를 마지막으로 1952년 12월에 문을 닫을 때까지 미국 공보원이 2000부를 구매해 주었다. 구독료를 대신해 용지도 지급받았다. 1953년 4월에 《사상계》를 창간할 수 있었던 것도 주변의 도움 덕분이다. 최고의 인기를 누리던 월간 《리더스 다이제스트》 한국판을 발행하던 이춘우 사장이 많은 힘을 보탰다. 조판 시설도 사용할 수 있게 해 주었고, 창간호 3000부 중 2000부를 팔아 주었다. 문헌에 의하면 '친지'가 소개해 주었다고 하지만 분명하지는 않다. 엄혹한 시절에 '공짜'로 도와주는 차원은 훨씬 넘는다. 평소 잘 알고 지내던 문교부 총장을 역임하기도 했던 연세대 총장 백낙준 쪽에서도 도왔다.[74]

로버트 블룸이 한 번 더 등장한다. 막대한 권력기관으로 성장하게 될 냉전판 CIA 기획안을 제출한 인물이다. 공식 직책은 대학 교수였지만 OSS에서 잔뼈가 굵은 인물이다. 그는 심리전만 담당한 게 아니라 '방첩활동' 전반을 지휘했다. 1953년 7월에는 자유아시아위원회 이사장으로 취임한다. 앨런 덜레스 CIA 국장이 주도한 '자유유럽위원회'를 모방해 1952년에 만든 단체다. 중국을 겨냥해 출범했지만 한국과 동남아시아 등으로 영역을 넓혔다. '자유'라는 단어가 주는 부정적 어감 때문에 1954년에는 '아시아재단(Asia Foundation)'으로 명칭을 바꾼다.

전략도 수정했다. 블룸은 그 이유를 "아시아인들은 자신들 사회의 문화적 패턴과 갈등을 일으키는 서구적 방법과 목표들에 대한 인내심에 한계를 느끼고 있으며, 누가 적이고 친구인지를 스스로 선택하기를 원하기" 때문이라고 말했다. '반공 진영'이라는 경계선을 벗어나지 않는 한도 내에서 최대한 자율성과 독립성을 보장하는 '현지화' 전략이 이렇게 채택된다. "학술적 연구에 대한 지원, 반공 문학의 확산, 반공인사들의 학회 경비 지원, '자유세계' 뉴스 전파를 위한 언론 지원" 등이 이 전략에 따라 도입되었다.

문맹률이 높은 제3세계에 효과적으로 침투할 수 있는 영화에 대한 지원 방안도 마련된다. 재단의 후원으로 1956년에는 '한국영화문화협회'가 설립되었으며, 이듬해에는 정릉촬영소가 문을 열었다. 국내에서는 백낙준이 재단 일을 도왔다. '자유아시아위원회' 때부터 공식 자문위원으로 참가한 인물로, '앵무새 작전'에 나오는 CIA 해외 '계약직원'으로 보면 된다. 《사상계》에 대한 지원은 1954년 4000달러를 시작으로 1955년에 5000달러로 이어졌다. 용지 문제도 해결해주었다.

'동아시아' 반공 블록의 형성은 잘 드러나지 않았지만 처음부터 설정된 편집 방침 중 하나였다. 앞에 나온 《자유세계》가 추구한 것과 정확하게 일치한다. 국민사상연구원에서 연구위원으로 근무했던 안호상이 쓴 『세계신사조론』에 관련 내용이 나와 있다. "세계의 연합한 겨레들 곧 UN의 군대가 이 38선을 없애려고 피 흘려 싸움함은 우리 한겨레의 통일과 자유와 평화를 위함인 동시에 또 세계의 여러 겨레들의 통일과 자유와 평화를 위한 것"이라고 말했다. 당시 UN의 의사 결정 구조가 어땠는지, 또 연합국 16개국이 어디인지 등에 대한 인식 은 전혀 없다.[75] 전쟁 무기, 군사와 비용을 미국 혼자 거의 맡았다는 것도 모른다.

백낙준 또한 《사상계》 창간호를 통해 이렇게 말한다.

> 오늘의 세계는 자유진영과 비(非)자유의 양 진영으로 나뉘어져 있는데 우리 대한민국은 벌써 자유진영의 일원으로 공산전제주의를 타파하기 위하여 전선에서 싸우고 있다.

한국전쟁은 '내전'이 아니라는 점과 한국이 신질서 창조의 첨병 역할을 해야 한다는 소명의식도 꾸준히 제시된다. 대표적인 여성 지도자 중 한 명이던 이태영도 이 관점에서 못 벗어났다.

> 미국은 이 전쟁의 승리를 거두기 위하여 최대한 봉사를 하고 있다. 하나 우리가 이 전쟁에 바친 희생은 최대가 아니라 무한인 것이다. 우리나라에 벌어진 이 전쟁은 우리 전쟁인 동시에 세계 전체의 전쟁이요 인류공영의 전쟁인 것이다. 혼란된 전 세계 문제를 해결하기 위하여 우리 한국이 그 해결 장소로 선택되었고, 우리 민족이 그 혼란 해결의 선봉으로 등장된 것이다.[76]

또 다른 목표는 미국 관점의 내재화다. 진영 논리를 극복하려 한 '비동맹운동'과 '민족주의'에 대한 《사상계》의 입장을 통해 확인된다.

백낙준은 "미국 영도하의 자유 아시아" 노선을 꾸준히 외쳤다. 목사로서 공산주의는 악으로, 미국은 선으로 본 김재준의 입장도 비슷하다. 프린스턴신학대학교 동문으로 고향도 같았고, 직업도 둘 다 목사 겸 교수였다. 김재준은 이렇게 주장했다.

> 한국은 세계자유민주 진영과 연대하여 독립을 얻었고, 국제연합의 지원을 받아 자유옹호의 투쟁을 계속하느니만큼, 세계적인 조화 속에서 내 나라, 내 민족의 일을 정해야 한다.

장준하 역시 "한국이 반공 국토통일이란 일관된 주장 아래 이승만 대통령을 중심으로 단결하고 있음을 세계만방에 자랑해야 한다."고 말할 정도였다.

제3세계의 비동맹운동이 들어설 자리는 없었다. 한 예로, 신상초는 "아시아 각국은 동서 양 진영 가운데에서 양자택일을 해야 하며, 경제적으로 서방에 의존하면서도 정치와 군사적 중립을 주장하는 아시아 중립론은 성립할 수 없다."고 강조했다. 또한 "아시아 제3세력론은 스탈린의 평화공세에 영합하는 이론"에 불과하다고 강변하면서, "아시아 제국은 자유진영에 가담하지 않고는 민주적인 정치제도를 유지할 수 없다."고 덧붙였다.

미국이 극도로 경계했던 민족주의에 대해서도 공감대가 형성되어 있었다. 1953년 4월 호에는 김성식이 쓴 「병든 민족주의」란 글이 나온다. 김성식은 "특수적인 민족주의는 안으로 독재적이고, 밖으로 침략적, 배타적인 성격을 띤다."고 경고하면서 "후진성의 발로인 병든 민족주의를 대신할 수 있는 것으로 영국의 민주적이고 국제적인 민족주의"를 내세웠다.[77] '문화자유회의'라는 거인의 어깨 너머로 본 세상을 너무 당연하게 받아들인 것과 관련이 깊다.

번역 원고의 출처는 대부분 미국과 유럽이다. 아시아 지역 필자는 모두 합쳐 30회 정도만 실렸다. 2회 이상 등장한 인물은 대만의 후스(胡適), 이집트의 나세르, 인도의 타고르, 레바논의 칼릴 지브란 정도다. 미국 주류의 지배적인 관점을 재생산했으며 워낙 지식 편식이 심했다. 문화자유회의(CCF)가 지원한 《차이나쿼터리》와 《인카운터》, 《파르티잔리뷰》 정도만 영국에서 발간된 저널이고, 나머지는 모두 미국이다. 대부분 이 단체가 후원한 잡지다.

번역된 원고의 필자도 이 단체의 핵심 구성원인 경우가 많았다. 그중에서 「인간변질론」을 쓴 피티림 알렉산드로비치 소로킨은 소련에서 태어났지만 볼셰비키혁명 이후 미국으로 추방되었다. 미네소타대학교와 하버드대학교에서 사회학 교수로 활동한 확고한 반공주의자다. 「자유의 내성」을 쓴 드니 드 루즈몽 역시 스위스에서 망명한 문화이론가다. 독일 파시즘에 저항해 미국의 소리(Voice of America) 프랑스어 방송을 담당했고, 파리에 본부를 둔 CCF의 회장직도 맡았다.

루이스 피셔는 언론인 출신으로 특히 이오시프 스탈린을 혐오한 인물이다. 「스탈린과 그의 측근자들」이라는 글은 이런 배경에서 나왔다. 말년까지 프린스턴대학교에서 소련과 관련한 강의를 맡은 인물이다. '문화냉전'이라는 개념을 도입하고, CCF 창립을 주도한 시드니 훅의 글도 자주 실렸다. 자본주의와 공산주의 대결이 아닌 '자유세계'와 '전체주의'라는 대립 구조를 만드는 데 결정적인 기여를 했다는 공통점이 있다. 그 밖에 월터 로스토, 아서 슐레신저 주니어와 헨리 모건소 등의 필자도 등장했다. 그중 로스토는 OSS 연구 분과 출신으로 베트남전쟁을 적극 지지한 인물이다. 재무부 장관을 역임한 모건소 역시 반공주의자로, 중국 국민당의 열렬한 후원자였다. 공통적으로 미국 파워 엘리트들과 친했고, 대외정책을 좌우하는 기득권 집단에 속해 있었다.[78]

15

해바라기

항상 '해'만 바라본다는 의미를 가진 꽃이 '해바라기'다. 꽃말도 태양과 관련이 많다. 정열, 충성심, 헌신, 장수(長壽) 등이다. 본질을 잘 보여 주는 '시'가 있는데 이해인 수녀가 쓴 「해바라기 연가」다.

내 생애가 한 번 뿐이듯
나의 사랑도 하나입니다
나의 임금이여
폭포처럼 쏟아져 오는 그리움에
목메어 죽을 것만 같은
열병을 앓습니다
당신 아닌 누구도
치유할 수 없는 내 불치의 병은 사랑
(……)
빛나는 얼굴 눈부시어
고개 숙이면

속으로 타서 익은 까만 꽃씨
당신께 바치는 나의 언어들
이미 하나인 우리가
더욱 하나 될 날을
확인하고 싶습니다

연인 사이에 이런 고백을 듣는다면 더 바랄 게 없을지도 모르겠다. 평생 단 한 번이라도 이런 사랑을 받아 봤으면 하고 꿈꾸는 사람도 있을 법하다. 그러나 '해바라기 정치인', '해바라기 지식인', '해바라기 공무원'과 같은 단어에서 보듯 다르게 생각해 볼 부분은 있다. 인문학이 아닌 사회과학 관점에서다.

핍박받는 민초(民草)가 '임금'을 사랑하게 되는 것은 '본능'이라기보다 '권력'이 작용한 결과다. 전쟁터에서 목숨을 바치는 무수한 젊은이들은 대부분 사회적 약자다. "자랑스런 태극기 앞에 몸과 마음을 바쳐 충성을 다할 것을 굳게 맹세합니다."와 같은 구호를 날마다 학습하지 않았다면 쉽게 갖기 어려운 심리 상태다. '집단 정서'와 '집단 기억'에 대한 체계적인 관리와 관련이 많다. 그렇지 않다면 교과서며 영화며 잡지 등에 막대한 돈과 인력을 투자할 이유가 없다. 연인 사이에서는 너무 자연스럽고 아름답지만 '권력자'에 대한 '그리움과 열정'은 결코 자연스럽지 않다. 마찬가지로 "이미 하나"가 된 것처럼 느끼고 보고 행동하면서도 "더욱 하나 될" 날을 꿈꾸는 것도 권력에 의해 '선호도'가 결정되기 때문이다. '미국'을 향한 대한민국의 짝사랑에도 그대로 적용된다.

조지프 나이가 말한 것처럼, 미국의 매력에 한국 사회가 자발적으로 '몰입'한 것과는 거리가 있다. 백 번 양보해도 '매력'만 보고 그 '이면'은 못 본 상태에서 결정을 강요당했다. 당시 지식인들은《사상계》가 설정해 둔 보이지 않는 '경계선' 너머의 세상을 몰랐다. 우물 안의 개구리처럼 양육된 것에 가까웠다. 해외 주요 필진이 특정한 정치적 목적과 개인적 편견에서 자유롭지 못하다는 것도, 그 배경에 '문화냉전'이 있었다는 것도 전혀 상상하지 못했다.

영화 「모감보」와 「나이아가라」를 보기 위해 줄을 섰던 대중도 미국의 풍요가 '제국주의' 착취와 전쟁을 통한 '전리품'과 관련이 있다는 생각은 하지 않았다. 많은 어린이들의 꿈에 나오던 공산당이라는 '괴물'과 연합군과 미국이라는 '천사'도 미국 '심리전'의 성과물이다. 한국의 엘리트들은 이 과정에서 '길잡이' 역할도 맡았다. 평범한 가정에서 자녀들이 아빠와 엄마를 보고 배우는 것과 다르지 않다. 좋아하고 사랑해서, 때로는 미워해서 욕하면서도 배운다. 『태백산맥』을 쓴 작가 조정래가 평한 말과 일치한다.

> "우리나라 사람은 무조건적 서구 중심주의 또는 백인 우월주의에 사로잡혀 그들을 병적으로 선망하고 굴종적으로 짝사랑하고 있습니다. 지식인들은 그런 수치스런 행태를 바로잡으려는 노력은 없이 오히려 그런 풍조를 조장하고 있기도 합니다. 우리 문인들이라고 별로 다르지 않습니다."[79]

반공국가의 건설을 목표로 했던 미국이 이런 간단한 원리를 몰랐을 리 없다. 미국을 '해바라기'하는 엘리트를 양성하면 그들이 훌륭한 '아바타'가 되어 줄 것임을 잘 알았다. 한국의 장교들은 이 기획에서 가장 주목받는 집단이었다. 남미, 중동, 동남아시아 등 다른 제3세계 국가에서도 동일하게 적용된 전략이다.

군부 엘리트

2018년 8월 기준으로 대한민국 장군은 모두 436명이다. 육군은 313명, 해군은 마흔네 명, 공군은 쉰네 명이다. 해병대에도 열다섯 명이 있다. 장교라면 누구나 꿈꾸는 직위다. 계급 정년이 있기 때문에 일찍부터 내부 경쟁이 치열하다. 가령 소령에서 중령으로 진급해야 하는 정년은 마흔다섯 살이다. 중령은 쉰세 살, 대령은 쉰여섯 살이다. 별 하나에 해당하는 준장도 5년 내에 진급하지 못하면 옷을 벗어야 한다. 그 위로는 정년 규정이 없다. 육군사관학교 출신이 3군사관학교나 학사장교(ROTC)보다 장군 진급에서는 훨씬 유리하다. 임관하는 육군 소위 중 육사가 차지하는 비중은 5퍼센트에 불과하지만, 장군 중에서는 78.4퍼센트를 차지한다. 그러나 육사 장교 중에서도 별을 달 수 있는 사람은 전체의 15퍼센트 정도밖에는 안 된다.

　장군이 되기 위해 목숨을 거는 이유가 있다. 일단 연봉이 상당히 높다. '2017년 국방통계연보'에 관련 자료가 나온다. 별 네 개에 해당하는 대장은 1억 4118만 원을 받는다. 중장(별 세 개)은 1억 3427만 원, 소장은 1억 1771만 원, 준장은 1억 890만 원이다. 전역 후에도 상당한 연금이 보장된다. 평균적으로 봤을 때 대장 452만 원, 중장 430

만 원, 소장 386만 원, 준장은 353만 원을 받는다. 전속 운전병과 차량도 배치되는데 일반 공무원의 경우 '차관급'부터 이런 대우를 받는다. 지휘관이 되면 전속 부관도 생긴다. 장성 공관에는 공관병과 조리병이 상주한다. 장군이 되면 곧바로 공무원 기준으로 I급 대우를 받는다는 점도 상당한 파격이다. 정부 부처에서는 차관보나 실장을 맡고, 지방에서는 부지사나 부교육감이 되는 서열이다.

'별로 안 높네.'라고 생각할지 모르지만 그건 공무원 조직을 몰라서 하는 얘기다. "하늘의 별 따기"라는 행정고시에 합격하면 받는 직책이 5급 사무관이다. 큰 사고 없이 지낸다고 가정했을 때 4급까지 걸리는 시간은 평균 16년 5개월이다. 국장으로 불리는 3급까지 또 다른 8년이 걸린다. I급은 여기서부터 대략 3년 5개월 정도가 더 필요하다. 고시에 합격하고 난 뒤 27년 10개월이 지나야 앉을 수 있는 직책이다. 전 부처 통틀어 280명 정도다. 전체 공무원 숫자가 100만 명 정도 되니 비율로 따지면 0.00028퍼센트다. 연봉도 8000만 원에서 9000만 원 정도에 불과하다. 한국 군대에 이 정도 직급에 있는 사람이 400명 넘는다는 의미다.

'군인에 대한 의전예우 기준지침' 덕분이다. 1980년 8월 19일에 제정되었다. 국회의원이 제정하는 '법률'이 아니라 '국무총리 훈령'이다. 전두환 장군이 쿠데타에 성공한 후 일종의 보상 차원에서 만들었다. I조에 "현역 군인의 사기를 진작시킴과 동시에 의전상 예우에 있어서 통일을 기하기 위하여"라는 배경이 나온다. 군사 쿠데타를 두 번이나 경험한 한국 사회의 슬픈 유산 중 하나다.

2018년 8월 현재 논란이 되고 있는 국군기무사령부의 '계엄령

준비 문건'도 이런 현실과 무관하지 않다. 김대중 대통령에 대한 군부의 거부감도 잘 알려져 있다. 1987년 대통령 직선제가 발표된 직후 당시 박희도 육군참모총장은 "김대중 씨의 대통령 출마를 반대한다."고 공개 선언을 했고, 사석에서는 "김대중이 대통령이 된다면 수류탄을 들고 뛰어들겠다."고 협박할 정도였다.[80] 미국이 일찍부터 씨앗을 뿌렸던 군부 내부의 '해바라기'들이 중심에 있었다. 박희도 장군도 미국 조지아주 포트베닝 포병학교에서 유학했다.

Made in USA. 대한민국 군대라는 제품의 원산지는 미국이다. 공장 문을 연 것은 1945년 12월 5일의 '군사영어학교'다. 광복군, 일본군, 만주군 등에서 장교 생활을 한 경력이 있는 사람이 대상자로, 군정을 도와줄 통역 요원과 간부 요원 양성이 목적이었다. 미 군정청의 리스 소령이 초대 교장이며, 만주국 일본 군대에서 군의관으로 일했던 원용덕이 교육생 모집을 책임졌다. 일본군 장교 출신으로 대한민국 1대 육군참모총장을 지낸 이응준과 미 군정청 시절에 경찰 총수를 거쳐 내무부 장관을 한 조병옥 등이 거들었다. 1기 입학생은 예순 명이었고, 5개월 교육을 받은 뒤 육군 소위로 발령받았다.

졸업생 명단을 보면 낯익은 인물이 많다. 국무총리와 육군참모총장을 지낸 정일권, 역시 참모총장과 교통부 장관 등을 지내고 대장으로 전역한 백선엽, 국방부 장관과 성우회 회장 등을 지낸 유재흥, 육군참모총장과 재향군인회 회장을 역임한 이형근(대장) 등이다. 1961년 쿠데타 당시 군사혁명위원회 위원장과 국방부 장관을 맡은 적도 있는 장도영 중장도 동문이다. 대량 양산 체제에 들어간 것은 1946년 1월 15일에 창설된 조선경찰예비대(조선경비대)를 통해서다.

대한민국 국군의 모체다. 원래는 보다 대규모로 군대를 양성하려 했지만 미국 정부가 반대했다. 한국을 어떻게 처리해야 할지 아직은 방향이 정해지지 않은 때였다. 단독정부 수립이 결정되면서 본격적으로 발전시켰다. 군대라는 명칭 대신 '경비대'라는 명칭을 사용한 것도 이 때문이다. 미 육군 중령 존 마셜이 초대 사령관이다. I대 송호성 사령관이 오기 전까지는 자칭 '한국군의 아버지'라고 했던 제임스 하우스먼 대위가 지휘했다. 정부가 수립된 직후인 1948년 9월 5일에 '육군'으로 바뀐다.

'조선국방경비사관학교'는 이들을 지휘할 장교 인력을 양성하기 위해 1946년 6월 15일에 설립된다. I기 입학생은 여든 명이었고, 마지막 기수는 7기다. 1948년 9월 5일 '육군사관학교'로 명칭을 바꾼 후 입학생을 다시 뽑았다. 별 네 개로 전역한 동문으로는 I기의 임충식과 서종철, 2기의 박정희, 문형태, 서종철, 한신, 이세호, 이소동, 또 3기의 최세인, 노재현, 박희동 등이 있다. 육사 8기생은 모두 I236명이었다. '육사'라는 명칭으로는 I기다. 진급에서 계속 밀린 불운한 기수였다. 겨우 서너 살밖에 많지 않았던 군사영어학교와 조선경비사관학교 출신이 요직을 독점했기 때문이다.

당시 중령이던 김종필 등 8기생이 중심이 되어 정군운동(整軍運動)을 주도한 것은 이런 까닭에서다. 1960년 4·19혁명 이후 군대 내부에서 일어난 일종의 자정운동이었다. 진급하지 못하고 있는 후배들을 위해 선배들이 그간의 잘못을 반성한다는 차원에서 전역을 하라고 요구했다. 김종필은 이 사건으로 1961년 3월 15일 강제 전역을 당한다. 그가 규합한 세력이 두 달 뒤 5월 16일에 쿠데타를 일으켰다. 8

기 중에서 잘 알려진 인물은 이희성(참모총장), 백석주(한미연합사 부사령관), 진종채(보안사령관), 차규현(육군사관학교 교장) 등이 있다.

군부 내에서도 노른자위로 알려진 국군기무사를 만든 것도 미국이다. 조선경비대 총사령부 산하 '정보과'에서 출발했다. 1945년 9월 9일이다. "미 군정 체제 및 미 군정의 사법관할권에 대한 간첩행위와 태업행위를 무력화 또는 사전 검색, 예방 및 반국가사범, 체제전복 활동, 정부에 대한 불만자 등을 색출, 미 군정의 운영에 기여하는 것"이 임무다. 일명 '224파견대'로 불렸고, 1대 대장은 마이런 뮤러트 중령이 맡았다. 1946년에는 지역 파견대도 창설된다. 대전은 1034, 송도는 1035, 인천은 1036, 광주는 1110, 전주는 1111부대다. 대략 쉰일곱 명 정도가 파견되었고, 전직 OSS 요원들이었다. 통역을 도와줄 한국계도 포함되어 있었는데 그중 한 명이 이순용이다. 역시 OSS 출신으로 1951년에 내무부 장관이 된다.[81]

국내 최초의 방첩요원은 정부가 수립되기 직전이던 1948년 7월에 '한국조사국(Korean Research Bureau)'이란 명칭으로 설립된다. 졸업생들은 미국 CIC 지구파견대로 발령이 난다. 이들 중 일부는 샌프란시스코에 있는 방첩대훈련소에서 특수훈련을 받고 귀국한다. 위관급 장교 마흔한 명이 참가했으며, 때는 1948년 9월 27일부터 10월 30일까지다. 곧 특무대 대장이 되는 김창룡 대위와 김안일(육사 2기) 소령도 해당자였다. 1950년 10월, 특무부대가 생겼을 때 핵심 인물이 된다. 미국육군방첩대(CIC)의 장학생으로 보면 된다. 미국은 이를 통해 한국 군대를 실질적으로 관리할 수 있었다.[82]

두뇌에 해당하는 '친미장교' 집단을 양성하는 작업은 전쟁 중에 본격적으로 추진된다. "미래의 이익을 위한 확실한 씨앗!" 미국 군사 원조 실장을 지낸 제임스 윌슨 대령이 해외군사교육훈련(IMET)의 가치에 대해 내린 정의다. 국내 학자들도 "한국 장교단의 미국화를 위한 패키지 플랜", 또는 "미국의 이해가 관철되는 정치 전개를 거스르지 않는 군대상을 주입하는 과정" 등으로 표현한다.[83] 틀린 말이 아니다. 미국으로서는 일석삼조(一石三鳥)의 효과를 얻는 프로젝트다.

2차 세계대전 동안 엄청난 규모로 확대된 '군수산업'은 1940년대 말 자칫하면 파산할 지경에 놓였다. 안정적으로 수출할 수 있는 시장이 절실했다. 게다가 무상으로 지원하든 융자를 해 주든 결국 선택은 해당 국가의 군인이 결정한다. 귀국한 후 동기들보다 앞서 진급을 하며, 궁극적으로는 최상층 의사결정권자가 될 가능성이 높은 이들은 훌륭한 투자 대상이다. 본인들도 미국 군사학교의 교재로 전술을 기획하고 훈련하면 몸값이 높아진다. 군사학교 교과 과정과 시범 무기를 자신들이 배운 것으로 바꾸는 것도 당연하다. 미국의 '손과 발'이 되어 국제사회에서 함께 싸워 줄 동맹으로서도 유용하다.

베트남전쟁에서 한국 군대가 미군을 도와 조연 역할을 훌륭하게 소화해 낸 것이 이를 잘 보여 준다. 장기간 미국에 머물면서 미국 주류의 관점과 가치, 세계관을 공유하는 효과도 상당하다. 백악관, 국방부, 워싱턴 D. C.의 알링턴국립공원 방문이 교과 과정에 포함되어 있는 것은 이런 목적에서다. 결정적으로 미국이 원하지 않는 대외정책이 진행될 때는 쿠데타 등을 통해서라도 '기존 질서(status quo)'를 유지해 준다. 제시 새비지와 조너선 캐벌리의 2016년 연구에 관련 내용이 잘 나와 있다. 그들은 1970년부터 2009년 사이에 발생한 제3세계의 쿠데타를 분석 대상으로 삼았다. IMET 교육을 받은 장교들이 쿠데타를 일으킬 확률은 60퍼센트나 되었다. 압도적으로 성공 확률이 높다. 미국이 크게 문제 삼지 않는다는 것도 공통점이다.[84] 한국에서 발생한 두 번의 쿠데타에도 잘 맞는다.

1961년의 5·16 군사정변을 주도한 인물 중 IMET 동문은 장도영(육군참모총장), 김동하(해병대 I사단장), 이철희(육군방첩부대장), 채명신(5사단장), 박태준(대령), 김종필(당시 중령), 차지철(공수특전단 중대장) 등이다. 박정희 대통령은 일본 군대를 나왔고, 남로당 경력이 있고, 또 나이가 많다는 등의 이유로 아예 대상에서 제외된 경우다. 1979년 12월 12일의 군사반란은 IMET 색채가 훨씬 짙었다. 대통령을 역임하는 전두환과 노태우는 1959년 노스캐롤라이나 포트 브래그에 있는 심리전(Psychological Warfare)과 특수전(Special Warfare) 학교 동기다. '비정규전'을 전문으로 교육한 곳으로, 반란 진압과 게릴라전 등을 가르쳤다. 볼리비아의 토벌 장교들, 월남 정규군 장교들, 니카라과 독재자 아나스타시오 소모사, 파나마의 마누엘 노리에가 등이 모두 이곳 동문이다. 쿠데타를 전후해 나란히 보안사령관을 맡았다.[85] 장기오(제5공수여단장), 최세창(제3공수여단장), 박희도(제1공수여단장), 유학성(군수차관보) 등이 모두 IMET 동문이다.

미국이 원하는 '요구조건'을 정책에 반영했다는 것도 똑같다. 박정희의 경우 그 증거는 여섯 개 항의 '혁명공약'에 나온다. "반공을 국시의 제일로 삼고 반공태세를 강화할 것, 미국을 위시한 자유우방과의 유대를 공고히 할 것, 국토통일을 위하여 공산주의와 대결할 수 있는 실력을 배양할 것" 등이다.

또한 국가보안법이 있는데도 불구하고 반공법을 제정했다. 목적은 "국가재건과업의 제1목표인 반공체제를 강화함으로써 국가의 안전을 위태롭게 하는 공산계열의 활동을 봉쇄하고 국가의 안전과 국민의 자유를 확보하는 것"을 밝힌 1조에 잘 나와 있다. "반국가단체나 그 구성원의 활동을 찬양, 고무 또는 이롭게 하는 행위"는 물론 "죄를 범한 자를 인지하고 수사정보기관에 이를 알리지 않은 것"도 처벌 대상으로 삼았다. 1955년 반둥선언 이후 UN을 중심으로 '비동맹운동'이 점차 확산되던 때였다.

전두환 정권 역시 미국과의 관계 회복을 최우선 과제로 삼았다. 자주국방을 위해 설치했던 국방과학연구소(ADD)를 대폭 줄였고, 핵개발과 유도탄 관련 프로그램을 미국에 지체없이 넘겼다. 1981년 1월 28일에 전두환 대통령은 취임 1주기를 맞은 레이건 대통령의 초대로 미국을 방문했다.[86] 한국만 그랬다면 분단이라는 특수성을 감안한 '독립적'인 판단으로 볼 수 있다. 하지만 국제사회 전반에 이런 일이 발생했다는 점에서 '만들어진 선호도'일 가능성이 높다. 권력의 삼차원이 작동한 결과로 볼 수 있다는 의미다. 흥미롭게도 두 번 쿠데타 모두 제임스 하우스먼이 개입했다. 김종필은 하우스먼 휘하에 있던 한국군 방첩대 HID(Headquarter of Intelligence Detachment) 병력을 인수받아 중앙정보부(지금의 국정원)를 창설했다. 쿠데타에 성공한 지 나흘이 지난 5월 20일이다. 노태우 대통령 또한 하우스먼을 자신의 '절친'이라 부를 정도였다. 장교 몇 명만 '아바타'로 만든 수준이 아니라 정부가 설립되기 이전부터 상당한 규모로 지속적으로 개입해 왔다.

국방부가 제출한 보고서가 하나 있다. 지난 2009년부터 2013년까지 5년간 국외에서 전문학위 또는 군사교육을 받은 현역 군인의 현황에 관한 자료다. 국가별로는 미국이 74퍼센트로 가장 높아 총 1663명 중 1227명이다. 일본은 일흔두 명, 독일은 서른일곱 명, 러시아는 서른한 명 정도다. 1기 유학생이 출발했던 1951년 상황과 별로 안 달라졌다. 보병 장교 150명과 포병 100명이 당시 대상자였다.[87] 인원은 그 뒤 꾸준히 늘어 1952년에는 621명, 1953년에는 827명, 1954년에는 886명이 된다. 장군과 영관급은 지휘참모대학과 고등군사반으로 갔다. 위관급은 보병, 포병, 기갑, 공병, 통신, 군의, 심리전학교 등으로 흩어졌다. 그중에서 보병학교와 포병학교가 가장 많았다.

한국 유학생들이 느끼는 감정은 예나 지금이나 별로 달라지지 않았다. 1기 유학생으로 선발되어 미국에 다녀온 김종필의 인터뷰에서 엿볼 수 있다. 그는 이렇게 회고했다.

첫날 저녁 중대본부 표판 위에 태극기와 함께 내걸린 문구를 보고 우리는 잠시 걸음을 멈춰야 했다. '이 문을 통해 대한민국의 가장 우수한 장교들이 출입한다.'고 영어로 쓰여 있었다. 가슴이 먹먹했다. 무슨 일이 있더라도 우수한 장교가 되어 아무런 가책을 받지 않고 이 문을 출입하겠노라 다짐했다. (……) 포트베닝은 요새 같은 작은 군사도시였다. 총탄이 날아다니는 가난한 나라 전쟁터에서 건너온 우리에게는 낙원으로 보였다.[88]

반세기 이상 한국의 장교들은 이 길을 앞서거니 뒷서거니 걷는다. 젊은 장교를 대상으로 6개월 정도로 진행되는 IMET은 물론 고급 장교가 2년 정도 지내는 전문군사교육(Professional Military Education, PME) 대상자 중에서 한국은 늘 상위권에 속해 있다. 공짜가 아니라는 것과 투자 대비 상당한 수익을 거두고 있다는 것은 군부 엘리트의 속살을 들여다보면 잘 드러난다.

미국 유학파 장교는 귀국 후 특별 대우를 받는다. 미국은 돈과 시간을 투자한 장교가 귀국해서 성공하기를 원한다. 한국 정부에서도 '친미 인맥'이라는 점과 미국의 선진 군사기술을 배웠다는 점에서 굳이 마다할 이유가 없다. 동기들에 비해 진급도 당연히 빠르고 보직도 잘 받는다. 그래서 장군을 단 사람 중에는 IMET 출신이 아닌 경우가 드물다. 군대 서열을 기준으로 살펴보면 쉽게 확인된다.

국방부 장관이 으뜸이다. 3대 장관은 4·19혁명의 원인을 제공한 부통령 이기붕이다. 미국 데이버대학교를 나왔고, 일찍부터 이승만의 측근이 되었다. 워낙 높은 자리라 미국 유학파가 장군이 되기까지는 시간이 좀 걸렸다. 그래서 13대부터 IMET 출신이 진출하는데 송요찬이 처음이다. 군사영어학교 출신으로, 1953년에 지휘참모대학교에서 유학했다. 귀국 후 곧바로 중장으로 승진한다. 5·16 군사정변 당시 국가재건위원회 국방위원장을 맡았고, 외무부 장관과 경제기획원 장관을 두루 거쳤다. 14대는 박병권으로 역시 군사영어학교와 지휘참모대학교를 졸업했다. 최영희(16대), 임충식(17대), 정래혁(18대), 노재현(21대), 주영복(22대), 윤성민(23대) 등이 모두 해당자다.

전두환 정부에서도 전통은 이어졌다. 쿠데타 직후 국방부 장관에 임명된 주영복은 최장수 공군참모총장을 지낸 인물로, 미국 공군참모대학교 졸업자다. 광주 학살의 책임자 중 한 명이다. 북한이 금강산 댐을 이용해 서울을 물바다로 만들 수 있다고 조작했던 '평화의 댐' 사건은 이기백 장관 때 일어났다. 그는 전두환과 육사 동기로 1960년에는 포병학교를, 1970년에는 육군지휘참모대학교를 다녔다.

노태우와 김영삼 정권에서도 예외가 아니다. 오자복(포병학교), 최세창(보병학교), 이양호(공군참모대학), 김동진(육군지휘참모대학), 김동신(육군지휘참모대학) 등이 모두 해당된다. 육군참모총장도 거의 똑같다. 끝으로 대장(4성장군)이 맡는 '한미연합사 부사령관'이 있는데, 한국인 최초 사령관은 류병현이다. 조선경비사관학교 마지막 기수로 졸업했고, 미국에서 지휘참모대학교를 나왔다. 국방대학원 교수부장, 육군기갑학교장, 육군본부 비서실장 등을 두루 거쳤다. 1981년에 전두환 대통령이 주미대사로 발령을 낼 정도로 미국과 친했다. 모두 확인할 수는 없지만 후임자 중 대부분이 IMET 동문이다. 박노영 장군의 경우 1951년에는 보병학교를, 1952년에는 포병학교를 나왔다. 김진영은 1965년에 기갑학교를, 김동진은 1973년에 지휘참모대학교를 나왔다. 그 밖에 김재창은 미국 해군대학원을, 김동신은 지휘참모대학교를, 황의돈은 1978년에는 보병학교를, 1986년에는 지휘참모대학교를 다녔다.

관료 엘리트

"신생 한국 정부에 공헌한 미국 유학생들." 미국 뉴욕에서 발행되는 《한국일보》 2009년 6월 1일 자에 실린 기사 제목이다. "조국해방과 더불어 미국으로부터 썰물처럼 귀국한 유학생 출신들은 신생 한국 정부의 각 분야에 들어가 공헌한 바가 크다. 일제시대 국내 알리바이가 성립돼 친일 의구심에서 자유롭다는 선명성과 미국의 선진문물을 배우고 돌아온 지식 엘리트로서의 대우도 받았다."는 내용이 나온다.

정부 요직을 차지한 꽤 많은 인물이 소개된다. 이승만 대통령 측근 인사로 분류되는 미국 유학파로는 내무부 장관 윤치영, 재무부 장관 김도연, 상공부 장관 임영신, 외무부 장관과 UN 대사를 지낸 임병직 등이 있다. 대통령 특사와 내무부 장관을 역임한 조병옥, 과도정부 수반이던 허정, 문교부 장관 백낙준, 내무부와 체신부 장관을 지낸 이순용도 미국에서 공부한 사람들이다. 공보처장을 지낸 이철원과 갈홍기, 김활란도 당연히 동일한 부류다. 나중에 부통령이 되는 이기붕, 체신부 장관 장기영과 내무부 장관 정석윤 등도 여기에 속한다. 열일곱 살에 유학을 간 외무부 장관 장택상, 국방부 장관을 지낸 신승모, 상공부 장관 윤보선은 영국 유학파다.

1960년 4·19혁명 이후에는 한때 유학 시절 도산 안창호 계열로 분류되어 이승만 정권에서 소외된 인사들도 중용된다. 외무부 장관 정일형, 문교부 장관 오천석, 주미대사와 서울대 총장을 역임한 장기욱, 주불공사 한승인과 UN대사 임창영 등이다. 미국 입장에서 봤을 때 이들은 굳이 간섭을 안 해도 되는 '해바라기'다. 미국에 대한 이승만의 인식은 거의 숭배 수준이었다. 미국을 방문했던 시인 박인환의 글을 통해 나른 미국 유학파의 '집단심리'도 대강 들여다볼 수 있다. 포틀랜드를 방문하고 난 후 쓴 시 중 「새벽 한 시의 시」는 결코 부정할 수 없었던 '열등감'과 '상실감'이 잘 드러나 있다.

나는 돌아가도 친구들에게 얘기할 것이 없구나

유리로 만든 인간의 묘지와

벽돌과 콘크리트 속에 있던

도시의 계곡에서

흐느껴 울었다는 것 외에는……

천사처럼

나를 매혹시키는 허영의 네온

너에게는 안구(眼球)가 없고 정서(情緒)가 없다

여기선 인간이 생명을 노래하지 않고

침울한 상념만이 나를 구한다

바람에 날려온 먼지와 같이

이 이국의 땅에서 나는 하나의 미생물이다

아니 나는 바람에 날려와

새벽 한 시 기묘한 의식으로

그래도 좋았던

부식된 과거로

돌아가는 것이다

미국의 힘에 대한 경외심은 "우선 놀라운 것은 산이 푸르다. 우리나라와 같이 붉은 산만 보던 나로서는 무서울 정도로 산의 수목들이 무성한 데 감탄하지 않을 수 없다. (……) 창해와 같은 삼림은 아메리카의 웅대성을 말하는 동시에 그 민족성을 나타내고 있다."에 나온다. 미국식 민주주의에 대해서도 상당한 호감을 갖고 있다. "민주주의는 자유와 질서의 발달을 의미한다는 말을 들은 적이 있다. 그렇다고 하여 과연 어느 정도의 자유가 아메리카에 보장되어 있는지 단기간의 견문으로써 나는 알 수 없으나, 그 질서의 확립에는 확실히 동의하는 바이다."란 글이 그 속내를 보여 준다.

'미국'이라는 '해'만 바라보고 있다는 것은 "아메리카에는 많은 선량한 사람이 좋은 나라와 사회를 만들기 위하여 살고 있으니, 그러기 위한 첫걸음으로 서로 즐거운 개인과 가정 생활을 하고 있다는 것이다."에서도 잘 드러난다. 미국을 보고 배워야 한다는 결기가 느껴지는 글은 「세계의 인상 ─ 30인의 기행문」에 실렸다.

> 구라파가 잠자고 그들이 발전에의 꿈을 버렸을 적에 아메리카의 사람들은 그곳을 벗어나 새 나라를 만들었고, 그들은 꺾지 못할 청춘의 힘을 그대로 지니고 있다. (……) 결국 서구를 노년기로 본다면 아메리카는 청년기이며, 청년이 가지는 자랑스러운 힘으로써 생활하며 사고하며 행동하는 것처럼 나에게 보였다. (……) 이것을 볼 때 우리의 빈약성은 고사하고 아메리카가 가진 놀라운 힘에 먼저 경탄하여 버렸다.[89]

「해바라기 연가」의 마지막 구절처럼 "나의 임금이여/ 드릴 것은 상처뿐이어도/ 어둠에 숨기지 않고/ 섬겨 살기 원이옵니다"와 거의 일치하는 심리 상태다. 미국을 세대로 모르는 '잠재적인 엘리트'가 숙제다. 반공 교과서, 영화, 잡지 등을 통해 '분재' 작업은 진행 중이었지만 '엘리트'를 위한 프로그램도 필요했다. 전략은?

등산을 가 보면 깨닫는 게 있다. 올라가는 길에서 보는 풍경과 정상에서 보는 풍경이 너무 다르다는 것을. 전체 지형이 어떻게 형성되어 있고 어떤 길이 빠르고 효과적인지, 또 산과 산이 어떻게 연결되어 있는지는 꼭대기에 서 봐야 보인다. 제국주의를 겪어 온 국가들은 이런 경험이 있다. 지금껏 단 한 번도 '혼자' 생각하고 '주체적'으로 행동해 본 적 없는 한반도에 있는 국가들은 이런 점에서 한계가 있다.

한때는 중국만 보고 살았고, 또 36년간 식민지로 살았다. 굳이 한국이 판단하지 않아도 이들만 좇아가면 된다. 그것이 사대주의(事大主義)다. 한편으로는 보호도 받고, 또 다른 쪽에서는 앞선 문물도 배운다. 용의 꼬리로 살아가면서 얻는 특혜는 부정할 수 없다. 단 하나, 꼬리가 잘릴 수 있다는 것이 문제다. '해바라기'가 되는 것은 이런 공포감에 따른 보호본능의 하나다. 충성을 다할 테니 '버리지만 마세요.'라는 간절한 소망이 담겨 있다.

물론 미국도 전지전능하지는 않았지만 '경험'이 있었다. '국가건설(National Building)'이란 개념을 갖고 있는 제국이다. 3부에 나온 '먼로 독트린'과 '루스벨트 추론'에서 보듯, 남미는 미국이 관리하는 어장이었다. 필리핀에서는 아예 국가를 만들었다. 경험은 무엇과도 바꿀 수 없는 자산이다. 미국이 그동안의 경험을 통해 '잘' 배운 건 여러 가지다. 한국전쟁 덕분에 미국 전역에서 '지역학'이 들어섰다는 것도 기억하면 좋다. 『손자병법』을 한 번 더 인용하면 "적을 알고 나를 아는" 단계가 아니라 "적이 자신에 대해 아는 것보다 내가 더 많이 아는" 상황이 되었다. 관료라는 집단을 겨냥한 전략은 그중에서도 인사 교류, 연수 또는 유학, 결정적으로 고급관료 사관학교인 서울대를 통해서다.

전쟁을 전후해 한국에서 이 일을 담당한 곳은 미국공보원(USIS)이다. 법적 근거는 적국을 대상으로 프로파간다를 할 수 있도록 허용한 1948년의 '스미스먼트 법안(Smith-Mundt Act)'과 교육과 문화적 목적의 인사 교류를 위한 '풀브라이트헤이스 법안(Fulbright-Hays Act)'이다. 1940년 데이비드 록펠러는 교류 사업을 통해 상당한 성공을 거두었고, 독일과 이탈리아로 기울 수 있는 남미의 여론을 결국 '미국' 편으로 끌어들였다. 1차 세계대전 때 독일을 도왔던 멕시코는 직접 참전하기도 했다.

아프리카 공략에 꼭 필요했던 브라질과 파나마운하를 지키는 데 결정적 역할을 한 나라는 콜롬비아와 파나마, 아르헨티나와 칠레 등이다. 공통적으로 '빌려주고 빌려 쓰기 정책'의 수혜국이다. 브라질은 3억 7000만 달러, 멕시코는 3900만 달러, 칠레는 2100만 달러, 페루는 1800만 달러, 콜롬비아는 800만 달러를 받았다. 남미가 연합국의 일원이 된 배경에는 일찍부터 작업해 온 '선호도' 형성이 많은 영향을 미쳤다. 전혀 미국 경험이 없는 지도자급 인사들을 미국으로 모셔와 자연 경관, 산업시설, 대학과 연구소, 각종 문화시설 등을 견학시키면 '해바라기'가 될 수밖에 없다. 전쟁이 끝난 직후 한국에도 똑같은 방식이 적용된다.

미국을 방문한 소감은 《월간 희망》을 통해 전국에 있는 독자에게 전달되었다. 필요한 경비는 물론 모든 프로그램을 미국이 알아서 준비해 주었다. 공식적인 초청은 국무성을 통해 이루어진다. 자칫 프로파간다로 오해받을 수 있다는 점을 고려해 지식인 그룹은 주로 록펠러재단, 포드재단, 아시아재단 등을 통했다. 물론 뒷돈은 CIA에서 나올 때가 많고 '누구'를 보낼지, 어떤 코스로 잡을지, 무엇을 목적으로 할지는 공동으로 조율했다. 전쟁이 대강 마무리될 무렵부터 진행된 것으로 알려져 있는데,《월간 희망》에 사례들이 잘 나와 있다.

한 예로, 1952년 10월 호에는 「책을 먹고 사는 동물」이란 글이 소개된다. 국회의원 정일형의 미국 유학 경험담으로, 별로 어렵지 않게 어떤 인물인지 대강 짐작할 수 있다. 한민당을 창당한 주역으로 "송진우, 김성수, 장덕수, 조병옥, 윤보선" 등과 친했다. 미군정청에서 인사행정처장과 물자행정처장을 맡았으며, 정부 수립 직후 대한민국에 대한 UN 승인을 위해 파견된 한국 대표단 일원이다. 단장은 장면(초대 주미 대사)이 맡았고, 장기영(외무부 차관과 체신부 장관), 김활란, 조병옥, 전규홍(주프랑스대사) 등이 동행자다.《사상계》주요 필진 중 한 명으로, 여성계 지도자였던 이태영 변호사의 남편이기도 하다.

국방성 초청인사로는 박기병 소장(15사단장), 한갑수(공군본부비서실장), 이희승(서울대 교수), 이건호(고려대 교수) 등이 있다. 한국출판협회장 김창집, 대구시 민의원 조재천, 백철 중앙대 교수도 해당된다. 전숙희(수필가)는 아시아재단, 유치진(극작가)은 록펠러재단, 유진호(재건주택 설계자)와 김원고(서울중고등학교 교장) 등은 한미재단에서 후원을 받았다.

남미의 경험을 살려서 국무성이 가장 공을 들인 집단은 '언론인'이다. 풀브라이트 장학생으로 이들이 선발된 이유는 "국가 기구의 운영자는 아니지만 여론을 주도하는 집단"이라는 점과 "미 공보원의 활동, 특히 대외정책 선전 분야에 직접 또는 간접으로 영향을 미칠 수 있는 집단"이라는 점이 고려된 덕분이다. 『관훈클럽 30년사』에 관련 내용이 나온다. 총 다섯 차례에 걸쳐 마흔두 명의 언론인이 선발되었으며, 주요 신문사의 편집국장과 외무부 관계자가 심사위원이었다. 해당 언론사는 합동통신, AP통신, 로이터통신, 《서울신문》, 《조선일보》, 《세계일보》 등으로 비교적 다양했다. 그중에서도 정부 산하의 《코리아리퍼블릭》과 초대 공보처장을 지낸 김동성이 사장으로 있던 합동통신 출신이 다섯 번 중 세 번 참가했다. 1955년 프로그램에 대한 정보가 좀 더 자세히 분석되어 있다.[90]

모두 열한 명의 언론인이 1차 연수단에 뽑혔다. 1955년 9월에 출국해 이듬해 3월 말에 귀국했다. 6개월짜리 장기 프로그램이며, 저널리즘으로 유명한 노스웨스턴대학교에서 먼저 수업을 들었다. 감리교에서 세운 학교로 멋진 시카고호수가 보이는 곳이다. 동부 명문 아이비리그에 버금가는 곳으로 '부자'들만 다닐 수 있는 학교다. 평범한 주립대가 아니라 최고의 대학에서 공부할 수 있도록 배려했다는 의미다. 단기 과정을 마친 다음에는 인근 신문사를 견학하고 한 달 동안 실습도 받는다. 언론인이라는 직업의 특성을 고려해 여행은 자유롭게 선택할 수 있도록 했다. 국제방문자센터(International Visitors Center) 등을 통해 많은 도움을 받았고, 미국에 대해 좋은 감정을 갖게 된 것으로 알려진다.

민간에 위탁함으로써 프로파간다가 아닌가 하는 의심을 없앨 수 있었던 점도 장점이었다. 귀국 후에는 '관훈클럽'을 만들 수 있도록 도왔다. 1959년에 창간호를 발행할 때는 '용지'를 지원해 주었고, 재정적으로도 도왔다. 미국 유학을 경험한 언론인이라는 점에서 정치계 또는 정부 진출의 기회도 자연스럽게 따라왔다. 정부가 통제하는 언론사 출신이 많았다는 것도 기억할 필요가 있다. 대표적인 사례 중 하나로 박권상은 《동아일보》, 《한국일보》를 거쳐 KBS 사장이 된다. 김인호는 《중앙일보》 편집국장을 지낸 뒤, 한솔제지와 호텔신라 사장으로 옮겼다. 또한 조세형은 국회의원이 되었고, 노희엽은 《조선일보》 외신부장을 거쳐서 고려대학교 교수로 자리 잡았다. 군부정권의 혹독한 탄압을 받았던 리영희 기자도 당시 수혜자 중 한 명이었다. 공무원의 연수와 유학은 '장기간'에 걸쳐 '점진적'으로 이루어져 왔다.

약간 오래되기는 했지만 공무원의 해외 유학에 대한 문제점을 지적한 뉴스가 있다. 2011년 6월 2일 자 《노컷뉴스》에 실렸다. 제목은 "'선진국 배운다' 해외 가는 공무원, 행태는 30년 전 그대로"다. 한 해 400명 정도가 나가고, 연간 300억 원 정도의 예산이 든다. 단기 연수로 분류되는 6개월 단위의 연수를 뺀 유학 과정(2년 이상)만 해도 대략 260명에서 270명으로 알려진다. 외교통상부는 자체 연수 제도가 있어서 2년에서 3년짜리 연수로 매년 서른다섯 명 정도가 선발된다. 비용은 40억 원 안팎이다.

정부 돈으로 유학을 한 뒤 다른 곳으로 옮기거나 제대로 연수를 받지 않는다는 문제는 잘 알려져 있다. 정작 심각한 것은 '미국' 편중이라는 점이다. 가령 2010년 한 해만 두고 보더라도 257명의 장기 연수자 중 미국, 영국, 캐나다, 호주, 뉴질랜드 등 영어권 국가로 떠난 사람은 154명으로, 전체의 60퍼센트 수준이다. 보도가 나온 게 2011년이라는 점을 감안하면 그 이전 상황은 대강 짐작이 간다. 영어권 중에서도 '미국'에 많이 집중되었다고 봐도 틀리지 않다. 가족과 같이 나올 수 있기 때문에 가능하면 많은 것을 배우고 살기도 편한 미국을 택하는 것이 자연스럽다. 해외 연수의 원래 목적도 관련이 있다. 법적 근거는 국가공무원법 32조 4항 '파견근무' 조항이다. "국가적 사업의 수행 또는 그 업무 수행과 관련된 행정 지원이나 연수, 그 밖에 능력 개발 등을 위하여 필요하면 소속 공무원을 다른 국가기관·공공단체·정부투자기관·국내외 교육기관·연구기관, 그 밖의 기관에 일정 기간 파견근무하게 할 수 있다."는 내용이다.

물론 법적 근거가 마련되기 전부터 극소수 인원을 대상으로 연수를 보낸 흔적은 많다. 그중 하나로 부흥부 관료의 '세계은행' 연수가 기록으로 남아 있다. 장관이던 송인상은 1957년에, 조정국장 김태동과 예산국장 이한빈은 1958년에 각각 다녀왔다. 쿠데타 이후 본격 추진되는 경제개발 5개년 계획이 이 경험을 토대로 작성된다. 경제기획원의 전신으로 알려진 산업개발위원회(Economic Development Committee)를 추진하기 위해서였다. 미국의 반대를 무릅쓰고 국제협력처(ICA)로부터 12만 5000달러의 자금을 받아 냈다. 미국 정부가 원하는 자유방임형 모델이 아니었기 때문에 적극적인 도움은 못 받았다. 사회주의 모델에 가깝다고 의심을 받았던 인도 방식이 아니라 "민간이 못하는 부분만 정부가 간섭하는 것"이라고 우겨서 겨우 그 정도라도 얻어 냈다. 4·19혁명이 일어나기 전까지 제대로 진행되지도 않았다. 또 다른 기록은 2006년 2월 1일 자《매일경제》에 나온다. 제목은 "UC버클리大, 조순·나웅배·김기환 씨 등 경제인맥 탄탄"이다. 다음과 같은 내용이 나온다.

훗날 한국 경제를 진두지휘했던 고위 경제관리들도 이 무렵 UC 버클리대학교에서 경제학을 공부했다. 조순 전 부총리, 나웅배 전 부총리, 고 이한빈 전 부총리, 황병태 전 주중대사, 김기환 골드만삭스 고문(전 대외경제협력대사), 안승철 전 KDI 원장 등이 모두 UC버클리대를 거쳤다.

단순한 유학처럼 보이지만 맥락을 좀 더 살펴볼 필요가 있다. 4부 '작동방식'에서 다룬 '버클리 마피아' 출신 경제학자들이 공부하던 바로 그 장소다. 1960년대라는 시간대도 거의 일치한다. 국립 인도네시아 경제학과와 국립 서울대 경제학과 출신이라는 점도 같다. 귀국한 후에는 모교에 '미국 모델'을 도입한다. 인도네시아에서는 마르크시즘을 다루는 정치경제학 등이 모두 폐강되었다. 한국도 별로 다르지 않았다. 그 이후 정부로 옮겨 경제 관련 요직에 임명된다.

조순과 나웅배는 나란히 서울대 교수와 부총리를 거쳤다. 한국개발원(KDI) 원장을 지낸 안승철 역시 서울대 상대 출신으로, 버클리대학교를 나왔다. 김기환 정도만 서울대 인연이 없지만 이분은 일찍부터 미국에서 학교를 다닌 경우다. 고향은 경북 의성인데 1957년에 미국 그린넬대학교에서 학부를 다녔다. 워낙 실력이 탁월해서 입학한게 아닌가 생각할 수 있지만 절반만 맞다. 버클리대학교 정도면 기본실력이 없으면 박사 과정에 못 들어간다. 그렇지만 특정한 '국가'의 '최고학부' 출신 학생을 한꺼번에 받아 주는 것은 '정책적' 판단이 없으면 힘들다. 남미, 동남아, 중동 등에 두루 걸치면서 '작업'을 한 미국의 대외정책을 감안하면 '순수'했다고 믿는 게 오히려 어색하다.

게다가 정말 흥미로운 점이 두 가지 더 있다. 우선 쿠데타 이후 집권한 박정희 정권 때부터 이들이 중용되었다는 것이다. 인도네시아와 상황이 거의 같다. 군부 엘리트가 부족했던 '경제 분야'의 전문성을 채워 준 기술 관료들이다. 우연이라고 하기에는 일치하는 점이 너무 많다. 일단 쿠데타 발생 시기가 1961년과 1965년이다. 공산주의 확산을 우려했던 '도미노 이론'이 미국을 휩쓸던 때다. 미국은 또한 막후에서 베트남전쟁을 치밀하게 준비하고 있었다.

미국 정보부와 밀접한 연락을 주고받은 인물도 있다. 인도네시아의 알리 무르토포와 한국의 김종필로, 둘 다 정보기관(한국은 중앙정보부) 책임자가 된다. 그나마 민족주의 성향이 남아 있던 고위 지휘관들은 쿠데타를 계기로 모두 옷을 벗었다는 점도 놓치면 안 된다. 인도네시아에서는 육군참모총장이던 아마드 야니를 비롯해 파르만, 수프라토, 하로뇨 등이 모두 죽임을 당했다. 한국의 경우, 광복군 출신으로 민족주의 성향이 강한 장군들이 해당자였다. 대표적인 인물로는 이범석, 김홍일, 최용덕, 안춘생, 김생, 유해준, 박영준, 이준식 장군 등이 있다. 육군참모총장을 지낸 후 국가재건 최고회의 의장을 지냈던 장도영도 반혁명 혐의로 기소된 후 미국으로 망명했다.

두 번째는 버클리대학교 출신 교수에게서 배운 '특정 학과' 학생들이 정부의 요직을 장악한다는 점이다. 관련 기사가 있다.[91] 부총리를 지낸 조순 교수가 중앙에 위치한 큰 사진 한 장이 나온다. 제자 중 정운찬 교수가 서울대 총장으로, 김중수 박사가 KDI 원장으로 승진한 것을 축하해 주는 모임이다. 이런 내용이 실렸다.

민상기 서울대 교수, 이영선 연세대 국제학대학원장, 서준호 서강대 교수, 김승진 한국외국어대 교수, 대통령경제수석비서관을 지낸 구본영 김&장 법률사무소 고문, 이석영 중소기업청장이 나왔다. 상학과 출신 장승우 기획예산처 장관과 67학번 입학생인 좌승희 한국경제연구원장도 자리를 함께했다. 이들은 조순 교수를 '선생님'이라 불렀고, 서로에게는 '운찬이' '본영이' 하고 이름을 부르거나 '박사'라는 호칭을 썼다.

미국에서 경제학으로 박사를 취득한 후 엘리트로 성장했다는 게 공통점이다. 국립인도네시아대학교 경제학과도 이와 비슷한 역할을 했다. 과연 이들은 무엇을 배웠을까? 1974년에 나온 조순 교수와 제자들이 함께 번역한 『경제학원론』이 그중 하나다. 2010년에야 처음으로 학계에서 "현재 우리나라 대학의 경제학원론 교과서의 경우 자본주의 시장경제의 본질적 특성을 체계적으로 설명하지 못하고 있다. 정부의 기능과 역할에 관해서도 충분한 설명을 하고 있지 못하고 있다."는 비판이 나왔다.[92] 대안을 아예 못 보게 했다는 것은 더 큰 문제였다. 1997년의 IMF 위기와도 연결되는 내용이다.

4부에서 잠깐 언급한 라비 칸부르의 「빈곤에 대한 공격」이라는 보고서를 기억하면 된다. 미국식 '현대화 이론(modernization theory)'에 대한 실증적인 비판 연구다.[93] 제3세계가 지금도 못 사는 이유는 미국이 하라는 대로 '안' 해서가 아니라 '너무' 따랐기 때문이라는 주장을 담았다. 능력도 안 되면서 시장을 개방했고, 무역을 위해 '국민경제'의 기반을 허물었다. 강력한 보호주의를 통해 경쟁력 있는 기업을 육성하고 그다음 점진적으로 개방하는 것이 순서인데 거꾸로 했다는 얘기다. 독립 직후 '토지개혁'과 같은 경제민주화를 했다면 '정치적 불안정'이 훨씬 줄어들 수 있었다는 점도 지적한다. 기층 민중의 저항이 심해지면서 약소국이 치러야 했던 기회비용이 너무 컸다는 반성이다.

전혀 낯선 얘기도 아니었다. 1960년대부터 나온 '신국제경제질서'에서 논의된 주제다. 당시 아르헨티나의 라울 프레비시가 유엔라틴아메리카경제위원회(United Nations Economic Commission for Latin America, ECLA)를 이끌면서 이를 주도했다. 한국에서는 1980년대 이후에야 '종속이론'이 등장할 정도로 철저히 외면받았다. 멕시코를 비롯한 남미는 한국과 상관없다고 우리는 배웠지만 본질은 크게 다르지 않다. 경제학이 대단한 '과학'이 아니라는 것은 누구나 인정한다. 신자유주의 정책이 파산을 맞고 있다는 증거도 넘쳐 난다.

다행인지 불행인지 모르지만 미국 유학파 경제학자들의 영향력은 높지 못했다. 칠레에서도 금방 퇴출되었다. 하지만 그들의 사고방식이 바뀌지는 않는다. 1990년대 중반 자본시장을 비롯한 자유화 조치는 결국 이들에 의해 주도된다. 김기환과 사공일 등이 대표적인 인물이다. 지주형 교수가 "트로이의 목마"라 비유했던 그 일이다.

장교와 경제관료 다음은 누구일까? 법조 엘리트가 빠질 수 없다. 《매일경제》에는 이 부분과 관련한 얘기도 나온다. "UC버클리대 한국 동문 중에는 법조계 출신 인사가 많다. 60년대 말부디 미국 정부 초청으로 전도유망한 한국 젊은 법조인들이 UC버클리 법학대학원(로스쿨) '볼트홀(Balt Hall)'에서 공부할 수 있는 기회가 생겼기 때문이다."라는 부분이다.

I회 선발자는 이회창이다. 대통령 후보를 세 번이나 했고, 대법관, 감사원장, 국무총리를 두루 지냈다. 인권 변호사로 잘 알려져 있고 역시 대법관에 오른 이돈희, 법무부 장관을 역임한 박희태, 환경처 장관 출신의 박윤흔 등도 연수 대상자였다. 그 밖에 한영석(법무부 차관), 윤순영(고등법원장), 이종욱(법무법인 태평양)과 우창록(법무법인 율촌) 등 100여 명이 있다. 장학생 중 한 명이던 이정락 변호사는 "35년여 전 우리 정부에서 주는 봉급 외에 체재비 300~400달러를 미국 정부에서 받고 UC버클리대에서 공부하던 때가 어제 같다. …… 경제적으로는 어려웠지만 보다 넓은 세상에서 선진 문화를 보고 앞선 학문을 접할 수 있었던 것은 축복이었다."고 회고했다.

연수 기회가 대폭 확대된 것은 1978년 7월 15일 '해외파견 교육공무원 인사관리 규칙'이 제정된 이후다. 해당자를 "국가관이 투철하고 국가에 대한 충성심이 확고한 자"와 "해외교육기관에서의 직무수행 능력과 필요한 외국어 구사능력이 있는 자"로 정해 놓았다. 해외파견 발령을 받은 다음에는 반드시 "본인은 대한민국 교육공무원으로서 조국에 충성을 다하고, 해외파견근무 중 법령과 정부의 명령을 성실히 준수하며, 파견교육공무원으로서의 사명감을 가지고 열과 성을 다하여 재외국민교육에 헌신할 것을 엄숙히 선서합니다."란 '부임선서'를 하도록 했다. 외국어 중에서는 가장 만만한 게 영어이고, 공산권 언어는 아예 금기사항이었다. "국가적 사업 수행에 도움"이 되어야 한다는 대목 역시 영어권 선진국(특히 미국)으로 갈 수밖에 없는 배경이 된다. 전혀 비용을 지불하지 않아도 된 이후에도 미국이 꾸준히 관리했다는 것도 쉽게 확인된다.

"80, 90년대 공무원 유학코스…… 요직 꿰차며 '공룡급 학맥'."
2015년 2월 28일 자《한국일보》에 나온 기사다. 박근혜 정부 들어 주
목받고 있는 위스콘신대학교 한국총동문회 얘기가 먼저 나온다. "정
·관·재·학계에 포진한 위스콘신대 출신 동문들의 면면은 화려하고
도 압도적이다. 특히 새누리당 원내대표에 유승민 의원의 당선으로
한국 경제는 위스콘신대 출신이 움직인다고 해도 과언이 아니게 됐
다. 당·정·청에 두루 포진한 정·관계 인사에 허동수 GS칼텍스 회장
등 알 만한 재계인사들이 적지 않고, 학계는 물론 군맥까지 뻗어 있
다."는 설명도 덧붙인다. "1986년부터 1991년까지 석·박사 과정을 공
부하는 동안 내 기억으로 공무원만 150명이 넘었다."는 인터뷰 내용
도 실려 있다.

　　그럴 만한 사연이 있다. 관련된 곳은 위스콘신대학교 산하 '발전
센터(Center for Development)'다. 개발도상국 공무원을 대상으로 한
학위 프로그램을 운영했는데, 공무원이면 무조건 입학 허가를 내주
었다. 저렴하게 지낼 수 있도록 숙소도 배려했다. 고위 관료 출신 중
에는 최경환(경제부총리), 김진표(교육부총리), 이윤호(지식경제부 장
관), 윤증현(기획재정부 장관), 정덕구(산업자원부 장관) 등이 있다.
정계의 유승민(새누리당 원내대표), 강석훈(새누리당 정책위 부의장)
과 조전혁(새누리당 의원)을 비롯해 경제계의 허동수(GS칼텍스 이사
회 의장), 김주형(LG경제연구소장), 정기영(삼성경제연구소사장) 등도
동문이다. 미국을 직접 경험할 수 있는 기회가 적은 미래의 '해바라
기'를 위한 전략도 일찍부터 마련해 두었다. 국립 서울대학교와 관련

이 깊다.

고위 공무원은 보통 차관급 이상을 말한다. 정부수립 후 제6공화국이 출범하기 직전(1988년 2월)까지 이들이 누구인가를 분석한 자료가 있다. 대통령과 총리(열다섯 명), 장관(180명), 차관급(205명), 법무부장·차관(스물세 명), 외무부장·차관(열여덟 명) 등이 포함된다. 출신 대학별로 보면 서울대가 170명으로 전체의 38.2퍼센트를 차지한다. 연세대와 고려대는 7.9퍼센트(서른다섯 명)다. 육군, 공군과 해군사관학교는 일흔여섯 명으로 17.1퍼센트 정도이며, 그중에서도 육사가 압도적으로 많다. 대학원 이상의 외국 학력을 가진 관료 중에는 73퍼센트가 미국에서 교육을 받았다. 지역은 경상도 출신이, 대학은 서울대의 영향력이 압도적이다.[94]

고위직 중 서울대가 차지하는 비중은 최근에도 별로 안 달라졌다. 정부 핵심 요직자 213명에 대한 분석 자료에 따르면, 한국 정부를 대표하는 얼굴은 "오십 대 중반, 서울대, 경기고, 영남 출신"으로 요약된다. 그중에서 서울대가 차지하는 비중은 노무현 정부에서 45.8퍼센트, 이명박 정부에서 44.2퍼센트, 박근혜 정부에서 33.5퍼센트, 문재인 정부에서 42.2퍼센트다.[95]

대법관과 같은 직책은 더하다. 1948년부터 2015년까지 현황을 분석한 자료에 따르면, 전체 142명 중 서울대 비중은 71.8퍼센트에 달하는 102명으로 나타났다.[96] 늘 반복되는 '서울대 망국론'은 이런 현실이 정상적이지 않다고 비판하는 데서 출발한다.[97] 미국이 개입한 인도네시아와 필리핀 국립대학도 상황이 비슷하다. 군정 때 만든 '통치'를 도와줄 '기술 관료' 양성을 목표로 한 정책 때문이다. 일본이 세운 경성제국대학이 '식민지' 시대를 주도했다는 것도 기억하면 도움이 된다. 일본어를 자유롭게 구사하고, 일찍부터 일본식 교육을 받아온 졸업생이 총독부 관료가 되는 것은 당연했다. 서울대 역시 비슷한 배경과 목적을 갖고 있다. '조선경비대' 졸업생을 지휘하기 위해 '조선경비사관학교'가 만들어진 것처럼, 공무원을 이끌어 갈 '고급관료사관학교' 성격이 뚜렷했다.

1946년 8월 22일, 조선군정장관 아처 엘 러치 소장은 군정법령 102호를 발표한다. "국립 서울대학교 설립에 관한 법령"이다. 군정청에서 문교부장으로 있던 유억겸의 취지문에 자세한 내용이 나온다. 배경으로 "기존 고등교육 기관은 일정 시대에 일본이 우리나라를 예속화하려는 식민지 정책의 잔재요 우리 민족을 위한 교육 기관이 아닌 까닭"과 "무용한 중복과 경쟁이 있어 국가의 재정을 낭비한 흔적이 심하고 나아가서는 적은 독립한 기관들이 각기 소왕국을 형성하고 군웅할거하고 있어 피차 간에 아무런 연락도 협조도 없음"을 내세웠다. 그리고 이를 해결하기 위한 방안으로, "경성과 그 부근에 있는 관립 전문대학을 전부 폐지하고 새 이념과 새 구상 아래 우리 국가의 전 학계를 대표할 만한 거대한 종합대학교(즉 국립서울대학교)를 신설"한다고 밝혔다.

군정이 밝힌 목적에는 "우수한 교수 진용을 정비하고", "현 학교 운영상의 결함을 제거하며", "행정면에 있어 절약 정책을 수립한다."는 내용도 포함된다. 국사책에 '국대안 파동'으로 기록된 사건이 곧바로 벌어진다. 통합 대상이 된 교수와 학생들이 집단적으로 반발했다. 무엇보다 내세운 명분과 이를 추진하는 당사자가 너무 안 맞았다.

군정은 '교육심의회'라는 단체를 통해 정당한 절차를 밟았다고 밝혔지만, 인적 구성을 들여다보면 전혀 엉터리임을 알 수 있다.

조선인 위원 중 미국 유학생 출신은 열 명, 일본 유학파가 열일곱 명, 중국 유학생이 두 명이었다. 일본에서 공부한 사람은 절반 이상이 도쿄제국대학교와 와세다대학교 출신이다. 미국은 40퍼센트가 컬럼비아대학교 졸업자였다. 그중에서도 중요한 역할을 한 인물은 모두 '한민당' 주역이었다. 해외 유학파와 친일 부역자가 모여서 만든 정당이다. 문교부가 직접 통제할 수 있는 '이사회' 제도 역시 받아들이기 어려웠다. 7조에 관련 내용이 나오는데 군정장관이 '임명'과 '해임'을 할 수 있도록 했다.

미 군정과 조선인이 절반씩 참여하는 임시이사회도 문제였다. 조선인 문교부장, 차장과 고등교육국장은 어차피 군정의 지시를 받는 사람들이다. 교직원은 전혀 관여할 수 없다. 이사회와 총장에게 주어지는 막강한 권한도 예사롭지 않았다. 직능과 임무에 보면 이사회는 "학술 표준과 학업 규정을 제정하고, 직원에 대한 규칙을 제정하고, 학생이 수학할 학과목과 과정을 제정하고, 연구자금을 배분하는 일"을 한다. 총장에게도 "학장급 연구기관의 책임자를 임명하는 일, 교수회원의 임명과 결재, 직원에 대한 임명과 해임, 교수회원의 해임 제의"와 같은 권한이 주어진다. 왜 그랬을까? 『현대인의 탄생』을 쓴 전우용은 이렇게 답한다. "'일제 식민지 잔재의 청산'이라는 대중의 요구를 우군으로 삼아 교육제도 전반을 미국식으로 개편하고 학원 내의 좌익을 제거하려 한 것이다." 정확한 진단이지만 보충 설명이 필요하다.

군정은 1946년 여름이 다가오면서 '좌익'에 대한 본격적인 탄압을 시작한다. 1946년 5월 4일에는 무려 여든두 개 항에 걸쳐 '불법' 행위를 제시했다. 군정에 대한 비판과 좌익 계열의 선동을 막겠다는 목표였다. 그 연장선에서 5월 29일에는 '정기간행물 등기제'를 발표했고, 상당수 좌파 성향의 언론사가 폐간을 당했다. 그해 11월 23일, 남조선노동당은 군정에 의해 '불법'으로 규정된다. 군정이 밝힌 이사회와 총장의 직무, 배경 등에는 그러한 암시가 분명히 포함되어 있다. 그렇지만 단순한 '사상 검열'을 목적으로 한 조치로는 너무 중요한 문제다. 단독정부 수립과 미국의 영향력 지속이라는 보다 큰 그림이 없으면 쉽게 나올 수 없다. 일본을 대신해 한국을 '준식민지'로 삼겠다는 의도가 강했다.

군대를 창설하고 교육제도를 개편하는 것은 군정의 몫이 아니었다. 트루먼 독트린에 대한 구상이 거의 완성되었을 무렵부터 취해진 일련의 조치로 봐야 한다. 뜬금없다는 것은 국대안 발표 후 나온 조선인민당 선전부 담화에서도 확인된다. "조선 교육의 가장 긴급한 당면 과제는 일본 잔재들을 숙청하는 것이오, 민주주의 이념을 확립하는 것입니다. 그런데 이게 뭡니까? 아무런 준비도 없이 갑자기 전문학교를 대학으로 만드는 의도가 무엇인지 이해하기 어렵습니다."라는 내용이다.

문교차장 오천석이 실무를 맡아 일제시대 대학의 문제점을 자문했다는 것은 부정할 수 없다. 그러나 본인도 명령을 받는 입장에서 정책에 큰 영향을 미쳤을 것 같지는 않다. 김우종은 이와 관련해 이렇게 말한다.

국대안은 처음부터 미국 측 발상에서 비롯되었다. 오천석 문교 차장만이 아니라 일본의 도쿄대와 같은 큰 종합대학 하나를 갖는 것이 우리 교육계 지도자들의 큰 소망이었다고 하더라도 군정 초기부터 국대안은 통제 수단을 효율화하기 위한 미국의 복안이었음이 드러나고 있다.[98]

미국에는 국립대학 같은 것이 없기 때문에 관련이 적다고 생각하는 것도 틀렸다. 미국의 식민지 정책을 모르고 하는 말이다. 1898년 스페인전쟁에서 승리한 직후 미국은 필리핀의 독립을 허락하지 않았다. 집단적으로 '필리핀을 점령해서 지배하는 것'이 백인의 책무라고 믿었다. 독립을 위해 연합해서 싸웠던 필리핀 민족주의자들 입장에서 보면 기가 찰 노릇이다. 당연히 독립전쟁을 벌였다. 1899년부터 1902년까지 싸웠고, 무려 60만 명이 학살되었다. 빨치산이 된 일부의 저항은 1913년까지 계속된다. 국립필리핀대학교가 설립된 때는 1908년 6월 18일이다. 미국 식민지 정부가 세웠다. 필리핀 국민은 1946년에 한 번 더 대들었다. 미국이 내세운 꼭두각시 정부가 들어선 이후다. 한국의 남로당에 해당하는 후크발라합(Hukbalahap)이 불법화되는 것은 1948년 8월 24일이며, 1954년까지 무장투쟁을 지속했다.

필리핀국립대학교가 딜리만으로 옮겨 문을 연 것은 1949년 2월 12일이다. 전공 분야는 아주 세분화되었고, 각 학문 간 '벽'이 만들어졌다. 파편화된 '지식' 시스템이 이때부터 도입된다. 미국은 '지역학'을 할 때였다. 한국을 이해하기 위해서는 경제, 정치, 문화, 언론 등으로 구분해서 봐서는 안 되고 '종합적'으로 봐야 한다는 문제의식이었다. 공략 대상국에는 반대로 적용한 셈이다. 교육 목표도 특정 분야에 '전문성'을 가진 '기술적 인간' 양성으로 설정했다. '일반 교육 프로그램(General Education Program)'은 모든 학생의 필수 과목이 되었다. 미국 식민지 총독을 지낸 인물들이 총장을 맡았는데, 그중 한 명이 카를로스 로물로다. 미 육군과 필리핀 모두에 소속된 장군이며 맥아더 사령부와 함께 전쟁을 했다. 외무부 장관도 맡아 미국 정부로부터 '자유의 메달' 훈장도 받았다.

한국의 서울대 형편도 별로 다르지 않았다. 1대 총장은 해리 엔스테드다. 육군대위로 필리핀 미군기지에서 군대목사로 근무하던 중 한국으로 왔다. '베리타스 룩스 메아(Veritas Lux Mea)'라는 학교 상징어도 그가 만든 것으로 알려진다. "진리는 나의 빛"이라는 뜻이다. 멋있어 보이지만 원래는 "예수를 믿어야 구원을 받는다."는 뜻이었을 가능성이 높다. 출처로 볼 수 있는 구절이 성경에 나온다. 요한복음 18장 38절에는 원문으로 "Quid est veritas?"란 말이 나온다. "진리가 무엇인가?"란 질문이다. 동일 인물이 기록한 요한복음에 그 답이 나온다. "예수께서 이르시되 내가 곧 길이요 진리요 생명이니 나로 말미암지 않고는 아버지께로 올 자가 없느니라."란 14장 6절이다. 게다가 구호를 작성한 사람이 현직 목사다.

서울대 설립 당시 '심의위원회' 책임자로 있었던 백낙준도 목사다. 총장으로 재직했던 연세대 구호에도 같은 단어가 사용된다. "진리가 너희를 자유케 히리라."의 라틴어 원문은 '베리타스 보스 리베라비트(Veritas vos liberabit)'다. 미국에 있는 많은 대학에서도 이 단어를 쓴다. 특히 기독교와 관련이 있는 곳이 많은데, 한 예로 예일대학교 구호는 "빛과 진리"란 뜻의 "룩스 에 베리타스(Lux et Veritas)"다. 신학대에서 출발한 학교라 대학 캠퍼스 안에 공동묘지가 있을 정도다. 캘리포니아주립대학교는 "진리가 스스로 말하게 하라."는 뜻을 가진 "복스 베리타스 비타(Vox Veritas Vita)"를 쓴다. 퀘이커파 신자였던 백만장자가 세운 존스홉킨스대학교도 "베리타스 보스 리베라비트(Veritas vos liberabit)"를 사용한다. 연세대와 같다. "진리와 봉사(Veritas et Utilitas)"라는 말은 원래 신학대였던 하워드대학교가 쓴다. 또한 'VERITAS'를 학교 상징어로 사용하는 하버드대학교의 원래 구호는 "예수님과 교회를 위해서"란 뜻의 "크리스토 에 에클레시에(Christo et Ecclesiae)"였다. 미국 군정이 서울대를 통해 추구했던 '인재상'의 윤곽이 드러난다. 필리핀이 정부에 완전히 통제된 것처럼 한국도 비슷했다.

교수와 학생들의 항의는 심각한 사태로 번졌다. 대략 380명의 교수가 해직되고, 학생 4956명이 퇴학을 당한 후 폭력적으로 마무리된다. 미국 CIC로부터 훈련을 받은 서북청년단의 활약 덕분이었다. 좌익 성향으로 분류된 교수들 중 일부는 북한의 김일성종합대학교에 참여한다. 반면 미 군정에 협력했던 인물은 보상을 받아 모두 요직에 올랐다. 군정청 문교차장과 문교부장을 지냈던 오천석은 1960년에 문교부 장관이 된다. 서울대 학생처장이던 이선근 역시 정훈장교를 거쳐 1954년 문교부 장관으로 승진한다. 교육심의위원회에서 활동했던 백낙준과 유억겸은 문교부 장관에, 또 장이욱, 최규동과 윤일선 등은 서울대 총장이 된다.

1948년 2회 졸업식에서 존 하지 중장은 명예 박사학위를 받았다. 3회 졸업식에서 명예 박사학위 대상자로 선정된 사람은 이승만 대통령이었다. 대학 서열이 이때부터 만들어졌다. 정부의 특혜가 집중되고, 수혜 대상은 극히 일부로 제한된다. 정부가 고삐를 쥐고 있는 교육 분야의 공룡이다. 일단 패거리가 되기만 하면 권력의 후광을 얻는다. 단 정부가 만들어 놓은 몇 개의 관문을 통과해야 한다. 공부를 잘하면서, 기존 질서에 저항하지 않고, 또 권력의 하수인이 되어 주면 된다. 군부를 지원하는 관료 엘리트는 이렇게 탄생했다.

정부의 특혜가 어떻게 자가발전을 하는지를 잘 보여 주는 사례가 '미네소타 프로젝트(Minnesota Project)'다. 트루먼 대통령이 제안한 '제4의 대외정책(Point Four Program)'이 그 배경이다. 1949년 1월 20일 대통령 취임식 연설을 통해 트루먼은 이렇게 선언한다.

전 세계 저개발 국가의 발전과 진보를 위해 미국이 가진 우수한 과학기술과 산업적 성과를 나누는 과감한 프로그램이 필요합니다. 인류의 절반은 비참하게 생활하고 있으며 제대로 먹지도 못합니다. 각종 질병에 시달리고 있습니다. 경제생활은 아직 원시적이고 침체를 벗어나지 못한 상태입니다. 역사상 처음으로 우리는 이들의 고통을 덜어 줄 지식과 기술을 갖고 있습니다. 그리고 이러한 산업과 과학 분야의 선두 주자는 미국입니다.

미국의 지원이 유럽에만 치우친다는 비판이 일던 때였다. 공산권의 침투를 막고 제3세계의 '우호적 여론'을 얻는 것도 중요한 목적 중 하나였다. 분야는 농업, 산업, 공중보건 등이었으며, UN에 '기술 지원을 위한 확대 프로그램(Expanded Program for Technical Assistance,

EPTA)'이라는 기구가 설립된다. 미국이 필요한 재정의 60퍼센트를 내기로 했지만 제대로 실행되지는 못했다. 한국전쟁이 터지면서 전략을 바꿔야 했기 때문이다.

전쟁은 돈이 '많이' 든다. 미국은 한국전에서 2차 세계대전 때보다 더 많은 폭탄을 쏟아부었다. 국제사회를 돕겠다고 공약한 돈은 그냥 없어졌다. 1940년대 후반 520억 달러 정도에 불과하던 국방비가 1953년에 4420억 달러로 치솟은 것과 무관하지 않다. 꼼수가 나왔다. 1951년 10월에 통과된 '상호방위법안(Mutual Security Act)'이다. 공짜로는 더 이상 줄 수 없으니 '반대급부'로 뭔가를 내놓으라는 얘기였다. 융자를 받든 광물자원을 주든, 알짜기업을 팔든, 아니면 무역을 통해 번 돈으로 일종의 '대충자금(counterpart fund)'를 만들면 도와주겠다는 제안이었다.

1953년에는 이를 관리할 목적으로 '대외활동국(Foreign Operations Administration, FOA)'이 설립되었다.[99] 미국의 한국에 대한 기술원조 사업은 1954년에 발족했다. 계약 당사자는 미국 미네소타 대학교와 한국의 서울대학교로 양국 정부가 보증을 서고 필요한 재정을 부담했다. 미국이 대략 1000만 달러를, 한국 정부가 700만 달러 정도를 냈다. 전쟁 직후에 무슨 돈이? 대충자금에 답이 있다. 미국이 한국에 공짜로 지원해 준 물품 중 일부를 팔아서 생긴 수익금을 별도 예산으로 적립해 둔 돈이다.

그중 대표적인 것이 'PL480'호다. 미국은 넘치는 자국 농산물을 팔아야 했고, 전쟁으로 폐허가 된 한국은 먹을 게 없었다. 공짜로 줄 수는 없고 그중 일부를 팔아서 정부 예산으로 쓰라고 했다. 미국으로서는 전후 재건에 도움도 주고 농산물 수출도 돕는 '꿩 먹고 알 먹기'였다. 1950년대 중반 기준으로 한국이 필요한 양의 200퍼센트 이상이 수입되었는데, 무려 8억 달러 규모의 밀과 목화였다. 1957년의 경우 대충자금에서 잉여 농산물 판매 수익금 비중은 거의 30퍼센트 수준이었다.

그렇다고 이 돈을 한국 정부가 마음대로 쓸 수 있는 것도 아니었다. 한미합동경제위원회(Combined Economic Board, CEB)를 통해 사용처가 결정되었다. 겉으로는 공동으로 상의한다 했지만 실제로는 미국이 거의 결정했다. 먹고살기도 힘든 1950년대 한국이 막대한 국방비를 지불한 것을 보면 잘 알 수 있다. 1954년부터 1960년 기간 중 총국방비를 100으로 잡으면 국민 세금이 60이고 대충자금이 40에 달했다.[100] 죽어나는 건 농민이었다. 값싼 농산물이 수입되면서 밀농사가 크게 줄었다. 1940년대만 하더라도 경작지 면적은 58만 3000에이커였는데, 1968년에는 3만 9000에이커가 되었다.[101] 경제 규모에 비해 과도하게 덩치가 큰 국방비를 제외한 일부가 서울대에 특혜로 주어졌다고 보면 된다.

지출 항목은 복잡하지 않다. 한국 정부는 서울대의 건물 개조 비용, 장비 구입비, 미국에서 파견된 기술 지원단의 사례비와 체제비 등을 맡았다. 대신 미국 정부는 서울대 교수의 학비와 체제비에 해당하는 금액을 미네소타대학교에 보조금으로 주었다. 1955년 1월 1일부터 1962년 6월 30일까지 총장 한 명을 포함해 모두 218명의 서울대 교수가 혜택을 받았다. 교수 중에서 열다섯 명이 박사 학위를, 일흔한 명이 석사 학위를 받았다.

미국이 원하던 '행정 부문 기술 원조'도 뒤따랐다. 1955년 3월에 미네소타대학교 정치학과장 로이드 쇼트가 한국 정부의 행정과 관련한 자문을 한 것이 계기였다. 필리핀국립대학교 부설 '행정연구소(Institute of Public Administration)'를 모방했다. '대학(원)생과 공무원 훈련 프로그램'은 1957년 「한국행정 프로그램 보고서」를 통해 윤곽이 드러났다. 미국과 한국의 이해관계가 어느 정도 맞아떨어진 결과였다. 미국은 원조금을 좀 더 제대로 관리하고 냉전과 경제 현대화에 맞는 행정 시스템을 구축한다는 효과가 있었다. 이승만 정부 또한 낭비를 줄이고 선진 행정을 배운다는 목표가 있었다.

장차 한국 행정학계를 이끌어 갈 인원 열두 명이 이를 위해 선발된다. 귀국 후에는 서울대 행정대학원과 국립공무원훈련원을 통해 교육을 담당한다. 박정희 정권에서는 각종 행정개혁에도 참여하는데, 그중 한 명이 박동서 교수다. 미국에서 유학하던 중 1959년에 교수로 부임했다. 미국 의회 연구원으로 선발된 1962년에 나머지 학위 과정을 마쳤다. 박정희 정부에서 인사행정관계법 개정과 국민교육헌장의 제정 또 정부업무 평가 등을 도왔다. 『한국관료제도의 역사전개』, 『인사행정론』, 『발전론서설』 등이 그의 작업이다.[102] 1972년에는 행정대학원장이 되었고, 이듬해에는 한국행정학회장을, 1993년에는 행정쇄신위원회 위원장을 맡는다.

1964년에 같은 곳에서 박사학위를 받은 유훈도 비슷한 길을 걷는다. 1966년에 대학원장이 되었고, 1975년에는 행정학회장에 취임했다.[103] 연수 대상자 중 공무원은 내각 사무처 심사분석과장이던 문기열과 유영상이 포함된다. '관리행정'이라는 전통이 이때 국내로 이

식되었다. "미국의 행정이론을 무비판적으로 수입"했고, "한국적 현실의 문제에 대한 적절한 대답을 못 하며", "권력의 문제에 대한 무비판적 입장"을 갖는 '영혼 없는 행정학자'가 양산되었다는 비판은 이런 과거와 불가분의 관계다.[104]

지식 엘리트

해바라기가 양지를 차지하는 동안 '음지'는 혹독한 탄압을 받았다. 양성우의 시집『겨울공화국』에는 비판적 지식인의 울분이 잘 표현되어 있다.

총과 칼로 사납게 윽박지르고
논과 밭에 자라나는 우리들의 뜻을
군홧발로 지근지근 짓밟아 대고
밟아 대며 조상들을 비웃어 대는
지금은 겨울인가
한밤중인가
논과 밭이 얼어붙는 겨울 한때를
여보게 우리들은 우리들은 무엇으로 달래야 하는가
삼천리는 여전히 살기 좋은가
삼천리는 여전히 비단 같은가
거짓말이다 거짓말이다
날마다 우리들은 모른 체하고

다소곳이 거짓말에 귀 기울이며
뼈 가르는 채찍질을 견뎌 내야 하는
노예다 머슴이다 허수아비다

1975년 2월 민청학련 관련자들을 위한 구국 금식기도회에서 발표되었다. 시인은 재직 중이던 광주중앙여고에서 파면을 당했고 곧바로 중앙정보부로 끌려갔다. 국가모독 및 긴급조치 9호 위반으로 징역형을 산다. 직장을 잃은 그를 도운 인물도 역시 탄압받던 지식인들로, 리영희 선생을 비롯해 시인 고은과 문익환 목사 등이다. 미국 유학파를 중심으로 한 지식 엘리트는 전혀 다르게 명예와 돈과 권력을 함께 누렸다. 뭐가 옳은 것인지는 알 수 없지만 그들이 누린 '행운'은 수백만이 피를 흘린 반대급부로 주어졌다. 지식 엘리트의 꽃은 누구일까? 정점에 있는 서울대, 연세대, 고려대 등 주요 대학의 총장을 빼놓을 수 없다.

대한민국에서 제일 높은 어른은 대통령이다. 의전 서열에서 2위는 국회의장, 3위는 대법원장, 4위는 헌법재판소장이다. 국무총리가 그다음으로 "일인지하 만인지상"으로 불리는 자리다. 공석이 되면 후보 영순위로 꼽히는 직위가 서울대 총장이다. 최근 정운찬 총리를 비롯해 이현재, 이수성도 이 자리를 거쳤다. 최규만, 윤천주, 권이혁, 조완규, 이기준 총장은 교육부 장관을 비롯해 주요 부처 장관을 두루 역임했다. 미국 육군 대위 출신이 1대 총장이 되었을 때 민족의 자존감이 얼마나 상했을지 짐작이 간다. 그래서 불과 1년 2개월 만에 한국인 총장을 내세운다.

정치적 색채가 적은 자연과학 분야 교수 출신이 주로 임명되었는데 2대가 이춘호다. 일본 식민지 시절 미국으로 유학을 갈 정도로 집안이 넉넉했다. 오하이오에 있는 웨슬리언대학교에서 학부를 마쳤고, 석사와 박사는 오하이오주립대학교에서 했다. 경성기독교연합회에서 김활란, 최동 등과 같이 활동한 인물이다. "40만 십자군병들이여, 다 같이 일어나 총후보국의 보조를 맞추자."는 슬로건을 내세우며 기독교의 내선일체와 황국신민 운동에 앞장섰다. 연세대학교 수학과 교수로 재직하던 중 서울대 총장이 된다.

3대는 도산 안창호와 함께 흥사단 활동을 한 장이욱이다. 미국 더뷰크대학교에서 학부를 나왔고, 컬럼비아대학교에서 교육학으로 석사를 받았다. 이승만 대통령과 별로 사이가 안 좋아 불과 6개월 만에 물러났다. 5대는 연세대 출신의 최규남으로, 한국 최초의 물리학 박사로 알려진다. 1927년 미국 오하이오주 웨슬리언대학교에서 학부를 다시 하고 미시간대학교에 입학했다. 1933년에 물리학으로 학위를 땄다. 귀국 후 연세대에서 교수로 일하다 정부 수립 이후 문교부 과학교육국으로 옮긴다. 1950년에 한국과학기술원을 설립한 장본인이다. 미국의 도움을 받았다. 서울대 총장을 거친 다음에는 문교부 장관으로 옮겼다.

그의 후임이 윤일선으로, 친일인명사전에 이름이 오른 윤치오의 아들이다. 국내 병리학의 선구자로 윤보선 대통령의 사촌 형이다. 1928년에 소선인으로는 최초로 경성제국대학 조교수로 발령을 받았다. 서울대 부총장을 거쳐 교수들 투표로 총장에 오른다. 재임 중 '미네소타 프로젝트'가 진행된다. 대한민국학술원 초대 회장과 한국과

학창의재단 이사장 등도 역임했다. 역대 총장 중 미국에서 유학을 한 그 밖의 인물로는 9대 유기천(예일대학교), 15대 권이현(미네소타대학교), 19대 김종운(뉴욕주립대학교) 등이 있다. 미국 유학파의 독점 체제는 1996년 이후 두드러진다. 전두환 정권과 가까웠던 21대 선우중호 때부터다. 그가 누구인지를 알기 위해서는 역사의 한 토막을 되짚어 볼 필요가 있다.

1986년 10월 30일에 정부는 폭탄선언을 한다. 북한이 금강산 댐을 만들어서 서울을 물바다로 만들 음모를 꾸미고 있다는 내용이었다. 지금 생각해 보면 한 편의 소설이지만, 당시 많은 사람들이 믿었다. '평화의 댐' 건설을 위한 대규모 성금 운동이 시작된다. 발표 다음 날인 31일, 건국대에서는 대학생 1500명 이상이 연행된다. 민주화 운동이었고, "반외세 자주화, 반독재 민주화, 조국 통일"이라는 구호를 외쳤다. 1200명이 '용공좌경 분자'로 구속된다. 데모를 탄압하기 위해 조작한 일이 아닌가 하는 의혹이 제기되었다.

장세동이 책임자로 있던 국가안전기획부에서 모든 계획과 발표를 주도했다는 것은 나중에 드러났다. KBS에 출연해 정부의 주장을 과학적으로 뒷받침해 준 사람이 서울대 교수 선우중호다. "금강산 댐과 같은 사력댐은 물이 넘치면 순식간에 파괴된다." "1분당 50~60센티미터씩 균열이 계속되면 높이 200미터의 댐은 네다섯 시간이면 파괴될 수 있다." "200만 톤을 저수할 수 있는 댐에서 10만 톤 정도는 쉽게 내려보낼 수 있고 이 정도만으로도 하류에 굉장히 큰 피해를 줄 수 있다."며 대응 댐을 건설해야 한다고 목청을 높였다. KBS에서는 서울 시내가 물에 잠기는 장면이 연속해서 나왔다.[105]

대한민국 엘리트의 전형에 속하는 인물인 선우중호는 경기고에 서울대 출신이다. 박사 학위는 콜로라도주립대학교에서 마쳤다. 국민보도연맹을 조직했던 반공검사 선우종원이 부친이다. 1998년 고등학생 딸에게 불법 고액 족집게 과외를 받게 한 것이 드러나 불명예스럽게 퇴진당했다. 2018년 현재 총장인 성낙인을 뺀 나머지 후임 총장은 모두 미국에서 공부했다. 이기준은 워싱턴대학교, 정운찬은 프린스턴대학교, 이장무는 아이오와주립대학교, 오연천은 뉴욕대학교에서 박사를 마쳤다.

연세대학교 사정도 별로 안 다르다. I대 총장은 백낙준이다. 연희전문학교 시절이던 1945년부터 1960년까지 재직했다. 미 군정과 이승만 정권과 궁합이 잘 맞을 수밖에 없는 조건을 두루 갖추고 있었다. 고향은 평안북도 선천이며, 미국에서 신학을 공부한 목회자다. 당시 신학대였던 프린스턴대학교와 예일대학교에서 대학원을 마쳤다. 월남한 많은 교인들처럼 '반공'이 자연스러웠다. 약관 스물세 살때 미국으로 건너가 그곳에서 10년을 보냈다. 미국에 대한 호감을 가질 수밖에 없다. 연희전문학교에서는 1927년부터 교수로 일한다. 군정청이 들어온 직후부터 교육심의회 위원을 맡았다. 당시 문교처장으로 있었던 오천석과 거의 비슷한 배경이다. 나란히 문교부 장관을 역임한다. '작전명 앵무새'가 한국에서도 진행되었다고 봤을 때 가장 유력한 후보 중 한 명이다.

의혹을 가질 만한 몇 가지 사실이 있다. 첫째, 총장 시절 연세대 교수들은 백낙준의 주선으로 미국 연수와 유학을 자주 나갔다.《연세춘추》에는 고정란으로 '아메리카통신'이 실릴 정도였다.[106] 또한 그가 관계하고 있던 아시아재단을 통해 1954년 사회과학연구도서관을 설립하는 데도 앞장섰다. '반공교육'과 '사상투쟁'에 적극 나섰다는 점도 주목할 필요가 있다. 미국 박사에, 대학 총장에, 문교부 장관까지 경험한 지도층 인사다. 권위만 놓고 봐도 당연히 '경청'을 해야 하는 상황이었다. CIA가 원하던 전형적인 '앵무새'가 아니었을까? 자문료 형식으로 돈을 받았다는 관련 기록도 발견된다. 이런 내용이다.

> 백낙준 박사와 지속적인 관계를 맺으려는 우리의 기본적 목표에 따라 백낙준 박사가 이 잡지(사상계)에 적극적으로 관여하는 한에서만 이 보조는 지속될 것이다. 지원금은 매달 같은 액수가 제공될 것이다. 우리는 현재 한국에서 백낙준이 문화와 교육계의 탁월한 지도자라고 믿고 있으며 자유아시아위원회가 그와의 관계를 확장할 만한 가치가 있다고 본다.[107]

백낙준이 줄곧 회장으로 있었던 한국교육문화협의회 또한 문교부 산하기관으로 반공 교과서를 집필한 필자들이 모여 있는 단체다. 직접 발간하던 『교육문화』에는 "최근 서양의 학자와 정치가들은 공산주의가 만연하는 원인이 그 사회가 가난하고 무식한 탓에 있다고 말하고 있다."는 얘기와 "무식과 빈곤이 공산주의의 온상(溫床)임을 그때 정부가 깨닫고 국민의 생활 문화 수준 향상에 조금이라도 노력했더라면 러시아 사회의 공산화라는 세계적 비극은 일어나지 않았을 것"과 같은 내용이 들어 있다. 공산주의 혁명을 비극으로 본 점이 흥미롭다. 또한《신동아》와《사상계》등을 통해 '비동맹운동'은 소련의 영향권에 있다는 것과 한국 실정에는 맞지 않다는 주장을 폈다. 1960년 자유당 말기에는 자유당 선거대책위원회를 맡았다. 부통령 이기붕을 칭송했던 '만송족'의 한 명이다.

2대는 고병간이다. 일본 교토대학교 의학박사 출신이다. 1951년에는 문교부 차관에 임명되었고, 1953년과 1954년에 국무성 초청으로 미국을 방문한다. 윤인구(3대)와 박대선(4대)은 모두 목사 출신이다. 미국에서 공부했고 국무성 초청으로 연수를 다녀온다. 그 밖에도 위스콘신대학교 출신의 이우주, 노스웨스턴대학교 박사 안세희, 에머리대학교의 박영식, 워싱턴대학교의 송자 등이 모두 미국과 인연이 있다. 총장 중에서 미국 박사가 아닌 경우는 거의 없다.

고려대의 경우 '친일'과 '반공'인사들이 많다는 특징이 있다. 고려대 1대 총장은 현상윤이다. 일본 와세다대학교를 졸업했다. 군정이 들어온 후 조선교육위원회에 참가했다. 당시 이사장을 맡고 있던 김성수의 요청을 받아들였다. 5·10 단독선거 때는 중앙선거위원회 위원으로 활동하기도 했다. 민족문제연구소에서 발표한 친일파 명단에 포함되어 있다. 유진오가 후임자다. 1952년부터 1965년까지 자리를 지켰다. 1937년까지는 좌파 민족주의 활동을 많이 했다. 일본이 전쟁을 시작하면서 달라졌다. 조선총독부가 설립한 조선문인협회의 발기인과 간사였다. 「병역은 곧 힘이다」를 통해 "내선일체를 최종적으로 해결하는 것도 다른 사람이 아니라 조선인 자신인 것이다. (……) 이번 특별지원병제도는 조선 사람에 세 이러한 힘을 주는 것이라고 나는 생각한다. 병역이 단순한 의무가 아니라 특전이라는 것은 이런 의미에서 용이히 이해될 것"이라고 말했다.

우권호 총장은 해방 공간에서도 주류로 살았다. 고려대에 있는 동안 헌법 기초전문위원과 초대 법제처장을 맡았다. 한민당 인사들과 가까이 지내면서 '반공주의'를 적극 전파한다. 박정희 정권이 들어선 직후에는 '재건국민운동본부' 본부장을 맡았다. 1962년 1월 30일 제정된 법으로 "전 국민이 단결하여 반공이념을 확고히 하고 신생활체제를 확립하며 청신한 기풍을 배양하여 민주공화국의 굳건한 토대를 이룩하기 위한 정신운동"을 목표로 내세웠다.

9대 총장은 김준엽으로 또 다른 '앵무새' 후보다. 평안북도 출신이다. 일본 게이오대학교에서 잠깐 공부한 후 광복군에 합류했다. 임시정부 쪽 사람들과 가까웠지만 정치보다는 학자의 길을 걸었다. 전두환 정권에 맞서 학원민주화를 지켜냈고, 권력에 굴복하지 않은 지성으로 존경받는다. 그렇지만 장준하와 마찬가지로 그 역시 미국과 관련해서는 약간의 의혹이 있다. 해방 이후 대만에서 4년 정도 유학을 했다. 장개석이 이끄는 국민당 군인들과 미국 OSS에서 훈련을 받은 인연 덕분이다. 절친이 존 페어뱅크인데, 광복군 진공작전 때 인연을 맺었다. 그는 하버드대학교 중국학센터 소장이었고, 1960년대 CIA 배후설이 불거졌을 때 동남아시아 학살에 관련 지식을 제공했다는 비판을 받았다.

김준엽이 편집위원으로 《사상계》에 참여하면서 '중국공산당'에 대한 비판적인 글을 자주 작성했다는 점도 의혹의 대상이다. 백낙준의 역할과 정확하게 일치한다. 반공주의가 철저했다. 『중국국민정부는 이렇게 하여 몰락하였다』, 『중공국가체제의 성립』, 『중공의 인민지배기구』 등의 책에 잘 반영되어 있다. 『중국공산당사』 서문에서는

"'괴물' 중국공산당이 인류의 평화를 위협할 만큼 성장한 이유와 배경을 해명하는 것이 자신의 저술 동기"라고 밝힐 정도였다. 그에게 중국은 "소련의 '노예'로서 프롤레타리아 독재실현을 추구했던 '기만적인' 정치세력"이었다.[108]

1957년에 설립한 '아세아문제연구소'도 미국과 관련이 깊다. 포드재단으로부터 100만 달러에 달하는 후원금을 받았는데 불쌍해서 준 돈은 아니었다. 관련 교수들은 워싱턴주립대학교에서 제공한 '돈'으로 연수도 다녀왔다. 이곳도 CIA가 지원한 지역학 센터가 들어선 대학이다. 간행물로《아세아연구》를 발행하는 한편, '공산권연구총서'를 비롯해 본격적인 '중국 연구'가 시작된다. '공산권연구실'도 만든다.

1955년에는 한국중국학회 설립을 주도했다. 동(남)아시아 반공연대를 원했던 미국 정책과 잘 맞다. 대만의 주자화, 부유, 동작빈 같은 교수들이 이를 계기로 한국 학자들과 교류한다. '문화자유회의(CCF)'가 유럽에서 했던 것처럼 미국, 일본, 대만과 홍콩 지식인들을 초청해 학술회의도 열었다. 미국에서 방문한 학자로는 반공주의자로 유명했던 로버트 스칼라피노, 즈비그뉴 브레진스키, 월트 화이트먼 로스토 등이 포함되어 있다. 1958년에는 하버드대학교에 교환교수로 나간다. 재정 지원을 받지 않으면 힘든 시대였다.[109] 본인의 소신에 따른 것이라고 말할 수도 있지만 전 세계에서 4000명 이상이 이런 앵무새 역할을 했다는 것을 기억할 필요가 있다.

지식 엘리트를 확인할 수 있는 또 다른 단체는 '대한민국학술원'이다. 2005년 7월 29일에 학계에 있는 사람이라면 누구나 관심을 가질 만한 글이 하나 뜬다. 《데일리한국》의 조신 차장이 쓴 칼럼인 「명예 못 따르는 학술원 예우」인데 "학문을 업으로 삼는 사람들이 꿈꾸는 학자로서의 마지막 칭호가 학술원 회원이다."라는 말로 시작한다. "평생 학문을 했고 그 공적을 인정받아 학술원 회원이란 명예스러운 칭호를 받았지만 정작 국가의 대접은 기대 이하인 것이다."란 문제의식이 실렸다.

대한민국학술원은 1954년에 설립된 단체로 법적 근거는 1952년 8월 7일 제정된 '문화보호법'이다. 1조에 "학문과 예술의 자유를 보장하고 과학자와 예술가의 지위를 향상시킴으로써 민족문화의 창조·발전에 공헌함을 목적으로 한다."는 내용이 나온다. '학술원'과 관련한 내용은 3조에 나온다. 3장에는 '예술원' 규정이 있다. 목적은 "예술의 향상발전을 도모하고 예술가를 우대하기 위하여"다. 1989년 1월 1일 제정된 '대한민국학술원법'과 '대한민국예술원법'을 통해 관련 규정이 일부 바뀐다. 회원의 정수는 각각 150인과 75인으로 정해 놓았다. 자격은 "대학 또는 동등 이상의 학교를 졸업하고 학술연구(예술)의 경력이 20년 이상인 자 또는 학술연구(예술)의 경력이 30년 이상인 자로서 학술발전(예술발전)에 공적이 현저한 자"라고 명시되어 있다. "해당 분야의 학술단체(예술단체)가 추천한 자 중에서 심사위원회를 거쳐 선정"되고, 임기는 4년이지만 연임이 가능하다. 거의 종신직으로 보면 된다. "회원에게는 대통령령으로 정하는 바에 따라 수당이나 연금을 지급한다."는 내용도 포함되어 있다.

2013년 3월 23일부터 적용된 시행령에 따르면 "정액수당으로 매월 180만 원"이 지급되고, "학술원(예술원) 회의에 참석하거나 관련

연구를 하면 별도의 수당"을 또 받는다. 쉰 명에서 시작해서 지금은 146명이다. 과연 어떤 분들이 학문 권력의 정상에 올랐을까? 해바라기 중에서 몇 분이 눈에 띈다. 전쟁 직후 사망한 사람을 빼면 군정청에서 교육심의위원으로 참가했던 인물은 거의 다 회원이 되었다. 학술원 초대 원장은 윤일선이다. 문교부 장관을 역임하는 오천석은 교육, 백낙준은 종교사학, 또 대학 총장 출신의 유진오(헌법)와 김활란(철학)도 해당자다.

종신회원 중 한 명이 이선근이다. 앞에서 여러 번 나왔는데 경력이 화려하다. 대동청년단 단장, 서울대 교무처장, 육군본부정훈국장을 두루 거쳤다. 준장으로 예편한 뒤 1954년에는 문교부 장관에 취임한다. '국가편찬위원회' 위원장도 같이 맡는다. 그 이후 성균관대학교 총장과 대한재향군인회 회장 등을 지냈다. 반공교육을 정규 과정으로 포함시켰고, '38선'의 기원을 러시아제국과 일본의 담합에서 찾았으며, 또 '화랑도' 연구로 박사를 받은 분이다. 미국 CIC와 아주 밀접한 관계가 있고 박정희 정부에서도 잘나갔다. 1968년 '국민교육헌장' 제정에 참여했으며, 그 인연으로 영남대학교 총장을 맡는다. 1978년에 설립된 '한국정신문화연구원'도 이선근의 작품으로 초대 총장이다. "주체적 역사관과 건전한 가치관을 정립하는 것"과 "민족중흥을 위한 국민정신을 드높이고 민족문화창달에 기여하는 것"이 목적이다. 박정희의 유신체제를 뒷받침하는 지도층의 정신교육을 위한 곳이다.

또 다른 인물은 이병도로 워낙 친일파로 욕을 많이 먹는 사학자다. 조선총독부에서 식민지 지배를 정당화시킬 목적으로 벌였던 『조선사』 편찬 사업을 적극 도왔다. 친일인명사전에 등재되어 있다. 일본 와세다대학교에서 공부했으며, 영어 교사 출신이다. 1946년에 서울대 교수로 임용되었고, 1952년에 「고려시대의 연구: 특히 도참사상의 발전을 중심으로」라는 논문으로 박사 학위를 받는다. 1960년에는 문교부 장관을 지냈다. 일본에 부역했다는 낙인을 지우기 위한 목적인지는 모르지만 국방부와 인연이 좀 있다. 그중 하나는 국군정훈국에서 1950년 10월에 발족시킨 '전사(戰史)편찬위원회' 참가다. 전쟁 프로파간다 사업의 하나로 시작된 이 위원회의 위원장으로 뽑혔다. 당시 정훈국 책임자는 이선근 준장이었다. 또 다른 인연은 특무대장 김창룡을 위해 쓴 비명(碑銘)이다.

참변을 듣고 뉘 아니 놀래고 슬퍼하랴. 아! 이런 변이 있을까. 나라의 큰 손실이구나 함이 이구동성의 외침이었다. (……) 특히 동난중에는 군검경합동수사본부장으로 맹활동을 개시하여 간첩오렬 부역자 기타를 검거 처단함이 근 2만5천명 전시 방첩의 특수 임무를 달성하였다. (……) 그 사람됨이 총명하고 부지런하고 또 불타는 조국애와 책임감은 공사를 엄별하여 직무에 진수하더니 급기야 그 직무에 죽고 말았다. 아 — 그는 죽었으나 그 흘린 피는 전투에 흘린 그 이상의 고귀한 피였고 그 혼은 길이 호국의 신이 될 것이다.[110]

1961년에는 일본에서 열린 '조선학회'에 참가하는데 경비는 모두 아시아재단에서 지불했다.

한국 사회학계를 선도했던 이만갑과 고황경도 흥미로운데, 서로 공통점이 많다. 둘 다 일본에서 공부했고 각각 동경제국대학교와 동지사여전을 나왔다. 미국 인연도 닮았다. 이만갑 서울대 교수는 월남 지식인이다. 서울대에서 강사를 하던 중 공군 대위로 전쟁을 겪었다. 중령으로 예편한 직후인 1955년에 미국 코넬대학교로 유학을 갔는데 록펠러재단의 장학금을 받았다. 서울여자대학교 설립자인 고황경은 1937년 미시간대학교에서 박사를 받았다. 미 군정청에서 보건후생부 보건국장을 역임했다. 친언니는 초대 여경과장이었다. 문화냉전에도 같이 힘을 보탰다. 『한국농촌의 사회구조: 경기도 6개촌의 사회학적 연구』와 『한국농촌 가족의 연구』는 모두 아시아재단이 지원한 연구다.

국가 경제를 발전시키기 위해 '자발적'으로 농촌을 연구한 것은 아니다. 당시 재단이 지원한 곳은 인도, 파키스탄, 필리핀 등으로 다양했다.[111] 대외정책에서 '전략적'으로 관리하는 곳이며, 2부에 나온 것처럼 한국전쟁 이후 본격화된 '인류학' 연구의 한 부분이다. 남미를 대상으로 한 '카멜롯 프로젝트(Project Camelot)'와 동남아시아를 겨냥했던 '프로젝트 애자일(Project AGILE)' 등과 무관하지 않다. 비정규전을 벌이는 미군의 보다 효율적인 군사작전에 필요한 '현지인' 정보를 제공하는 것이 목적이었다. 한국의 지식인들이 이런 사정을 알 리 없었다. 미국에서 배운 대로 미국이 원하는 정보를 생산하기 위해 즐거운 마음으로 보람을 갖고 일했다.

대한민국예술원의 사정도 별로 안 다르다. 미 군정과 정부의 요청으로 '전조선문필가협회'를 주도했던 박종화와 김광섭이 우선 포함된다. '문총구국대' 참가자들 또한 명단에 이름을 올렸다. 모윤숙을 비롯해 구상, 서정주, 김동리, 황순원, 박두진, 박목월, 안수길, 염상섭, 백철 등이다. 작곡가 김동진도 속한다. 1955년에 만들어진 '미국문화연구소' 회원도 다수 포함되어 있다. 문총을 이끌던 모윤숙과 고려대 총장 유진오 등이 고문으로 참가했다. 담론 투쟁을 위해 만든 단체로 학술서적 번역과 반공선전을 맡았고, 박종화, 조지훈, 오영진 등이 이곳 소속이다. 미국과 각별한 친분이 있었던 문인들도 대부분 위원이 되었다. 국제 펜클럽 한국본부를 주도한 모윤숙, 이헌구, 백철, 김광섭, 조병화 등이 해당자다. 모윤숙은 함경남도가 고향이다. 일본에 적극 협력한 인물로 비판을 많이 받는데 미국과 반공주의는 덜 알려져 있다.

1949년 8월에 창간된 월간 《문예》는 많은 사례 중 하나다. 우익 문예조직의 기관지였고, 미공보원의 후원을 받았다. 본인이 발행인이다. 국방부 정훈국에서 용지와 약간의 재정지원도 받았다. 앞에서 다룬 《희망》과 더불어 전쟁 심리전을 도왔다. 펜(PEN) 한국본부를 만드는 데도 적극적이었으며, 재정은 아시아재단에서 도움을 받는다. 국회의원과 문학재단 이사장 등을 지냈고, 문총구국대에 참여하는 동안 지은 시로 「국군은 죽어서 말한다」가 전해진다. 국어 교과서에도 실렸다. 마지막 절은 이렇다.

> 산 옆 외따른 골짜기
> 혼자 누운 국군을 본다
> 아무 말, 아무 움직임 없이
> 하늘을 향해 눈을 감은 국군을 본다

누른 유니폼 햇빛에 반짝이는 어깨의 표지
그대는 자랑스런 대한민국의 소위였고나
가슴에선 아직 더운 피가 뿜어 나온다
장미 냄새보다 더 짙은 피의 향기여!
엎드려 그 젊은 주검을 통곡하며
나는 듣노라. 그대가 주고 간 마지막 말을

공보처에 근무한 인물로는 이헌구와 김광섭이 대표적이다. 동갑
내기로 고향이 함경북도로 같다. 일본 와세다대학교 동문이면서 '극
예술연구회' 참가자다. 해방 공간에서도 늘 같이 움직였다. 좌파 문인
단체에 대항해 설립한 '전조선문필가협회'에 나란히 이름을 올렸다.
정부 수립 직후 공보비서관이 된 김광섭은 친구가 공보처 차관이 되
도록 힘을 보탰으며, 1957년 발족한 한국 펜클럽에서도 단짝으로 활
동했다. 본인이 의식했든 아니든 '문화냉전'의 아바타라는 점도 동일
하다.

펜클럽의 재정적 후원자는 반복되는 이야기이지만 아시아재단
이었다. 앞서《사상계》의 주요 필자들과 인식이 동일하다. 자유주의
와 공산주의 대결에서 한국이 신성한 역할을 수행해야 한다는 논리
다. 이헌구가 1950년에 쓴 「세계와 더불어 호흡하는 새 시대」에 이
관점이 잘 드러난다. "전 인류의 갱생(르네상스)을 위한 최후의 비열
하고도 비장한 투쟁이 전개될 것"이며, "우리 민족의 운명이 곧 전 인
류의 운명을 좌우함에 있어 이 민족을 위한 정신적 영양인 문학 예술
의 사명이 실로 중차대하다."고 지적한다. 반공주의란 관점에서는 김

광섭의「통일행진곡」도 꽤 알려져 있다.

압박과 설움에서 해방된 민족
싸우고 싸워서 세운 이 나라
공산 오랑캐의 침략을 받아
공산 오랑캐의 침략을 받아
자유의 인민들 피를 흘린다
동포여 일어나자 나라를 위해
손잡고 백두산에 태극기 날리자

　문화냉전에 보다 적극적으로 뛰어든 인물로 극작가 오영진도 있다. 배경이 비슷하다. 평양고보를 거쳐 경성제국대학 조선어문학과를 졸업했다. 집안은 민족주의 성향이 짙었다. 부친은 오윤선으로, 도산 안창호, 고당 조만식 등과 가깝게 지냈다. 해방 직후에는 북한에 있었던 조만식 선생의 비서로 조선민주당 창당을 돕는다. 반탁운동이 시작되면서 정치적 탄압을 받았고, 그 이후 월남했다. 곧바로 반공투사로 변신한다. 북한과 소련에 대한 반감이 컸다. 전쟁이 발발하면서 반공 심리전에도 본격 뛰어들었고, 미국 공보원과 국방부 등과 자연스럽게 가까워졌다. 1952년에는 월남 문인들을 중심으로 한 '문총' 북한지부의 기관지《주간 문학예술》을 발간한다.
　반공서적 전문 출판사인 '중앙문화사'도 이때 문을 열었다. 미 국무성 초청으로 1953년에 미국을 방문한 것도 영향을 미쳤다. 아시아재단 한국사무총장인 필립 로와는 각별한 사이였다고 한다. 그에 대해 "넓은 시야를 가진 국제인, 가장 전형적인 아메리카인, 자유 아시아를 돕기 위한 아메리카의 국민" 등으로 평가했다. 당대의 지배적인 관점도 그대로 수용한다. 미국에서는 다른 한국인들과 비슷한 경험을 하고 돌아왔다. 전후 최대 호황기를 맞은 미국이었고, 매카시즘과 같은 것은 이방인의 눈에 잘 안 보인다.

문화냉전의 일부로 시작된 미국문화연구소의 기관지인《전망》에도 참가한다. 필진의 대부분이 정부 지도층 인사로, 특히 해군준장, 해군소령, 육군중령 등 직업군인의 글도 자주 실린 잡지다. 월간《희망》이 일반인을 대상으로 했다면, 이 잡지는 엘리트를 겨냥했다는 차이 정도랄까. 미 공보원과 정부의 도움으로 반공영화「죽음의 상자」와「조국의 통일을 위하여」를 제작하기도 했다. 이승만의 우상화 작업에 동원되는 희곡「청년」을 쓴 것은 그 직후다. 부통령 이기붕을 지원함으로써 4·19혁명 이후에는 '만송족'이라는 손가락질을 받는다.[112] 민족주의자에서 출발해 결국은 '반공'과 '친미'의 앵무새가 된 것으로 볼 수 있다.

육군대령으로 정훈장교 출신이던 선우휘도 그와 비슷한 길을 걸었다. 고향은 평안도 정주로 경성제국대학교 사범대를 졸업하고 처음에는 교사로 지냈다. 북한에 주둔하던 소련 군정에 실망해서 월남했고, 여순사건이 터진 이후 정훈장교로 입대한다. 전쟁을 거치면서 심리전을 맡는데 그의 상관이 정훈국장이던 이선근이다. 1959년에 육군 대령으로 전역하기 전《문학예술》등에「불꽃」과 같은 작품을 내기도 했다. 1960년에《조선일보》논설위원이 된 이후 줄곧 언론인으로 남았다. '반공'과 '친미'라는 신문사의 색깔과 잘 맞았다. 서북청년단 단장이던 선우기성을 포함해 장준하와 김준엽 등 《사상계》 핵심 인사들과 잘 알았다. 자서전에 가깝다는 평가를 받는 소설 「노다지」에 보면 미 군정청이나 한민당 등과 관점이 일치하는 부분이 나온다. 건국준비위원회를 맡고 있던 여운형에 대해 "값싼 인기를 얻으려고 기를 쓰는 가짜"로, "임화니 김남천이니 하는 마르크스 보이, 창백한 문학청년들한테 질질 끌려다니는 주변머리 없는 사람"으로 묘사하는 대목이 나온다.[113]

고향만 다를 뿐 문학이 이념전쟁에 동원된 것은 조병화도 마찬가지다. "자유아시아인의 자유사상을 고취할 목적"으로 제정된 7회 '자유문학상' 수상자다. 단독정부 수립을 위해 급조한 '전국문화단체총연합회'와 '아시아재단'이 공동으로 운영했다. 조병화는 일본 도쿄 사범대학교를 졸업하고 해방 후에는 고등학교 물리교사로 있었다. 1949년 늦깎이 대학생으로 공부하는 동안 김기림의 추천으로 시인으로 등단한다. 문총구국대 활동을 할 때부터 미국에 대한 호의적 감정을 드러냈다. 일본 유학을 갈 정도는 되는 집안이었고, 반공 전선에 참여하는 게 낯설지도 않았다. 당시 모임에서 낭독한 「단 하나의 태양 아래 모여 살자」라는 시에 잘 드러나 있다.

> 1950년 9월 15일
> 허무러진 굴 밖으로
> 거리로
> 바리케이트를 차버리고
> 아름다운 우리 목소리들을 다시 높혀서

눈물겨워 오고가던 것은
진정 폭풍우가 사라지는 끝에
무지개처럼 아름다운 우리 깃발 아래서가 아니드냐
태극기와 더불어
자비한 유엔 깃발 그 깃폭 아래서가 아니드냐.

당시 반공 교과서에 나오는 지배적 정서가 고스란히 녹아 있다. 그에게 "UN은 자비로운 존재"다. 한국을 돕기 위해 전 세계가 일치단결한 상태에서 한국의 책임이 무겁다. 그래서 반공이라는 성스러운 전쟁에서 한국이 선택된 것을 '영광'으로 알아야 한다는 논리다.

조병화는 전쟁이 끝난 후에는 펜(PEN) 회원으로 활동하면서 미국의 우방이 된 것을 더 자랑스러워한다. '한국아세아반공연맹'이 추진한 문화교류 사업차 대만을 방문했을 때 남긴 시 「장미의 나라」에 잘 드러나는데, 특히 자유진영의 동반자가 된 '대만'에 대한 호감이 잘 드러난다.

타이완은 뜰마다 장미 장미가 피는 나라
고요한 나라
우리들 극동의 남쪽 물결치는 나라
(……)
소곤소곤 사랑과 이야기와 내일이
우리들 가슴마다 피어오르는 장미의 나라
타이완은 뜰마다 장미 장미가 피는 나라

내일이 잠자는 나라

고요한 나라

반공을 내세웠던 전두환을 찬양하는 「새 대통령 당선을 축하하며」라는 시도 남겼다.

(……)

온 국민과 더불어 경축하는

이 새 출발

국운이여! 영원하여라

청렴 결백한 통치자

참신 과감한 통치자

이념 투철한 통치자

정의 부동한 통치자

인품 온화한 통치자

애국애족 사랑의 통치자

(……)

이 새로운 영토

오, 통치자여!

그 힘 막강하여라

아, 이 새로운 영토

이 출발

신념이여, 부동 불굴하여라……[114]

대한민국의 주요 싱크탱크인들 얼마나 다를까. 미국에 비하면 적지만 한국에도 꽤 많은 싱크탱크가 있다. 《한국경제신문》에서 매년 순위 조사를 발표하는데, 2018년 1위는 한국개발연구원(KDI)이다. 대외경제정책연구원, 산업연구원, 한국은행 경제연구원 등이 뒤를 따른다. 민간 부문에서는 삼성경제연구소, LG경제연구원과 현대경제연구소 등이 6위, 8위, 13위를 차지한다. 해외에서도 널리 알려진 KDI는 그중에서도 줄곧 1위를 차지하는 곳이다. 1970년 12월 31일 '한국개발연구원법'에 따라 설립된다. 정부 산하 연구기관이다. 1조에 "국민경제의 발전 및 이와 관련된 제부문의 과제를 현실적이며 체계적으로 연구분석함으로써 국가의 경제계획 및 경제정책의 수립에 기여함을 목적으로 한다."는 내용이 나온다.

파격적인 조건으로 유학파를 모셔 왔는데 정부 요직으로 가는 징검다리로 알려져 있다. 경제 관련 핵심 보직은 거의 대부분 이곳 출신으로 채워진다. 장관이 된 사람만 해도 김만제(경제부총리), 사공일(재무부), 구본영(과학기술처), 최광(보건복지부), 서상목(보건복지부) 등이 있다. 상공부 차관 김기환, 대통령경제수석비서관 박영철, 대통령정책기획수석비서관 박세일, 환경부 차관 정진승, 건설부 차관 김대영, 경제협력개발기구(OECD) 대사 양수길, 또 금융감독원 부위원장 이동걸 등이 모두 이곳 출신이다.

1대 원장은 김만제로, 미국 미주리대학교에서 경제학으로 박사를 받았다. 재무부 장관, 부총리 겸 경제기획원 장관, 포스코 회장 등을 두루 거쳤다. 골드만삭스 자문위원으로 있는 김기환이 2대 원장으로, 1부에서 잠깐 설명했다. 외환위기 때 미국과 협상을 주도한 인물이다. IMF조차 후유증을 우려해 다른 국가에 대해서는 요구하지 않았던 '플러스 알파'를 협상안에 포함시켰다. 공교롭게도 미국 정부가 오랫동안 한국 정부에 요구했던 "노동시장의 유연성 확보, 외환관리법 폐지, 인수합병제도 개선, 집단소송제도 도입" 등이 모두 들어갔다. 신자유주의 전도사로, 미국을 모방하는 것이 한국이 살길이라고 믿는 사람이다. 대학부터 미국에서 다녔으니 스무 살도 채 안 되어 미국 생활을 시작한 셈이다. 영어를 잘할 수밖에 없다. 미 군정청에서 교육정책을 좌우했던 오천석과 비슷하다. 1976년에 귀국하기까지 대략 25년 정도 미국에서 살았다. 국제 경제가 요동치던 시기에 귀국했다. 신현확 총리가 국제경제 자문관으로 모셨다.

전두환도 김기환을 무척 아꼈다. 군부가 취약했던 미국의 대외경제 정책을 잘 아는 전문가라는 점이 작용하여 각별한 대접을 받는다. 1981년에는 금융통화위원이 되고, 1982년에는 KDI 원장으로 승진한다. '반공주의'로 잘 알려진 《타임》 '태평양경제자문위원회' 위원으로도 선정된다. 상공부 차관을 거쳐 OECD 대사, 대한무역투자진흥공사(KOTRA) 이사장과 김앤장 법률고문을 두루 거쳤다. 올해 연배가 여든네 살로, 2017년 6월 15일 자 《이투데이》에 이분과 관련한 기사가 하나 나온다. 제목은 "김동연 부총리 인맥? (······) 김기환 회장이 공직생활 멘토"다. 이런 내용이다.

금융통화위원회 위원, 상공부 차관, 대한무역투자진흥공사 이사장, 골드만삭스증권회사 고문 등을 지낸 김기환 서울파이낸셜포럼 회장은 공직 생활의 멘토다. 김 회장은 김 부총리가 아주대학교

총장으로 취임할 때 취임식에 직접 참석하기도 했다.

김기환이 KDI 부원장으로 영입한 인물이 사공일이다. 모든 것이 닮은 두 사람이다. 경북 출신으로 고향이 같다. 학부는 달랐지만 같은 캘리포니아주립대학교에 속한 UC 버클리와 UCLA에서 경제학으로 박사를 했다. 미국에서 교수를 하다 귀국한 것도 일치한다. 미국 인맥도 탄탄했고, 국내 시장을 적극 개방해야 한다는 입장도 같았다. 사공일 또한 1996년 2월 워싱턴에서 열린 '한미 21세기 위원회' 3차 회의에서 이렇게 말할 정도였다.

과연 우리 정부와 관료들은 각종 규제철폐와 대외개방을 남이 강요해서가 아니라 우리 스스로의 이익을 위해 필요한 것이라고 믿고 있는가. 우리나라가 세계에서 가장 기업하기 좋은 곳으로 변모하고 있는가. 우리나라에서 기업 활동을 하고 있는 외국 기업들을 '그들'이 아닌 '우리'로 보고 한국 기업들과 동등한 대우를 하고 있는가.[115]

미국으로서는 '불감청 고소원(不敢請 固所願)', 즉 감히 바랄 수는 없지만 오히려 바라던 바였다. 게다가 사공일은 재무부에서 아시아 시장 개방을 전담하던 피터슨국제경제연구소의 프레드 버그스타인과 호흡이 잘 맞았다. 장차 외환위기를 맞게 되는 과도한 자본시장 개방은 이런 상황에서 진행되었다. 아바타의 비극은 IMF 위기 때도 반복된다. 한국 구조조정 프로그램을 결정한 사람들이 절친들이다. 로버트 루빈, 스탠리 피셔, 프레드 버그스타인 등은 한통속이었다. 그들을 감히 비판하거나 틀렸다고 보기는 어려웠을 것 같다. 뭔가 이유가 있을 거라고 믿는 것이 아바타이니 말이다. '황새의 뜻을 뱁새가 어찌 알랴.'는 심정 아니었을까. 그래서 IMF 처방이 문제라는 비판이 나왔을 때 사공일은 이렇게 말했다.

> "제가 꼭 강조하고 싶은 것은 IMF를 끌어들인 것은 우리라는 사실입니다. 우리가 초청한 외압입니다. (……) 고금리 문제를 빨리 해결하는 길은 경제 구조조정을 빨리 하는 길밖에 없다는 것입니다. 구조조정을 위해 IMF가 내놓은 것이 금융 구조를 바꾸는 것, 기업의 경영구조 개선 또 노동시장의 유연성 이 세 가지 아닙니까. 이 세 가지를 우리 스스로를 위해 빨리 바꾸지 않으면 안 되게 되어 있단 말입니다."

사공일은 이런 충고도 덧붙였다.

> "IMF 구제금융을 전화위복의 계기로 삼아 우리 경제의 구조조정을 가속화해야 할 것입니다. 그럼에도 불구하고 상당한 고통이 수반되는 이러한 구조조정을 우리 스스로를 위해서라기보다 IMF의 강요에 의해 불가피하게 추진한다는 생각을 갖는 한 우리 경제의 위기 탈출은 지연될 수밖에 없다는 점을 간과하지 말아야 합니다."

그러나 당시에도 조지프 스티글리츠를 비롯해 권위 있는 경제학자들의 문제 제기가 있었고, 그 이후 IMF조차 오류를 인정했다.[116]

1983년에 경제수석으로 있을 때 "성장, 물가, 국제수지의 세 마리 토끼를 한꺼번에 잡은" 얘기도 신화로 전해진다. 전혀 사실이 아니다. 미국 하버드대학교와 시카고대학교 등에서 공부한 남미 경제 관료들이 한국인보다 결코 머리가 나쁘지 않았다. 국제정치가 작용했을 뿐이다. 쿠데타 이후 남미의 경제학자들도 물가는 모두 잡았다. 미국이 경제제제를 풀고 수입을 늘리면 가능한 일이었다. 단기간에 걸쳐 경제성장도 이루었다. 그 이후가 문제가 된다.

당시 GDP 대비 외채 비중이 비슷했던 남미 국가와 달리 한국은 외채위기를 모면할 수 있었다. 미국의 '지원' 덕분이었다. 대한항공 858기 폭파 사건과 아웅산 묘역 테러 사건과 같은 피값의 반대급부다. 미국은 일본을 움직여서 금쪽같은 40억 달러 차관을 얻도록 해주었고, IMF로 하여금 주요 채무국 명단에서 한국이 제외될 수 있도록 도왔다. 정상적인 사회라면 최소한의 책임은 물어야 하는데 우리는 정반대로 움직였다. 정작 위기가 터진 뒤에는 IMF 인맥을 높게 평가하면서 해결사 역할을 부탁했다. 노무현 대통령이 취임한 직후에는 미국 월가에 정통하다는 이유로 김기환, 사공일, 양수길 등 세 명이 경제특사로 거론될 정도였다. 언론에서도 "사공일 세계경제연구원 이사장(66)은 '한국이 낳은 세계적 경제석학'으로 불러도 손색이 없다"(《영남일보》, 2006년 1월 16일 자) 혹은 "청와대 경제수석비서관과 재무부 장관, G20조직위원회 위원장, 한국무역협회장 등을 지낸 사공일 박사는 미주 한인 경세인들이 꼭 한번 만나 보고 싶어 하던 한국의 대표적인 경제 석학입니다."(YTN, 2014년 4월 10일 자) 등으로 소개된다.

KDI의 3대 원장은 안승철로, 경제관료의 전형에 속한다. 서울대에서도 '상대'를 나왔다. 미국 유학파! 다른 곳도 아닌 버클리대학교다. 미국에서 잠깐 교수로 재직했다. 퇴임 후에는 신용보증기금이사장, 중소기업은행장, 국민은행 이사장 등을 거친다. 박영철 4대 원장도 서울대 경제학과 출신이다. 박사 학위는 미네소타대학교에서 마쳤다. 곧바로 IMF 금융연구부에 자리를 잡았고, 김기환과 같은 시기에《타임》태평양경제자문위원회 위원을 지낸다. 1987년에는 서울대 동기였던 사공일의 뒤를 이어 청와대경제수석으로 영전한다. 금융발전심의위원회 산하 외환제도개혁 소위원회 위원장을 맡고 있었던 1994년에 "자본거래 자유화와 관련, 외국인의 직접투자는 원칙적으로 자유화하고 기업의 현지 금융도 원칙자유체제로 바꾼 뒤 자유화하라."고 주장했다.[117] 지주형 교수가 "잘못된 자본이동 자유화 순서, 부주의한 건전성 규제와 감독은 일차적으로 그리고 직접적으로 경제관료의 책임이다. (……) 얼치기 시장주의자였던 그들은 OECD의 단기차입 자유화에 대한 경고를 무시했으며, 종금사의 난립을 수수방관하고 감독 또한 게을리했다."고 말한 당사자 중 한 명이다. 김기환, 사공일, 박영철, 강만수 등이 모두 해당된다.[118] '책임'은 안 지고 '칭찬'만 듣는 또 다른 엘리트의 본보기다.

박(영철) 교수는 원로가 드문 시대, 한국 경제학계의 거목이자 화폐금융 분야의 권위자로 손꼽힌다. (……) 정부가 받아들이지는 않았지만 1997년 3월, 박 교수가 당시 강경식 경제부총리에게 시장환율 도입을 건의하며 한국이 제2의 멕시코가 될 수도 있다고 경고했던 사실은 한국 환란사(史)에서 빼놓을 수 없는 일화로 남아 있다.

—《문화일보》, 2012년 1월 27일 자

국제금융학회의 태두인 박영철 고려대 석좌교수는 외환위기의 산증인이다. 박 교수는 금융연구원장 시절이던 1997년 3월, 강경식 경제부총리에게 시장환율 도입을 건의하면서 '한국이 제2의 멕시코가 될 수도 있다.'고 경고했다.

—《서울경제》, 2017년 11월 2일 자

엉터리 신화가 어떻게 만들어지는지 잘 보여 주는 사례들로, 근거를 조금만 들여다보면 한 편의 소설에 가깝다는 것이 금방 드러난다. 만약 그때 '자유화'했다면 위기가 좀 더 일찍 찾아왔다는 차이밖에 없다. 경제 논리만으로 작동하는 외환시장이 아니라는 것을 모르고 하는 소리다. 남미가 1980년대에 다 거친 길이었다. 직전에는 멕시코가 희생양이었고, 인도네시아, 필리핀, 태국 등에서도 동일하게 일어났다. 2018년에도 비슷한 위기가 반복된다. 달러 체제의 구조적 결함이 있는 상황에서 무책임하게 '자본시장'을 개방한 것이 더 큰 원인이었다. 당시 경제 관료들과 두루 친했던 박세일 교수조차 개인적으로 이렇게 말했다. "IMF 터지고 나서 정부 쪽에 알아보니 그쪽도 왜 이렇게 되었는지 제대로 파악을 못 하고 있었다."라고. "한국의 문제는 엘리트의 총체적 무능 때문"이라고 진단한 것도 이와 관련이 있다.[119]

지식 엘리트의 정점에 있는 서울대와 미국 유학파가 아니었어도 이런 촌극이 가능했을까? 그 뒤로 온 사람들도 별로 다르지 않다. 5

대 구본호 원장은 학부는 서울대학교, 미네소타대학교 박사와 위스콘신대학교 교수를 거쳤다. 6대 송희연은 시라큐스대학교, 7대 황인정은 피츠버그대학교, 8대 차동세는 밴더빌트대학교다. 10대 강봉균만 윌리엄스대학교 석사 출신이고, 나머지는 100퍼센트 미국 경제학박사다. 대부분 서울대 상대 출신이며 미국에서 학부를 한 경우는 두 명이다. 5대 구본호는 영문과 졸업이고, 14대 김준경은 통계학과다. 2018년 현재 원장인 최정표는 열다섯 명 중 처음으로 서울대가 아닌 성균관대학교 졸업자다. 물론 미국 유학파(뉴욕주립대학교)라는 점은 안 달라졌다.

다른 국책 연구소도 큰 차이가 없다. 대외경제정책연구원(Korea Institute for International Economic Policy)은 "국제경제정책과 관련된 문제를 조사·연구·분석함으로써 국가의 대외경제정책 수립에 이바지함을 목적"으로 1989년에 설립된 곳이다. 지금까지 모두 아홉 명의 원장이 거쳐 갔다. 그중 세 명만 서울대학교 출신이 아니다. 5대 안충영은 경북대학교를, 7대 채욱은 고려대학교를, 8대 이일영은 런던정경대학교 출신이다. 김적교(1대), 유장희(2대), 이경태(4대 6대), 현정택(9대) 모두 서울대 그것도 '경제학과' 동문이다. 양수길(3대)은 화학공학과 출신이다. 미국에서 박사 학위를 받지 않은 사람은 독일 보훔대학교를 나온 김적교와 영국 워릭대학교를 졸업한 이일형밖에 없다. 문재인 정부 들어서고 난 뒤 처음으로 영미권을 벗어난 인물이 임명되었는데, 10대 이재영이다. 한양대학교를 나오고 러시아 모스크바 국립대학교에서 박사를 했다.

민간 부문에서는 삼성경제연구소가 으뜸이며, 유일하게 KDI와

순위 경쟁을 할 정도다.《한국경제신문》의 조사가 처음 시작된 2008년부터 4회 연속 1위를 지켰다. 연구소 초기에는 삼성그룹 창업주인 이병철 회장의 최측근이 자리를 지켰다. 진주고등학교를 나온 언론인 출신 최우석이다.《중앙일보》편집국장을 거쳐 대략 10년간 연구소장을 지켰다. 정구현이 그 뒤를 잇는데, 경제 분야 지식 엘리트의 전형이다. 서울대 상대를 졸업한 후 미국 유학(미시간대학교)을 다녀왔다. 정기영 후임 소장 역시 동일한 경력을 밟는다. 경기고에 서울대 상대 출신으로, 박사 학위는 버클리대학교에서 취득했다. 2017년 12월 11일 자로 발령이 난 차문중 사장도 꼭 같다. 학부는 같고 시카고대학교 박사라는 것만 다르다.

LG경제연구소 역시 민간에서는 꽤 경쟁력 있는 곳이며, 1986년에 설립되었다. 나중에 KDI 원장을 역임하게 되는 차동세가 1989년 2대 소장이다. 미국 유학(밴더빌트대학교)과 서울대 경제학과를 졸업했다. 3대는 이윤호로 학부는 연세대학교이지만 박사는 위스콘신대학교다. 경제기획원에 근무할 당시 공무원 연수를 나가서 박사를 마쳤다. 4대는 김주형으로 서울대 경제학과와 위스콘신대학교 박사다. 5대 정일제는 2017년에 취임했다. 서울대 경영학과를 졸업한 다음 미국 오하이오주립대학교에서 박사를 마쳤다. 정부 출연 연구소와 민간이 거의 차이가 없다는 점을 기억하면 된다.

국제정치 분야도 그럴까? 전두환의 아호는 일해(日海)다. 그의 이름을 딴 일해재단이 1986년 "국가의 안전보장과 평화통일을 위한 정책 연구와 인재양성"을 목적으로 설립된다. 원래는 미얀마 아웅산 묘역 테러 사건에서 희생된 유족을 지원하고 스포츠 유망주를 육성하기 위해 만들었다. 1984년부터 약 5년간에 걸쳐 재벌들이 598억 원을 모았고, 결국 5공 청문회 비리에서 문제가 되었다. '세종연구소'로 명칭이 바뀐 건 이런 까닭에서다.

1986년 2월 9일 이사장 겸 초대 연구소장으로 임명된 사람이 김기환이다. 문제가 불거진 뒤 재단 명칭을 바꾸고 2대 연구소장이 된 인물은 이용희다. 연세대를 졸업하고 서울대에서 박사를 받았다. 1956년에 설립된 한국 국제정치학회 초대 회장이다. 당시 정치학회 (1953년)는 이선근이, 행정학회(1956년)는 백낙준이 각각 1대 회장을 맡았다. 미네소타 프로젝트가 진행될 당시 서울대 행정대학원 교수였다. 후임자는 정일영으로, 서울대 정치학과를 졸업하고 미국 조지타운대학교를 거쳐 스위스 제네바대학교에서 박사 학위를 받았다. 서울대 교수 출신으로, 외무부 외교안보연구원 원장과 차관 등을 두루 역임했다.

1994년에는 한배호 교수가 취임한다. 전쟁 직후 프린스턴대학교로 유학을 떠났고, 귀국 후에는《사상계》등에 관여한다. 김달중(터프트대학교)과 박기덕(시카고대학교)도 미국 유학파다. 공사 17기 출신으로, 준장으로 예편한 송대성이 후임자다. 2009년 이명박 정권이 들어선 직후였고, 그때부터 2015년까지 자리를 지켰다. 공군사관학교 교수를 거쳐 미국 미시간대학교에서 석사와 박사를 마쳤다. 국군기무사령부 참모장도 거친 보수 인사다. 보수 우익으로 분류되는《미래한국신문》편집위원과 뉴라이트 바른정책포럼 공동대표를 맡았다. '좌파정권 종식'이라는 주제로 여러 번 강연한 바 있다. 2015년에 임명된 진창수 때 처음으로 일본(도쿄대) 유학파가 책임자에 올랐다.

정주영 회장의 아호 '아산(峨山)'이 들어간 '아산정책연구원'도 대외정책과 관련해 잘 알려져 있다. 이사장 겸 원장은 함재봉이다. 집안이 화려하다. 일제시대부터 늘 양지에 있었다. 할아버지는 이승만 정권 때 부통령을 지낸 함태영이다. 법관이면서 목회자로 일본에는 비판적이었지만 해방 공간에서는 철저한 반공과 미국 숭배자였다. 한신대학교 학장과 인촌 김성수 기념사업회 회장을 맡기도 했다. 부친은 아웅산 묘역 테러 사건 당시 희생된 함병춘 비서실장이다.

함병춘은 공군중위로 예편한 직후 1953년에 미국 유학을 떠났다. 노스웨스턴에서는 경제학을, 하버드에서는 로스쿨을 다녔다. 귀국 후 연세대학교 교수로 자리를 잡았고, 박정희 정권에서는 주미대사를 역임하는 등 대표적인 친미 엘리트였다. 전두환 대통령의 비서실장으로 있을 때 아웅산 묘역 테러사건이 일어났다. 그때 함재봉 역시 미국에서 유학 중이었다. 미국 칼턴대학교에서 학부를 마쳤고, 존스홉킨스대학교에서 석사와 박사를 모두 마쳤다. 미 공군 소속 랜드연구소 선임정치학자 등을 거쳤다. 연세대 교수로 재직 중에 이사장이 되었다. 부원장은 최강으로, 국방연구원과 국립외교원 등을 거쳤다. 미국 위스콘신대학교에서 석사를, 오하이오주립대학교에서 박사를 받았다.

국제정치를 담당하고 있는 선임 연구원들 역시 미국 유학파가 압도적이다. 여론분석을 담당하는 김지윤 박사는 버클리대학교 석사와 MIT 박사 경력을 갖고 있다. 과학기술정책과 핵정책 등을 맡고 있는 박지영은 미시간대학교, 안보통일 분야의 신범철은 조지타운대학교, 중동연구의 장지향은 텍사스오스틴대학교 출신이다. 김종우

(런던 임페리얼대학교)와 이재현(호주 머독대학교) 정도만 예외다. 연구위원 네 명 중에는 이기범만 영국 에든버러대학교에서 박사를 했다. 제임스 킴, 고명현, 최현정 박사는 각각 컬럼비아대학교, 랜드대학원, 퍼듀대학교 출신이다.

대한민국 지식 엘리트와 미국 유학파의 밀착 관계는 '아바타'로 잘 설명된다. 가장 중요한 연결고리는 미 군정이 설립하고 물심양면으로 지원했던 관료 사관학교인 서울대학교다. 일찍부터 미국파가 장악했던 연세대학교와 고려대학교 또한 미국 유학파 교수들을 양산함으로써 이 과정에 힘을 보탰다. 이삼성 교수는 이와 관련해 다음과 같이 지적한다.

한국은 사실 미국의 전후 세계전략 및 미소냉전의 최대 피해자라 할 수 있다. 하지만 우리에게 인식된 미국은 일본제국주의를 몰아낸 해방자이며, 북한이라는 위협으로부터 생존을 위해 반드시 의존해야 할 존재라는 인식만 반복적으로 강조되었다. (……) 더욱이 이러한 정체성의 일부가 된 한미동맹의 수호라는 대명제는 보수 성향의 국내지배 세력에게 여전히 매우 훌륭한 정치적 자산이기에 이들에 의해 의도적으로 강화된다.[120]

반공(친미) 복합체

2016년 9월 9일에 북한은 5차 핵실험을 실시했다. 열흘 뒤 '북한인권법실천단체연합'이 출범한다. 행사장에서 발표된 호소문에는 "국제사회의 계속되는 반대에도 불구하고 김정은이 핵실험을 강행했다. (……) 이로써 김정은 정권은 인류 공동의 적이 되었고 북한 인민들이 겪어야 할 더 큰 고난과 굶주림의 근원이 되었다."는 내용이 담겨 있다. 미국 국부부의 재정 지원을 받는 자유북한방송의 김성민이 당시 상임대표로 선출되었다. 그가 낭독한 성명서에는 "김정은 세습 정권이 인위적으로 조성한 정보의 차단막을 뚫고 민간 대북방송을 끊임없이 송출할 것이며, 중파 및 위성방송을 비롯한 다양한 채널을 확보해 북조선 인민들에게 자유와 민주주의를 설파할 것"이라는 내용이 나온다.

NK지식인연대에 따르면 "북한민주화위원회, 탈북자동지회, 숭의동지회, 겨레얼통일연대, 탈북난민인권연합, 자유문화통일원, 국제망명PEN센터, 뉴코리아여성연대, 세계북한연구센터, 북한인민해방전선, 북한전략센터, 북한자유화무브먼트, 탈북구호연합, 탈북기독교총연합, 탈북인총연합회, 자유북한운동연합, 자유북한방송, 자유와 인권을 위한 탈북자연대, 탈북예술인총연합회, 탈북예술단체총연합회, 하나사랑협회, 큰샘, 자유통일탈북단체연합회, 평화통일탈북인연합회, 자유통일문화연대, NK인포메이션, NK디자인협회, NK지식인연대" 등이 참가한 것으로 알려진다.

미국에도 낯익은 풍경이 있는데 대상은 '쿠바'다. 관련 단체가 정말 많다. 쿠바 민주화와 인권보호를 위한 단체는 그중 작은 부분에 불과하다. '인권과 민족화해를 위한 쿠바 위원회(Cuban Commission for Human Rights and National Reconcilation)', 사회민주당(Social Democratic Party), 기독교해방운동(Christian Liberation Movement),

프리덤하우스(Freedom House), 아메리카인권감시(Human Rights Watch Americas), 플로리다주립대학교의 인권개선센터(Center for the Advancement of Human Rights), 자유사회프로젝트(Free Society Project), 자유쿠바센터(Center for a Free Cuba) 등이 포함된다.

공통적으로 민주화국가기금(National Endowment for Democracy)과 관련이 있다. 1970년대 말 CIA 불법이 폭로된 이후 등장한 얼굴마담이다. 미국 의회에서 연간 390만 달러 정도를 지원받으며 미국과 불편한 관계에 있는 국가의 민주화 운동을 적극 지원한다. 열린북한방송, 자유북한방송, 데일리NK 등에 돈을 대는 곳이다. 공략 국가 중에는 말레이시아, 아프가니스탄, 과테말라, 앙골라, 우크라이나, 베네수엘라, 중국, 파키스탄, 쿠바, 러시아, 짐바브웨, 미얀마 등이 있다.

자유쿠바센터는 그 가운데에서 주춧돌 역할을 한다. 홈페이지에는 "인권과 정치 및 경제적 자유를 존중하는 쿠바"로, "평화적인 정권교체가 사명"이라고 나와 있다. 트럼프 대통령의 국가안보보좌관을 맡고 있는 존 볼턴의 멘토로 알려진 진 커크패트릭이 설립자 중 한 명이다. 미국의 이익을 위해서라면 독재정권이라도 적극 지원해야 한다는 '커크패트릭 독트린'의 장본인이다. 전두환 정권이 그 수혜를 입었다. 탈북자 단체 뒤에 도사리고 있는 미국의 그림자가 상당하다는 이야기다. 그러나 국내 복합체는 이 정도 수준을 훨씬 뛰어넘는다.

박정희 군부는 쿠데타 성공 직후 반공과 관련한 일련의 법안을 통과시킨다. 1963년 12월 5일에 제정된 한국반공연맹법도 그중 하나다. 1954년에 이승만(남한), 장개석(대만), 엘피디오 키리노(필리핀) 세 명이 주도하여 설립한 '아시아반공연맹(Asian Peoples' Anti-

Communist League)'이 출발점이다.[121] 1조에 "공산주의의 침략으로부터 자유민주주의를 수호하고, 세계의 제민족과 반공유대를 강화하기 위하여 한국반공연맹을 설치하여 반공활동의 지도적 역할을 하게 함을 목적"으로 한다는 내용이 있다. 회원 자격은 "반공이념에 투철하고 연맹의 목적에 찬동하는 자"로 정했다. 주요 업무에는 "반공활동에 대한 지도와 협조, 아세아민족반공연맹과의 연락과 정보교환, 반공자료의 조사·연구, 반공요원의 교육·훈련, 반공사상의 계도와 각종 반공사업" 등이 포함된다.

인도네시아에서 쿠데타가 발생하기 직전이고 2차 인도차이나전쟁이 진행되던 때였다. 정부가 보조금을 지급한다는 조항도 17조에 나와 있으며, 민주화 이후 들어선 노태우 정부 시절에는 '한국자유총연맹 육성에 관한 법률'로 바뀐다. 1989년 3월 31일에 제정되었고, 1조에 "한국자유총연맹을 지원·육성함으로써 대한민국의 자유민주주의를 항구적으로 옹호·발전시키는 데 이바지하는 것"을 목적으로 한다고 밝혔다. 3조에 "국가와 지방자치단체는 조직과 활동에 필요한 운영경비와 시설비 기타 경비를 보조할 수 있다."는 내용도 담았다.

1998년 12월 10일에 발간된 《시사저널》에 이 단체에 대한 얘기가 일부 나온다. "이북5도민회·재향군인회·경우회 등 50여 개 단체가 회원 조직으로 가입한 총본부"로, "서북청년단·대한청년단의 뒤를 '합법적' 양상으로 잇고" 있다는 내용이다. 게다가 "김영삼 정권 때까지 조직원 90퍼센트 이상이 여당 당원이었고, 또 대부분 복덕방·약국·빌딩 주인처럼 주민 접촉이 빈번한 사람들이었다. 한 해 지원되는 예산만도 50억~60억 원. 여기에 정부 청사의 사무실 무상 임대

(전국 100여 곳)와 지방비 보조 같은 간접 지원이 추가"되는 단체나. 2018년인 지금도 별로 달라진 것은 없으며, 회원 수는 대략 350만 명에 달한다.

코리아에너지산업과 한전산업개발의 지분도 꽤 갖고 있다. 관변단체라는 점에서 정부가 늘 간섭을 한다. 역대 회장단에는 김정렬(공군참모총장), 임병직(외무부 장관), 이형근(육군참모총장), 주영복(국방부 장관), 정일권(육군참모총장), 권정달(보안사 차장 및 국회의원) 등의 이름이 있다. 박근혜 정권이 2016년에 밀었던 인물은 김경재다. 청와대의 지시를 받아 세월호 반대와 국정 교과서 찬성 등 각종 관제시위에 참여했다. 2017년 탄핵을 반대하는 태극기 시위에도 열심이었고, "박 대통령에 대한 마녀사냥은 중세 1000년 동안 벌어진 900만 명 마녀사냥보다 더 지독하고 악독한 것"이라고 말한 것으로 알려진다.[122]

1991년에 설립된 한미우호협회(Korea American Friendship Society)도 정부와 관련이 깊다. 공개된 사업으로는 "한미동맹강화 및 우호증진의 중요성을 국내와 미국에 알리고 양국 정부에 전달 및 촉구, 이를 위한 여론 형성 주도, 한미 간 문화와 학술관련 현안 문제에 관한 연구와 연구결과의 보급, 양국관계 강화를 위한 정책제안, 강연회와 출판물 발간" 등이 있다. 본사는 서울에 있지만 평택과 광주, 미국 뉴욕에도 지부를 둔다. 역대 회장은 모두 네 명이며, 전직 한미연합사 부사령관으로 있었던 한철수가 현직에 있다. 육군사관학교와 서울대를 졸업했다. 미국 정부가 수여하는 육군공로훈장(Legion of Merit) 수상자다. 1대는 보수우익단체의 대표 인사 중 한 명인 김상철로, 보수

인사를 규합해 이 단체를 발족시켰다. 반공주의자 이력이 화려하다. 《미래한국신문》 발행인, 반핵반김자유통일 국민대회 집행위원장, 탈북난민보호운동 본부장, 자유지식인선언 공동대표 등을 맡았다.

2005년 4월 11일 자《크리스찬투데이》에 김상철의 국가관이 잘 드러나는 강연이 소개되어 있다. 노무현 대통령 당시 상황을 "이 나라는 현재 사상과 가치관의 혼란이 극심하여 대한민국을 지키고 자유와 번영을 도와준 50년 한미동맹관계가 균열된 채, 친북, 반미 사상이 만연된 위기"라고 평가했다. 보수적인 개신교 목회자들이 주장하듯 한국전쟁은 "공산당의 잔혹성과 만행을 겪어 한국이 어떤 상황에서도 공산당의 기만에 더 이상 속지 않을 수 있게 해 준 체험적 교훈"이며, "우리 민족이 세계 인류가 공산주의라는 악령의 유혹에서 벗어나게 되는 귀한 일에 쓰임 받았다."는 얘기다.[123]

2대는 윤정석 중앙대 교수로, 1990년대 중반부터 영어로 강의한 걸로 유명하다. 미네소타대학교에서 연수를 마친 교수들이 돌아온 직후 서울대 행정학과를 졸업한다. 정치학 박사는 미시간대학교에서 했다. 1980년 국가보위비상대책위원회 내무분과 위원을 맡은 적이 있다. 문재인 정부에 대해 남긴 인터넷 댓글이 있는데, 2017년 11월 13일에 작성되었다.

나는 지금의 정부 운영자들이 너무 어려서 걱정이고 무경험의 확신을 가지고 최선의 국정을 한다고 하니 참 걱정스럽다. (……) 결국은 이번 정치를 주무르는 청와대 중심의 세상 모르는 젊은이가 맡아서 아무리 죽을 쑤어도 그들의 활동 시간은 앞으로 3년 정도이

니 그렇게 해서 나라가 망할 정도의 우리가 아니라고 생각한다. 다
만 그들을 권력의 자리에 올려놓은 우매한 사람들이 한번 이판에 고
생을 해 보았으면 좋겠다. 바보에게 속아서 바보같이 투표한 그들이
혼쭐 나야겠다고 나는 생각한다.[124]

전직 UN 대사 박근이 3대 회장이다. 2001년부터 2008년까지 맡
았다. 학부는 서울대 철학과를 나왔다. 펜실베이니아대학원을 졸업
하고 외무부 미주과장을 거쳐 외교안보연구원장과 주제네바 대사 등
을 거쳤다. 영어로 쓴 자서전 『무궁화(HIBISCUS)』를 2011년에 출판
했다. 그전에는 『한국의 보수여 일어나라』를 냈고, 보수운동을 위한
비정부기구인 '밝고 힘찬 나라 운동본부'의 설립자이기도 하다. 한미
관계에 대해서는 이렇게 평가한다.

> 미국과 한국은 서로에게 꼭 필요한 존재다. 미국의 경우 냉전시
> 대에는 북한 공산주의에 맞설 우군이 필요했고, 이제는 급부상하는
> 중국의 견제라는 현실적인 이유에서라도 한국이 필요하다. 한국은
> 아시아에서 자유민주주의와 자본주의를 이뤄낸 표본 국가로서 손잡
> 기 좋은 상대이기도 하다.[125]

기관지 《영원한 친구들(Lasting Friends)》도 발행하는데 2018년
7월 11일에 열린 '한미우호의 밤' 행사와 관련한 자세한 내용이 들
어 있다. 협회장 축사에는 이런 내용을 담았다.

외교통상부 조현 차관님, 주한미국대사관 마크 내퍼 대사 대리님, 한미연합사령관 빈센트 브룩스 대장님 내외분, 한미연합사 부사령관 김병주 대장님 내외분, 미국 대사관에서 오신 귀빈 여러분, 한미우호상 수상자와 주한미군 모범장병 여러분, 이 행사를 적극 지원해 주신 애국 후원자 여러분 (……) 오늘밤 우리는 고향을 멀리 떠나 이역만리 한국 땅에서 대한민국의 안전과 자유민주주의 수호를 위해 수고하고 있는 주한미군모범장병들을 위로하고 격려하기 위해 이 자리를 마련하였습니다.

뒷장에는 정회원 명단과 임원단이 소개되는데 재계, 학계, 관계, 군대 등으로 다양하다. 현재 이사장은 CJ그룹 회장 손경식이다. 고문으로는 권영해(전 국방부 장관), 김한주(전 이수장학재단 이사장), 윤종협(서울언론인클럽회장), 이상윤(전 내무부 장관), 이준용(대림산업 회장), 차일석(전《서울신문》사장) 등이 참가한다. 그 밖에 고영주(전 방송문화진흥회 이사장), 유진(풍산그룹 회장), 문용린(한국교직원공제 이사장), 박재규(경남대 총장), 정구호(전 KBS 사장), 최태원(SK 회장) 등이 이사로 재직 중이다.

목적과 참가자 성향이 비슷한 곳이 꽤 있는데, 그중 하나는 2014년에 설립된 '자유민주연구원'이다. 2018년 7월 25일 자《조선일보》는 "격동의 한반도 ── 전문가 진단 2부"에서 이 단체의 원장인 유동열을 전문가로 인터뷰한 내용을 실었다. 그는 "비핵화는 김정은 정권이 없어져야 가능하다."고 전망하고 "북한 노동당 규약에는 '남한을 적화통일해 공산화하는 게 목표'라고 명시돼 있으며 북한은 이를 바꾸지 않았다."고 소개한다. 당시 칼럼에는 권위를 가진 전문가라는 점을 강조할 의도로 "미국 센트럴대학교에서 명예 정치학 박사 학위를 받았다. 이후 경찰청 공안문제연구소 연구관, 경찰대학 치안정책연구소 안보대책실 선임연구관, 대검찰청 공안자문위원 등을 지냈다."라는 경력을 덧붙였다. 2018년 6월 24일에는 그가 쓴 "6·25 남침전쟁과 종전선언"이라는 제목의 칼럼이 《서울경제》에 실렸다. "종전선언을 한다고 한반도에 평화가 정착될까. 문명사와 특히 70여 년간의 남북관계를 되돌아볼 때 종전이라는 정치적 선언이나 문서 서명으로 평화가 보장될 것이라고 믿는 것은 망국적 인식이다."라는 주장이다.

네이버나 다음을 통해서는 자주 접할 수 없는 단체지만 《블루투데이》, 《월간조선》, 《뉴데일리》, 《기독일보》와 《미래한국신문》 등에는 자주 등장한다. 재단을 설립한 목적은 "헌법 정신에 기초하여 대한민국의 자유민주주의체제를 수호, 발전시키기 위한 제반 전략을 학술적으로 연구, 전파하는 것"으로 알려진다. 해외 지부는 뉴욕, 워싱턴, 로스앤젤레스 등에 있다. 고문으로 이름이 올라가 있는 사람으로는 전직 경기도지사 김문수, 민주평통 수석부위원장 김현숙, 세종연구소장 송대성, 내무부 장관 안응모, 대법관 정기승 등이다. 정책자문위원으로는 임정혁(전 서울고검장), 고영주(전 방문진 이사장), 권영철(전 국정원 국장), 김규석(전 국정원 차장), 류석춘(연세대 교수), 박정이(전 예비역 대장), 이주영(뉴데일리 이승만연구원장) 등이 참가한다. 전직 대검공안연구관 함귀용 변호사, 여의도연구원 부위원장 이동호, 중앙대학교 제성호 교수, 박휘락 국민대학교 정치전문대학원장과 김철우 국방연구원 연구위원 등도 돕는다.

정부 후원으로 설립된 한미동맹재단도 닮은 점이 많은 곳이다. 2016년 7월 6일 자《중앙일보》에 "미국 내 친한 단체 '주한미군 전우회' 만든다"는 제목의 기사가 뜬다. 제안자는 공항에서 지상조업 서비스를 하는 스위스포트코리아 김종욱 대표다. 그는 인생의 전환점을 제공해 준 카투사 경험을 살려서 2007년에 대한민국 카투사협회를 만들었다. "미국에서 군인은 존경받는 직업군 중 하나입니다. 때문에 군인에 대한 존중이 우리나라와 달라요. 미군부대는 군대가 아닌 소규모 사회인 거죠. 저는 그 속에 어울려 생활하면서 독립심과 존중을 배웠습니다."라고 말할 정도였다. 2017년에는 "참전전우회의 영속성도 이어가고, 미국 내에서 한국의 목소리를 대변할 친목단체가 필요하다."는 인식에 따라 '주한미군전우회(Korea Defense Veterans Association, KDVA)'를 만들었다. 주한미군, 한미연합사, 카투사에서 근무한 한미장병 300만 명을 대상으로 한다.

한미동맹재단은 이 단체를 지원하기 위한 목적에서 설립된다. 국내 최대 방위산업기업인 한화(주)는 이 두 단체를 위한 후원의 밤을 열어 주었고 100만 달러를 기부했다. 향후 지속적인 지원을 하겠다는 양해각서도 체결된다. 문재인 정부가 들어서기 전으로 언론에도 꾸준히 등장한다. "브룩스 사령관, '북한 김정은, 준비된 한미동맹에 맞서지 않을 것.'《조선일보》2018년 6월 26일 자에 실린 기사다. "브룩스 사령관은 이날 국방부 영내 육군회관에서 한미동맹재단이 주최한 제2회 한미동맹포럼 초청연설에서 '한미동맹은 철통과 같다'며 '100퍼센트 함께 한다는 것을 우리의 목표로 하고 있고 그렇게 해야 우리가 강하게 앞으로 나갈 수 있다'고 밝혔다."는 내용이 나온다.

작년 2017년 10월 27일 자에는 "매티스 美 국방부 장관, 타고 온 '심판의 날' 항공기는?"이라는 제목의 기사도 등장한다. "매티스 장관은 문재인 대통령과 접견해 전시작전통제권 전환 계획 등을 논의하고, 저녁에는 한미동맹재단과 주한미군 전우회가 공동으로 주최하는 한미동맹 만찬행사에 참가해 주한미군 장병들을 격려할 예정이다." 라는 부분이다. 회장은 한미연합사 부사령관과 합참의장 등을 거친 전직 4성장군 정승조다. 그는 인사말을 통해 이렇게 밝혔다.

"한미동맹은 우리가 앞으로 아무런 노력을 하지 않아도 그저 공짜로 주어지는 것은 아니라고 생각합니다. 한미동맹이 한미 양국의 국가 이익에 부합된다는 확고한 신념을 가지고 동맹이 더욱 공고해지고 긴밀해질 수 있도록 양국이 함께 노력해야 합니다. 저희 한미동맹재단은 이러한 한미동맹을 증진하는 사업을 추진하기 위해 결성하게 되었습니다."

확실한 친미 인맥으로 분류되는 외교부 북미국에서 과장과 국장을 거쳐 외교부 장관이 된 유명환이 이사장이다. 국무총리실장을 역임한 권태신도 이사 중 한 명이다. 그는 서울대 경제학과를 졸업하고 미국 밴더빌트대학교에서 공부했다. 전직 육군참모총장 권오성, 국방정보본부장 윤학수, 해병대 사령관 이호연, 해군참모총장 정호섭, 외교부 통상교섭본부장 김종훈, KBS 대외협력국장 이강덕 등도 이사진 구성원이다. 고문으로 참여하는 인물로는 전직 육군참모총장 김동신, 국방위원장 김학용, 국가보훈처장 박승춘, 금융감독위원장 신제윤과 현직 한미협회장 박진 등이 있다.

예비역 장성들이 조직한 '성우회' 역시 안보 현안에 적극 개입하는 단체다. 뿌리는 1965년의 성우구락부(星友俱樂部)로 거슬러 올라간다. 전두환 정권에 의해 해체되었다가 1989년에 다시 만들어졌다. 목적은 "회원 상호간의 친목과 상부상조를 도모하는 것 외에, 자유수호, 국가보위와 조국의 평화통일에 관련된 문제를 연구 분석하여, 이 가치 수호에 중대위협이 되는 조짐이 있을 때에는 비판, 계몽하여 자유민주주의 체제수호를 위한 국민적 결의를 선도하는 것" 등으로 정해져 있다.

몇 개 일화를 통해 이 단체의 정체성을 파악할 수 있다. 한예로, 《중앙일보》는 지난 2006년 12월 27일 자에 "통수권자에 사과요구"라는 제목의 기사를 내보냈다. 군대와 관련해 노무현 대통령이 한 발언을 문제 삼기 위해 "재향군인회관의 성우회 회의실에서 역대 국방부 장관, 합참의장, 육·해·공군 참모총장, 해병대 사령관, 연합사 부사령관, 성우회 회원들이 긴급 회동한 가운데 노 대통령의 사과를 공식적으로 요구하는 성명서를 발표했다."는 얘기다. 성명서에는 "국가안보를 위해 일생을 바쳐 온 우리는 12월 21일 행한 대통령의 연설을 듣고(군 통수권자인 대통령이) 우리 국민과 국군, 헌법을 모독하고 신성한 국방의무를 폄훼한 데 대해 실망과 분노를 금할 수 없다."는 내용이 들어 있다. 발단이 된 발언은 "별들 달고 거들먹거리고…… 부끄러운 줄 알아야지."와 "미국 바짓가랑이에 매달려 엉덩이에 숨어서……." 등이다.

성우회는 전시작전통제권의 한국군 단독행사를 반대하는 내용의 성명서를 미국 의회에 전달하기도 했다. "미국 정부가 한국의 준비 상태가 부족한데도 노무현 정부의 일방적인 요구에 순순히 응했다. 이 중대한 문제에 대해 미국 정부와 조야는 물론 미국 국민이 우호적인 관심을 보여 줄 것을 강력하게 요구한다."는 내용이다. 김관진 국방부 장관과 가진 모임을 통해 "이번 재협상 시는 전환시기를 못 박지 말고, 북핵과 연계한 상황 조건에 의한 전환으로 협의해 주실 것으로 기대한다."는 등의 압력을 행사한 사실도 드러났다.[126] 앞서 조주형 대령이 말한 군부 엘리트의 사대주의를 잘 보여 준다. 역대 회장 대부분이 해외군사교육훈련(IMET)을 받은 경험과 무관하지 않다. 확인된 미국 유학파만 1대 백선엽을 비롯해 유재흥(2대), 민기식(4대), 장치량(5대), 김영관(6대), 오자복(7대), 김상태(8대), 고명승(12대) 등이다. 장군 중 대부분이 IMET 출신이라는 점을 감안할 때 별로 놀랄 일도 아니다.

복합체의 결집과 사상투쟁에서 중심축으로 활동하는 《조선일보》도 주목할 필요가 있다. "北 위협 사라져도…… 美軍 주둔은 한미동맹의 상징"이라는 기사는 2018년 5월 6일 자 《조선일보》 군사전문기자 유용원의 글이다. "한반도 주변의 중국, 러시아, 일본은 모두 최근 들어 인접국들을 상대로 패권주의적 성향을 강하게 나타내고 있다. 이들을 효과적으로 견제하면서 동북아의 안정을 유지하는 역할은 수십 년 동안 전쟁 준비를 해 온 주한미군이 전담할 수밖에 없다."는 주장을 담고 있다. 그 근거로는 1953년에 체결된 한·미상호방위조약을 들었다.

북한만이 아니라 태평양 지역의 전반적인 위협을 방어하기 위해 체결되었다는 건 맞는 얘기다. "누구를 위한 것"인지 살펴보면 다른 그림이 보인다. 복합적 목적으로 냉전을 시작하기 위한 포석이었다. 2부와 3부에서 다룬 미국의 대외정책과 관련된 얘기다. 북대서양방위조약기구(NATO), 중동조약기구(METO), 중앙아시아조약기구(Central Treaty Organization, CENTO), 동남아방위조약(SEATO) 등이 그때 나왔다. 한국은 이 과정에서 좋은 구실이 되었다. 역사를 반복하자는 것도 아니고 우리가 다시 들러리를 서야 할 이유는 없지 않을까.

미국 내부에서도 '최악의 실수'라고 평가하는 2003년 이라크전쟁 때도 이 신문은 '파병'을 적극 주장했다. 논리는 한미동맹이다.

결국 미래의 우리 안보가 미국과의 공조 속에서 이뤄질 수밖에 없다는 게 좋든 싫든 인정할 수밖에 없는 우리의 현실이다. (……) 지금껏 일방적인 수혜자의 위치에 있던 한국이 이번 일로 미국을 도우면서, 한·미관계가 쌍방향 관계로 발전한다면 미국 내에서 한국의 적극적 입지를 확보할 수 있는 능동적 측면도 함께 있다.[127]

한미동맹이 살길이라고 믿는 《조선일보》의 숭미(崇美) 사대주의와 관련이 깊다. 동전의 양면에 해당하는 '반공주의'는 더 잘 알려져 있다. "공산당이 싫어요. 어린 항거 입 찢어……." 1968년 12월 1일 자 《조선일보》에 실린 이 기사로 인해 '이승복 신화'가 만들어졌고 기념관도 생겼다. 그러나 많은 사람들이 당시 보도에 대해 의혹을 제기해 왔다. 전직 한국언론재단 이사를 지냈던 정운현의 글에 따르면

"조선일보 기사는 작문"일 가능성이 높다.[128]

1986년 10월 30일에는 "북괴 금강댐 강행 땐 자위조치"란 기사를 통해 "한수(漢水) 이북 국군 완전 고립" 등의 소설을 썼다. 위에 나오는 선우중호 서울대 교수가 '곡학아세'를 했다는 그 일화다. 그해 11월 16일에는 난데없는 김일성 사망설을 들고 나왔다. "김일성 총 맞아 피살"이라는 제목이었다. 그 밖에도 많은데 1994년 전쟁 직전까지 내몰리던 상황에서도 "불난 집에 부채질"을 했다. 1993년 3월 24일에는 "주민들에게 폭탄주머니를 차고 다니게 하고 전쟁지도를 지급하는 등 전쟁 분위기를 조성하고 있는 것으로 알려졌다."고 보도했다. 무려 24년 만에 결국 '무죄'가 확정된 강기훈 '유서 대필 조작 사건'의 배후자 중 하나였다. 1991년 5월 5일에는 "죽음의 굿판 당장 걷어치워라. 환상을 갖고 누굴 선동하려 하나."라는 김지하의 글을 실었다.[129] 월간《인물과 사상》에 실린〈조선일보〉의 오보 사례도 넘쳐난다. "노래패 '희망새' 3명, 김일성 찬가 불러 구속"(1994년 4월 17일 자), "북 지원 쌀 일부 군량미로 사용"(1996년 2월 12일 자), 황장엽 씨 기자회견과 관련한 "북은 꼭 전쟁 일으킨다"(1997년 7월 11일 자), 또 한완상 총리와 최장집 교수에 대한 '사상 검증' 논란 등이 유명하다.[130] 반공 심리전에 가깝다. 왜 그럴까? '북한 실향민, 군인, 서울대'가 결합된 의사결정권자에 답이 있다.

평안북도 정주. 대표이사 방우영, 부사장 홍종인, 편집국장 선우휘가 모두 이곳 동향이다. 권력 실세였던 백낙준, 극작가 오영진, 장군 백선엽, 고려대 총장 김준엽 등이 모두 '평안도' 출신이다. 고당 조만식 선생 기념사업회 회장을 방우영 사장이 맡게 되는 배경이기도

하다. 북한 김일성 정권과 소련 군정에 대한 반감이 아주 컸다.

또 다른 연결고리는 '군대' 경험이다. 전쟁을 겪었고 '적과 아군'
이 누구인지를 몸으로 체득했다. 정훈장교 시절 선우휘는 '반공교육'
과 '사상전'을 설계했던 이선근과 함께 일했다. 제대 당시 계급은 대
령이다. 편집국장을 지낸 안병훈도 해병대 장교로, 해병청룡회 회장
과 뉴데일리 이승만연구소 회장을 맡았다. 김대중 주필도 ROTC 출
신으로 주한미군 제2군단 사령부에서 영어 통역장교로 근무한 경력
이 있다. 편집부국장 출신의 이도형 또한 육군대위 출신이다. IMET
참가자로 미국 심리전 학교를 졸업했다. 대한민국 국민포럼이라는 우
익 단체와 연결되어 있는 《한국논단》을 1989년에 창간한 인물이다.

거의 비슷한 시기에 미국에서 공부하고 온 교수들에게 배운 '서
울대' 동문이라는 점도 놓치면 안 될 부분이다. 청와대 정무비서관
과 문화공보부 장관을 두루 거친 최병렬 편집국장은 1938년 출생으
로 서울대 법대에서 공부했다. 서든캘리포니아대학교를 나온 유학파
이기도 하다. 부사장을 역임한 안병훈 역시 같은 해에 태어났고, 같은
대학 영문과 동문이다. 편집국장과 주필을 지낸 김대중은 1939년생
으로 서울대 행정학과 출신이다. 대우조선 로비를 해 준 보상으로 호
화 해외 유람을 다녀온 송희영 주필 역시 같은 대학 영문과에서 공부
했다. 방일영 장학생으로 알려진 인물이다. 한국 사회의 주류였고, 다
른 관점을 갖는 게 어색한 부류다.

《월간조선》의 조갑제는 '전향'한 경우다. 《국제신문》에 있을 때
박정희 정부를 비판하다 두 번이나 해직당한 경험이 있다. 1986년 공
안검사 정형근 전 의원을 만나 '반공주의자'로 돌아섰다. 독실한 기

독교인이다. 2018년 2월 24일에 쓴 「한국의 기독교가 일어나야 할 이유」에 성향이 잘 드러나 있다. "공산주의 핵심은 인간이 가진 양면성(천사성과 악마성) 가운데 악마성을 선동하여 천사성과 양심을 말살한 다음 인간을 살인과 거짓의 기계로 만드는 증오와 위장의 과학"이라고 말한다.

제헌의회에서 '기도'로 행사를 시작한 것도 높이 평가한다. "대한민국은 그 출발이 하나님에 대한 기도로 이뤄졌고, (……) 李박사(이승만 대통령)가 말한 것처럼 기적처럼 온 광복과 대한민국의 건국은 한국인의 실력만으로써 된 것이 아니라 미국 등 연합국의 도움과 절대자의 뜻으로 해석할 수밖에 없는 많은 우연과 인연 속에서 이뤄진 면"이 있다고 본다. "李承晚(이승만 대통령)이 미국 정책입안자들보다도 더 일찍 스탈린과 공산당의 본질 및 전략을 간파한 다음 대한민국을 반공(反共) 자유민주주의 토대 위에 세우기로 결심한 것은 그의 기독교적 세계관이 공산주의의 내면을 투시할 수 있었기 때문일 것"이라는 희한한 해석도 덧붙인다.[131]

조갑제는 또한 2001년 9월에 "친북 세력에 대항할 세력은 반공 기독교뿐"이라는 제목의 특집 기사를 마련했다. "독재자 김정일은 기독교인을 박해하는 기독교의 적이며, 김대중 정부의 통일 정책은 보수 기독교에 대한 탄압"이기 때문에 "보수 기독교 교단"이 맞서야 한다고 촉구했다. 복합체에서 '기독교'(특히 개신교)가 얼마나 결정적인 영향을 미치고 있는지 잘 보여 주는 사례다.

"보수교계 反文 기도회 논란"(노컷뉴스, 2018년 8월 9일), "'문재인은 공산주의자' 폭주하는 극우 개신교"(뉴스앤조이, 2018년 8월 15

일), "불변의 목표는 한미동맹 약화 없는 북핵 완전포기"(크리스천투데이, 2018년 5월 16일). 언론에서 쉽게 접하는 일상의 풍경이다. 노무현 대통령이 집권할 때는 더 심했다. 교계에서 발행하는 《아멘뉴스》 2003년 6월 25일 자 "10만 참석 반핵 기도 물결"이라는 제목의 글에 당시 상황이 잘 설명되어 있다. 행사를 주최한 곳은 '반핵반김·자유통일 국민회의', 한국기독교총연합회, 한국기독교지도자협의회 등이다. 서울시청 앞 광장에 대략 10만 명 이상이 모였다. 길자연 목사(한국기독교총연합회 대표회장), 조용기 목사(여의도순복음교회), 김장환 목사(수원중앙침례교회), 최성규 목사(KNCC) 등 교계 인사 예순여 명과 소속 교회 신도들이 모였다.

길 목사는 "지금 이 땅에서 벌어지는 심각한 혼돈과 분열과 위기의 문제들은 우리 민족과 한국교회가 죄를 깨닫고 깨어서 기도하라는 하나님의 경종"이라고 말했다. 최해일 목사 역시 "북한이 남침을 했을 때 미국과 UN이 없었다면 우리는 이 자리에 없었을 것"이라며 "국민대회를 통해 단합된 국민의 힘과 안보의식과 동맹국가 간의 결합을 공고히 하고 하나님이 도우시도록 합심해 기도하자."고 외쳤다. 2004년 10월 4일에는 '10·4 국보법 사수 국민대회'도 열었다. 대표기도를 맡은 신신묵 목사는 "이미 폐기된 공산주의 사상이 이 땅을 급속히 오염시키고 있다. 김정일과 북한 정권을 여리고 성처럼 무너뜨려 주소서."라고 기도했다. 금란교회의 김홍도 목사가 배포한 보도자료에도 "지금 대한민국은 간첩 천국"이며 "우리나라가 잘살 수 있도록 수십 년 동안 도와준 미국을 대적하는 반미사상, 공산주의 사상이 염병처럼 퍼져 간다."는 내용이 담겼다.[132]

다른 목소리를 내는 교회들도 물론 있다. "한반도 문제를 '골치 아파'하지 말고 '가슴 아파'해야 한다." 경동교회 박종화 목사의 말이다. "교회는 정부가 아니기 때문에 교회의 대북 상대는 북한 정부나 당이 아닌 북한 백성"으로 "우리 기독교인은 하나님을 믿는 자율적 백성으로 때를 얻든 못 얻든 대북지원을 지속해야 한다."고 주장했다.[133] 이명박 정부가 천안함 사건과 연평도 포격 등에 반발해 대북지원 사업과 교류를 전면 중단한 5·24조치 4주년을 하루 앞두고 나온 발언이다. 유신체제에 반대하고 민주화 운동에 앞장섰던 강원룡 목사가 이끌던 교회다.

교회 건물에 "정의를 심어 평화의 열매를! '정전협정을 평화협정으로!"라는 현수막을 건 곳도 있는데 향린교회다. "민중은 가난하고, 억눌리고, 빼앗기는 계층이지만 자신을 구원하는 역사의 주체이며, 하나님 나라를 함께 이루어 가는 계약의 파트너"라는 관점을 내세우는 민중신학의 탄생지다. 스님이나 이슬람 성직자도 와서 설교를 하고, 교회당이 아니라 제주 강정마을이나 용산참사 현장, 촛불집회 현장에서도 예배를 본다. 교인도 500명이 넘으면 무조건 분가를 시킨다. 보수적인 대형 교회와는 전혀 다른 모습이다.[134] 문제는 여전히 소수의 목소리에 머문다는 점이다. 다수는 도대체 왜 그럴까? 종교 '아바타'가 된 것과 관련이 많다. 꽤 역사가 깊다.

평안도는 조선조 1413년에 행정구역으로 정해졌다. 북한의 수도인 평양을 포함해 평안남도, 평안북도, 자강도, 남포특별시 등을 포괄한다. 이와 관련해 두 가지 이야기가 유명하다. 하나는 "평안감사도 제 하기 싫으면 그만"이다. 정말 좋은 것이 있어도 본인이 원하지 않으면 소용없다는 뜻이다. 평안감사라는 자리가 그만큼 좋다는 뜻도 된다. 평안도는 중국과 인접해 있으면서 일찍부터 상업과 공업이 발달한 곳이다. "장사란 이익을 남기는 것이 아니라 사람을 남기는 것"이란 말을 한 것으로 전해지는 조선 최대 장사꾼 임상옥의 고향도 평안북도 의주다. 대륙에서 전해지는 서양 문물도 쉽게 접할 수 있는 곳이다.

통일신라 이후 정치권력은 주로 경상도가 장악했다. 조선에 들어서도 지역 차별은 지속된다. 관련한 다른 얘기는 1811년에 일어난 '홍경래의 난'이다. 지식인과 상인들이 주도했고 누적된 소외감이 원인 중 하나였다. 홍경래는 격문을 통해 이렇게 따졌다.

임진왜란 때 재조(再造)의 공이 있었고, 종묘의 변에는 양무공(襄武公 : 정봉수)과 같은 충신이 있었다. 돈암(遯庵) 선우협과 월포(月浦) 홍경우와 같은 재사가 나도 조정에서 이를 돌보지 않고, 심지어는 권문세가의 노비까지 서북인을 평한(平漢)이라고 멸시하니 분개하지 않을 수 없다. 국가 완급(緩急)의 경우에는 서북인의 힘을 빌리면서도 4백 년 동안 조정에서 입은 것이 무엇이냐?

혁명은 성공하지 못했지만 불씨는 구한말에 다시 살아났다. 대원군이 집권한 시기는 1864년부터 1873년이다. 중국에서 아편전쟁이 일어났다는 얘기를 들었지만 장차 세상이 이렇게 변할지는 몰랐다. 통상을 요구하는 프랑스와 미국에 대해서는 전쟁을 마다하지 않고 거부했다. 서양 오랑캐가 일으킨 소요 사태라는 뜻을 가진 1866년의 병인양요(丙寅洋擾)와 1871년의 신미양요(辛未洋擾) 얘기다. 무조건 거부한 것은 아니라 실력을 쌓은 다음에 점진적으로 개항하겠다는 입장이었다. 정약용이 천주교를 믿었다는 죄목으로 귀향을 간 1801년의 신유박해가 일어난 지도 이미 70년이란 세월이 지난 때였다. 평양을 중심으로 활발한 교류가 진행될 수밖에 없는 상황이었다. 결국 조선은 1876년에 일본과 강화도조약을 맺었다. 뒤이어 미국, 청나라, 영국, 독일, 러시아와 프랑스 등이 속속 조선에 진출했다. 단순한 교역만 이루어지는 것이 아니라 사람과 생각도 오간다.

평안도 엘리트의 대응은 크게 세 가지로 나누어진다. 그중 하나는 단군사상을 비롯한 대종교와 천도교 등 민족주의 사상의 확산이다. 나머지 두 개는 황석영이 소설 『손님』에서 얘기한 '개신교'와 1920년대 본격 확산된 '사회주의' 사상이다. 변화를 추구한다는 점은 같았지만 목표와 전략은 달랐다. 그래도 미국에 대해서는 다들 좋게 생각했다.

1898년에 스페인과 전쟁을 하기 전만 하더라도 미국은 '먼로주의'에 머물러 있었다. 영국에서 독립을 쟁취한 국가였고, '민주주의'라는 것을 최초로 채택했다. '권리법안(Bill of Rights)'을 통해 종교의 자유, 표현의 자유, 집회의 자유, 청원의 자유 등을 헌법에 포함시킨 진보의 상징이었다. 청나라의 황준헌이 『조선책략(朝鮮策略)』을 통해 이렇게 말할 정도였다.

아! 러시아가 이리 같은 진나라처럼 정벌에 힘을 쓴 지, 3백여 년, 그 처음이 구라파에 있었고, 다음에는 중아시아였고, 오늘에 이르러서는 다시 동아시아에 있어서 조선이 그 피해를 입게 되는 것이다. 그러한즉, 오늘날 조선의 책략은 러시아를 막는 일보다 더 급한 것이 없을 것이다. 러시아를 막는 책략은 무엇과 같은가? 중국과 친하고 일본과 맺고, 미국과 연결함으로써 자강을 도모할 따름이다.

미국 선교사들이 누린 연성 권력(soft power)이 대단했음을 알게 된다. 평양의 장대현교회는 이런 배경에서 1894년에 설립된다. 1907년에는 평양 대부흥운동이 일어나 교세가 크게 확장된다. 1919년의 3·1절 독립운동도 미국 윌슨 대통령이 제시한 '민족자결주의'에 영향을 받았다. 그래서 당시 참가자 중에는 개신교 신자들이 많았다.

1920년대를 맞으면서 제국주의가 지속된다는 것은 더욱 분명해졌다. 일본의 식민지배는 이제 피할 수 없는 현실이 되었다. 각자 방법을 찾았다. 일부는 선교사의 도움으로 미국 유학을 떠났다. 영락교회의 한경직은 프린스턴신학교를, 경동교회의 김재준은 피츠버그신학대를, 또 한신대학교를 설립한 송창근은 덴버대학교를 각각 졸업했다. 1930년대 초반으로 시기도 같았고 프린스턴대학교를 모두 거친 동문이었다. 귀국 후에는 교회를 중심으로 선교 활동을 했다. 민족주의 진영은 현실타협주의와 그렇지 않은 진영으로 쪼개졌다. 민족개조론과 민족적 경륜 등을 내세운 이광수와 최린 등은 현실주의에 속하며, 투쟁보다 실력을 키우자는 입장이었다.

이상재와 안재홍은 이를 거부해 일본에 지항될 수 있는 방법을 찾았다. 이들이 찾은 연합세력이 사회주의 운동이었다. 1917년 볼셰비키혁명의 성공 이후 누구나 사회주의를 얘기할 때였다. 님 웨일스

가 쓴 『아리랑』의 주인공 김산(본명은 장지락) 등이 이때 활약한 인물
이다. 일본 식민지를 벗어나기 위해 소련이 제안한 국제공산주의 연
대에 관심을 가질 때다. 국경 너머에서 일본군에 쫓기면서 부르던 노
래가 있다. 「아리랑」이다.

> 아리랑 아리랑 아라리요
> 아리랑 고개를 넘어간다
> (······)
> 청천 하늘에 별도 많고
> 우리네 가슴엔 수심도 많다
> (······)
> 이천만 동포야 어데 있느냐
> 삼천리 강산만 살아 있네
> (······)
> 지금은 압록강 건너는 유랑객이요
> 삼천리 강산도 잃었구나
> 아리랑 아리랑 아라리요
> 아리랑 고개를 넘어간다

　1928년에는 민족주의와 사회주의가 연합한 신간회(新幹會)가 만
들어졌다. 회장은 이상재, 부회장은 권동진, 안재홍, 신석우, 문일평
등이 맡았다. 각종 노동쟁의, 소작쟁의, 동맹휴학 등을 지원하는 한
편, 1929년에는 원산 노동자 파업에도 힘을 보탰다. 일본인 현장 감

독이 노동자를 구타한 사건이 계기였으며, '8시간 노동제 시행, 노조 승인' 등을 요구 조건으로 내걸었다.[135]

진영이 좀 더 뚜렷해지기 시작한 것은 중국과 일본이 전쟁을 시작한 1937년 이후였다. 임시정부를 중심으로 해외에서 독립운동을 하던 세력은 '한국독립당'으로 뭉쳤다. 기독교인 중에서도 종교와 민족의 통합을 시도한 이들이 나타났다. 대표적인 인물이 김교신 목사로, 1942년 일본에 의해 폐간당한 월간《성서조선》을 발간한 분이다. "조선공산당이 다른 나라 공산당보다 특이한 것이 있다면, 기독교도 조선 김치 냄새나는 기독교가 나지 말란 법이 있으랴."는 입장을 취했다. '조선성서연구회'를 함께 했던 함석헌 선생도 여기에 속한다. 월간《사상계》를 통해 "형제를 죽이고 훈장이 무슨 훈장이냐?"라고 꾸짖었던 분이다. 정권에 아부하는 언론에 맞서《씨알의 소리》를 발간하기도 했다.

그러나 대부분의 개신교 목사들은 일본과 협력하는 쪽에 줄을 섰다. 특히 미국에 유학하고 온 인물들의 변신이 두드러졌다. 예를 들어 김활란(컬럼비아대학교)과 고황경(미시간주립대학교)은 전쟁 물자를 모으기 위한 친일여성단체인 '애국금채회' 발기인이 되었다. 또한 프린스턴신학대 동문인 백낙준은 "영원히 광망 뻗도록"과 같은 제목의 논설을 발표했고, 윤하영은 '조선예수교장로회동맹'을 결성해 궁성요배 등의 의식을 진행한 것으로 알려진다.[136] 1942년 7월 1일 자《기독교신문》에는 이런 내용이 나올 정도였다.

조선예수교장로회 총회에서는 지나사변(중일전쟁) 이래 황군의 혁혁한 전과에 감격하여, 작년 8월부터 애국기 헌납 운동을 전조선적으로 일으켜 36만 교도가 총동원하여 육해군에 애국기 한 대씩과 고사기관총 7대의 자금으로 금(金)12만3백17원을 헌납하였고, 2천5백여 교회당의 종까지 헌납하여 총후(銃後)의 적성(赤誠)을 보여 왔는데, 이번 6월 19일에는 다시 총회장 철원지화(鐵原志和), 정인과, 백낙준, 이용설, 오문환 등 대표가 조선군사령부로 창무(創茂) 보도부장을 방문하고 육군 환자용 자동차 2대의 기금으로 2만3천2백21원28전을 헌납하였다.[137]

만주와 연해주 등에 나가 있던 사회주의 계열은 이들과 달리 본격적인 무장투쟁을 벌였다. 북한의 김일성은 당시 중국공산당이 조선인과 연합해서 조직한 '동북항일연군' 소속이었다. 정식 직책은 제2군 제6사단장 자격이다.[138] 대부분 젊었고 빈농과 소작농 출신이 많았다. 귀국 후 북한이 사회주의 개혁을 추진하면서 교회와 충돌하기 시작한다. 교인들은 주로 자본가, 지주계급과 유학파 등이었고, 이들은 토지개혁을 비롯한 사회주의 정책에 찬성할 수 없었다. 한경직과 윤하영 등은 '기독교사회민주당'을 설립했고 탄압을 받았다.

1946년을 전후로 대략 100만 명이 남한으로 왔고 그중 70퍼센트는 서북 지역 출신이었다. 미군정과 이들은 곧 의기투합한다. 미국 선교사의 영향으로 유학을 다녀온 사람들이라 모두 '친미파'였다. 2차 세계대전을 거치면서 미국이 "제국"으로 변했다는 것은 알지 못했다. 남미에서 벌인 '바나나 전쟁'은 물론 필리핀 점령에 대해서도 자세한 내막은 몰랐다. 국제사회를 대상으로 한 냉전 전략이 기획되었다는 것을 안다는 것은 거의 불가능에 가까웠다.

군정 입장에서는 너무 좋았다. 영어도 되고, 미국도 알고, 또 '공산당'에 대한 피해의식이 있는 이들은 훌륭한 동반자였다. 일본에 협력했다는 과거로 인해 군정에 더욱 의지할 수밖에 없었다는 점도 고려된다. 현직 목사였던 배민수, 임창영을 비롯해 황성수, 임병직, 이순용, 유일한, 한영교 등 다수의 개신교 신도들이 군정 관리로 임명된 것은 이런 이유에서다. 미국의 주류와 '동일한' 방식으로 세상을 이해한다는 것이 결정적이었다. 가령 남한 개신교의 대부로 알려진 한경직 목사는 이렇게 믿었다.

> "묵시록을 보면 거기 큰 붉은 용이 있어서 그의 사자들과 같이 천사장 미가엘과 그의 사자들로 더불어 하늘에서 싸우다가 땅에 쫓겨 내려오고 또한 계속해서 땅 위에서 성도들과 싸운다는 이야기가 있습니다. 여기 붉은 용은 사탄을 의미합니다. 이 사탄은 때를 따라서 여러 가지 탈을 쓰고 하나님 나라를 적대합니다. 이 20세기에는 공산주의의 탈을 쓰고 나타난 것은 틀림없습니다."[139]

반공 설교로 단숨에 스타가 된 빌리 그레이엄의 설교와 거의 같다. 로스앤젤레스에서 1949년 9월에 열린 부흥회를 통해 그는 이렇게 주장했다.

> "세상은 두 진영으로 나눠지고 있다. 한편에서 우리는 소위 서양문화를 보고 있으며, 그 문화의 열매는 하나님의 말씀인 성경과

17세기와 18세기 부흥에 토대를 갖고 있다. 다른 한편에서 공산주의는 하나님에 대항해서, 그리스도에 대항해서, 성경에 대항해서, 그리고 모든 종교에 대항해서 전쟁을 선포하였다."

공산주의가 전염병처럼 확산되고 있다는 것, 교회가 공산주의 신학을 제대로 모르기 때문에 연구해야 한다는 것, 또 공산주의에는 적그리스도의 표지가 있다는 논리였다. "기독교 대 공산주의", "당신의 영혼을 위한 투쟁", "사탄의 종교", "미국의 영적 책임" 등의 설교에 잘 나와 있다.[140] 낯익는 풍경은 지금도 지속된다. 한 예로,《월간조선》의 조갑제는 이렇게 말한다.

"김일성과 김정일은 사탄이다. 원수와 사탄은 다르다. 김일성 부자를 용서하라고 말하는 목사는 착각한 거다. 반(反)성경적 생각이다. 김일성과 김정일을 돌려놓을 방법이 없다. 사탄처럼 제거해야 한다."[141]

김활란의 이름 중 금(金)과 란(蘭)을 따서 설립한 금란교회(金蘭教會) 김홍도 목사 또한 이렇게 설교한다.

"종북(從北) 사상을 가진 사람들은 반미(反美) 사상을 가진 사람들이고 국부 이승만을 증오하기 때문에 차기에는 반공 친미의 사상을 가진 사람이 국회에도 들어가고 대통령이 되어야 합니다. 우선 반공 보수당이 창당되어야지 좌편향된 한나라당 가지고는 안 됨니다."142

미국이 조선인민공화국을 비롯해 각급 단위의 노동조합과 인민위원회를 무효화시켰다는 내용은 앞서 소개했다. 일본이 남기고 간 막대한 자산 처리와 관련이 깊다. 1945년 9월 25일에 발표된 미 군정법령 2호 "패전국 소속 재산의 동결 및 이전 제한의 건"이 그 증거다. 피지배자들이 전리품에 손대는 것을 용납하지 않았다고 보면 된다. 일본인이 남기고 간 종교 시설과 땅과 재산은 자연스럽게 월남한 개신교의 몫으로 돌아갔다. 프린스턴신학대학교를 나온 한경직, 송창근, 김재준 목사 등이 군정과 상의한 인물이다. 일본 천리교 경성교구 본부는 영락교회가 가졌다. 경동교회, 향린교회, 주안감리교회, 서대문성결교회도 모두 이렇게 세워진 곳이다. 미 군정의 특혜를 받은 곳에는 조선신학교(한신대), 장로회신학교(장신대), 고려신학교(고신대), 대한신학교(안양대), 중앙신학교(강남대) 등도 포함된다.

교회가 세워지면서 월남한 많은 청년들이 몰려들었다. 군정은 이들을 공산주의와 대적하는 '민병대'로 키웠다. 남미의 과테말라, 니카라과, 아이티, 엘살바도르 등에서 취해진 전략과 동일하다. 남한이 첫 대상이었다는 게 비극일 따름이다. CIC 교관을 보내 교육을 시키고, 군복과 무기도 공급해 주었다. 파견할 곳은 많았다. 철도 노동자 파업장, 대구항쟁 현장과 제주도 등이다. 국대안 파동(國大案波動)을 수습하기 위해 약 6000명이 파견된 적도 있다.

조선노동조합전국평의회(전평)를 붕괴시킨 것도 이들의 작품이다. 조선경비사관학교 1947년 입학생(7기) 중 이곳 출신이 70퍼센트에 달했으며, 가장 많은 인원이 입학한 8기에도 다수가 이곳 출신이다. 1961년 쿠데타의 주역들이기도 하다. 서북청년들 집결지였던 경동교회의 한경직 목사가 "공산당이 많아서 지방도 혼란하지 않았갔시오. 그때 서북청년회라고 우리 영락교회 청년들이 중심이 되어 조직을 했시오. 그 청년들이 제주도 반란 사건을 평정하기도 하고 그랬시오."라고 자랑했던 그때다.[143]

전쟁이 끝난 후 선교 상황은 더 좋아졌다. 미국은 구호물자를 교회를 통해 나누어 주었다. 한편으로는 먹고살기 위해, 또 다른 한편으로는 힘 있는 세력과 연대하기 위해 신자들이 급속도로 늘었다. 전쟁 중에 크게 늘어난 고아들을 위해 탁아소를 세우고 재정적 뒷받침을 한 것도 미국이었다. 대표적인 사업이 '월드비전(World Vision)'이다. 반공 설교로 유명한 밥 피어스가 주도했다. "공산주의는 하나님을 믿지 않기 때문에 우리의 예배할 자유를 위협하며, 지옥에서 부활한 무신론적인 종교"라고 말한 인물이다. '작전명 앵무새'를 지휘했던 CIA 프랭크 위즈너와 함께 「붉은 전염병(Red Plague)」이란 영화를 제작하기도 했다. 앞서 나왔던 심리전의 하나로, 국내에서는 한경직 목사가 도왔다.[144]

한국을 '기독교 국가'로 만들기 위한 이승만 대통령의 배려도 큰 역할을 했다. 정치와 종교를 분리한다는 헌법에도 불구하고 "크리스마스의 공휴일 제정, 국가배례를 주목례로 교체, 형목제도, 군목제도, 경찰전도 실시, YMCA 등 종교단체 후원, 기독교방송과 극동방송 설립" 등이 진행되었다. 그중에서 극동방송은 1956년에 설립되었으며 종교방송 중에서는 시청률이 가장 높다. 김삼환 목사가 주인이며, 현재 숭실대학교 이사장으로 재직한다. 그는 한국전쟁 당시 주한미군 막사에서 일하다 1951년 미국으로 건너가 안수를 받은 인물이다. 광화문 등에서 태극기 시위가 열릴 때마다 '생방송'을 해 준다. 극우 성향으로 분류되는 탈북자 황장엽, 조갑제, 재향군인회 회장을 지낸 박세직, 반공주의자 이철승 등이 주로 출연하는 프로그램도 방송한다.

한국 교회의 성장사는 한경직 목사의 발언을 통해 쉽게 짐작할 수 있다. 교계의 노벨상이라는 템플턴상을 받은 1992년 6월 18일 행사에서 그는 이렇게 회고했다.

"제 기억으로는 그때(해방 직후) 서울 시내에는 약 서른 개 정도의 교회가 있었던 것 같습니다. 그러나 여러분이 오늘의 현상을 보시면 하나님께서 이루어 놓으신 역사가 어떠했는지 참으로 놀라게 될 것입니다. 다음의 통계를 잠시 살펴보십시다. 1991년 말 현재 서울의 교회당 수는 7477개이고, 목사 안수는 1만 8903명이며 그리고 기독교인 수는 438만 3422명으로 나타나 있습니다."[145]

성장은 그 이후에도 멈추지 않았다. 교인 규모는 1995년에 850만 명, 2005년에 844만 명, 2015년에는 967만 명으로 늘었다. 같은 해 천주교 신자도 389만 명이나 된다. 최대 규모를 자랑하는 대한예수교장로회만 해도 교회 숫자는 9661개다. 감리교, 복음교회, 성결교회, 성공회 등을 합하면 무려 3만 8882개다. 대형 교회를 가장 많이 갖고 있는 곳도 한국이다. 대표적인 곳으로 순복음교회(77만 명), 은혜와진리교회(50만 명), 금란교회(11만 명), 광림교회(10만 명), 명성

교회(9만 5000명) 등이 있다.

세계에서 선교사를 가장 많이 보내는 국가 중 하나에도 속한다. 2017년 기준으로 170개국에 2만 7436명을 보냈다. 미국(12만 명), 브라질(3만 4000명)보다 조금 적은 규모다. 프랑스(2만 1000명), 스페인(2만 1000명), 이탈리아(2만 명)와 영국(1만 5000명)보다 많다.[146] 뿐만 아니라 지도층에서 개신교가 차지하는 비중은 여전히 높다. 《중앙일보》에서 2005년에 조사한 바에 따르면, 파워 엘리트로 분류되는 3만 명 중 40.5퍼센트를 차지했다. 교회 장로였던 이명박 정부 때는 48퍼센트까지 치솟았다. "고소영 정권"이라는 말이 나올 정도였다. 고려대, 소망교회, 영남 지역 사람들이 요직을 독차지하고 있음을 빗댄 말이다. 현직 대통령이 장로였던 소망교회 출석자 중에는 전직 국무총리 박태준, 국회 부의장 이상득, 재경부 장관 강만수, 보건복지부 장관 서상목, 금융감독원 부위원장 이우철, 국회의원 정몽준과 이종구 등이 포함된다.

미국에 있는 한인교회 사정도 비슷하다. 최초의 한인교회는 하와이에서, 1903년 11월 10일에 설립된 것으로 알려진다. 항일운동을 하던 신민회 가담자들과 하와이 수수농장 노동자들이 다수였다. 미국 본토의 시작은 1905년에 샌프란시스코, 1906년에 로스앤젤레스, 1914년에 오클랜드, 1919년에 시카고, 1921년에 뉴욕 등으로 확장되었다. 2018년 1월 13일 기준으로 모두 4454개가 될 만큼 성장했다. 한인 323명 당 교회가 한 개 정도 있는 셈이다. 캘리포니아주가 1375개로 가장 많고, 뉴욕(416개), 뉴저지(263개), 텍사스(236개), 버지니아(212개) 순서다.

미국을 제외한 숫자도 1693개로 아주 많다. 캐나다가 483개로 가장 많고, 일본이 231개, 호주가 205개, 독일이 138개, 영국이 일흔 세 개로 뒤따른다. "'대한민국 자유민주주의 수호' 뉴욕서 태극기 집회." 2018년 6월 11일 자《기독일보》에 나온 기사다. 다수의 미주 한인교회와 목회자들이 참석했다. 태극기와 성조기가 펄럭였고 "한미동맹 강화", "위장된 평화통일 북한 김정은 노예된다", "(자유삭제) 개헌반대" 등의 구호도 동원되었다. 한인자유민주수호회란 단체가 주최자였는데 회장은 강은주다. 그는 "300만의 우리 북한 동포를 굶겨 죽인 북한 정권에 아부하는 것은 곧 국가적인 반역이자 타도의 대상"이라고 외쳤다.[147]

이승만기념사업회 뉴욕지회 사무총장을 맡고 있는 현영갑 목사와 뉴저지애국동지회장 정명희 목사 등도 "북핵문제 해결을 위해 전세계가 강력한 대북제재 움직임에 동참하고 있는 가운데 한국은 북한에 끌려다니는 정책으로 대한민국을 더욱 위기 가운데 빠뜨리는 것"으로, "하나님이 허락하신 자유민주주의 대한민국을 수호하지 않는다면 큰 심판을 면치 못할 것"이라고 말했다.

'한미우호증진협회'라는 곳도 있는데 "하나님께 감사 미국에 감사"를 구호로 내세운다. 2005년 6월 25일에 버지니아에서 발족했고, 명예총재는 임정근 목사다. 한국전쟁 때 미국 CIC에서 근무했고, 그후 미국으로 건너갔다. 레이건과 부시 행정부에서 북한 관련 자문을 한 것으로 알려진다. 2017년 1월 1일에 발표한 신년사를 통해 임정근은 이렇게 말했다.

"현재 한국의 일부 종북 반미주의자들은 미국과 한국 참전국에 대한 고마움을 잊은 채 배은망덕의 길을 걷고 있습니다. 여러분에게 대가 없는 은혜와 사랑을 베푼 미국도 인내에는 한계가 있다는 것을 우리들은 알아야 할 것입니다. 이제부터라도 올바른 마음과 정신으로 한미 간의 우호를 돈독히 하는 일과 틈이 가지 않는 굳건한 동맹이 이루어져 모범된 한미 간의 결속된 유대가 계속되기를 당부하며 말씀을 마무리합니다."[148]

함께한 인물로는 북한인권운동가로 알려진 탈북자 마영애 선교사와 그의 남편 박윤식 목사, 박근혜 탄핵 변호인단에 참가했던 서석구 등이 있다.

나는 묻고 싶다 그들에게
굴욕처럼 흐르는 침묵의 거리에서
앉지도 일어서지도 못하고
엉거주춤 똥 누는 폼을 하고 있는 그들에게
그들은 척척박사이기에 무엇보다도 먼저 묻겠다.

불을 달라 프로메테우스가
제우스에게 무릎 꿇고 구걸했던가
바스티유 감옥은 어떻게 열렸으며
센트 피터폴 요새는 누구에 의해서 접수되었는가
그리고 쿠바 민중의 몬까다 습격은 웃음거리로 끝났던가
그리고 프로메테우스의 고통은 고통으로 끝났던가
루이가 짜르가 바티스타가 무자비한 발톱의 전제군주가
스스로 왕궁을 떠났던가
팔레비와 소모사와 이 아무개와 박 아무개가
제 스스로 물러났던가

묻노니 그들에게

어느 시대 어느 역사에서 투쟁 없이

자유가 쟁취된 적이 있었던가

도대체 자기 희생 없이 어떻게 이웃에게

봉사할 수 있단 말인가

혁명은 전쟁이고

피를 흘림으로써만이 해결되는 것

나는 부르겠다 나의 노래를

죽어가는 내 손아귀에서 칼자루가 빠져나가는 그 순간까지.

— 김남주, 「나 자신을 노래한다」에서

16

국제사회의 도전자

1994년 5월 10일, 넬슨 만델라는 남아프리카공화국 최초의 흑인 대통령이 된다. 취임사를 통해 이렇게 선언했다.

우리는 수백만 명의 가슴속에 희망을 불어넣는 데 성공하였습니다. 우리는 백인과 흑인을 포함한 모든 남아프리카공화국 사람들이 가슴속에 두려움 없이 당당히 걸을 수 있고 결코 남에게 줄 수 없는 인간의 존엄성을 보장받는 나라, 본국 안에서 그리고 전 세계와 평화롭게 지내는 장밋빛 나라를 만들겠다는 다짐 앞에 섰습니다.

악명 높았던 인종분리정책인 아파르트헤이트(Apartheid)가 실시된 지 46년 만의 일이다. 기존 질서를 바꾸기 위한 자신의 희생도 결코 가볍지 않았다. 무기징역형을 선고받고 로벤섬에 갇힌 게 1964년이고, 그로부터 무려 27년이 지난 1990년에야 자유의 몸으로 풀려났다. 감옥에 있을 때 그를 지켜 준 한 편의 시가 있다. 윌리엄 헨리가 쓴 「불굴의(Invictus)」다.

대통령이 된 넬슨 만델라

온 세상이 지옥처럼 캄캄하게
나를 뒤덮은 밤의 어둠 속에서
나는 그 어떤 신이든 신께 감사하노라
내게 정복당하지 않는 영혼을 주셨음을
환경의 잔인한 손아귀에 잡혔을 때도
나는 움츠리거나 울지 않았노라
운명의 몽둥이에 두들겨 맞아
내 머리는 피흘리지만 굴하지 않노라
분노와 눈물의 이곳 저 너머에
어둠의 공포만이 어렴풋이 떠오른다
하나 오랜 재앙의 세월이 흘러도

나는 두려움에 떨지 않으리라

상관치 않으리라, 천국의 문이 아무리 좁고

어떤 지옥의 형벌이 나를 기다릴지라도

나는 내 운명의 주인

나는 내 영혼의 선장

제국주의 손아귀에서 해방된 후 대안질서를 꿈꾼 많은 사람들이 비슷한 순교자의 길을 걸었다. 결코 하루이틀에 끝날 일도 아니었고, 성공보다는 실패가 많았지만 지금도 계속된다.

알 속에 갇힌 병아리는 어떻게 단단한 껍질을 깨고 탈출할 수 있을까? 혼자만의 노력으로 되지는 않는다. 때가 무르익으면 병아리는 깜깜한 알 속에서 '나갈 준비'가 되었다는 신호를 계속 보낸다. '껍질을 두드린다.'는 뜻에서 '떠들' 줄(啐)이다. 생명을 기다리는 어미 닭은 그 신호를 간절하게 기다린다. 안에서 떠들썩한 소리가 나면 곧바로 부리로 '쪼아 대는' 탁(啄)을 시작한다. 안에서 두드리는 노력과 밖에서 호응하는 작업이 '동시'에 일어나지 않으면 효과가 없다. '줄탁동시(啐啄同時)'는 이런 상황을 말한다.

모순이 축적된 기존 질서를 대체하는 작업도 이것과 크게 다르지 않다. 영화 「트루먼쇼」에서 트루먼과 여주인공 실비아가 함께 했던 작업이다. 자신을 둘러싼 모순에 대해 트루먼은 끝없이 질문을 던진다. 뭔가 이상한 일이 일어난다고 생각했을 때 그것을 확인하는 작업에 들어간다. 평범하던 일상을 정반대 관점에서 접근해 본다. 직장으로 가는 척하면서 퇴근하는 쪽으로 돌아섰고, 사무실에 들어가는 대신 나왔다. 낯익은 풍경을 낯설게 만드는 '문제화(problematizing)' 작업이다.

모순이 있다는 것을 확인한 다음에는 자신이 갖고 있는 한계에 도전했다. 물에 대한 '정신적 충격'(트라우마)을 극복하기 위해 결국 아내의 힘을 빌려 다리를 건넌다. 정신병자 취급을 받으면서 다시 일상으로 잡혀 온 이후에도 그 시도를 멈추지 않았다. 자신이 감시당하고 있다는 것을 확인한 다음에는 '카메라'가 없는 지하실에서 밤마다 탈출구를 만들었다. 모두 잠든 시간을 이용해 단 한 번도 도전하지 않았던 '탈출구'로 향했다. 자신의 잘못으로 부친이 죽을 뻔했던 '망망대해'였다. 한 번도 가 보지 않은 길을 뜻한다.

총책임자인 크리스토퍼 감독이 이 상황을 그냥 방관할 리 없었다. 트루먼이 죽든 말든 개의치 않고 그는 '폭풍우'를 만들었다. 결국 배가 뒤집히고 모든 방법을 다 사용한 다음에야 멈춘다. 알에서 깨어난다는 것이 얼마나 험난한 과정인지를 잘 보여 준다. 트루먼 입장에서는 폭풍우를 겪으면서 '과연 이 길이 옳은 것일까.'를 끝없이 자문했을 가능성이 높다. 보이지 않는 손에 의해 '통제' 받는다는 것이 참을 수 없었기에 선택한 '자유'와 '해방'의 길이다. 병아리가 안에서 끝없이 쪼아 댄 것으로 보면 된다.

밖에서 호응하는 작업도 있었다. 마지막 순간까지 품속에 간직하고 있었던 사진에서 그 흔적을 엿볼 수 있다. 실비아라는 연인이다. 극중에서 그녀의 배역은 나쁘지 않았다. 자신의 이해관계와 상관없이 '진실'을 선택했다. 진정한 연민과 양심이 있었기에 가능한 일이다. 크리스토퍼 감독에게 전화를 걸어 항의하는 장면에 나오는 것처럼 "트루먼은 동물원의 원숭이가 아니라는 것"과 "자유 의지가 아닌 길들여진 것"이라고 굳게 믿었다. 본인의 의지만 있으면 얼마든지 탈출할 수 있었지만 지금껏 "스스로 갇혀 살았다."는 크리스토퍼의 지적에 대해서도 실비아는 "당신은 틀렸다. 그는 반드시 탈출할 것이다."라고 반박한다. 영화에서 트루먼은 탈출에 성공한다.

줄탁동시가 적용될 수 있는 상황은 한국도 예외가 아니다. 패권 질서를 유지하려는 기득권은 국제사회의 소리가 들리지 않도록 세심한 주의를 기울인다. 의도적으로 잡음을 만들거나 관심을 분산시키고, 외부의 움직임을 전혀 '다른' 것으로 '해석'한다. 프로파간다 작업으로 이해하면 된다. 국내에서도 일종의 심리전이 진행된다. 일부는 병아리라는 사실을 인정하지 않는다. 지금 현실이 '최선'이라고 믿거나 '대안'이 없다고 단념한다. 그래도 그중 일부는 내부에서 '두드리는' 역할을 한다. 외부의 호응을 전하면서 '희망'이라는 씨앗을 뿌린다.

대안질서에서 중국은 선두 주자다. 덩샤오핑(鄧小平)이란 위대한 혁명가이자 정치가의 헌신이 밑거름이 되었다. 안보, 경제, 정보와 지식질서 전방위에 걸쳐서 작업이 진행 중이다. 그중 하나는 상하이협력기구(Shanghai Cooperation Organization, SCO)다. 미국 중심의 안보질서를 견제하기 위한 목적으로 2001년에 설립된 기구다. 1996년 중국 상하이에서 첫 회의가 열렸다. 러시아, 카자흐스탄, 키르기스스탄, 타지키스탄 등 5개국으로 출발했고, 2001년에는 우즈베키스탄도 회원국이 되었다. 앙숙으로 알려진 인도와 파키스탄도 2017년 가입국에 이름을 올렸다. 2018년 6월 11일에 열린 회의에서는 '칭다오 선언'이 채택되었다. "세계무역기구(WTO) 규칙의 권위와 유효성을 유지해야 하며 국제 무역관계의 파기와 어떤 형식의 보호무역주의도 반대한다."와 "한반도 문제는 대화와 협상을 통한 정치, 외교적 방식으로만 해결할 수 있다."는 내용 등이 포함되어 있었다.

IMF와 세계은행이 주도하는 금융질서에 대한 도전도 이미 시작되었다. 브라질, 인도, 러시아, 중국, 남아프리카공화국이 공동으로 설립한 신개발은행(New Development Bank, NDB)은 2015년 7월에 문을 열었다. 초기 자본금은 1000억 달러로 5개국이 각각 20퍼센트씩 지분을 갖는다. 본부는 상하이에 두지만 5년 임기의 초대 총재는 인도가 맡았다. 부총재는 나머지 국가에서 한 명씩 임명된다.

중국이 보다 적극적인 역할을 하는 아시아인프라투자은행(Asia Infrastructur Invesment Bank, AIIB)도 2015년 12월에 설립되었다. 자본금은 1000억 달러로 세계은행의 절반 규모이고, 전 세계에서 87개국이 참여한다. 독일, 영국, 프랑스, 스페인, 포르투갈, 러시아 등 대부분의 유럽 국가도 회원국이다. 미국의 압력에도 불구하고 한국과 호주역시 가입한 상태다. 국제정보질서를 바꾸기 위한 노력에서도 중국은 빠지지 않는다. 신화통신은 규모에서 이미 로이터(Reuters)와 AP통신을 앞선다. 170개국에 특파원을 파견하고 있으며, 스무 개의 신문사와 잡지도 소유하고 있다. 중국어는 물론 영어, 독일어, 스페인어, 불어, 러시아어, 포르투갈어, 아랍어, 일본어, 한국어로도 발행 중이다. 인터넷 사이트(http://www.news.cn/)는 24시간 365일 접속할 수 있으며, 당연히 영어판도 제공한다. 2009년에는 미국의 CNN, 영국의 BBC, 프랑스의 France24 등과 경쟁하는 국제방송도 문을 열었다. 전 세계 190개 국가에서 인터넷, 스마트폰과 네트워크 텔레비전 등으로 접속할 수 있고, 영어를 포함해 5개 국어로 전송한다. 단순히 한 번 대들어 보는 차원이 아니라는 것은 중국의 현재와 과거를 보면 잘 알 수 있다.

중국의 국경선은 2만 2117킬로미터로, 전 세계에서 가장 길다. 북동쪽으로는 러시아, 몽골, 북한이 접해 있다. 카자흐스탄, 키르기스스탄, 타지키스탄과는 서쪽에서 만나고, 그 남쪽으로 네팔, 부탄, 아프가니스탄, 인도, 파키스탄과 만난다. 동남아시아에서는 라오스, 미얀마, 베트남과 국경을 마주한다.

중국은 국제사회의 본질에 해당하는 협력과 갈등을 온몸으로 배우면서 살아왔다. 그래서 영원한 적도 영원한 친구도 없다는 것을 잘 안다. 전통적으로 우방에 속하는 베트남과 인도와 때로 전쟁도 피하지 않는 것처럼, 반드시 지켜야 할 국가 이익은 포기하는 법이 없다. 1950년 한국전쟁에 개입한 것이나 고고도미사일방어시스템(THAAD) 도입에 대해 경제 제재를 하는 것도 비슷한 맥락이다. 현재 국가주석으로 있는 시진핑이 "중국은 평화 발전을 견지하면서도 영토 주권과 해양권익을 결연히 수호할 것이며, 이 문제는 그 누가 어떤 구실을 삼더라도 중국인들은 절대로 수용하지 않을 것"이라고 말하는 이유다.[1]

그렇다고 일본과 영국과 같은 제국주의 정책을 취할 가능성은 별로 높지 않다. 대외정책의 원칙은 1953년에 발표한 '평화공존을 위한 다섯 가지 원칙'에 잘 나와 있다. "상호 우호 합작의 취지 아래 평등, 호혜, 국가 주권과 영토의 보전, 내정 불간섭, 경제 협력"이다. 2017년 10월 18일에 열린 19차 당대회 연설에서도 이 원칙은 확인된다. "중국은 '평화, 발전, 협력, 상호이익'의 기치를 높이 들고 세계 평화 유지, 공동 발전 추구의 외교정책을 유지해 나가며, '평화공존을 위한 다섯 가지 원칙'에 따라 각국과의 우호협력을 발전시키고 '상호존중, 공평정의, 협력'의 신형 국제관계를 형성시켜 나갈 것"이라는 내용이다.[2]

국토 면적도 세계 4위로 엄청 넓어서 러시아, 캐나다, 미국 다음이다. 행정구역은 모두 스물두 개의 성(省), 다섯 개의 자치구, 네 개의 직할시, 또 홍콩과 마카오 특별행정구로 구성된다. 인구는 대략 13억 7000만 명에 이르고, 쉰여섯 개 민족이 산다. 비중이 가장 높은 한족을 비롯해 조선족, 카자흐족, 타이완 원주민, 타지크족, 우즈베크족, 러시아족 등이 하나로 묶여 있다.

2018년 기준으로 중국의 군사력은 세계 3위로, 미국과 러시아 다음이다. 현역 군인만 218만 명이다. 전투기를 포함한 항공기는 3035대, 전투용 탱크는 7716대, 또 한 대의 항공모함과 각종 구축함 등을 합해 714대의 군함을 보유한다. 국방예산은 미국의 3분의 1 수준인 2280억 달러다.[3] 경제력은 미국 다음이며, 2018년 추정치로 국민총생산(GDP) 규모는 14조 920억 달러에 달한다. 구매력 기준으로 하면 세계 1위다. 《포천》이 선정한 글로벌 500대 기업에는 무려 111개 회사가 속한다. 126개인 미국을 바로 뒤쫓고 있으며, 일본의 쉰세 개보다 훨씬 많다. 10년 전 2008년에는 스물아홉 개에 불과했다. 전 세계에서 명성을 떨치고 있는 기업으로는 인터넷 분야의 바이두(百度), 알리바바(阿里巴巴), 텐센트(騰訊)를 비롯해 금융 분야의 초상은행(招商銀行), 가전제품의 화웨이(華爲), 전기자동차 회사인 비야디

(比亞迪, BYD) 등이 있다. 개혁과 개방 노선을 채택한 1978년 이후 40년 만의 변화다. 잠재력은 역사를 잠깐만 살펴봐도 금방 드러난다.

중화인민공화국(People's Republic of China) 정부가 수립된 날은 1949년 10월 1일이다. 황허강과 양쯔강을 중심으로 문명이 시작된 시기는 기원전 4800년경으로 알려진다. 중국 대륙이 하나의 국가로 통일된 것은 진나라 때인 기원전 221년이다. 진시황제의 통치는 겨우 15년 만에 무너지고 그 자리를 한(漢)나라가 채웠다.

역사소설 『초한지(楚漢志)』는 초나라 항우와 한나라 유방이 격돌한 얘기다. 유럽의 로마제국과 비슷한 시기에 등장한 제국은 한(漢)나라로, 기원전 216년부터 약 200년간 지속된다. 환관 출신의 채륜이 '종이'를 발명한 시기다. 곧바로 나관중의 『삼국지』로 잘 알려진 삼국시대(위나라, 촉나라, 오나라)와 '위나라와 진나라' 간 경쟁했던 '위진남북조' 시대가 이어진다.

대륙을 300년 만에 다시 통일시킨 인물은 수나라의 양견(楊堅)이다. 과거제도가 이때 처음 도입된다. 무리한 전쟁과 과도한 세금 등으로 불과 37년 만에 패망했고, 당(唐)나라가 618년에 뒤를 이었다. 대략 300년 정도 번성했다. 당시만 해도 전 세계에서 가장 발달된 도시였던 '장안(長安)'이 수도였으며, 한때 거주자가 100만 명에 달했다고 한다. 유럽과 교역을 시작한 비단길(Silk Road)도 이때 열렸다. 인류의 삶을 혁명적으로 바꾼 나침반과 화약은 960년 건국된 송(宋)나라 때의 발명품이다. 한반도에서는 통일신라 말기와 고려 초기에 해당한다. 동서양을 관통하는 최초의 제국에 의해 멸망했다.

원(元)나라 얘기다. '위대한 왕'이라는 뜻의 '칭기즈칸' 테무진이

서태후(1890년)

1206년에 세운 제국이다. 대륙의 주류였던 한족이 아닌 변방에 있던 '몽고족'이 세웠다. 역사는 겨우 100년에 불과했지만 멀리 헝가리와 오스트리아까지 점령했다. 끝에 '-스탄'이 붙은 국가는 대부분 원나라와 관련이 있는 곳이다. 칭기즈칸이 네 아들에게 나눠 준 땅으로 투르크메니스탄, 아프가니스탄, 우즈베키스탄, 카자흐스탄 등이 여기에 속했다. 고려말 이성계가 위화도에서 쿠데타를 일으켰던 1388년 무렵에는 이미 저무는 태양이었다.

　한족 출신의 주원장이 이끈 명(明)나라가 대신 들어섰다. 임진왜란 때 군사원조를 하기도 했지만 1644년에 결국 무너졌다. 만주족이 세운 청나라는 이때부터 1912년 신해혁명이 일어날 때까지 중국의 주인으로 군림한다. 국사책에 나오는 정묘호란(丁卯胡亂, 1627년)과 병자호란(丙子胡亂, 1636년)에서 오랑캐라는 뜻의 호(胡)에 해당하는 민족이다. 중국 역사상 가장 번성하고 평화로운 시기 중 하나로 알려진 강희제(康熙帝, 1661-1722), 옹정제(雍正帝, 1722-1735), 건륭제(乾隆帝, 1735-1796)의 통치 이후 몰락의 길로 들어섰다. 1839년 1차 아편전쟁에서 영국에 패했고, 이때 홍콩을 빼앗겼다가 1997년에 되찾았다.

　더욱 치욕적인 패배는 1858년 2차 아편전쟁 때 일어났다. 광저우와 톈진이 점령당했고 러시아, 미국, 영국, 프랑스와 불평등 조약을 맺어 철도부설권과 광산채굴권 등 막대한 이권이 넘어갔다. 제국을 유지하기 위한 최후의 개혁운동은 서태후가 주도했다. 1901년에 발표된 개혁안에는 "서른여섯 개 사단의 군대를 창설하고, 무역 등을 전담한 부서와 회사 설립을 장려하며, 과거제도를 없애고 교육개혁을 실시한다." 등의 내용이 담겼다. 대규모로 유학생을 내보내기 시작한 것도 이때다. 대상국에는 미국, 프랑스, 일본 등이 포함되어 있었는데, 이들 국가는 각각 공화국과 입헌군주제 등을 도입한 상태였다.

1911년 10월 10일, 중국에도 마침내 왕조가 무너지고 '공화국'이 들어섰다. 미국 하와이에서 유학을 했던 쑨원(孫文)이 주도했다. 1919년에는 5·4운동이 일어난다. 볼셰비키혁명과 조선의 3·1운동 등에 영향을 받은 것으로, "제국주의에 대한 반대와 왕조시대로 되돌아가는 것을 거부한다."고 밝혔다. 중국공산당은 그 직후인 1921년 7월에 발족한다. 베이징대학교 문과대 학장으로 있으면서 잡지 《신청년(新靑年)》을 창간한 천두슈와 같은 대학의 리다자오 교수, 또 도서관 사서로 있으면서 이들과 뜻을 같이했던 마오쩌둥 등이 함께 했다. 국민당과 공산당이 연합한 1차 국공합작이 이루어졌지만 곧 분열된다.

1927년 4월 12일에 장제스가 이끈 상하이혁명이 원인이었다. 몰락 직전으로 몰린 공산당은 1934년 10월 10일에 국민당의 포위망을 뚫고 대장정에 나선다. 마오쩌둥, 저우언라이 등과 함께 피난길에 오른 인물이 덩샤오핑이다. 약 2년간에 걸쳐 이들은 9600킬로미터를 걸었고, 출발 당시 10만 명 중에서 살아남은 인원은 겨우 6000명에 불과했다. 극적인 반전은 일본과 관련이 있다. 중일전쟁이 임박한 상황에서 장개석은 공산당 토벌을 우선 과제로 삼았고, 결국 군부 내부

에서 반발이 일어났다. 1936년 12월 12일에 동북군 총사령관인 장쉐량(張學良)은 장제스를 억류한 다음 2차 국공합작을 이끌어 냈다. 해방 직후인 1946년에 내전이 다시 시작되었지만 이번에는 공산당이 압도적이었다. 장제스의 국민당은 대만으로 후퇴했다.

덩샤오핑은 1904년 8월 22일에 태어났다. 쓰촨성 광안이 고향이었고 집안 형편은 넉넉했다. 프랑스 마르세유로 가는 배에 몸을 싣고 유학을 떠난 것은 열여섯 살 되던 1920년이다. 르노자동차 노동자로 일하면서 노동운동과 사회주의를 접했다. 자본주의의 작동 방식에 대해서도 배웠다. 얼마 뒤 중국 공산주의 유럽동맹에 가입했으며, 기관지인《적광(赤光)》을 만들기도 했다. 평생의 정치적 동지이자 인생 선배이기도 했던 저우언라이도 만났다.

프랑스가 공산주의 연맹을 탄압한 이후에는 모스크바에 있는 중산대학교에 다녔다. 공산주의 혁명가를 위한 교육 기관이었다. 귀국

천윈, 덩샤오핑, 화귀펑, 예젠잉, 리셴녠, 왕둥싱(1978년 12월 25일 공산당 11기 3중전회)

후 1927년에 중국공산당의 정식 당원이 된다. 국민당의 박해를 피해 시작된 대장정에 나섰고, 그 이후에는 팔로군 129사단 정치위원으로 일했다. 정부가 수립된 1949년에는 정무원 부총리, 정치국 상임위원, 중소회담 중공 측 대표단장 등을 맡았다. 그 이후 중국과 불가분의 관계였던 냉전을 고스란히 치러 냈다. 공산화를 막으려 한 미국은 일찍부터 국민당을 지원했고, 내전 때는 일방적으로 대만을 편들었다.

해방 직후 남한도 중국 입장에서는 적이었다. 이승만을 도왔던 한민당은 처음부터 '반공'과 '친미' 세력이었다. 상해에 머물다가 귀국한 임시정부도 대만의 장개석과 가까웠다. 게다가 1949년 이후 북한으로 귀국한 상당수 군인은 국민당을 상대로 함께 싸운 전우였다. 중국 군대 중 156사단, 164사단, 또 166사단은 아예 중국 국적을 가진 조선족으로 편성되어 있었다. 맥아더 장군이 38선을 넘어 북중 국경선으로 진격하는 상황을 그냥 지켜만 볼 수 없었다. 1950년 10

덩샤오핑

월 19일의 중공군 개입은 이런 배경에서 이루어졌다. 중일전쟁이 발발한 1937년부터 1945년까지 지속된 반제국주의 전쟁, 그 이후의 내전(1946~1949년)에 이은 또 다른 전쟁이었다. 중국으로서는 엄청난 희생이었고 무려 100만 명 이상이 파병되었다.[4]

평화가 찾아온 이후에도 중국 상황은 결코 녹록지 않아 덩샤오핑 또한 몇 차례에 걸쳐 정치적 위기를 겪는다. 무려 네 번이나 권력에서 쫓겨났고, 네 번 모두 성공적으로 돌아왔다. 그래서 그의 별명이 부도옹(不倒翁), '절대로 넘어지지 않는 늙은이'란 뜻이다. 또 한 번의 전환은 1976년에 이루어진다. 권력 서열 2위였던 저우언라이는 2월에, 마오쩌둥은 10월에 각각 사망했다. 권력을 승계한 화귀펑에 의해 문화대혁명을 주도했던 장칭, 왕훙원, 장춘차오, 야오원위안 등은 모두 체포된다.

덩샤오핑은 1978년에 최고 실력자에 올랐고, 그해 12월에 열린 11기 중앙위원회에서 공식적으로 '개혁개방' 정책을 채택하게 했다. "고양이가 검든 희든 그건 문제가 안 됩니다. 쥐를 잘 잡는 고양이가 좋은 고양이입니다."라는 뜻의 '흑묘백묘(黑猫白猫)'론이 이때 나왔다. 1989년에 톈안먼 사건이 벌어졌을 때는 "중국이 또다시 100년 뒤로 후퇴하는 것을 볼 수 없습니다."라는 말로 무력 진압을 지시했다. 동유럽이 차례로 무너지고 공산당 내부에서조차 "사회주의와 자본주의" 중 하나를 택해야 한다는 논란이 높아지던 때였다. 고르바초프의 소련과 달리 중국은 개혁과 개방에 대한 속도 조절을 택했고, 결과적으로는 옳았다. 장차 중국 외교의 지침이 되는 20자 방침이 제시된 것은 그 직후다.

"첫째 냉정하게 관찰할 것(冷靜觀察), 둘째 서두르지 말 것(穩住刻步), 셋째 침착하게 대응할 것(沈着應付), 넷째 어둠 속에서 조용히 실력을 기를 것(韜光養晦), 다섯째 꼭 해야 할 일이 있는 경우에만 나서서 할 것(有所作爲)"이 덩샤오핑이 내린 지시다.[5] 그렇다고 개방정책을 중단하지는 않았다. 리콴유 수상이 이끄는 싱가포르를 여러 번 방문했고, 결국 1992년에는 남순강화(南巡講話)를 통해 개방을 원래 궤도로 돌려놓았다. "자본주의에도 계획이 있고 사회주의에도 시장이 있다."는 말이 핵심이었다. 광둥성의 선전, 주하이, 산티우, 하이먼과 하이난 등에 설치된 경제특구는 그 직후에 진행된다. 임종 전에 덩샤오핑은 다음과 같은 유언을 남겼다.

경계심을 늦추지 말라. 그렇다고 해서 누구를 두려워하지도 말라. 누구에게든 죄를 짓지 말고, 친구를 사귀되 나름의 계산을 갖고 사귀라. 도광양회(韜光養晦)를 하면서 머리를 절대로 들지 말라. 절대로 깃발을 흔들며 나서지 말고, 지나친 말을 하지 말라. 지나친 일도 하지 말고, 그저 묵묵히 경제건설에 매진하라. 그러다 보면 언젠가 해야 할 일이 생길 것이다.

권력을 승계한 장쩌민은 그의 유언을 착실하게 지켰고, 결국 오

장쩌민

늘날 G2 중국으로 성장했다.

중국과 함께 대안질서 모색에 적극 나서는 인도 역시 주목해야 할 대상이다. 2011년 5월 25일에 인도와 중국이 포함된 브릭스 국가들은 공개적으로 국제통화기금(IMF)의 운영 방침에 도전장을 냈다. 프랑스 출신의 도미니크 스트로스칸이 성추행으로 불명예 퇴진한 이후 다시 유럽인을 총재로 내세운 데 대한 반발이었다. "왜 총재는 항상 유럽인이고 부총재는 미국 출신이 되어야 하는가?"란 문제 제기였다. 브릭스 국가들이 공동으로 자본금을 내서 만든 신개발은행 (New Development Bank)은 이런 배경에서 나왔다.

2017년 6월 9일에는 아시아판 나토(NATO)로 불리는 상하이협력기구(SCO)에도 정식 회원이 되었다. 미국 트럼프 대통령과 갈등

관계에 있는 이란 역시 입회인 자격으로 참가하는 그 모임이다. 2018년 회담에서 발표된 '칭다오 선언'에는 "이란 핵협정의 지속적인 이행이 매우 중요하다. 협정 참여국들이 의무를 지켜 협정의 완전하고 유효한 집행력을 확보함으로써 세계와 지역 평화안정을 지키기를 촉구한다."는 내용이 포함될 정도였다.[6]

국제사회의 '공감과 동의'를 확보하기 위한 경쟁에도 일찍부터 나섰다. '비동맹운동'의 연장선으로 "문화계와 학계의 교류, 지식과 연구 연계, 국제사회 여론 공략을 위한 국제방송" 등 세 가지 영역에서 접근했다. 1939년에 설립된 '모든 인도 라디오(All India Radio, AIR)'는 그중에서도 '공공외교' 부분에 속한다. 100개국 이상을 대상으로 27개국 언어로 방송 중이다. 영어가 핵심이지만 아랍어, 미얀마어, 중국어, 프랑스어, 페르시아어, 러시아어, 티베트어 등이 두루 포함된다.

국제뉴스의 약점을 보완하는 발리우드(Bollywood)도 잘 알려져 있다. 1년에 1000편 이상의 영화가 제작되는 도시 봄베이(Bombay, 지금의 뭄바이)와 미국 영화를 대표하는 할리우드(Hollywood)가 합친 단어다. 2016년 기준으로 영화 시장의 규모는 18억 달러에 달해 미국, 중국, 일본에 이어 세계 4위 규모다. 국내에서는 「세 얼간이」, 「내 이름은 칸」, 「청원」과 「당갈」 정도만 알려져 있지만 국제사회에서는 상당한 인기를 누린다. 북미 지역에서 흥행 상위에 오른 영화만 해도 「파드마바트」, 「바후발리 2」, 「몬슈 웨딩」, 「시크릿 슈퍼스타」 등이 있다.

대안이 될 만한 자격도 충분하다. 2018년 추정치로 인도에는 12억

8000만 명이 산다. 2022년이 되면 중국을 제치고 세계 1위의 인구 대국이 될 것으로 예상한다. 중국보다 출산율이 훨씬 높고 연령대도 젊다. 영국으로부터 독립한 1947년부터 지금까지 의원내각제를 채택하고 있다. 민주주의 전통이 확고하게 자리를 잡았다. 지금까지 군사 쿠데타가 단 한 번도 없었다. 1998년 노벨경제학상을 수상하기도 한 아마르티아 센이 쓴 『인도에는 왜 군사 쿠데타가 없을까?』에 그 답의 일부가 나와 있다.

> 도저히 하나의 나라를 이룰 것 같지 않은 인도가 하나의 나라로 지탱하는 힘은 이처럼 다양한 의견을 들어 주는 사회적 관용이 존재하고, 또 자신의 의견이 채택되지 않더라도 의견을 말할 수 있는 기회가 있음에, 승복할 줄 아는 '논쟁하기 좋아하는' 인도의 전통이 있다.[7]

GDP 규모는 2조 2653억 달러로 세계 7위다. 구매력 기준으로 하면 중국, 미국에 이어 세 번째이고, 경제성장률도 인상적이다. 2014년 이후 줄곧 7퍼센트대를 넘어서고 있다. 공식 언어는 영어이지만 1652개의 언어가 사용된다. 종교는 힌두교가 가장 많은 81퍼센트, 이슬람이 14퍼센트, 기독교가 2퍼센트, 시크교와 불교 등으로 다양하다.[8]

1948년 독립 직후부터 인도는 핵 관련 프로그램을 시작했다. 방대한 국토와 인구에 꼭 필요한 에너지원을 확보하기 위해서였다. 그해 인도원자력에너지위원회(Indian Atomic Energy Commission)가 설치

자와할랄 네루와 마하트마 간디(1946년)

되었고, 플루토늄을 활용하는 중수로를 발전시켰다. 1974년에는 중국에 이어 곧바로 핵실험에 성공했다. 2018년 기준으로 군사력은 세계 4위로, 항공모함도 세 대나 갖고 있다. 보유하고 있는 핵무기는 대략 110기에서 120기 정도다. 핵 공격이 가능한 미라주(Mirage) 전투기를 비롯해 대륙간탄도미사일(ICBM)과 잠수함탄도미사일(SLBM)도 확보한 상태다. 마하트마 간디와 더불어 오늘날의 인도를 가능하게 만든 주역이 자와할랄 네루다. 영국 정부조차 "머리를 가진 네루와 가슴을 가진 간디를 분열시켜야 인도를 통치하기 쉽다."고 했을 정도다. 인도로서는 다행스럽게도 두 사람은 평생 동지로 님있다.

인도의 1대 총리인 네루의 재임 기간은 1947년부터 1964년까지로 꽤 길다. 그의 외동딸이 3대 총리가 된 인디라 간디다. 여성으로서

인디라 간디와 린든 존슨(1966년)

는 처음이며 부친을 도와 일찍부터 정치에 참여했고, 국제정세를 몸
으로 배울 수 있는 기회를 가졌다. 전 세계 여성 정치인이 가장 존경
하는 인물로 알려져 있고, 총리를 두 번이나 했다. 1967년부터 1977
년 또 1980년부터 1984년 기간이다. 두 번째 임기 중 암살당했고, 혼
란에 빠진 인도를 구하기 위해 그의 아들 라지브 간디가 구원투수로
나섰다. 9대 총리로 임기를 마친 후 그 역시 폭탄 테러로 사망했다.
네루가 인도에서 어떤 비중을 차지하고 있는지를 잘 보여 준다.

　　네루는 1889년 인도 알라하바드에서 태어났다. 영국 캠브리지대
학교로 유학을 떠난 것은 열다섯 때였고, 변호사 자격을 취득한 이후
곧바로 귀국했다. 독립투쟁에 투신한 것은 1916년으로 간디를 만난
후였다. 1921년에 첫 구속이 된 이후 1945년 해방을 맞기까지 무려

아홉 번이나 투옥된다. 일관되게 '통일'된 독립국가 건설에 매달렸다.

영국의 배신과 관련이 있다. 1차 세계대전 동안 영국은 연합국에 참전하면 독립을 보장하겠다고 약속했다. 승전 후 그 약속은 휴지 조각이 된다. 2차 세계대전이 터졌을 때도 영국은 동일한 공약을 내세웠다. 간디와 네루는 보다 확실한 약속을 달라고 했지만 당시 수상이던 윈스턴 처칠은 받아주지 않았다. 일본이 참전하고 전세가 악화되는 상황에서도 완강했다. 인도와 같은 탐스러운 식민지를 그냥 내놓을 리 없었다. "처칠과 다른 영국인들은 '앵글로, 색슨'으로서의 사고를 극복하지 못하고 있다…… 그들의 인종적 우월감을 더 이상 참을 수 없다."는 네루의 말은 이런 경험에서 나왔다.[9]

영국이 상당한 수준의 자치권을 인정해 준다고 했을 때도 네루는 '완전 독립'을 원했다. 종교, 언어, 계급으로 분열된 채 자치를 누리는 것은 결국 식민지의 또 다른 연장임을 깨달았기 때문이다. 젊을 때는 사회주의를 강조했지만 점차 '민족주의'를 앞세운 것도 이런 배경에서다. 한국의 이승만과는 여러 면에서 다르다. 영국으로 어린 나이에 유학을 간 것까지만 동일하다. 학위를 마친 뒤에는 모국으로 돌아와 곧바로 반제국주의 투쟁에 나섰다는 것이 첫 번째 차이다. 미국에서 놀고 지내는 대신 인도 구석구석을 돌아다니면서 민중을 직접 만났다. 중앙 정부가 일방적으로 명령을 내리는 방식이 아닌 '풀뿌리 민주주의'를 믿었다. 세계 최대의 인구를 가진 민주주의 국가는 네루의 이런 신념을 밑거름으로 성장해 왔다.

'민족'의 중요성을 잘 알았다는 것이 두 번째 차이다. 해방 공간에서 이승만은 단 한 번도 민족주의에 대해 얘기한 적이 없다. 국제주의에 대립하는, 시대에 뒤처진 무엇으로 무시했다. 미국이, 영국이, 또 유럽이 '민족주의'를 통해 급성장할 수 있었다는 것 역시 전혀 몰랐다. '아버지의 나라〔父國〕', '조상의 나라〔祖國〕' 혹은 '어머니의 나라〔母國〕'라는 개념이 왜 생겨났는지에도 관심 없었다. 예수 그리스도 안에서 평등이라는 말도 안 믿었다. 항상 백인을 더 나은 인종으로 봤고 조선인을 업신여겼다.

네루는 그렇지 않았다. 집회에서, 언론에서, 또 만남을 통해 "인도는 어디로 가야 하는가?"란 질문을 끝없이 던졌다. '민족'은 원래부터 존재한 것이 아니라 '만들어 가는' 그 무엇임을 네루는 잘 알았다. 뭔가 하나로 묶을 수 있는 것이 필요했고, '문화와 종교'에서 그 답을 찾았다. "힌두이즘은 종교라기보다 '생활방식'이었으며 배타적이기보다 관용적이다. 하나의 문화 속에 많은 문화가 종합되도록 하는 유연성과 포용력을 갖고 있다."고 주변을 다독였다.

문제가 있다는 것은 잘 알았다. "힌두이즘은 정복민이던 아리안에 의해 만들어졌다. 그들은 스스로 브라만 혹은 크샤트리아로 칭하면서 피정복민을 카스트제의 바이샤와 수드라에 복속시켜 인도를 지배했다."고 말한다. '민족주의'가 갖는 한계를 깨닫고 있었지만 일종의 '징검다리'로 여겼다. "만약(국가의) 구성원이 자유롭지 못하면 실질적 국제주의는 있을 수 없다. 민족주의는 식민지 국가에 있어서 제국주의에 대항하기 위해 불가피하다. 실질적 국제주의로 나아가기 위한 피할 수 없는 단계다."라는 발언에 잘 나와 있다.[10]

편협한 민족주의에 대한 경고도 잊지 않았다. "침략적 제국주의에 대하여 문을 걸어 잠그거나 편협한 민족성에 집착하는 것은 바람직하지 않으며, 다른 나라들과 협력하고 연대하는 민족주의를 지향하는 협조적이고 개방적인 민족주의로 가야 한다."는 점을 자주 얘기했다. 중국의 개혁가들처럼 "동양의 정신을 중심으로 서양의 발전한 기술을 수용한다."는 뜻의 동도서기(東道西器) 입장을 받아들인 것은 이런 까닭에서다. 인도가 추구해야 할 방향으로 "활력과 모험과 탐구의 정신으로 가득 찰 것"과 "새로운 위험에 맞서고, 관습을 타파하며, 정력과 지식욕이 넘쳐흘러야 한다."고 보았다. "우리는 이성을 더욱 더 존중해야 하며, 이성의 견지에서 모든 것을 시험해 봐야 한다. 우리는 탐구의 정신을 배양하고 지식의 원천이 동방이든 서방이든 모든 지식은 환영되어야 한다."는 말로 압축된다. 문제는 방법인데, '영국식' 자본주의 모델을 지속할 수는 없었다.

영국의 식민지일 때 가장 큰 고통을 당한 계층은 못 먹고 못 사는 하층민이었다. 반제국주의 투쟁에 나설 수밖에 없을 만큼 절실했다. 영국에서 유학을 한 엘리트는 달랐다. 충성의 반대급부로 높은 직위와 안정된 생활, 권력을 보장받았으니 그들이 독립투쟁을 할 리 없었다. 대다수 소시민도 정치와는 무관하게 산다. 그뿐만 아니라 제국주의 관점에서 봤을 때는 '적색공포(Red Scare)'였지만 당시 많은 사람들은 공산주의에서 희망을 보았다. 전쟁을 통해 겨우 대공황의 악몽에서 벗어날 수 있었던 자본주의가 갖는 모순에 대해서도 잘 알려진 상태였다.

1930년대 소련의 변화는 눈부셨다. 정상적인 국가로 성장하기 위해서라도 '제국주의'와 결별하는 것이 불가피했다. 전후 제3세계에서 공통으로 경험한 것처럼 종주국의 밥그릇을 그대로 놔둔 채 빈곤 문제를 해결할 수는 없었다. 주요 자원과 알짜 기업을 국유화시키고, 토지개혁을 실시하고, 각종 이권을 회수해야 종속 상태를 벗어날 수 있음을 알았다. 네루가 감옥에 있을 때 딸을 위해 쓴 편지를 모아서 펴낸 『세계사편력』에도 관련 내용이 나온다.

> 밭에서나 공장에서 일하는 농민이나 노동자야말로 세계의 식량과 재물을 생산하는 사람들인데도 불구하고 가난한 생활을 하고 있으니…… 우리는 조국의 자유를 떠들지만 그것이 거꾸로 된 상태가 바로 세워져 일하는 사람들에게 땀의 결실을 나누어 주는 것이 아니라면 어찌 자유라고 할 수 있을까?

피 흘려 싸운 민중을 배제했던 한국, 그리스, 필리핀과 남미는 공통적으로 내전에 휩싸였다.

또 다른 차이점은 기독교에 대한 관점이다. "스님이 고기 맛을 알면 절간에 빈대도 남아나지 않는다."고 한다. 교회는 어떨까? 대형 교회를 보면 결코 덜하지 않다는 것을 쉽게 알 수 있다. 한국 교회는 출발부터 권력의 도움을 받았다. 미 군정과 이승만이 추구했던 '기독교공화국' 정책의 산물이다. 전쟁 후에는 해외 원조물자의 거간꾼 역할을 하면서 '물질'의 축복을 과하게 누렸다. 반공을 내세우면서 정치권력과 결탁했고, '물질적 보상'이 하나님의 축복이라고 가르쳤다. 민중사관이나 해방신학이 들어설 자리는 매우 좁았다. 이승만을 비롯한 한국의 교인들은 이런 태생적인 한계를 갖고 있었다. "공산주의를 적그리스도"라고 생각하는 인식에서 한 발짝도 못 벗어났다.

네루는 전혀 달랐다. 제국주의가 식민지를 통치하기 위한 수단으로 교회를 이용한다고 일찍부터 경계했다. 교회가 기득권이 되어 민중을 억압하고 통치했다는 점에 대해서도 비판적이었다. 그의 관점에서 봤을 때 "교회는 하나의 방대한 특권 계급이며, 봉건 제도의 존속으로 커다란 이익을 취하는 집단"이었다. "재산과 명예를 한꺼번에 박탈당할 우려가 있는 어떠한 경제적 변화도 바라지 않는" 기존 질서의 옹호자였다. 다음의 발언에 잘 드러나 있다.

예수는 당시 환경이나 질서에 저항하여 종교를 일정한 의식이나 형식적인 행사로 삼으려는 부자와 위선자를 비판했다. 그는 개혁자로서 눈앞의 세계에 만족할 수 없어 이를 뜯어고치기 위해 왔다는 태도를 분명히 했다. 비폭력과 비살상, 사회질서의 개혁을 주장했던 예수의 신자임을 자랑하는 위인들의 제국주의나 전쟁, 황금만능 사상을 비교해 보면 우습기 짝이 없다.[11]

끝으로, '국정 운영' 방식도 달랐다. 정부가 수립된 이후 내각 구성에서 잘 드러난다. 해방 공간에서 몽양 여운형이 주장했던 '건국준비위원회'와 비슷했다고 할까? 영국에 적극 협력했던 엘리트에 대해 전혀 책임을 묻지 않았다. "그때는 당시 정부를, 지금은 현재 정부"를 매우 "유능하고 충성스럽게" 섬기고 있다고 말했을 뿐이다. 장기간에 걸쳐 식민지로 살았기 때문에 '영국'에 협력했다는 것만으로 '단절'시킬 수 없는 현실적인 문제도 작용했다. 프랑스와는 분명히 다른 상황이었다. 독일이 점령한 시기는 겨우 4년으로 길지 않다. '레지스

라울 프레비시(1954년)

탕스'라는 저항운동이 있다는 것이 알려진 상태였고, 무엇보다 전쟁 중이었다.

　첫 내각을 구성할 때 네루는 인도 사회를 대표하는 다양한 인사를 포함시켰다. "당파에 상관없이 유능한 사람들을 내각에 영입하라."는 지침을 내렸다. 열한 명의 각료 중에는 본인이 속한 인도국민회의를 평생을 두고 반대한 인물도 세 명이나 포함될 정도였다. '혼합경제(mixed economy)'라는 인도식 경제정책은 이런 배경에서 나왔다. 선구자는 독일이었고, 메이지유신 이후에는 일본이 계승했다. 그러나 스탈린식 독재를 통해 단기간에 공업화를 이루어 낸 소련식 모델은 인도 실정에 맞지 않았다. 네루가 찾은 답은 공적인 부분은 정부가 맡고, 나머지는 민간의 자율성을 보장하는 '혼합경제' 모델이었다.

"나는 트랙터와 거대한 기계를 지지한다. 나는 인도의 급속한 산업화가 땅 부족을 해결하고 가난과 싸우고 생활 수준을 높이는 데 핵심적이라고 믿는다."고 말할 정도로 경제 발전에 대한 관심이 높았다.[12] "인도에는 나눌 것이 많지 않습니다. 우리는 부를 생산하고 나서 그것을 공평하게 나눠야 합니다. 어떻게 국부 없이 복지국가가 가능하겠습니까?"라는 말도 했다.

임기가 시작된 직후인 1948년에는 '국가계획위원회(National Planning Committee)'를 만들고 스스로 위원장이 되었다. '공업화 정책 결의안(Industrical Policy Resolution)'도 통과시켰다. '경제개발 5개년 계획' 또한 1951년부터 세 차례에 걸쳐 실시된다. 그중에서 첫 번째는 농촌 개혁이었다. 돈도 적게 들고 남아도는 인력도 많았다. 노력한 만큼 자기 몫이 늘어난다면 자발적 협력도 얻어 낼 수 있었다. 그러나 당장 먹고살 '식량'과 당분간 버틸 '시간'을 확보하는 것이 쉽지 않았다. 인도는 그런 면에서 좀 불운했다. 1950년대 대기근이 왔고 부득이 미국에 손을 벌려야 했다. 공짜는 없으니 미국은 조건을 내걸었고, 어느 정도 타협할 수밖에 없었다. 한국전쟁이 터지면서 그나마 지원도 흐지부지되었다. 대량으로 굶어 죽는 사람이 생겨났지만 경제 성장은 착실하게 이루어졌다.

'수입 대체 산업화(Import Substitute Industrialization, ISI)'는 두 번째 전략이다. 나중에 한국을 비롯해 남미와 동(남)아시아 국가들에 의해 동일하게 모방된다. 남미 경제학자 라울 프레비시가 1949년에 밝힌 5대 원칙과 관련이 있다. 프레비시는 이렇게 주장했다.

제조업이 성장의 근원이다. 제조업 성장은 ISI를 통해 가능하다. 1차 산품의 수출은 안정적인 성장을 보장하지 않는다. 인플레이션은 주로 구조적 문제인 공급애로에서 비롯된다. 또 적절한 정부정책만이 이런 문제를 해결할 수 있다.[13]

또 다른 방법은 '전략산업' 육성이다. '철강, 기계, 석탄과 에너지' 분야가 선정된다. 무역수지 적자를 줄이고 국내 산업에 대한 경쟁력도 키우는 장점이 있다. 돈은? 기술은? 일차적으로는 소련과 서독의 도움을 받았다. 국가 내부에서 해야 할 몫도 있다. 그래서 주목한 게 원자력에너지였다. 우라늄이 없었기 때문에 부득이 중수로 방식을 선택했고, 플루토늄을 꾸준히 모았다. 덕분에 빠른 시간 안에 핵무기를 개발할 수 있는 배경이 되었다. 독일의 사례를 본받아 교육에도 상당한 투자를 아끼지 않았다. 특히 강조된 분야는 수학과 과학이다. 경제 발전을 위해서는 과학지식을 적극 활용해야 한다는 필요성 때문이다. 대부분의 학생들이 구구단이 아니라 십구단을 외우게 되는 것은 이 때문이다. 그래서 인도는 정보통신, 공학과 의학 등에서 국제적 경쟁력을 갖추게 된다.

'동전의 양면'은 당연히 있다. 당장 소비자 입장에서는 수입산보다 국산이 비싸고 품질도 떨어진다. 애국심이 없으면 선뜻 손이 안 간다. 한국에서는 '국산품 장려운동' 등을 통해 이런 문제를 해결했다. 다른 문제도 있다. 품질이나 가격 면에서 외국 기업의 경쟁 상대가 안 되기 때문에 정부가 나서서 '보호'해 주는 것이 불가피하다. 국내 업체들 또한 정부의 보호를 평계로 기술 혁신이나 품질 개선보다 '돈놀이'에만 몰두할 우려가 있다.

정부가 언제까지, 얼마나 지원해야 할지 알 수 없다는 것도 고민이다. 자칫하면 "밑 빠진 독에 물 붓기"가 될 수 있다. 뭔가 수출할 만한 것이 있어서 꾸준히 외화를 벌어 오면 다행이지만 그러지 못한다면 '외채' 위기에 빠진다. 제3세계 대부분이 이 숙제를 풀지 못했으니 인도라고 특별한 재주가 있지는 않았다. 결국 1991년에 국제통화기금(IMF)의 도움을 받지만 구제금융을 받는 조건은 다른 국가와 달랐다. 단기적으로 재정적자를 확대했고, 항공산업과 금융업 등 핵심 분야에 대해서는 구제금융을 사용하지 않았다. 노동법 등은 아예 논의에서 뺐다. 회복은 더디게 이루어졌지만 결과적으로 지속 가능한 발전의 기반이 만들어졌다.

네루의 '비동맹정책(Non Alignment Policy)'도 곱씹어 볼 부분이 많다. 널리 알려지게 된 계기는 '반둥회의'로, 1955년 4월 18일부터 24일 사이에 열렸다. 국내 언론에 소개되는 내용은 대부분 "냉전 시기 미·소 양 진영 어느 쪽에도 들어가지 않고 독자 노선을 걷겠다고 천명한 제3세계 국가들의 회의체" 정도에서 벗어나지 않는다.[14] 당시 중국의 부주석인 저우언라이가 초청받았고, 인도와 인도네시아가 각별한 노력을 기울였다는 것은 거의 알려지지 않았다. 한국전쟁에 대한 충격과 인도차이나반도에 드리우고 있던 또 다른 전쟁에 대한 우려감에서 비롯되었다는 것도 모른다. 문화냉전의 주요 사업 중 하나가 '비동맹운동'에 대한 관심을 차단하고 그 의미를 무시하는 것이었다는 점 역시 드러나지 않았다.

5부에서 살펴본 것처럼, CIA 앵무새 역할을 했던 《사상계》에서는 이 문제를 자주 다루었다. 한국과 관련이 없고, 사회주의 성향의 국가에 의해 주도되고, 또 별로 현실성 없는 이상주의라는 내용이 대부분이었다. 현실은 상당히 달랐다. 우선 행사의 의미가 남달랐다. 당시 미국은 아시아판 NATO를 만들려고 각별한 노력을 기울였다. 인도차이나반도가 중국에 의해 공산화될 위험에 직면해 있다고 열심히 선전하는 중이었다. 1954년 6월 15일에는 '아시아반공연맹'이란 단체도 만들었다. 한국의 이승만, 대만의 장개석, 필리핀의 엘피디오 키리노가 주도한 모임이다. 인도와 인도네시아를 한 편에 묶으면 '중국'을 포위하는 반공 전선이 형성될 수 있는 절호의 기회였다.

인도의 네루는 그 의도를 잘 파악하고 있었다. '만약 일부 국가를 군사동맹으로 묶으면 배제되는 다른 국가는 어떻게 될까?' '권력이 전혀 평등하지 않은 상태에서 동맹은 또 다른 식민지와 종주국 관계는 아닐까?' '국제연합이나 경제협의체 등이 아닌 군사동맹으로 인해 두 차례의 세계대전이 일어났다는 점을 감안할 때 반공동맹이라고 무엇이 다를까?' 네루가 제기한 의문이었다. 중국을 행사장에 부른 것은 이런 배경에서다. 대만은 자동적으로 빠졌다.

공동 선언을 통해 발표한 '평화 10원칙'에도 이런 의도가 잘 반영되어 있다. "약소국의 주권과 영토 보전을 존중하고, 내정에 간섭하지 말며, 집단적 방위를 강대국의 특정 이익을 위해 이용하지 않고, 또 국제분쟁은 평화적 수단에 의해 해결해야 한다."는 내용이다. 다른 말로 풀이하면, 프랑스와 독립전쟁에서 승리한 이후에도 또 다른 전쟁에 휩싸이고 있는 인도차이나에 더 이상 '간섭'하지 말라는 외침이었다. 자본주의든 사회주의든 자유로운 국민이 자유롭게 선택할 수 있도록 강대국은 손을 떼라는 집단적 요구였다. 1954년에는 이웃한 약소국 스리랑카 콜롬보에 모여서 "관련 강대국들은(미국, 영국, 소련, 중국) 직접 협상이 성공하여 적대 행위가 재발하지 않도록 하는 필요한 조치를 취해 달라"고 요구하기도 했다. 인도, 파키스탄, 미얀마, 인도네시아, 스리랑카 등이 함께 한 선언이었다.[15]

말로만 행동하지 않고 행동으로 말했다는 것은 대외정책에서도 드러났다. 주변 약소국에 대해서도 "정치적이든 경제적이든 어떤 형식이든 인도에 의한 간섭을 두려워할 필요가 없다."고 공개적으로 밝혔다. 장개석과 개인적인 친분이 있었지만 중화인민공화국과 가장 먼저 수교한 것도 인도였다. UN 안전보장이사회 상임이사국 자리도 본토 정부의 몫이라고 일관되게 주장했다. 한국전쟁 때도 UN의 결의안은 존중하면서도 파병을 거부하고 대신 의료진만 보냈다.

원칙을 저버린 때도 없지는 않다. 한 예로, 1956년에 소련이 헝가리를 침공했을 때는 비동맹 소속 국가들 중에서는 유일하게 '지지' 의사를 밝혔다. 또한 1962년에는 미국에 군사 원조를 요청했다. 겉다르고 속 다른가 하는 의문이 가능하지만 모두 냉혹한 국제정치와 관련이 있다. 파키스탄은 1954년 미국과 방위조약을 맺는 한편, 동남아시아조약기구(SEATO)에도 참가했다. 생존을 도모하기 위해서는 소련과 협력할 수밖에 없었다. 국경 분쟁을 두고 중국과 갈등했던 1962년에는 전쟁에 패해 극도의 위기감에 빠져 있을 때였다. 자칫하면 중국이 수도인 뉴델리로 침입할 수도 있는 상황이었기 때문에 미국에 군사 원조를 요청할 수밖에 없었다. 그러나 중국이 극적으로 철수했고 더 이상의 거래는 없었다.

중국이나 인도처럼 강대국만 대안 질서를 추구한다는 것도 오해다. 쉽지 않은 길이라는 것을 알면서도, 또 실패할 수 있다는 두려움에도 불구하고 대안을 찾는 인물은 꽤 많다. 말레이시아의 마하티르 모하맛도 그런 부류다. 정부 관료로 일찍부터 봉사한 그가 교육부 장관에 임명된 해는 1974년이다. 그 후 무역산업부(1978년-1981년), 국방부 장관(1981년-1986년), 내무부 장관(1986년-1999년), 재무부 장관(2001년-2003년) 등을 두루 거쳤다. 1976년에 부총리에 임명되었고 1981년 총리로 취임한다.

마하티르의 원래 직업은 의사로, 영국 유학을 가지 않고 싱가포르국립대학교에서 공부했다. 영국 유학파로 법조계에서 일했던 경험을 가진 기존 총리들과 다른 배경인 그가 정치 일선에 뛰어들게 된 직접적인 계기는 1969년의 인종 폭동이다. 영국의 '분할'해서 '통치'한다는 정책의 후유증이었다. 식민지 지배를 받는 동안 주류를 차지하는 말레이계는 주로 관료가 되어 대부분 시골에서 살았다. 중국계와 인디언계는 농촌에서 밀려나 대도시를 중심으로 경제 분야를 장악했다. 다수를 차지하는 가난한 말레이계와 소수의 부유한 중국계 간 갈등은 이로 인해 커졌다. 영국의 식민지에서 독립했지만 상대적 박탈감은 오히려 커진 것이 폭동으로 발전한 배경이다. 정부는 신경제정책(New Economic Policy, NEP)을 도입했다. 말레이계를 위한 경제 지원을 늘렸지만 별로 큰 성과가 없었다.

마하티르는 말레이계 원주민들도 미국의 인디언과 별로 다르지 않다는 점에 눈을 떴다. 굳이 시골을 떠나 도시로 가거나, 농사나 어업이 아닌 다른 일자리를 찾거나, 더 많이 배워야겠다는 욕심이 없다

는 게 문제였다. 의식주 해결이 별로 어렵지 않았던 현실과도 관련
이 깊었다. 1970년에 발표한 『말레이의 역설(The Malay Dillemma)』
에 이런 고민이 잘 담겨 있다. 고향을 떠나 의사로 성공한 자신처럼
다른 말레이계도 비슷한 기회를 가질 수 있어야 한다는 게 핵심이다.
노골적으로 인종 갈등을 조장한다는 비판을 받았고, 그의 책은 금서
목록에 포함되었다. 말레이계 인종주의자라는 낙인도 생겼다. 1976
년에 쓴 『도전(Challenge)』에서는 관점을 국제사회로 넓혔다. 말레이
시아가 후진성을 벗어나지 못하는 이유를 서구세계(특히 영국)에 대
한 지나친 의존과 이들의 가치를 비판 없이 받아들인 것에서 찾았다.
그 연장선에서 추진된 것이 총리 취임 직후부터 실시한 '동방을 보라
(Look East)' 정책이다.

영국과 일본은 똑같이 말레이시아를 지배한 경험이 있지만 마하
티르는 일본의 장점을 보았다. 불과 몇십 년 만에 경제 대국으로 성
장한 것에 자극을 받았다. 일본인들은 애국심이 강하고, 자기 관리가
철저하며, 훌륭한 직업 윤리를 갖고 있다는 점이 인상 깊었다. 정부,
민간기업과 금융업체 간 동업자 관계를 형성하는 발전 모델도 모방
의 대상이었다. 그래서 일본으로 노동자와 유학생을 대규모로 파견
하는 한편, 일본의 기술력과 자본을 끌어들이기 위해 합작회사를 만
들었다. 1985년의 플라자 합의 등으로 인해 엔화가 폭등했던 일본으
로서도 동남아시아 진출은 좋은 기회였다. 풍부한 원재료, 값싼 노동
력, 헐값으로 제공받은 공장 부지 등을 통해 생산비를 절약할 수 있
었다.

국내 기업의 경쟁력을 확보하기 위해 과감한 보호주의 정책도

폈다. 뒤이어 정부가 통제하던 항공산업, 공공시설 분야와 텔레커뮤니케이션 등도 민영화시켰다. 경제적 약자였던 말레이계의 노동 생산성을 높이고, 이들이 중국계 자본가들과 경쟁할 수 있도록 돕는 것이 목적이었다. 태국에서 싱가포르에 이르는 '북남고속도로(North-South Expressway)'를 비롯해 프로톤(Proton)과 같은 국산자동차 개발 프로젝트도 진행된다. 정책의 일관성을 위해 민주주의를 일부 제약하기도 했다. 싱가포르, 인도네시아 등에서도 진행된 '계도' 민주주의로 보면 된다. '국내보안법(Internal Security Act)'을 적용해 예순세 명의 인사를 내란선동죄로 체포한 것이 대표적 사례다.

정부에 비판적이던 영자지 《별(The Star)》, 《엘 와탄(El Watan)》과 중국어 일간지 《싱저우일보(Sin Chea Jit Poh)》 등 언론사 네 곳이 문을 닫았다. 《동부 지역 경제 리뷰(Far Eastern Economic Review)》와 《아시아 월스트리트 저널(Asian Wall Street Journal)》 등 비판적인 해외 언론의 경우에도 판매 금지 또는 특파원 추방 등의 조치를 취했다. 1998년 외환위기를 극복하는 과정에서 부총리 안와르 이브라힘을 부패 및 남색 혐의로 구속시킨 것도 이 법을 통해서다. 독재자 또는 인권 탄압국이라는 비판을 듣게 된 것은 이 때문이다. 그럼에도 마하티르의 재임 기간 성적은 전반적으로 좋았다. 1988년부터 1996년까지 연평균 성장률은 8퍼센트를 웃돌았다. 주요 수출 품목은 석유와 농산물 등 1차산업에서 에어컨, 가전제품, 디스플레이와 같은 전자제품 중심으로 달라졌다.

대외 정책에서도 변화를 찾았다. 영국에 대한 의존도를 줄이는 작업이 출발점이었다. 총리에 취임한 직후인 1981년 9월에는 '영국산 불매운동'이 시작된다. 정부가 구입하는 물품 중에서 적절한 대안이 없는 경우에만 영국산을 구입하라는 지침이었다. 겉으로는 경제적인 조치였지만 영국 중심의 외교를 전환하겠다는 의도가 강했다. 영국 정부는 관계 악화를 바라지 않았다. 말레이시아 유학생을 대상으로 장학금을 늘렸고, 본국 대사관이 있었던 카르코사 부지도 돌려주었다. 불매운동은 1983년에 끝이 났지만 강대국을 향해 할 말은 하는 것이 더 낫다는 것을 배운 값진 경험이 된다.

인도의 네루, 인도네시아의 수카르노, 중국의 마오쩌둥 등은 모두 '통일국가'를 원했다. 영토 욕심이 아니라 '분열'로 인한 정치적 비용이 너무 크다는 것을 잘 알았기 때문이다. 필요할 경우에는 전쟁도 피하지 않았다. 말레이시아는 역설적이지만 이런 정책 덕분에 독립국가로 탄생할 수 있었다. 인도네시아 북부에 있는 보르네오섬을 포함한 오늘날의 영토를 확보하는 과정에서 미국과 영국의 도움을 받았다. 협력 관계는 그 이후 꾸준히 지속되었다. 특히 미군에 대한 의존도는 상당히 높았다. 미군이 정글 훈련을 할 때는 항상 말레이시아를 찾았다.

「블랙호크 다운」이라는 영화에 나오는 미국의 소말리아 개입 때도 함께 했다. 포위망을 뚫고 미군을 구해 준 군대가 말레이시아다. 해외군사교육훈련(IMET)에 참가한 장교만 해도 1500명 정도가 된다. 그렇다고 '홀로서기'를 포기하지는 않았다. 마하티르가 영국 유학파가 아니었고, 특히 유럽인에 대한 환상을 갖고 있지 않았던 것과 관련이 있다. 이 말에 마하티르의 본심이 잘 드러나 있다.

"우리 식으로 다스리고, 국가 정책을 갖고 시행한다는 것이 독립이지만 그들은 원하지 않았다. 독립적인 것은 나쁘고, 개방을 해야 하고, 모든 이들이 자유롭게 들어와서 하고 싶은 것을 할 수 있도록 해야 한다고 우리는 듣는다. 그러나 이렇게 되면 중앙아메리카의 바나나 공화국과 뭐가 다른지 모르겠다."

알에서 깨어나기 위한 전략도 섬세했다. 제국주의에 맞서기 위해서는 약소국이 단결해야 한다는 것을 너무 잘 알았다. 먼저 지리적으로 인접한 국가들과 협력하는 방법을 찾았는데, 별로 복잡하지 않은 논리다. 이웃 국가의 번영은 수출과 경제 협력 등에서 이익이 된다. 반대로 내전이나 경제 위기에 빠진 이웃은 난민 문제와 정치적 불안정 등으로 이어진다. 냉전이 끝난 직후 1990년대 초반 동아시아경제협력그룹(EAEG)을 제안한 것은 그 연장선이다. 마하티르는 이렇게 말했다.

"누가 우리 동아시아 공동체의 운영자, 조작자, 기술자 그리고 건설자가 되어야 하는가? 우리가 협력, 평화 그리고 번영의 주인공이 되어야 한다고 강력하게 믿는다. 우리는 코를 꿰어 끌려다니는 소가 아니다. 우리는 손에 이끌려 다니는 아이들이 아니다. 이 공동체의 건설은 우리의 두 발로 해내야 하는 여정이다. 우리는 함께 걸어가야 한다. 우리는 함께 행동하고 함께 앞으로 나아가야 한다."[16]

다수 국민이 이슬람교를 믿었기 때문에 '이슬람국가'와 연합하는 것도 자연스러운 선택이었다. 기회가 있을 때마다 그는 "13억 무슬림은 단결해야 한다. 이단자들을 대적하기 위한 능력을 키우고, 더 영리해져야 하며, 또 현대화될 필요가 있다."는 입장이었다. 부시 행정부가 이라크를 공격한 직후에는 "유럽인은 600만 유대인을 죽였지만 오늘날 이들은 대리인을 통해 통치한다. 다른 사람들을 동원해 서로 싸우고 죽게 만든다."고 말할 정도였다. 결코 순탄하지 않았다. 1998년에는 금융위기라는 가장 큰 암초를 만났다. 폭풍우 속에서 목숨을 내걸어야 했던 '트루먼'처럼 당시 마하티르는 모든 것을 걸었다. 그 때를 회고하면서 "칠십 평생 가장 고독하고 힘든 시간이었다."고 되뇌었다.

인도네시아에서는 1998년 5월에 대규모 폭동이 일어났다. 무려 30년 가까이 통치했던 수하르토 대통령은 강제로 물러났다. IMF가 요구했던 과감한 구조조정, 금융기관 폐쇄, 고금리와 긴축재정을 '수행할' 의지와 능력이 없다는 게 명분이 되었다. 모두가 겁을 먹고 한곳으로 몰렸는데 마하티르만 정반대로 갔다. 미국 재무부, 국제통화기금과 주류 경제학자들의 경고에도 불구하고 '자본 통제'를 실시했다. 1998년 10월이다. 반대하던 안와르 이브라임 경제부총리를 해임시킨 뒤 부패 혐의로 구속시켰다. IMF의 요구에 덧붙여 자발적으로 '플러스 알파'를 실천했던 한국 관점에서 보면 전혀 이해가 안 되는 행동이다.

미국 정부와 언론을 비롯해 국제사회에서도 호된 비판과 압력이 뒤따랐다. "자본 통제는 일시적인 진통제에 불과한 것으로 정부의 부패를 확대시켜 결과적으로 일반 국민의 고통을 더할 것이다."(크리스토퍼 링글), "자본 통제로 인해 국제금융시장에서 말레이시아는 배척될 것이며 금융체제 경쟁력과 경기 회복은 더욱더 늦어질 것이다." 혹은 "말레이시아 정치 지도자들이 자본 통제를 선호하는 이유는 잘못된 정책을 국민들로부터 은폐하려는 것이며, 그 결과는 더욱 심각한 위기로 나타날 것이다." 등의 주장이다.

미국 정부는 한 발 더 나갔다. 명백한 내정 간섭에 해당하는 일도 마다하지 않았다. 국무부 장관이던 매들린 올브라이트는 구속된 안와르의 부인을 면담했고, 부통령 앨 고어 또한 공개적으로 '민주화 혁명'을 촉구했다. 《워싱턴포스트》가 1999년 4월 12일 자에 "말레이시아의 가장 큰 문제점은 너무 오랫동안 권자에 있었던 마하티르 총리에 있다."고 지적하는 한편, "말레이시아의 미래는 안와르의 부인, 완 아지자 완 이스마일과 개혁인사들이 주도하는 민주주의 혁명에 있다."고 한 것은 이런 배경에서다. 2018년 9월 미국 UN대사 니키 헤일리가 베네수엘라 정권 타도를 외친 것과 같다고 보면 된다.

한국에서 마하티르 총리는 이단아 정도로 대접받는다. 김대중 대통령이 칙사로 깍듯하게 모셨던 조지 소로스를 겨냥해 "외환 투기꾼으로 제3세계를 다시 식민화시키려는 제국주의자"로 비난할 정도다. 미국 등 서방세계에 피해의식을 가진 인물이 아닌가 하는 의심도 받는다. 그는 어떻게 이런 결단을 내릴 수 있었을까? 국제질서에 대한 냉철한 문제의식 덕분이다.

미국의 개방 정책에 대해서도 그는 늘 경계하는 쪽이었다. 경쟁력이 없는 상태에서 개방할 경우 경제 식민지가 될 수도 있음을 잘 알았다. "미국의 시장이 우리에게 개방된다 하더라도 우리는 원재료

외에 팔 수 있는 것이 거의 없다. 반대로 미국은 자신들의 고부가가치 상품을 마음껏 팔 수 있고 우리의 희생을 통해 그들만 더 부유해진다.”고 봤다. 금융시장의 전면적 개방에 대해서도 회의적이었다. 선진 금융의 도입이라는 달콤한 사탕 뒤에 있는 건강 악화를 걱정했다. “만약 그들이 들어오면 말레이시아 은행은 질식하고 말 것이다. 전문성과 효율성을 가져다줄지는 모르지만 우리는 자국 은행을 보호할 책임이 있다.”는 말에 잘 드러난다.

세계무역기구(WTO) 등을 통해 강대국에 유리한 규칙이 강제되는 현실 또한 마하티르는 부정적으로 전망했다. 이 말에 요약되어 있다.

우리가 새로운 규칙에 적응할 능력이 있으면 그들은 바로 게임의 규칙을 바꾼다. 그러면 우리는 다시 모든 것을 새로 시작해야 하고 그동안 끝없이 황폐화된다. 만약 우리가 게임의 규칙을 바꾸면 당신들도 똑같이 느낄 것이다. 그러나 그런 일은 없다. 우리는 규칙이 계속 바뀌는 동안에도 끝없이 따라야 한다.

1997년 외환위기의 원인을 아시아 내부에서 찾는 관점에도 전혀 동의하지 않았다. 한국의 강경식 부총리가 “경제의 펀드 멘탈은 좋았다.”고 평가한 것과 같은 입장이었는데 그럴 만한 이유가 충분했다. “정부와 기업이 결탁해 일종의 부패사슬을 만들었다!”“족벌자본주의(crony capitalism) 위기!” 당시 아시아 국가들이 귀에 못이 박이도록 들은 얘기다. 그러나 이 문제는 후진국만의 고질병이 아니다.

2001년에 발생한 미국의 '엔론(Enron)' 사태와 2008년 금융위기 등에서 보듯 미국도 별 수 없다. 국가 공동체의 본질상 정부, 대기업과 금융기관은 일정한 수준의 '동맹 관계'를 맺게 된다. 마하티르의 입장도 크게 안 달랐다. "부유한 국가에서도 최고 사업가들과 금융가들이 정부와 매우 밀접한 관계를 맺고 있다. (……) 우리는 경제적으로 아주 건전했다. 외환보유고도 많았다. 금융 운영도 매우 보수적이었다. IMF도 우리 중앙은행장을 칭찬했고 그간의 정책도 지지했다."는 말로 구조적 문제가 있다는 비판이 엉터리라고 되받았다.

한국에서는 '괜한 남 탓' 정도로 받아들여졌지만 국제적 투기 자본이 더 문제라고 외쳤다. 다음과 같은 말에 잘 드러나 있다.

"그들의 투기는 너무 잘 디자인되어 있기 때문에 때로는 평가 절상을, 때로는 평가 절하를 시킨다. 이것은 정부, 부패, 투명성 부족과 전혀 무관하다. 만약 우리가 나쁜 정부를 가졌다면 아주 오래전에 우리의 통화는 붕괴되었을 것이다. 그러나 동일한 정부가 이 나라의 경제를 일으켰다. 그런데 갑자기 통화 붕괴가 우리 정부 때문이라는 말을 들었다. 우리는 그것을 믿을 수 없었다."

마하티르 총리는 한국과 달리 IMF 처방이 무조건 정답이라고 믿지 않았다. "IMF 처방전은 옳지 않았다. 그래서 우리는 처음부터 IMF로 가는 것을 거부했다. IMF 총재는 단지 우리가 가난해졌고 약해졌기 때문에 위기를 기회로 삼고자 했을 뿐이다."라고 판단했다.

필요한 것은 추가적인 개방이 아니라 투기 자본에 대한 규제라는 점 역시 분명하게 밝혔다. 극소수 투기 자본이 대략 50억 달러 정도의 돈을 벌기 위해 말레이시아가 독자적으로 2500억 달러 이상의 손실을 감당해야 하는 것은 받아들이지 않았다. 미국이 주도한 세계화가 '신제국주의'의 수단이라는 점도 지적했다. 마하티르는 이렇게 말했다.

"우리는 이웃 나라의 회사와 은행들이 어떻게 도산하고 외국인에게 팔렸는지 봤습니다. 그런 다국적기업이 우리의 국경을 넘어 들어오게 놔둔다면, 우리도 똑같은 운명에 처하는 것을 피할 수 있을까요? 우리는 외국인들이 소유한 회사의 노동자로 전락할 것입니다. 우리나라 소유의 기업들이란 더 이상 존재하지 않을 것입니다."[17]

말레이시아는 그 후 어떻게 되었을까? 한국과 같은 문제는 전혀 없다. 반복되는 외환위기에서도 안전지대에 들어서 있다. 2019년 현재 상황은 '순풍에 돛단 배'에 가까우며, 이는 국제통화기금(IMF) 연례평가에서도 확인된다. 국민총생산(GDP) 성장률은 평균 5퍼센트 언저리다. 2018년과 2019년에도 각각 5.3퍼센트와 5.0퍼센트 성장을 예상한다. GDP 대비 국민저축도 2013년의 29.4퍼센트에서 2017년 현재 28.2퍼센트로 양호하다. 국가경제 규모에서 경상수지적자가 차지하는 비중은 2014년 4.4퍼센트에서 2015년에는 3.0퍼센트, 2016년에는 2.4퍼센트, 2017년에는 2.8퍼센트이고, 또 2018년 추정치는 2.4퍼센트로 꾸준히 줄어들고 있다. 외환보유고 사정도 나쁘지 않다. 2016년에 946억 달러 수준으로 다소 하락했지만, 2017년에는 다시

1024억 달러로, 또 2018년에는 1133억 달러로 늘어날 것으로 예상된다. 2000년 이래 실업률도 3퍼센트대로 안정적이다.[18]

외양만 좋은 게 아니라 내용도 알차다. 많은 후발 개도국이 천연자원 등 1차산품에 의존하는 것과 달리 수출에서 제조업이 차지하는 비중이 상당히 높다. 2015년 기준으로 봤을 때 1위는 경유이지만 2위에서 4위는 집적회로반도체, 평판디스플레이, 기타정밀화학원료 등이다. 불평등 정도를 나타내는 지니계수(GINI Index)는 2016년 0.399에 불과하다. 1969년 0.531, 2002년 0.46으로, 2014년의 0.401과 비교했을 때 꾸준히 나아졌다. 미국과 영국을 포함해 싱가포르와 홍콩보다 훨씬 평등한 국가다.

유엔개발계획(UNDP)에서 발표하는 인간개발지수(HDI) 순위에서도 다른 동남아시아 국가보다 훨씬 앞서 있다. 2017년 기준으로 59위다. 태국 87위, 인도네시아 113위, 또 필리핀은 116위다. 세계행복지수를 보면 더 인상적이다. 2014년부터 2016년 기간에 측정한 순위에 따르면, 상위권에는 노르웨이, 덴마크, 아이슬란드 등 북유럽이 압도적이다. 말레이시아는 아시아에서 싱가폴(26위)과 태국(32위) 다음으로 42위다. 일본 51위, 한국 55위, 필리핀 72위, 또 인도네시아는 81위다.[19] 아시아에서 금융위기를 겪은 나라들 중에서는 성과가 가장 좋다.[20]

폭풍이 지나간 뒤 수하르토 대통령이 "내 인생에서 가장 후회스러운 결정은 당시 미국과 IMF의 말을 들었던 것"이라고 말한 것은 이런 까닭에서다. 그와 달리 마하티르는 살아남았다. '박수를 받으면서' 퇴장했고, 2018년 5월 10일에는 다시 총리로 부름을 받았다. 전 세계

마이크 폼페이오와 마하티르 모하맛(2018년)

국가 지도자 중 최고 연장자로 무려 아흔두 살이다. 제3세계의 '대변인'으로 국제사회에서도 존경을 받는다. IMF 모범생이라는 칭찬을 들었던 김대중 대통령보다 훨씬 인기가 높다.

　우고 차베스가 이끄는 베네수엘라 역시 이 대열에 합류한 지 오래된 국가다. "북한을 빼닮은 베네수엘라의 망국은" 2018년 8월 10일 자 자유아시아방송에 실린 기사 제목이다. 남루한 차림새의 아버지와 아들이 걸어서 페루 국경을 넘어가는 사진이 함께 소개된다. 뉴스 첫머리에는 "사랑하는 북녘 동포 여러분 안녕하십니까. 저 남미에 북한의 고난의 행군 때를 떠올리게 하는 나라가 하나 있습니다. 바로 베네수엘라인데요."라는 내용이 나온다. "많은 석유를 깔고 앉아 왜 저렇게 거지로 사는 걸까요. 바로 정치를 잘못했기 때문입니다. 베네수엘라는 1998년에 우고 차베스 대통령이 당선되면서 불행이 시작됐습니다. 그는 무상교육·무상의료·무상주택 정책을 내걸고 당선됐는데, 이건 북한과 같은 사회주의 정책이죠. 그때는 세계에서 사회주의가 다 망했을 때인데, 차베스라는 사람이 돈키호테처럼 나타나 다시 사회주의를 한다는 겁니다."라는 친절한 설명도 달았다.

'알의 세계'를 벗어나려는 그 어떤 노력도 불편하게 생각하는 이러한 입장은 국내 보수 언론에서도 자주 발견된다. 관련 사례로 "베네수엘라 경제, 유가(油價) 올라도 파산······ 주범은 사회주의 정책"(《조선일보》, 2018년 8월 30일 자), "베네수엘라 비극이 한국에 준 교훈"(《중앙일보》, 2018년 8월 27일 자), "베네수엘라 엑소더스······ 포퓰리즘의 처참한 최후"(《동아일보》, 2018년 8월 25일 자) 등이 있다.

공통적으로 우고 차베스를 공격한다. "집권 13년간 석유를 팔아 번 돈을······ 무상복지, 최저임금, 노동시간 단축, 공무원 증원 같은 공공 지출에 다 써 버렸다"는 점과 "무상교육, 무상의료에다 저소득층에 식료품을 무료 배급하고······ 반미 동맹을 만들겠다며 인근 국가에 석유 원조도 했다."는 점이 비난의 대상이다. 현실을 보면 전혀 틀린 말도 아니다. 국내 언론에 나오는 베네수엘라 뉴스는 하나같이 부정적이라 국가 자체가 곧 붕괴될 것 같은 분위기다. 그러나 겉보기와 전혀 다른 그림이 있다. 미국 '관련설'이다. 석유라는 이권이 너무 엄청나다. 남미 공동체 건설과 달리 헤게모니라는 문제도 걸려 있다.

2018년 기준으로 전 세계에서 가장 많은 석유 매장량을 가진 국가는 베네수엘라로, 무려 3010억 배럴이다. 2670억 배럴을 가진 사우디아라비아보다 많다. 미국을 비롯해 영국, 프랑스, 러시아와 중국 등 강대국은 누구나 안다. 석유를 확보하지 않으면 결국 지배를 받게 된다는 것을. 그래서 필사적이다. 냉전이 시작되기 전부터, 냉전 동안, 또 냉전이 끝나고 테러리즘이 부각된 이후에도 본질은 변하지 않았다. 2001년 이후 전쟁이나 경제 제재 등의 소용돌이에 휘말려 있는 국가 대부분은 산유국이다. 매장량 기준으로 봤을 때 이란은 1580억, 이라크는 1530억, 리비아는 480억 배럴이다. 미국의 보호를 받는 쿠웨이크와 아랍에미리트 역시 1020억과 980억 배럴의 석유를 갖고 있다.[21]

4부에서 얘기한 것처럼, 남미에서 전기, 통신, 가스와 토지 등은 미국계 기업이 독점하고 있다는 것도 기억할 필요가 있다. 평화롭게 해결할 수 있으면 좋지만 현실은 그렇지 않다. 전체 국민 중 상대적으로 소수에 해당하는 기득권 집단은 미국을 중심으로 한 외국 자본과 밀접하게 연결되어 있다. 미국 은행에 두둑한 잔고도 있고 자녀들도 모두 유학을 보낸다. 미국계 기업이 독점하고 있는 산업에 종사하거나 관련 업무를 하는 집단이다. 일본 식민지 시대 때 '친일 부역자'와 거의 같다. 다수 국민은 절대 빈곤에서 벗어나지 못한다. 분배를 요구하는 집단 항의는 잔인하게 짓밟혀 왔다. 좌파 민족주의 성향의 엘리트들이 잠간 등장했지만 곧바로 미국이 지원하는 쿠데타 등에 의해 쫓겨난다. 권력자들 역시 자신이 생존하기 위해서는 타협하는 쪽을 선호해 왔다. 지나온 발자취가 잘 말해 준다.

베네수엘라가 점령자 스페인으로부터 독립한 해는 1811년이다. 나폴레옹에게 패한 후 통제력을 상실한 제국을 대상으로 '투쟁'을 해서 얻은 자유다. 남미의 위대한 지도자로 불린 시몬 볼리바르가 세운

'그랜 콜롬비아(Gran Colombia)'의 일부였다. 그러나 연방실험이 실패한 이후 1830년에 독립국가로 분리된다. 콜롬비아, 에콰도르, 파나마, 페루 북부, 서부 기아나, 브라질 북서부 등이 그때 생겼다. 지도를 보면 금방 알 수 있지만 미국과 운명적으로 얽힐 수밖에 없는 위치다. 국토의 상당 부분은 카리브해를 끼고 있다. 왼쪽으로는 콜롬비아와 접한다. 파나마운하 통제를 위해 일찍부터 미국의 간섭을 받았고, 지금도 미군기지가 많은 국가다.

국경의 오른편에는 영국령이었다가 독립한 가이아나(Guyana)가 있다. 프랑스와 네덜란드가 각각 통치했던 가이아나 땅의 일부다. 1차 세계대전 중 유전이 발견된 덕분에 지역에서는 가장 잘사는 국가가 되었다. 농사를 짓지 않고 석유에만 의존하는 경제로 바뀌었고, 최근의 식량난 역시 이런 역사와 무관하지 않다. 역대 지도자들은 미국의 비위를 맞추는 쪽을 택했다. 더 정확하게 말하면 미국 기업의 이해관계를 건드리지 않는 방식이다.

우고 차베스는 상당히 달랐다. 출생한 해는 1954년이다. 재능이 많았던 인물로 운동, 문학, 연극 활동도 한 것으로 전해진다. 대략 17년간 장교로 근무하는 동안 '볼리바르주의(Bolivarianism)'에 심취했다. 독립전쟁에 승리한 이후 남미에 연방국가를 세우고자 한 볼리바르의 사상이다. 크게 다섯 가지 정도로 요약된다. "남아메리카의 경제 및 정치적 주권 회복, 대중적 투표와 국민적 투표를 통한 풀뿌리 민주주의 실현, 자급자족, 국민에게 애국주의와 도덕 교육 실시, 광대한 천연자원의 공정한 분배" 등이다.

차베스는 외세를 등에 업고 국민을 외면하는 정치 질서에 대해

베네수엘라의 볼리바르주의 운동(2005년, 카라카스)

남다른 문제의식을 갖고 있었다. 결국 1992년에 쿠데타를 시도한다. 인구의 60퍼센트 이상이 절대빈곤 계층으로 떨어지고, 정부와 기득권의 부정부패가 심각했던 때였다. 준비가 부족했고 다수 군인들 역시 그의 급진적인 견해를 따르지 않았다. 유혈 충돌을 피하기 위해 자진해서 항복한 다음 차베스는 구속된다. 투쟁을 중단하겠다는 발표를 통해 "단지 지금으로서는 실패한 것"이라는 말을 했고, 앞으로도 계속 이 길을 가겠다는 암시를 주었다. 대통령의 사면 조치로 풀려난 이후 차베스는 본격적으로 정치에 뛰어든다. 볼리바르주의를 내세운 그의 진정성을 국민은 높이 샀다. 56퍼센트의 지지를 얻어 대통령에 당선된 해가 1998년 12월 6일이다.

차베스가 먼저 착수한 개혁은 '정치적 기득권' 허물기다. 헌법을

올리버 노스

개정하지 않으면 불가능한 일이다. 파격적인 것은 국호 자체를 바꾸는 발상으로 '베네수엘라 공화국'에서 '베네수엘라 볼리바리안 공화국'으로 바꾸었다. 상원과 하원으로 구성되어 있었던 의회도 단일화시켰다. 대통령의 권한을 늘렸고, 최대 18년간 연임할 수 있는 길을 열었다. 정치적 안정을 위한 조치였고, 그 대신 국민은 '탄핵'할 수 있는 권리를 보장받았다.

사법개혁도 이루어 냈다. 대통령, 국회와 헌법은 한국의 '고위공직자 범죄수사처'와 비슷한 '검찰직'을 통해 견제받도록 했다. 국회가 임명해 왔던 판사들 또한 '공청회'를 통하도록 함으로써 권력을 분산시켰다. 빈곤퇴치, 교육기회 확대, 복지시스템 구축 등을 위한 조치도 곧바로 시작된다. 재원을 마련하기 어려웠기 때문에 군대를 적극 활용했다. 북한의 선군정치와 비슷한 것으로 보면 된다. 민간과 군대가 협력하는 '볼리바르 계획 2000'을 통해 도로를 건설하고, 주거 지역을 정비하며, 대규모 예방 접종 등에 나섰다. 임기 첫해의 성과를 눈으로 확인한 국민은 '헌법' 개정에 동의했으며, 찬성 비중은 70퍼센트가 넘었다. 2000년에 열린 대통령 선거에서는 전보다 더 높은 지지를 받았다.

당연하게 누려 오던 것을 뺏긴 집단을 중심으로 저항이 뒤따랐다. "미국 부시 행정부, 베네수엘라 쿠데타 연루(Venezuela coup linked to Bush Team)"는 영국의 《가디언》이 2002년 4월 21일에 올린 기사 제목이다. 당시 쿠데타에 개입한 핵심 인물 세 명이 소개되는데, 그중 한 명은 조지 부시 2세가 대통령이 된 직후 사면했던 엘리엇 에이브럼스다. 이란-콘트라 반군 스캔들에 연루된 인물로 이라크전쟁을 주장했던 네오콘 중 한 명이다. 닉슨 행정부에서 칠레 쿠데타를 주도했던 경력이 있다. 1970년대 이후 아르헨티나, 엘살바도르, 온두라스, 과테말라 등에서는 군부독재를 도왔다. 2019년 다시 직면하고 있는 베네수엘라 위기 현장에도 등장한다. 트럼프 대통령이 특사로 임명한 인물이다. 4부에서 설명한 '작전명 콘도르(Operation Condor)'가 진행된 시기다.

콘트라 반군을 도왔던 올리버 노스의 측근으로 알려진 오토 라이시의 개입도 드러났다. 라이시는 남미를 대상으로 한 '공공외교' 전문가로, 베네수엘라 대사로 근무한 경험이 있다. 쿠데타 직후 차베스의 '자업자득'이라는 논리를 확산시킨 장본인이다. UN 대사였던

차베스 개헌안은 2007년 국민투표에 의해 부결되었으나 2년 후에는 통과되었다

존 니로폰테 역시 미리 정보를 제공받았던 것으로 전해진다. 레이건 행정부 인물로 남미 반체제 운동을 무자비하게 탄압했던 '죽음의 분견대(Death Squard)'와 관련이 깊다.[22]

2002년 4월 12일 자《동아일보》는 "3년 만에 막 내린 '좌파정권' 실험"이라는 제목의 기사를 올린다. "남미에서 좌파 정권의 실험이 또다시 실패로 돌아갔다."라는 헤드카피로 운을 떼고, "차베스 정권의 실패는 근본적으로 반대를 용납하지 않는 불도저식 정권 운영에서 비롯되었다. 정부와 국영기업의 요직에 군 출신 인사와 현역 장교를 임명해 왔고 정부가 주도하는 사회개혁사업인 '볼리바르 계획 2000'에 군을 동원함으로써 군을 사병화하고 마침내 군 조직은 부정부패에 오염되었다."는 내용이다.

우고 차베스(2013년)

《중앙일보》는 이튿날인 4월 13일에 이 사건을 보도했다. "총체적 실패, 국민 등 돌려"라는 제목이다. "집권 4년 만에 중도하차한 것은 그의 급진 사회주의 정책에 국내 정치와 경제를 장악해 온 석유재벌 등 기득권층은 물론 노동계마저 등을 돌렸기 때문"이라는 분석을 담고 있다. 미국 정부와 언론이 내세운 입장과 같다. '모든 게 차베스 탓'이라는 얘기다. 전혀 다른 그림이 있다는 것은 외면한다.

발단은 2001년 11월 발표된 마흔아홉 개 항목의 임시법이며, 그중에서도 세 가지가 문제였다. 먼저 '토지개혁 법안(Land Law)'이다. 경작을 하지 않고 놀리고 있는 지주의 자격을 박탈하고, 경작 가능한 토지를 소규모 농민에게 분배한다는 내용이다. '탄화수소 법안(Hydrocarbons Law)'이 그다음이다. 외국계가 독점하고 있는 석유산업에 대한 정부 통제를 확대함으로써 공공지출에 필요한 재원을 확보하는 것이 목적이다. 그간 외국계 기업이 독점했던 사업권은 앞으로 '베네수엘라' 정부와 합작을 할 때만 인정하기로 했다. 마지막은 '어업 법(Fishing Law)'이다. 해변 인근에서 대규모 선단의 어로 행위를 못하게 함으로써 영세 어민이 수자원을 얻을 수 있도록 한 조치다.[23]

차베스를 막아야 한다는 입장에 찬성하는 집단이 단결하기 시작했다. 군부, 언론, 상공인연합과 노동조합 등이 뭉쳤다. 가톨릭교회도 반대 진영에 발을 담갔다. 종교적인 이유도 있었지만 세속적인 이해관계가 더 컸다. 교회로 할당되던 지원금이 빈민에게 전달되었고, 공동체 위원회 등 풀뿌리 민주주의가 확산되면서 교회의 영향력이 줄었다. 해방신학을 옹호하면서 기성 종교에 비판적이던 인물이 종교 관련 부처에 임명된 것도 불만이었다.[24] 국영 베네수엘라석유공사(PDVSA)의 주요 간부가 정부 측 인사로 바뀐 일이 결국 도화선이 된다.

정리해고를 당한 간부들과 노조가 먼저 들고 일어섰다. 미국계 엑손모빌(Exxon Mobil), 세브론(Chevron), 코노코필립스(ConocoPhillips)를 비롯해 영국의 BP, 프랑스의 토탈(Total), 노르웨이의 스타토일(Statoil) 등에 속한 노조도 파업에 들어갔다. 핵심 인물에는 상공인연합회 회장인 페드로 카르모나 에스탄가와 벨라스코 추기경도 포함되어 있었다. 1973년 칠레 쿠데타와 거의 유사하게 진행되었고, 대규모 파업으로 경제난이 닥쳤다. 파업에 참가한 시위대가 누군가에 의해 피살당하면서 정부 책임론이 불거졌다. 군부는 못 이긴 척 질서를 유지한다는 명목으로 차베스를 체포했다. 극적인 반전은 서른일곱 시간 뒤 일어났다. 차베스가 자진 사퇴한 게 아니라 불법으로 내쫓겼다는 소식을 들은 민중이 집결하기 시작했다. 성난 군중이 거리로 몰려나왔고, 결국 쿠데타 세력은 항복한다.

권력에 복귀한 차베스는 거침이 없었다. 국영석유업체인 PDVSA를 친정부 인사로 채웠다. 정부 정책에 협조하지 않았던 노조원들은 대규모로 해고되었다. 2003년에는 분배정의, 복지확대, 빈곤퇴치와 교육 등을 포괄하는 '볼리비안 과제(Bolivian Missions)'가 도입된다. 대표적인 프로그램으로는 글자를 읽을 줄 모르는 성인을 무료로 가르치는 '로빈슨 미션(Mission Robinson)', 원주민의 문화와 권리를 보호하는 '과이카이푸로 미션(Mission Guaicaipuro)', 문맹자 200만 명을 대상으로 무료 고등학교 교육을 제공하는 '수크레 미션(Mission Sucre)' 등이 있다. 극빈자를 위해 주거를 마련해 주는 '비벤다스 미션(Mission Viviendas)', 식량 자급과 영양불량을 지원하기 위한 '메르칼 미션(Mission Mercal)'과 커피와 코코아 등을 지속적으로 경작할 수 있도록 돕는 일종의 환경보호 작업인 '아르볼 미션(Mission Arbol)'도 포함된다.

외국 자본에 대해서도 단호해졌다. 정부와 합작회사를 만들든지 아니면 철수하라고 일방적으로 통보했다. 미국의 엑손모빌과 코노코필립스 등은 이 제의를 거부했지만, 다른 외국계는 이들과 달리 타협적이었다. 차베스 또한 무리한 요구는 내세우지 않았다. 합작회사에 속하지 않은 외국계 소유의 지분에 대해서는 자율적으로 관리할 수 있도록 했다. 국제유가의 상승과 신규로 확보한 재정 수입으로 복지 정책도 대폭 확대했다.

쉰여덟 살의 나이로 갑작스레 죽기 전까지 차베스가 일군 성과는 눈부셨다. 직접민주주의가 뿌리를 내렸고, 150만 명 이상이 문맹에서 벗어날 수 있었다. 1998년 초등학교에 등록한 학생수는 600만 명에 불과했지만 2011년에 그 숫자는 1300만 명으로 늘어났다. 학교 등록률도 2000년 53.6퍼센트에서 2011년에는 73.3퍼센트까지 높아졌다. 같은 기간 동안 빈곤율 또한 42.8퍼센트에서 26.5퍼센트로 낮아졌으며, 불평등 정도를 나타내는 지니계수도 2011년에 0.39로 개선됐다.

차베스의 실험은 남미 다른 국가들로 자연스럽게 퍼져 나갔다. 제헌의회 전략으로 기득권을 무너뜨리고 복지를 늘리는 데 필요한 재원은 국유화를 통해 얻는 전략도 확산되었다. 빈민을 위한 재분배 정책도 모방 대상이었다. '차베스형 좌파' 정권은 볼리비아, 에콰도르, 니카라과, 온두라스 등에 잇따라 들어섰다. 남미의 목소리를 대변하는 것을 목적으로 한 24시간 뉴스채널 '텔레수르(Telesur)'도 출범했다. 국제통화기금과 세계은행과 경쟁하기 위한 '남반구 은행(Bank of the South)' 계획 역시 2007년에 발표된다. 모두 차베스가 주도한 작업이었다.

대외정책에 결정적인 영향을 미치는 미국의 복합체(Complex)가 받아들이기 어려운 상황이었다. 당장 국유화 조치가 시행되면 석유, 전기, 석탄과 금광 등에 진출한 자국 기업이 막대한 손해를 본다. 전 세계에서 가장 규모가 크다는 유전에서 배제되는 것은 에너지 안보 차원에서도 받아들이기 어렵다. 미국이 오랫동안 관리해 오던 남미에 '좌파' 성향의 정부가 들어서고, 장기적으로 '남미 공동체'가 들어선다는 것 역시 결코 '용납'할 수 없다. 터키와 협력해서 달러 대신

'금'을 국제통화로 활용하는 것도 위협이다. 미국은 필사적으로 이 상황을 역전시키려 했다.

반정부 시위를 위한 재정 지원이 빠질 수 없다. 2017년 4월 8일 자 텔레수르에 관련 내용이 소개된다. 미국 정부가 국제개발처(USAID)를 통해 2015년 한 해에만 대략 426만 달러의 돈을 반정부 세력에 지원했다는 내용이다. 그중에서 200만 달러는 적대국 내부에서 민주화 운동을 촉진함으로써 친미 정권이 수립되도록 돕는 것을 목적으로 하는 국립민주화기금(National Endowment for Democracy)에 할당되었다. 자유시장 개혁과 야당 정치인을 지원하기 위한 선거 캠페인에도 각각 16만 813달러와 84만 9223달러가 쓰였다. 정부의 비리를 폭로하고 부정적인 뉴스를 확산함으로써 '적대적' 여론을 형성하기 위한 프로파간다 목적에도 50만 달러 이상이 투입된다.

반정부 활동을 주도하거나 여론전에 도움이 될 만한 1000개가 넘는 단체도 지원금을 받았다. '국제공화주의연맹(Intenational Republican Institute)', '국제문제를 위한 민주주의기구(National Democratic Institute for Intenational Affairs)', 미주기구(Organization of American States, OAS) 산하 '범아메리카발전재단(Pan-American Development Foundation)' 등이 여기에 속한다. 미국 의회에서 승인하는 프로파간다 방송 예산 7억 7780억 달러는 별도다. 미국의 소리(VOA)를 비롯해 라디오 마티니(Radio Matini)와 텔레비전 마티니(TV Matini) 등이 이 돈으로 운영된다.[25]

증거는 없지만 암살이 시도되었다는 정황도 많다. 믿거나 말거나 한 소문 중 하나가 남미 지도자들을 대상으로 한 '암(cancer)' 음모론이다. 2011년 12월 29일 자《가디언》에 잘 나와 있는데, 당시 기사에 따르면 차베스는 상당히 조심스럽지만 확신을 갖고 있었던 것으로 보인다. 볼리비아의 에보 모랄레스, 에콰도르의 라파엘 코레아, 아르헨티나의 크리스티나 페르난데스 대통령 등이 잇따라 암 진단을 받은 직후였다. 그는 "반복해서 말하지만 근거 없이 누군가를 비난하고 싶지는 않다. 그러나 뭔가 알 수 없는 일이 진행되고 있다는 것은 분명하다."고 운을 뗐다. 미국이 1940년대 과테말라인 2000명을 대상으로 매독균 등을 실험한 전례를 증거로 내세웠다.[26]

냉전 이후 CIA가 주도했던 'MK 울트라'와 같은 작전을 감안하면 전혀 터무니없는 얘기는 아니다. 쿠바의 피델 카스트로를 겨냥한 독살 음모는 잘 알려져 있다. 당시 책임자는 칼텍(California Institute of Technology)에서 박사학위를 받은 독극물 전문가 시드니 고틀리브였다. 우연의 일치인지 모르지만 독살 의혹을 제기한 2년 후 차베스는 결국 암으로 세상을 떠났다. 곧이어 미국에 우호적인 상황이 이어졌다. 2009년 9월 26일 발족한 '남반구 은행'은 현재 구심점을 잃은 채 표류하고 있다. 차베스 이후 좌파정권으로 물갈이된 남미 상황도 급변했다. 2014년까지만 해도 우파 정권은 파라과이가 유일했다. 그러나 2018년 현재는 콜롬비아(2010년), 브라질(2016년), 페루(2016년), 칠레(2018년), 아르헨티나(2015년) 등이 모두 우파 정권으로 채워졌다.

게다가 그의 뒤를 이어 대통령이 된 니콜라스 마두로가 이끄는 베네수엘라 상황은 최악이다. 의약품과 식료품 등을 공급받지 못해 탈출하는 국민이 꾸준히 늘고 있다. 무려 수십만에서 수백만 명에 이른다는 소식이다. 인플레이션은 100만퍼센트를 넘어섰고, 주요 수입

원인 석유 수출량도 역대 최저 수준으로 떨어졌다. 2018년 5월 마두로가 연임에 성공한 이후 미국발 경제제제는 더욱 강화되었다. 미국 국무부 장관 마이크 폼페이오는 "명백한 헌법 위반이며 민주주의에 대한 배반이다. 미국은 다른 민주주의 국가들과 함께 모든 경제적 및 외교적 조치를 취할 것"이라고 선언했다. 미국 내에 있는 베네수엘라의 자산을 동결하고 원유 수입을 금지한 것은 그 직후다. 베네수엘라와 거래하는 다른 국가와 기업에 대해서도 처벌하겠다고 경고했다.

해외 여행과 자산을 동결시키는 규제 대상에는 마두로는 물론 신임 정부 관료 열한 명이 포함되어 있다. 아프가니스탄, 이라크, 리비아, 시리아 등에 개입했던 것처럼 '민주주의 복원'과 '난민 위기' 해결을 위해 무력 개입이 논의되고 있다는 증거 역시 꾸준히 나온다. 2018년 8월 7일에는 마두로 대통령의 연설식장에 드론 공격이 이루어지기도 했다. 미국과 콜롬비아가 배후로 지목되었다. 쿠데타가 준비되고 있다는 내용도 폭로된다. 《뉴욕타임스》는 2018년 9월 8일에 베네수엘라 일부 야당 지도자와 트럼프 행정부가 쿠데타를 상의한 적이 있으며, 결국 미국이 거부했다는 내용을 보도했다. 미국의 영향력이 절대적인 '미주국가연합(OAS)' 소속 국가들 중 일부는 공개적으로 무력 개입을 주장하기도 한다. 정말 한 치 앞도 안 보인다. 폭풍우를 만나고 있는 베네수엘라는 어떻게 될까? 쉽지는 않겠지만 살아남을 가능성을 보여 주는 몇 가지 '징후'가 있다.

정치적 안정이 첫 번째다. 2012년 대선의 승리자는 차베스였다. 암 투병 중이었지만 선거에 나섰고 압승을 거두었다. 당선된 직후 다시 병실로 옮겨졌고, 2013년 3월 5일에 임종을 맞았다. 마두로는 그의 분신과 같은 인물이다. 버스기사 노조 지도자 출신으로, 1994년부터 정치적 동지였다. 차베스를 대신할 만큼의 카리스마가 없었다는 게 문제였다. 미국이라는 강력한 외부 세력과 맞서면서 식료품 부족과 통화가치 하락과 같은 현안을 해결할 만한 리더십이 부족했다. 2013년 4월 14일에 치러진 조기 대선에서 야권 후보인 엔리케 카프릴레스 라돈스키를 겨우 1.83퍼센트 차이로 이겼던 것은 이런 배경에서다. 2018년 5월 21일 연임에 성공하기까지 끝없는 흔들기가 계속되었으나, 지금은 상당한 '정치적 자본(political capital)'을 확보한 상태다. 국민의 절반이 선거에 참가하지 않은 상태였지만 68퍼센트가 넘는 득표를 얻었다는 것은 내부의 단결을 보여 주는 조짐이다.

정부의 주요 보직을 맡은 인물이 대부분 사십 대 중반으로 아주 젊다는 것도 좋게 볼 수 있다. 차베스 행정부에서 다양한 경험을 축적한 인물들이다. 가령 부통령인 델시 고메즈는 외교부와 공보처 장관 출신이며, 1969년생으로 이제 겨우 쉰 살이다. 외무부 장관을 맡고 있는 조지 아레자 또한 젊다. 차베스의 사위로 1973년생이다. 행정부 경험도 많고, 영국 캠브리지대학교에서 유럽정치로 석사학위까지 마친 인물이다. 군부의 지원을 받고 있다는 점도 장점이다. 법무장관 네스토 토레스는 국방경비대 사령관을 겸직한다. 베네수엘라 육군사관학교 출신인 국방부 장관 블라디미르 로페즈 또한 차베스가 잠깐 축출되었을 때 그의 곁을 지켰던 인물이다.

국제정세도 반드시 불리하지는 않다. 미국의 경제 제제는 강력하다. 베네수엘라석유공사(PDVSA) 소유로 텍사스가 본사인 CITGO의 자산도 압류된 상태다. 혼자 힘으로 외채 위기를 헤쳐 가기 어려운 상황이다. 그럼에도 워낙 방대한 유전과 천연자원을 갖고 있다. 합작 형태로 사업을 하고 있는 프랑스와 노르웨이 등이 선뜻 발을 빼지 않는 이유다.

중국과 러시아라는 후원자가 있다는 것도 도움이 된다. 마두라 정권이 위기에 처할 때마다 재정적인 도움을 주었다. 러시아는 국영 로스네프(Rosneft)를 통해 유전을 구입해 주었고, 지속적인 투자를 약속했다. 2016년에는 천연가스 채굴 업체인 페트로 모나가스(Petro Monagas)에 5억 달러 투자 계획을 밝혔다. 미국의 방해에도 불구하고 2017년에는 CITGO의 지분 49.9퍼센트를 인수하기도 했다. 미국과 유럽이 우크라이나에 개입하는 것과 거의 비슷한 지정학을 고려한 전략으로 보면 된다. 원유 경쟁에서 미국이 포기한 지분만큼을 인수한다는 효과도 있다.

미국과 어차피 충돌할 수밖에 없는 중국도 적극 돕는다. 베네수엘라가 중국에 지고 있는 부채는 대략 200억 달러가 넘는다. 중국은 여기에 신규 50억 달러를 추가로 빌려주었다. 미국이 못 팔게 막고 있는 원유로 대신 갚는다는 조건이다. 금융과 에너지 부분에서 협력을 강화하기 위한 '경제쌍무위원회'도 체결한 상태다. 2018년 9월 14일에 마두로 대통령이 중국을 공식 방문한 것도 그 연장선에 있다. 트럼프 행정부 이후 미국의 전선이 너무 확장된 것도 기회다.

동일한 경제 제제로 원유를 수출하지 못하고 있는 이란은 자연스런 동맹이다. 차베스가 재임하는 동안 이란의 마무드 아마디네자드 대통령은 공식적으로 카라카스를 방문해서 연대를 과시한 적이 있다. 통화 위기를 맞고 있는 터키 또한 미국의 압력에 쉽게 굴할 것 같지 않다. 러시아와 중국을 비롯해 이들 국가는 공통적으로 미국 달러 대신 '금'을 축적하는 중이다. 자국 통화가 연일 폭락하는 많은 개도국 역시 '달러' 사용을 줄이는 대신 '물물교환' 방식을 선호한다. 주요 산유국인 이란과 베네수엘라가 동시에 경제 제재를 받으면서 국제유가 상승이라는 복병도 생겼다. 러시아가 가장 큰 수혜자가 된다. 인도와 중국 등 원유가 필요한 국가들로서는 우회로를 찾을 수밖에 없다. 베네수엘라 입장에서는 결코 불리하지 않은 국면이다.

끝으로, 미국의 프로파간다가 일방적으로 관철되던 과거와 달리 다양한 대안 매체가 등장했다는 것 역시 도움이 된다. 텔레수르(Telesur)는 그중 하나다. 2005년에 설립된 매체로, 라틴어와 영어로 24시간 방송되며, 인터넷으로도 이용할 수 있다. 본부는 베네수엘라의 카라카스에 있다. 쿠바, 니카라과, 우루과이, 볼리비아 등에서도 운영비를 낸다. 그래서 남미의 관점과 문제의식을 많이 다룬다. 미국의 개입에 대해서도 적극 고발한다. 정보의 불균형은 지속되지만 대안적인 목소리를 전달할 수 있는 발판이 마련되었다는 의미가 있다. 미국 언론에서는 '적대국' 프로파간다로 취급될 만한 뉴스도 많이 나온다. 한 예로, 2018년 9월 17일 자 헤드라인에는 미국의 무역 봉쇄를 비판하는 쿠바 대통령의 인터뷰가 올라와 있다. "트럼프 행정부가 시리아 내 쿠데타를 위해 사우디아라비아에 40억 달러를 요구했다."와 같은 뉴스를 볼 수 있는 곳도 이 매체다.

17

국내의 촛불들

국가는 물과 공기와 비슷해서 있을 때는 소중함을 모른다. 괜히 간섭하고, 세금 거두고, 핍박하는 존재로만 보인다. 망국의 설움을 겪으면 좀 달라진다. 멀리 갈 것도 없이 지금의 이라크와 리비아 등을 보면 된다. 거의 구석기 시대로 돌아갔다. '만인의 만인에 의한 투쟁'이 진행 중이다. 평범한 한국인으로서는 쉽게 상상할 수 없는 이슬람국가(Islam State, IS) 운동이 생기는 것도 이런 까닭에서다. 한때 길거리에서 흔하게 볼 수 있었던 러시아 미녀가 등장하는 술집도 국가의 운명과 관련이 있다. 구소련이 무너지고 국가에서 보장해 주던 사회보장제도가 무너지면서 각자 살길을 찾아 나선 결과다.

국제사회에서는 잔혹한 독재자라는 소리를 듣지만 블라디미르 푸틴이 등장한 이후 러시아는 달라졌다. 미국 등 외세와 손을 잡고 석유와 천연가스 등으로 제 잇속을 챙기던 신흥 부자(올리가르히)는 모두 몰락했다. 그들이 외부 세력과 협력하는 대가로 생겼던 전문학적 돈이 정부 재정으로 환수되어 복지 시스템을 복원시키는 데 쓰였다. 베네수엘라의 마두로 대통령이 "해외에서 화장실 청소 하지 말고 고국으로 돌아오라."고 말하면서 귀국 비용을 대 주겠다고 한 것도 같은 맥락이다. 영화 「노인을 위한 나라는 없다」의 제목을 빗대어 말하면, 현실에서 "외국인을 위한 천국은 더 이상 없다." 일본에 나라를 뺏긴 이후 조선인이 느낀 고통도 비슷했다.

암흑 같은 식민지에서 '촛불'이 되어 준 사건이 1917년에 일어난 볼셰비키혁명이다. 산업화에 성공한 유럽 선진국이 아닌 농업 후진국이던 러시아에서 성공했다는 게 파격이었다. 봉건주의가 아닌 다른 방식으로 새로운 세상을 만들 수 있다는 희망을 꿈꾸었다. 인근 유럽을 시작으로 중국과 동남아시아와 한국 등에도 영향을 미쳤다. 예술가들도 동참했다.

조선프롤레타리아예술가동맹(Korea Artista Proleta Federation, KAPF)이 1925년 8월에 결성된 것은 이런 배경에서다. 널리 알려진 문인들 중 다수가 이 단체에 이름을 올렸다. 「빼앗긴 들에도 봄은 오는가」의 이상화, 「상록수」의 심훈, 「땅속으로」의 조명희, 「두만강」의 이기영, 「황혼」의 한설야 등이 회원이다. "예술을 위한 예술을 배격하고, 인생을 위한 예술을 건설한다."는 것이 목표였다. 펜을 대신해 총을 들고 혁명에 나선 이들도 많았다. 겨울이면 얼어붙는 두만강을 몰래 넘나들면서 일본과 싸웠다. 몰래 국경을 넘어와 일본인을 죽이거나 경찰서를 습격해 무기를 빼앗는 일이 아주 잦았다. 김동환의 장편 서사시 「국경의 밤」에는 당시 정황을 보여 주는 장면이 있다.

아하 무사히 건넛슬가
이 한밤에 남편은 두만강을 탈업시 건너슬가

저리 국경 강안을 경비하는

외투 쓴 거문 순사가

왔다 갓다

오르면 내리명 분주히 하는데

발각도 안되고 무사히 건너슬가

소금실이 밀수출 마차를 띄워 노코

밤 새 가며 속태우는 젊은 아낙네

물네 젓던 손도 맥이 풀어져

파!하고 붙는 어유(魚油) 등장만 바라본다

북국(北國)의 겨울밤은 차차 깊어 가는데

일본에서 해방되는 것(반제국주의)과 보다 평등한 세상의 건설(사회주의)이 굳이 다르지 않았다. 좌파민족주의로 보면 된다. 3·1운동에 참가한 이후 자연스럽게 사회주의 계열에 합류하는 경로를 밟았는데 대표적인 조직이 1920년대 결성된 사회혁명당이다. 전략은 이렇다.

먼저 일본제국주의를 구축하자는 것이 선결문제이기 때문에 어디까지든지 민족운동자들과 손을 잡고 나아가야 한다는 것, 그다음에 우리 사회주의자의 힘을 길러서 사회주의 혁명을 해야 한다.

상하이에서 설립된 고려공산당도 "우리는 민족적 해방이 사회혁명의 전제임을 절실히 느끼는 자"라고 밝혔다.

1927년 발족한 좌우합작 운동이던 신간회(新幹會)도 같은 입장이었다. 물론 "일본 권력과 외국 및 토착 자본으로부터 한국을 해방하고…… 공산주의에 입각한 사회를 건설하는 것"을 목표로 내세운 이르쿠츠크파 고려공산당도 있었다. 그들도 민족해방의 중요성을 부정하지는 않았다. 피는 민중이 흘리고 그 성과를 부르주아 민족주의자들이 독차지하는 것을 우려했을 뿐이다. 실제로 중국국민당과 공산당이 내전을 벌이게 된 것은 이 갈등 때문이다.[27] 그러나 반공을 국가 정책으로 삼았던 남한에서 이들은 '없는' 존재가 되어야 했다.

권력의 정통성은 '국민을 이끌고 갈 자격이 있느냐.'에 대한 질문이다. 남한 사회에서 지배계층은 자격 미달이었다. 항일독립투쟁의 경력은커녕 부역자란 딱지에서 자유롭지 않았다. 북한의 김일성을 비롯해 많은 사회주의 계열 독립운동가를 부정한 것은 이런 까닭에서다. 불과 서른세 살 나이에 불꽃처럼 살다 간 김산도 그중 한 명이다. 그가 남긴 글 중 다음과 같은 대목이 나온다.

내 생애는 실패의 연속이었다. 우리나라의 역사도 실패의 역사였다. 나는 단 하나에 대해서만 — 나 자신에 대해 — 승리했을 뿐이다. 전진할 수 있다는 자신감을 얻는 데는 이 하나의 작은 승리만으로 충분하다. (……) 역사의지를 아는 사람은 누구일까? 그것은 살아남기 위해 폭력을 뒤엎지 않으면 안 되는 피억압자뿐이다. 패배 속에서도 좌절하지 않는 사람, 새로운 세계를 얻기 위해 모든 것을 바쳐 잃어버린 사람뿐이다.[28]

소설 『아리랑』 영어판의 표지

　자칫 영원히 잊힐 뻔했던 혁명가를 복원시킨 것은 『아리랑』이란
소설이다. 「중국의 붉은 별」을 쓴 에드거 스노의 부인이면서 김산을
사랑했던 것으로 알려진 님 웨일스의 작품이다. 일본에서 영어판을
구입해 국내로 반입하고, 나중에 번역본이 출간될 때 "나의 삶의 방
향과 내용에 지울 수 없는 크고 깊은 흔적을 남겼다."는 추천사를 쓴
분이 리영희 선생이다.

　'메트르 드 팡세'(사상의 큰 스승)는 1980년 5·18 광주 민주화운
동 직후 구속되었을 때 《르몽드》에서 붙여 준 별명이다. "프랑스에
'에밀 졸라'가 있고 중국에 '노신'이 있다면, 우리 조국에 리영희 선생
이 있다." 그의 죽음에 부쳐 《한겨레신문》에 소개된 고별사다. 한국
사회에 끼친 영향이 그만큼 컸다. 많은 저서 중 하나인 『전환시대의
논리』는 한국인의 필독서다.[29] 1980년대 중앙정보부 자료에 따르면,
대학생에게 가장 큰 영향을 끼친 책 서른 권 중 상위 5위에 그의 책
이 세 권이나 포함된다. 다른 두 책은 『8억인과의 대화』와 『우상과 이

베트남전쟁 당시 주월 한국군 사령관(1964~1973년)

성』이다. 2010년 세상을 떠나기 전에 발간된 『대화』란 책에는 리영희 선생의 인생관이 잘 나와 있다.

　　인간은 누구나, 더욱이 진정한 '지식인'은 본질적으로 '자유인'인 까닭에 자신의 삶을 스스로 선택하고, 그 결정에 대해 '책임'이 있을 뿐만 아니라 자신이 존재하는 '사회'에 대해서도 책임이 있다고 믿는다. 이 이념에 따라, 나는 언제나 내 앞에 던져진 현실 상황을 묵인하거나 회피하거나 또는 상황과의 관계설정을 기권(棄權)으로 얼버무리는 태도를 '지식인'의 배신으로 경멸하고 경계했다. 사회에 대한 배신일 뿐만 아니라 그에 앞서 자신에 대한 배신이라고 여겨왔다.

베트남에 파병된 육군(1966년)

출신 배경만으로는 남한 사회의 주류가 되고도 남는다. 고향이
평안도 운산군 대관이다. 같은 동네에서 태어난 분이 장준하 선생으
로, 월간《사상계》를 발간했고 박정희 정권에 저항하다 의문사를 당
했다. 평안도 출신의 월남 인사들이 미 군정에서 전성기를 누렸다는
것은 앞에서 얘기했다. 평소 잘 알고 지내던 동네 누나의 선생님이
한국가정법률상담소를 비롯해 인권운동으로 잘 알려진 이태영 변호
사다. 동향 출신 중에서 거부가 된 인물로는 금광업으로《조선일보》
를 인수한 방응모가 있다. 당시 부사장이던 홍종인, 편집국장 선우휘
도 동향 사람이다. 각각 연세대와 고려대 총장을 지낸 백낙준과 장준
하, 또 백선엽 장군도 이곳 출신이다. 게다가 이들의 애향심은 대단했
다. 알제리 비동맹회의 보도와 관련해 리영희 선생이 안기부에 끌려

갔을 때 선우휘가 도움을 준 이유도 고향 사람이었기 때문으로 알려진다.

리영희 선생은 1950년 국립해양대학교를 졸업한 뒤 안동에서 영어교사로 사회에 첫발을 내디뎠고, 전쟁 중에는 미군 통역장교로 일했다. 본인의 의지만 있었으면 미군이라는 인맥을 활용해 출세하는 것은 어렵지 않았다. UN군사령관을 지낸 제임스 밴 플리트 육군대장의 통역을 맡을 정도였다. 육군 소령으로 전역한 다음에도 잘나가는 언론사의 기자로 일했다. 공보처장을 지낸 김동성이 사장으로 있던《합동통신》외신부가 첫 직장이었다. 미국 국무성에서 언론 장학생을 선발할 때 우선순위에 둔 곳이다.

이후 리영희 선생은《조선일보》와《합동통신》에서 각각 외신부장을 지냈다. 남재희, 김용태, 이자헌, 김윤환, 선우연, 박범진, 이동익, 이종식, 채영섭, 최병렬, 허문도, 김학준 등 당시 동료들 대부분은 장관이나 국회의원 등이 되었다. 풀브라이트 언론 장학생으로 미국 연수를 다녀오기도 했다. 1957년부터 약 6개월간 노스웨스턴대학교에서 공부했다. KBS 사장을 역임한 박권상, 호텔신라 사장이 되는 김인호, 국회의원 조세형, 고려대 노희엽 교수 등이 그때 함께 연수를 받은 인물이다. 박정희 대통령이 쿠데타 직후 케네디 대통령과 면담을 하러 갈 때도 동행할 정도로 실력을 인정받는 기자였다. 그럼에도 그는 꽃길 대신 가시밭길을 택했다. "전 세계의 피압박 인민의 백인 자본주의에 대한 투쟁들에 열정적으로 공감"했기 때문이다.

베트남전쟁의 실상을 폭로한 것이 빌미가 되었다. 박정희 정권이 숨기고 싶었던 치부를 건드렸다. 민족해방을 위해 피를 흘린 기층 민중이 배반당한 사례가 베트남이었다. 제국주의 프랑스를 몰아낸 자리에 다시 미국이 들어섰다고 얘기했을 뿐이다. 쿠데타를 승인받기위해 케네디를 만났을 때 '파병'을 요구받았다는 얘기도 전했다. 미국 정부와 언론이 '말하는 것'이 아니라 '행동하는 것'을 전하려 했다. 진실에 대한 각별한 신념이 밑바탕이 되었다. 덕분에 잘나가던 직장에서 해고된다. 1968년이다. 당시《조선일보》편집국장이 선우휘다. 동향 출신이라 처음에는 보호해 주었지만 결국 권력의 압력에 굴복했다. 언론사의 이익과 반공주의를 강화하는 것도 목적이었다.

1971년에는《합동통신》에서도 쫓겨난다. 군부독재를 반대하는 '64인 지식인 선언'에 참가한 것이 문제가 되었다. 박정희 대통령이 김대중 후보를 힘겹게 누르고 3선 대통령이 된 직후였다. 장기집권을 막아야 한다는 공감대가 있었고, 민주 진영 인사들이 힘을 모았다. "총통제 분쇄, 학원탄압 중지, 구속학생 석방, 대학생 강제 입영 중단, 대학 점령 군인 철수" 등의 요구 조항을 담았다. 함께했던 분들로는 김재준, 이병린, 천관우, 신순언, 이호철, 조향록, 김정례, 법정, 한철하, 계훈제, 함석헌 등이 있다.

대학 교수가 된 이후에도 시련은 그치지 않았다. 한양대학교에 재직하던 1976년에는 1차 교수재임용법에 의해 교수직에서 강제로 밀려났다. 1974년에 발표한『전환시대의 논리』란 책이 문제가 되었다. 권력은 뒤이어 나온『8억인과의 대화』와『우상과 이성』도 용납하지 않았다. "반국가단체나 그 구성원의 활동을 찬양, 고무 또는 이롭게 하는 행위"를 처벌할 수 있도록 한 '반공법'을 위반했다는 게 죄였다. 징역 2년과 자격 정지 2년이라는 중형을 선고받는다.

리영희

1980년 3월에 겨우 복직했지만 봄날은 짧았다. 전두환과 노태우 정부를 거치면서 해직과 감방 생활을 반복했다. 복직한 그해 여름에는 5·18 광주 민주화운동의 배후로 지목되어 철창 신세를 졌다. 1984년에는 기독교사회문제연구소 지도사건으로, 1989년에는 《한겨레신문》 방북취재 사건으로 연행된다. 펜을 통한 투쟁은 이 기간에도 멈추지 않았다. 1980년대에 발간된 책만 『분단을 넘어서』(1984), 『베트남전쟁: 30년 베트남전쟁의 전개와 종결』(1985), 『역설의 변증: 통일과 전후세계와 나』(1987), 『반핵·핵위기의 구조와 한반도』 등이다. 혹독하게 탄압을 받은 이유가 있다. 미국 해바라기 입장에서 봤을 때는 '눈엣가시'였기 때문이다.

의식화의 원흉! 대한민국 주류가 찍은 낙인이다. "한국의 얼치기 좌파가 구루(Guru)처럼 섬기는 인물." 《월간조선》 조갑제가 내린 평가다. 《조선일보》의 양상훈 논설위원 또한 "스스로 '우상(偶像)'이 된 리 씨"라고 부른다. 최근 개봉된 영화 「1987」에 나오는 남영동 대공분실처장 박처원은 "리영희를 잡아넣지 않으면 해방 후 40년 동안 공들여 세운 반공국가의 토대가 송두리째 무너지게 생겼다. 법률적인 것과 관계없이 무슨 방법을 써서라도 유죄 판결을 내려야 하고 징역을 살려야 한다."고 말할 정도였다. 지독한 혐오와 분노, 두려움이 느껴진다. 유럽을 광기로 내몰았던 17세기 종교재판소와 1950년대 미국의 매카시즘을 연상시킨다. 왜 그럴까?

단순한 이념 때문이 아니라 결정
적인 이해관계를 건드렸기 때문이다.
그중 첫 번째는 '개신교'에 대한 비판
이다. 월남한 평안도 사람 중에서 리
영희 선생은 드물게 교회와 거리를 둔
인물이다. 종교와 전혀 인연이 없었던
것도 아니다. 유치원 보모도 교인이었
고, 고향 주민의 3분의 1이 신자였다.
한편으로는 고향을 일찍 떠나 유학을

리영희, 『전환시대의 논리』

한 것과 유학자 집안 분위기에 대한 영향, 다른 한편으로는 미군정에
서 교회가 보여 준 행태에 대한 반발심과 관련이 있다. 다음의 말에
요약되어 있다.

"점령군 미국 군대와 미 군정의 뒷받침으로 물밀 듯이 남한 사
회를 덮어 버린 기독교의 정치 성향과 서양숭배적인 풍조가 나는 극
히 못마땅했어. 또 굶주린 사람들에게 밀가루를 주는 대가로 예수교
를 선전하는 미국 교회와 남한 교회의 작태에 혐오를 느껴서 완전히
등을 돌리게 됐어요."

자유를 찾아 월남한 종교인이라는 신화에 대해서도 의문을 제기
했다. "나는 해방 후 이북에서 내려온 사람들의 사회계층적 소속에
대해 부정적일 뿐만 아니라 그들 개인의 인간적 성실성이나 민족적

양심에 대해 굉장히 회의적"이라고 말했다.

미국을 추종하지 않았다는 게 두 번째다. "삼장법사 손바닥 위에서 노는 손오공"이 그가 규정한 국내 엘리트의 실체다. 평가할 자격은 충분한 것이 미국에 대해 정말 열심히 공부했다. 서울대 이용희 교수가 강의 자료로 리영희가 쓴 기사를 사용할 정도였다. 국내 지식인은 거의 찾지 않았던 《뉴스테이츠먼(New Statesman)》, 《뉴리퍼블릭(New Republic)》, 《먼슬리리뷰(Monthly Review)》를 즐겨 읽었다. 탁월한 영어 실력 덕분에 해럴드 조지프 래스키의 『근대국가에서의 자유』(1930), 존 힉스의 『세계경제론』, 조지 콜의 『사회주의 경제학』(1950), 모리스 돕의 『자본주의 발달 연구』(1946) 등을 두루 접했다.

박정희 대통령과 케네디 면담 현장을 직접 취재한 경험도 있다. 『대화』에 보면 당시 경험을 기록한 부분이 나오는데, 백악관 집무실에서 두 사람이 만나던 장면이다. 박정희를 대하는 케네디의 태도를 "자금성의 옥좌에 앉아서 조선에서 온 왕자나 그 대리자를 내려다보는 중국 역대 황제의 모습"으로 묘사했다. 박정희 대통령의 색안경에 대해서도 "자기 열등의식의 표시이고, 강자 앞에 서게 된 약자의 정신적·심리적 동요를 감추기 위한 장치였던 것"으로 봤다.

국무성이 짜 준 프로그램에 따라 유람을 다녀오는 정도가 아니라 정식으로 유학한 경험도 있다. 반년 정도였지만 미국의 속살을 들여다볼 정도의 '통찰'은 있었다.

"너덧 차례 정도 방문해 미국에서 웬만한 기간을 살아야 미국이라는 국가와 사회를 그 표면적인 선전이나 주장과는 달리 무자비한 약육강식의 철저한 이기주의적 자본주의라는 것을 비로소 깨닫게 됩니다. 그나마 냉정한 과학적 관찰력과 사회 구성체에 대한 이론적 분석능력을 갖춘 사람에게나 미국의 본질이 드러나지요."

당대 지식인 누구도 넘어서지 못했던 '알의 세계' 바깥을 볼 수 있었던 것은 이런 경험과 전문성 덕분이다.

해방 직후 상황에 대해 리영희 선생은 "미국 군대에 의한 점령통치기구인 군사정권"으로 "대한민국이라는 국가와 정부가 애당초 해방 후 미국의 국가 이익에 따라 만들어진 존재"로 보았다. "1948년에 미국이 키워서 데려온 이승만이 남북 통일국가 수립을 거부하고, 국토분단을 전제로 남한 단독정부 수립을 획책한 것도 이승만 자신의 권력욕 때문이기도 하지만, 그 배후에는 미국의 한반도 분단정책이 있었다."고 진단했다. 1960년에 일어난 4·19혁명 당시 미국 정부가 이승만의 망명을 유도함으로써 민주화를 도왔다는 것에 대해서도 다른 관점을 제시한다. "'반공주의 영웅'이니 '코리아 민족의 수호자' 따위의 칭호로 추켜올리며, 그의 철저한 반민주적, 권위주의적, 야심주의자적 행태에 눈을 감고 12년이나 뒷받침했던 미국이······ 한마디 유감의 말도 없이 헌신짝 버리듯 폐기해 버린" 것으로 봤다. 광주학살이 미국과 관련이 깊다는 얘기도 남겼다.

"전두환이 광주시민의 민주화 운동을 진인무도하게 탱크로 짓눌러 버린 행위를 미국은 배후에서 모두 조종했어요. 그 증거가 주한 미군사령관과 주한 미국대사, 미국정부 사이에 교환된 극비문서에, 지금은 낱낱이 밝혀져 있거든."

"미국 하면 껌뻑 죽는 한국 기독교 신자들, 반공보수주의자들, 자본가와 돈 가진 사람들이 정신차릴 날이 언제일지."라고 말하는 것은 이런 관찰 덕분이다. 인도, 이집트, 인도네시아 등이 중심이 되어 추진한 비동맹운동에 대해서도 '정당한' 평가를 한 거의 유일한 인물이었다. '자유문화회의(Congress for Cultural Freedom)'나 '앵무새 작전' 등에 의해 '원격' 통제되었던 엘리트와는 달랐다. "한국 지식인들의 눈동자에 끼어 있던 두터운 장막을 걷어 주고 객관적인 세계 현실에 대해 인식을 달리하게 만든 게" 자신의 작은 역할이었다고 말할 정도였다. 미운 털이 박이게 된 또 다른 이유는 '우상'을 파괴하고 '진실'을 밝히고자 했던 노력 때문이다.

일상에는 조금만 주의를 기울이면 말이 안 되는 일들이 많다. 북한과 관련한 것 중에서 특히 많다. 한 예로, 1990년대 초반까지만 하더라도 우리는 북한의 군사력이 한국보다 월등하다고 믿었다. 미국과 한국이 공동으로 진행하는 팀스피리트 훈련은 100퍼센트 방어용으로 알았다. 베트남전쟁은 공산주의 확산을 막는 '성스러운' 전쟁이며, 국제사회 '다수'가 찬성하는 것으로 착각했다. 또한 2003년에 이라크가 침공을 당한 것은 사담 후세인이 독재자이며, 테러리스트와 관련이 있기 때문으로 배웠다. 2018년 베네수엘라의 경제 위기도 오롯이 포퓰리즘(populism)이라는 잘못된 정책 탓으로만 안다.

그러나 진실은 정반대에 가깝다. '특정한 집단'에 의해 우리의 '눈과 귀'가 가려져 있었던 역사와 결코 무관하지 않다. '우물 안 개구리'의 한계를 벗어나지 못하고 보이는 하늘만 봤기 때문이다. 과정은 무시된 채 당연시된 것이 '우상'이다. 진실이라는 햇빛을 받아야 소멸되는 안개와 같은 존재다. 지식인으로서 또 언론인으로서 리영희 선생은 이 작업을 하고 또 했다. "무슨 일이 터지면 공포 분위기를 만들고 그렇게 해서 맹목적 광신적 애국심을 부추기고 비논리적, 비이성적 적대감과 적개심을 조장해 문제를 다루어 왔던" 집단과는 다른 관점을 전해 주려 했다.

북한에 대한 우상을 깬 대표적인 글로는 「국가보안법 없는 90년대를 위하여: '한반도 유일합법정부'의 허구」, 「남북한 전쟁능력 비교 연구: 한반도 평화토대 구축을 위한 시도」, 「소위 '서해 북방한계선'은 합법적인가? 진실을 알고 주장하자」 등이 있다. 종속적인 한미관계와 미국의 본질에 대해서도 많은 논문을 썼다. 「릴리 주한 미국대사에게 묻는다: 미국은 '광주사태'의 책임을 피할 수 없다」, 「미국이라는 사회와 국가: '악의 약자'와 '선의 제국'이라는 흑백논리」, 「1953년에 체결한 한미방위조약」, 「한미 예속관계의 본질과 구조」, 「미국 군사동맹체제의 본질과 일반성격 연구」 등이 여기에 속한다. 파괴력은 상당했다. 성공회대 교수 출신으로 현직 교육감으로 있는 조희연이 "냉전의식과 사고의 깊은 중독상태에서 벗어나는 '지적 해방의 단비'" 같았다고 고백하는 수준이다.

핍박을 각오하고 이 길을 택한 인물 중에는 강정구 교수도 있다. 미국 중심의 군사질서에 대한 대안을 찾는다는 점에서 닮았다. 진단이 같지 않으면 처방도 달라진다. 반복되는 전쟁 위기의 본질을 그는 "미국의 동북아 및 세계 패권전략"에서 찾는다. 해결책은 "한미군사

동맹을 철폐"하고 "탈미·비동맹·중립화의 한미관계로 완전히 새 판을 짜는 것"이라고 주장한다. 장기적으로는 동북아경제평화협력체를 형성해야 한다는 점도 강조한다. "한반도의 장기적 평화와 통일에 긴요할 뿐만 아니라 한국, 미국, 일본 삼각군사동맹체제의 강화를 통한 중국 포위와 봉쇄망 구축이라는 미국의 동북아신냉전패권 전략을 무산시키고 동아시아인에 의한 동아시아화를 지향할 수 있는 전제"이기 때문이라는 설명이다. 말레이시아의 마하티르 수상과 상당히 유사한 주장이다.[30]

노무현 정부가 이라크에 파병을 결정한 것에 대해 강정구 교수가 혹독하게 비판한 것도 이와 관련이 깊다. 미국은 2003년 9월 9일 한국의 전투부대 파병을 공식 요구했다. 노무현 정부는 결국 이를 수용한다. 공병단 '서희부대'와 의료부대인 '제마부대'에 이어 3000명의 '자이툰' 부대가 파병된다.

2004년 6월 23일 미 군납업체 가나무역의 직원으로 일하던 김선일 씨가 피랍되어 죽게 되는 것은 이 결정에 대한 반발과 관련이 있다. 2004년 9월 《경제와사회》에 발표된 논문 「이라크전쟁과 파병: 미국의 야만성과 한국의 자발적 노예주의」에 그의 입장이 나와 있다. 당시 전쟁의 성격에 대해 강정구 교수는 "사담 후세인 제거와 정권 교체는 문명국가의 어떠한 법제에서도 허용되지 않는 사실상의 '암살공작'으로, 전쟁 수행에도 해당되지 않는 범죄이고 유엔 권능을 짓밟는 지구촌이라는 황야의 무법행위"로 규정했다. 한국의 파병은 명분도 부족하고 실리도 없다고 봤다. 그렇다면 한국은 왜 이런 결정을 했을까?

노무현 대통령은 미국의 압력에 대해 언급했다. "외환위기를 다시 맞을 수 있고, 북한과 관련한 무력 충돌이 있을 수도 있다는 은근한 협박으로 인해 불가피한 결정이었다."는 입장이다. 그러나 그 정도 압력에 굴복한 것은 '알아서 긴 것'에 불과하다는 것이 강정구 교수의 판단이다. "돈을 벌기 위해 살인 강도 짓을 하는 '친구'를 도와주는 것이 용납되지 않듯이, 비록 국익이 보장된다 하더라도 인류 사회의 보편적 가치를 짓밟는" 전쟁에는 동참하지 않아야 한다는 말이다. 한국이 거의 유일하게 파병한 국가라는 점을 기억하면 도움이 된다.

강정구 교수는 "미국에 대한 은혜를 갚고 국가 이익을 챙기는 길"이라는 주장에 대해서도 반박한다. "미국이라는 존재는 우리에게 보은의 존재가 아니라 비극과 질곡을 가져다준 주범이고 또 탈냉전 이후 한반도에 전쟁위기를 몰고 온 전쟁 장본인"이라는 말로 압축된다. 장차 닥칠지 모를 경제 위기 때문에 불가피하다는 주장도 '공미론(恐米論)'에 불과하다고 봤다. "주한미군이 철군되면 한반도는 오히려 전쟁 위협에서 벗어나기 때문에 외국 자본의 한반도 투자는 더 활기를 띨 것"이라는 전망이다. 한국 사회의 주류가 "일제의 식민지 지배 40여 년, 미국의 신식민지 지배 60년 사이에 친일·친미의 연속에서 스스로 노예 짓을 무려 100년 가까이 해 온 탓에 이제 자신들이 자발적 노예주의자라는 사실조차 의식하지 못하는 식민화된 무의식 상태"이기 때문에 이런 일이 생겼다는 것이 강정구 교수의 평가다.

저항하는 지식인에 대한 핍박이 당연히 따랐다. "강정구 교수 등 방북단 열여섯 명 연행"은 2001년 8월 22일 자《중앙일보》에 실린 뉴스 제목이다. 북한에서 열린 통일축제에 참가한 직후였다. 김일성 전주석의 생가인 만경대를 방문한 후 "만경대 정신 이어받아 통일위업 이룩하자."는 방명록을 쓴 게 문제가 되었다. 고(故) 정주영 회장의 "존경하는 김정일 장군님" 발언이나 《동아일보》 사장단의 방북 선물이나 안기부장 장세동의 김일성 찬양 발언 등은 전혀 문제시되지 않았다. 공항에 재향군인회와 자유총연맹 등 보수 단체가 몰려나왔다.

"법원, 강정구 교수 국보법 위반 '유죄'"란 제목의 기사가 2006년 5월 26일 자에 소개된다. 그가 한 강연과 칼럼이 문제가 되어 기소된 또 다른 사건의 판결 소식이다. 징역 2년에 집행유예 3년이라는 중형이 선고되었다. 1980년 후반 이후 학문의 자유와 관련한 판결에서 실형이 선고된 사건은 '이재화 사건'과 '서울사회과학연구소 사건'뿐이었다. 징역 1년 이하였고, 모두 집행유예를 받았다.

약방의 감초처럼 등장한 게 국가보안법이다. 1948년 미국의 '외국인등록법(Alien Registration Act)'을 모방해 만든 법인데, 미국은 외국인을 주요 대상으로 했지만 이승만 정권은 자국민을 겨냥했다는 게 달랐다. 특히 문제가 된 것은 7조다. "국가의 존립·안전이나 자유민주적 기본질서를 위태롭게 한다는 점을 알면서 반국가단체나 그 구성원 또는 그 지령을 받은 자의 활동을 찬양·고무·선전 또는 이에 동조하거나 국가변란을 선전·선동한 자"라는 내용이다.

재판을 담당했던 김동진 판사는 "헌법상 학문과 표현의 자유는 보장되지만 국가의 존립 등에 실질적인 해악을 가할 위험성이 있을 때는 제한이 가능하다."면서 "전체적으로 볼 때 강 교수의 주장과 행위는 대한민국의 존립에 실질적 해악을 가할 위험성이 있다."고 지적했다. 문제가 된 내용에는 "6·25는 통일전쟁으로 분단을 주도한 미국이 전쟁의 원인", "한반도에서 전쟁을 일으켜 우리 민족을 죽이려는 전쟁 주범이 미국이며 우리나라는 미국의 신식민지 지배하에 있다." 또 "북방한계선은 냉전성역이며 1차 서해교전에서 선제공격한 것은 남한이다. 서해교전의 근본 원인은 북방한계선의 위배 및 불법성에 있다." 등이 있다.

법정 바깥에서 진행된 핍박의 강도는 훨씬 심했다. 2005년 7월 27일 "맥아더를 알기나 하나요?"란 제목의 칼럼이 《데일리 서프라이즈》에 나온 뒤 전개된 상황이 대표적이다. 맥아더와 관련한 내용 중에서 사실 관계가 틀린 것은 없다. 분단의 씨앗이 되고 만 38선은 딘 러스크 미군 중령이 그었다. 명령을 내린 인물은 미국 파워 엘리트 중 한 명이던 존 매클로이다. 록펠러 가문, 외교협회, 체이스맨해튼 은행 등을 두루 거친 인물이다.

5부 '문하생'에서 살펴본 것처럼 미 군정은 점령군으로 왔다. 애초 약속을 저버리고 언론의 자유를 탄압했으며, 인민위원회 등을 불법 단체로 만들었다. 점령 직후부터 월남한 청년들을 대상으로 일종의 '암살단'으로 키웠다. 10월 대구항쟁 등에 서북청년당 등을 보내 잔혹하게 탄압한 것도 논란의 여지가 없다. 포고령 3조를 통해 "본관 및 본관의 권한하에서 발표한 명령에 즉각 복종하여야 한다. 점령군에 대한 모든 반항행위 혹은 공공안녕을 교란케 하는 행위를 감행하는 자에 대해서는 용서 없이 엄벌에 처할 것이다."라고 발표한 것도 맞다.

이승만 대통령을 돕게 된 것도 '텅스텐'과 같은 경제적 이해와 무관하지 않다. 특히 맥아더는 필리핀에서 금광을 통해 상당한 재물을 긁어 모은 인물이다. "만주의 숨통을 따라 서른에서 쉰 발의 원자탄을 줄줄이 던졌을 것이다. 그리고 50만에 달하는 중국 장개석 국민군을 압록강에 투여하고 동해에서 황해까지 60년 내지 120년 동안 효력이 유지되는 방사성 코발트를 뿌렸을 것이다."라고 말할 정도로 호전적인 인물이었다. 전쟁 영웅이 대통령이 되는 미국 역사를 보면 확전을 통해 정치적 야심을 채우려고 했다는 분석도 일리가 있다. 중국에서 맥아더는 전쟁 범죄자에 가까운 대접을 받는다. 강정구 교수가 칼럼 마지막에 인용한 김구 선생의 "미군주둔연장을 자기네들의 생명연장으로 인식하는 무지 몰지각한 도배들은 국가·민족의 이익을 염두에 두지도 아니하고 박테리아가 태양을 싫어함이나 다름없이 통일정부 수립을 두려워한다."는 말은 2019년 오늘에 적용해도 무리가 없다.

한국의 보수 집단은 이를 결코 받아들이지 않았다. 곧바로 마녀사냥이 시작된다. 칼럼이 나간 직후인 2005년 9월 21일에 자유개척청년단, 나라사랑시민연대 등 보수단체 회원 20여 명은 서울지방경찰청 앞에서 기자회견을 열었다. "사법기관은 강 교수를 구속수사하고 엄정하게 사법처리해야 한다."고 목소리를 높였다. 10월 3일에는 강 교수에 대한 고발장이 서울경찰청과 서울중앙지검에 접수된다. 고발인 중에는 과거 서북청년당과 대한청년당 등을 계승한다는 의미에서 만든 '자유개척청년단'이 포함되어 있었다. 1972년생으로 서울대 의과대학을 나온 최대집이라는 인물이 만든 단체다. 40대 대한의사협회 회장이 되어 '문재인 케어' 반대 투쟁을 이끈 '아스팔트 극우' 인사다. '자유해방통일군'과 '태극기혁명국민운동본부'와 같은 극우 보수단체에서도 공동대표를 맡아 왔다.

동국대학교 이사회도 재빨리 움직였다. 긴급 회의를 통해 그를 교수에서 직위 해제시켰다. 2006년 2월 28일이다. 동국대학교 교정에는 북한민주화운동본부 등이 포함된 보수단체 회원 10여 명이 몰려와 "친북반역자 강정구를 즉각 직위해제, 파면해 영구히 교단에서 추방하라."고 외쳤다. 천막 강의실에서 진행된 "한국사회 냉전 성역 허물기" 강연도 이들의 방해로 무산된다. 교정에 난입한 이들은 천막국민행동본부, 서울시재향군인회, 나라사랑시민연대 등에 소속된 회원들로 "숭북교수 강정구는 평양으로!", "더러운 교수를 동국대가 가지고 있는 것은 치욕" 등의 현수막을 내걸었다.

국내 언론은 한술 더 떴는데, 특히 종교지와 보수지가 심했다. "강정구는 대한민국 적화 꿈꾸나"(《데일리안》), "강정구 교수는 왜 대한민국에 있는가"(《동아일보》), "강 교수는 '경애하는 지도자 동지'의 품에 안기라"(《조선일보》), "'교수가 적화통일' 무산 아쉬워하는 나라"(《문화일보》) 등의 글을 실었다. 반공 사상전을 공개적으로 표명하는 《한국논단》의 경우 "강정구의 '글'은 북한의 『현대조선역사』를 표절한 선동일 뿐"이라고 보도했다.

국내 보수의 '공공의 적'이 된 강정구는 어떤 인물일까? 서울대학교 사회학과를 졸업했고, 필라델피아에 있는 흑인의 하버드대로 알려진 템플대학교에서 석사 학위를 마쳤다. 박근혜 정권 시절에 막강한 권력을 자랑했던 위스콘신대학교 박사 출신이다. 미국의 한반도 정책을 잘 아는 전문가다. 학위 논문 주제가 「한국사회 토지개혁 재평가: 역사를 거스른 미국의 전략을 중심으로(Rethinking South

Korean Land Reform: Focusing on US Struggle againt History)」였다.

강정구의 고향은 경남 창원이다. 할아버지는 강직한 유학자로, 조선이 일본에 의해 부당하게 강점당했다는 선언서에 서명한 인물이다. 집안은 별로 넉넉하지 않았던 것으로 알려진다. 유학 경비를 마련하기 위해 취직을 했고, 무역회사에서 부장까지 올랐다. 10년 후 그간 모은 돈으로 늦깎이 유학생이 된다. 대학 도서관에서 접하게 된 김일성 전집이나 김정일 관련 책을 통해 그간 보지 못했던 세상을 봤다. 식민지 역사를 공부하면서 제국주의와 약소국의 고단한 투쟁에 대해 배웠다. 귀국한 1988년부터 동국대학교에 자리를 잡았다. 지금은 '비판사회학회'로 간판을 바꾼 '한국산업사회학회'란 모임을 통해 연구를 계속한다. 진보적 학술잡지로 알려진 《경제와 사회》를 발간하는 곳이다. 분단국가에서 금기된 주제였던 한국 현대사, 한국전쟁, 한반도 분단과 북한 관련 주제를 많이 다룬다.

1988년에 설립된 학술단체협의회에도 공동대표로 참여했다. 국가보안법 폐지, 이라크 파병 반대, 노무현 탄핵 무효, 제주도 해군기지 반대 등의 운동을 펼친 단체다.[31] 주요 저술로는 『분단과 전쟁의 한국현대사』(1996), 『미국은 우리에게 무엇인가』(2000, 공저), 『민족의 생명권과 통일』(2002) 및 『미국을 알기나 하나요』(2006) 등이 있다. 그 밖에 「베트남의 분단과 미국의 역할」(1995), 「이승만에 대한 민족사적 평가」(1995), 「주한미군의 反 평화성과 反 통일성」(2001), 「국방백서 허물기와 바로잡기: 안보관, 북한주도 안보위협론, 자주국방, 동북아균형론을 중심으로」(2005) 등의 논문을 냈다.

미국 유학파 출신이 주도하는 '경제질서'에 대한 도전도 점차 확산되고 있다. 개척자 중 한 명이 정운영 선생이다. 대학 교수보다는 논객(columnist)이라는 직책이 더 어울렸다. 《한겨레신문》이 창간되던 1988년부터 비상임논설위원으로 참가했다. 리영희, 최일남, 최장집, 김종철, 조영래 등이 당시 동참한 분들이다. 고향은 충남이지만 어린 시절은 대구에서 보냈으며, 대한민국 경제를 주도하는 서울대학교 경제학과 출신이다. 미국으로 유학을 가는 대신 벨기에로 유학을 갔다는 점과 마르크스 경제학을 공부했다는 것이 주류에 합류하지 못한 이유다. 한신대학교에서 시작한 대학 교수 생활도 짧게 끝났다. 유학 직후였던 1982년에 임용되었지만 1987년 학내 문제로 사표를 썼다.

정운영 선생이 대학으로 다시 복귀한 것은 1999년이다. 복잡한 경제 문제를 국민의 눈높이에 맞도록 풀어 주었다. MBC의 「정운영의 100분 토론」과 EBS의 「정운영의 책으로 읽는 세상」 등을 진행할 때 진가가 드러났다. 유학을 떠나기 전 잠깐 근무했던 《한국일보》와 《중앙일보》 기자 경험이 대중의 눈높이에 맞는 글쓰기에 도움이 되었다. 평소 책을 즐겨 읽고 많이 사 모았는데, 칼럼에 엿보이는 방대한 지식은 그 덕분이다. 《중앙일보》 논설위원으로 재직 중이던 2005년에 세상을 떠났다.

정운영 선생은 무려 12년 동안 실직자로 지냈다. 제대로 된 벌이는 《한겨레》 신문의 원고료와 강사료가 전부던 시절, 1989년 봄 대구에 있는 계명대학교에서 그를 직접 만났다. 잘나가는 교수라면 굳이 총학생회에서 주최하는 특강에 오지 않았을 가능성이 높다. KTX로 두 시간도 채 안 걸리는 지금과 달리 그때는 당일로 오갈 수 있는 거리도 아니었다. 다행스럽게도 행사장에 참가한 학생들은 많았다. 워낙 《한겨레신문》에 대한 관심이 높을 때였다. 그가 쓰던 「전망대」란 칼럼의 인기도 높았다.

　강의 내용 중 '인간을 해방시킨 세 가지 사과' 얘기가 인상적이었다. 정운영 선생이 꺼낸 첫 번째는 '아담의 사과'로, 기독교의 성경에서 출발한다. 낙원에서 평화롭고 행복하게 살던 아담과 이브는 어느 날 뱀의 유혹을 받는다. 절대 따 먹지 말라고 한 '금단의 과일'이 실제로는 지혜를 주는 열매라고 설득했다. 아담은 결국 사과를 먹는다. 자신들이 벌거벗은 것을 알게 되고 낙원에서 추방된다. 인간은 이 '원죄'로 인해 출산의 고통, 땀 흘리는 노동과 죽음과 같은 형벌을 받아야 하는 운명에 처한다. 모든 게 '아담 탓'이라는 관점을 그는 '아담 덕분'으로 봐야 한다고 했다. 인간의 관점에서 보면 낙원에서 벌거벗은 것도 모른 채, 명령에 복종하면서 주어진 질서에 순종하고 살아가는 것이 곧 '속박'이라는 얘기다. 인간의 이성을 부정하고 오직 "믿고 따르라."고 한 절대자 중심의 질서를 극복한 최초의 혁명이라는 관점이다.

　『빌헬름 텔』에 나오는 사과가 두 번째다. 독일의 위대한 작가 프리드리히 실러의 작품에 나오는 명사수다. 배경은 14세기 스위스로 헤르만 게슬러라는 통치자가 자신의 모자를 걸어 놓고 모두에게 절을 하라고 명령한다. 절대 복종하라는 상징적 조치였다. 주인공인 텔은 이 지시를 따르지 않았고 결국 재판을 받게 된다. 활을 잘 쏜다는 점을 감안해 독특한 벌이 주어진다. 그의 아들 머리 위에 사과를 놓고 그것을 맞추면 용서해 주겠다고 했다. 과녁 앞에 선 그는 두 개의 화살을 꺼낸다. 정말 다행스럽게도 사과를 맞추었다. 게슬러는 놀라

위하면서 또 다른 화살의 용도를 묻는다. 텔은 "만약 실패하면 당신을 쏘려 했다."고 답한 후 쫓기는 신세가 된다. 그 이후 저항세력을 이끌었고, 마침내 부당한 정치권력을 몰아냈다. 자유를 억압하는 정치 질서를 '혁명'을 통해 바꾼 사건을 상징한다.

마지막 세 번째는 아이작 뉴턴의 사과다. 과수원에 누워서 뉴턴은 늘 "왜 사과는 땅으로 떨어지는 것일까?"를 질문했다. 당연한 것에 대해 의문을 제기함으로써 결국 '만유인력의 법칙'을 찾아낸다. 물리적 환경으로부터 주어지는 제약을 인간이 극복한 사건이라고 해석했다. 인류는 그 이후 눈부신 과학혁명을 이루었고, 자연은 더 이상 두려움과 속박의 대상이 아니었다. 본인이 사과 얘기를 꺼낸 목적은 "오직 마르크스주의만이 가치 분배의 권한을 가치 생산자에게 환원함으로써 인간에 대한 인간의 착취를 폐지하자는 주장을 펼쳤기" 때문이라는 말도 덧붙였다.

국내 마르크스주의 경제학자 중 정운영 선생은 I세대에 속한다. 한신대학교에서 '경제과학연구소'를 설립하고 초대 소장이 되었다. 당시 같이 재직했던 인물로는 김수행, 박영호, 이영훈, 윤소영, 강남훈 교수 등이 있다. 국내에서는 제대로 검토조차 되지 못한 채 폐기처분을 받는 좌파 경제학의 복원을 위해 애썼다. 자본주의가 갖고 있는 모순이 지속되는 한 마르크스는 꾸준히 부활할 것이라는 점을 잘 알았기 때문이다. "현실 사회주의의 경험은 마르크스주의 이론을 폐기해야 할 근거로서보다는 오히려 한층 더 발전시켜야 할 이유로 작용할 것"이라고 전망했다. 주류 경제학에 대한 반발로 2000년 프랑스의 소르본대학교 학생들이 제기한 '참된 경제 교육을 받을 권리를 위한 운동'의 선구자였던 셈이다.

정운영 선생은 국내에서도 베스트셀러가 된 토마 피케티의 『21세기 자본』에 나오는 것처럼 "생산을 통해 얻은 소득이 자본과 노동 사이에 어떻게 분배되어야 하는지" 또 "지식과 기술의 발달이 노동자 계급의 소멸로 연결되는지" 등을 끈질기게 파고들었다. 박사 논문을 정리해 1993년에 발간한 『노동가치이론연구』는 이 질문에 대한 성찰의 결과물이다. 마르크스가 무조건 틀렸다는 주장에 대해 동의하지 않았다. 불평등, 양극화, 대량실업 등 많은 경제적 난관을 해결하는 과정에서 좌파 경제학이 도움이 된다고 봤다. 지금은 《진보평론》으로 바뀐 계간지 《이론》을 발간하고 초대 편집위원장이 된 것은 이런 배경에서다. 정치와 경제가 분리된 것이 아니라는 점과 미국식 경제학에서는 '국민경제'가 없다는 점도 그가 주목한 주제다.

"헌 부대에 새 술이 되려는지……"는 1988년 12월 31일 자 「정운영 칼럼」에 실린 글의 제목이다. 노태우 대통령이 새롭게 임명한 경제관료들에게 당부하는 내용이 담겨 있다. 각별한 유의가 필요하다고 지적한 첫 번째 내용은 "불공정분배가 초래하는 사회 와해의 위험"이다. "법으로 정한 최저임금이 최저생계비의 49.5퍼센트에 불과하다는 도시 노동자의 절박한 형편이나 1986년 농약 관련 사망자 1391명 중 885명이 농약 자살자라는 참혹한 농촌 사정은 그대로 침몰의 위기를 알리는 조난신호가 된다."고 지적했다.

"무분별한 대외개방이 몰고 오는 역기능"에 대한 경고도 남겼다. "역대 경제장관들이 그 유창한 영어 실력만큼 솜씨 있게 미국의 공세를 막아내지 못했고 또 그 매끈한 처세만큼 보기 좋게 우리의 국익을 지켜내지 못했다."는 평가였다. 2019년 오늘날에 적용해도 별로 틀리지 않는 얘기다. 장차 닥칠 외환위기에 대한 경고도 '여러 번' 던졌다. "IMF 8조국과 조자룡의 헌 창"이라는 제목으로 1988년 12월 21일에 발표된 칼럼이 대표적이다. 미국 유학파들은 거의 언급하지 않는 국제 정치경제의 맥락이 나온다. IMF 8조국 회원이 되면서 '무역과 서비스에 관한 외환규제를 자유화'하기로 한 결정을 정부가 자화자찬하는 것에 대한 비판이 핵심이었다.

국제 경제질서의 본질에 대해 정운영 선생은 "IMF는 외환 관리와 환율 조정을 무기로 무던히 제3세계 국가들을 농락했으며, GATT 또한 관세 철폐와 무역 장벽의 제거를 핑계로 내세워 개발도상국에 무차별 공격을 감행하고 있다."는 진단을 내린다. 정부의 결정에 대해서도 "무역자유화, 금융자유화, 시장자유화 등등의 '자유화 시리즈'는 마치 무릎에 망건 쓰고 따라가는 장날 같았다. 도대체 이 모두가 누구를 위해 메어 주는 '총대'인가?"라는 입장이었다. 앞에 나온 김기환, 사공일, 박영철 등과 전혀 다른 관점을 취했다는 것은 "누구의 장단인가"(1999년 3월 3일 자)와 "아이엠에프 장학생"(1999년 4월 8일 자)에도 잘 나와 있다.

정운영 선생이 지목한 위기의 주범은 '관치금융'이 아닌 '외세'다. "미국은 결국 한국 시장을 비집어 열기 위한 수단으로 경제협력개발기구(OECD)를 이용했으며, 그것은 미국의 은행과 투자가를 위한 사업이기도" 했다는 주장을 통해 확인된다. 한국 정부가 '선진국 명함'과 '세계화 구호'에 현혹되어 '미끼'를 물었고, 그 뒤에는 미국 재무부가 있었다는 지적이다. IMF식 구조개혁에 대해서도 "포항제

철, 삼성전자, 한국전력 등은 단순한 기업이 아니라 국가의 기간산업
이다. 나라의 생산력을 이렇게 막 넘겨주고 나서 뒷날 우리는 무얼
먹고 살려는가?"라고 물었다. 멕시코의 살리나스 대통령이 IMF 모범
생으로 칭송받는 것이 결코 자랑거리가 아니라는 얘기도 했다. "살리
나스의 뒤를 이은 세디요 정부 역시 국제통화기금의 모범생 표창을
받았다. 그러나 무엇에 대한 표창이고, 누구를 위한 표창인가?"라는
말에 압축되어 있다.

말년에 정운영 선생은 변질했다는 얘기를 듣기도 했다. 임종 직
전까지 《중앙일보》 논설위원으로 근무했고, 어떻게 보면 재벌에 우
호적인 주장을 한 것도 맞다. 그렇지만 당시와 관련해 그가 한 얘기
를 들어 보면 이해되는 부분이 많다. 그의 관점에 동의하는 사람은
그 이후 꾸준히 늘고 있다. 2004년 12월 7일 자 「중앙시평」에는 "나
라 위해 우리 변절합시다"라는 제목의 칼럼이 나온다. 국내 대기업이
외국 자본에 의해 속속 잠식되던 시기에 나온 글이다. 우리 기업에
대한 '역차별'이 옳지 않다는 주장을 담고 있다. 자신의 입장이 바뀐
이유에 대해 그는 이렇게 고백한다.

"나의 초조는 외자에 의한 국내 기업 초토화에 있소이다. 그
러니까 한국 경제의 초미의 현안이 — 이를테면 주적이 — 바뀌었
다는 생각이고, 80년대의 풋내 나는 도식을 빌리면 반자본의 피디
(PD)에서 반외세의 엔엘(NL)로 '변절한' 것이다."

"재벌의 버릇은 고쳐야 하지만 한층 더 절박한 숙제가 우리 기업

을 지키는 일이란 말이지요."라는 말
도 했다. 2002년 2월 23일 자에 나온
"자본의 유전자 확인"이라는 글의 후
속편이다. 외국 자본에 의한 국내 알
짜 기업의 매각이 잘못된 정책이라는
비판이 핵심이었다. 당시 그는 이렇
게 썼다.

정운영 선집, 『시선』

> 1980년대의 등록 상표는 무엇
> 보다 저항이었다. 그때는 나도, '노
> 동자는 조국이 없다. 애초에 없는
> 것을 빼앗을 수는 없지 않은가'라는 그 유창한 레토릭을 암송하며,
> 도매금으로 자본의 국적을 조롱했었다. 그러나 국제통화기금(IMF)
> 관리 체제에 즈음해 알짜배기 기업을 외국에 팔고 소유자의 국적에
> 상관없이 국내 기업으로 대하라는 대통령의 엄명이 나오면서 나는
> 이 소신을 버렸다.

"외자의 무참한 '기업 사냥' 앞에 미국 노동자처럼 한국 노동자도
조국이 있으며, 미국 자본가와 달리 한국 자본가는 조국이 있어야 한
다고 깨달았기 때문"이라는 문제의식이다. 리영희와 강정구와 크게
다르지 않게 한국을 신식민지 상태로 본 것이나. 이 말에 잘 반영되
어 있다.

IMF 탁치를 통해 우리는 국제 투기자본의 노리개 — 노예 — 설움을 뼈저리게 맛보았다. 자본이든 자본가든 국적의 유전자 확인이 중요한 이유가 여기에 있다.

깨어 있는 지식인으로서 정운영 선생은 "모든 때, 모든 곳에서, 모든 것에 모름지기 반대하는 일"에 최선을 다했다. 칼럼집 중 하나의 제목을 『피사의 전망대』(1995)로 정한 것도 이 때문이다. 삐딱하게 기울어 있는 피사의 사탑에서 세상을 내려본다는 의미다. "지식인의 책무는 무엇보다 부수는 데 있으며, 그것을 다시 세우는 일은 얼마든지 다른 사람에게 맡겨도 됩니다."라는 말도 했다.

대부분 칼럼을 묶어서 책으로 냈는데 유고 작품으로 나온 『시선』(2015)을 포함해서 무려 아홉 권이나 된다. 『광대의 경제학』, 『저 낮은 경제학을 위하여』(1990), 『경제학을 위한 변명』, 『시지프스의 언어』(1993), 『심장은 왼쪽에 있음을 기억하라』(2006) 등이다.

대안적인 국제경제질서를 마련해야 한다는 주장은 1999년 발간된 『세기말의 질주』(1999)에 정리되어 있다. 일제 말기에 접어들면서 민족해방과 계급투쟁이 분리될 수 없다는 것을 깨달은 혁명가들과 비슷한 결론에 도달했다. "세계화에 아무런 의식 없이 휩쓸리기보다는 우리에게 유리한 방향으로 가공하여 받아들이는 것"이 필요하며, "그 방안은 어쩌면 시대착오적 발상일 수 있는 민족과 국가에서 찾을 수 있다."는 얘기였다.

마르크스주의와 전혀 무관하지만 그와 동일한 입장을 취한 경제학자로는 이찬근 교수가 있다. 국제뉴스를 보면 '—라운드'라는 단어가 자주 나온다. 대표적인 것 중 하나가 '우루과이 라운드'다. 김영삼 정부가 목숨을 걸고 막겠다고 했던 '쌀' 시장 개방이 결정되면서 유명해졌다. 풀어 쓰면 우루과이에서 열린 둥근 테이블을 둘러싸고 진행된 '협상' 정도가 된다. 단번에 합의를 이끌어 내기 어려운 국제 협약의 특성상 몇 번에 걸쳐 '논의'가 진행되어야 하는 것과 관련이 있다. 다른 말로는 '회담' 정도가 된다.

1999년 5월 27일, 대한민국에서도 이런 종류의 '라운드'가 열린 적이 있는데 '대구 라운드'다. 반복되는 글로벌 외환위기의 원인을 개별 국가의 정책이 아닌 국제금융질서의 구조적 문제점에서 찾자는 운동이었다. 월가-재무부 복합체를 주장했던 자그디시 바그와티와 신자유주의와 군사주의에 대항하기 위한 싱크탱크 'Focus on Global South'의 설립자인 월든 벨로 등도 참가했다. "금융자본의 세계화에 대응한 시민적 컨트롤 시스템의 확립, 신국제금융질서(NIFO)의 모색과 국제금융기구의 민주적 개혁, 21세기 아시아의 지속가능한 사회경제 발전모델 구상" 등을 목표로 내세웠다. 당시 조직위원회의 초대 사무총장이 이찬근이다. 그는 이렇게 말했다.

선진국은 국제투기자본의 광포성을 방치했으며 신흥시장에 과도한 자본 자유화를 요구해 위기를 불러일으켰다. IMF도 서방 은행들이 원금을 전혀 잃지 않도록 중재했다. 또 아시아 경제의 고유한 특성을 무시하고 천편일률적 처방을 내려 고통을 안겨 주었다.[32]

이찬근 교수는 전통적인 엘리트 경제학자와 비교했을 때 경력이

자그디시 바그와티

좀 다르다. 학부는 성균관대학교를 나왔고, 대학원은 서울대학교에서 했다. 박사 학위는 스웨덴 나바라대학교에서 받았다. 전공은 경영학이다. 경력이 다양하다. 한국산업은행 조사부, 삼성그룹 회장비서실과 컨설팅 회사인 맥킨지앤컴퍼니(Mckinsey & Company) 등을 두루 거쳤다. 풍부한 현장 경험 덕분에 다른 관점을 가질 수 있었던 것으로 보인다. 많은 저술을 남기지는 않았지만 국제 정치 경제에 대한 통찰은 남달랐다. 미국 경제학자와 달리 '국제정치경제학'이라는 유럽식 관점을 알고 있었던 덕분이다.

1998년 3월에 발간된 『투기자본과 미국의 패권』이라는 책에 잘 드러나 있다. 국제금융질서가 어떻게 형성되어 발전해 왔는지를 분석한 저서다. 1980년대 이후 대규모 금융위기가 반복되는 원인으로 "금융자본의 성장, 글로벌 시장의 등장 및 정보통신의 비약적 발전" 등의 요인을 지적했다. 뒷배에는 미국이 대외정책으로 추진한 "변동환율제의 확산"과 "미국 달러 중심의 국제통화질서"가 있다고 봤다. 국제 투기자본은 이렇게 만들어진 '게임'을 통해 전 세계를 상대로 막대한 이윤을 챙긴다. 앞서 마하티르 총리가 조지 소로스 등을 겨냥해 다음과 같이 비판한 것과 동일하다.

오늘날 세계 각지에서 발생하는 외환 위기에는 예외 없이 민간

투기자본의 테러리즘이 개재되어 있다. 이들의 공습작전에는 예리한 상황 판단력과 강력한 리더십을 갖춘 인물이 선봉장이 된다. 조지 소로스 같은 인물이 막후에 있음을 의심하는 사람은 별로 없다.

월든 벨로

금융 위기를 둘러싸고 있는 국제정치에 주목했다는 점 또한 다른 경제학자들과 이찬근 교수를 구분하는 지점이다. 미국은 전략적으로 "자국에 불리한 해운업은 철저하게 시장 문을 닫으면서 금융, 정보통신과 서비스 등 경쟁력이 있는 분야에서는 시장개방과 규제완화를 추진해" 왔으며 "특히 각국의 금융·자본시장만 열리면 국제적 자본이동의 힘, 다시 말해 달러의 힘을 이용해서 상대를 제압한다."고 주장한다. 또 "국제통화기금(IMF)은 결코 불편부당한 중립적 국제기구"가 아니며 "미국은 한국의 위기를 전략적으로 이용해 한국의 국가주도 발전모델을 해체하고 월스트리트 금융자본이 한국 경제에 깊숙이 개입할 수 있도록 시장을 전면 개방하는 절호의 기회로 삼았다."는 내용도 나온다.

1997년의 외환위기와 그 이후 진행된 IMF 구조개혁에 대한 비판적 인식 또한 국제사회에 대한 이런 인식과 무관하지 않다.[33] 『창틀에 갇힌 작은 용(龍): 국경은 없어도 국적은 있어야 한다』(2001)에 관련 내용이 잘 정리되어 있다. 장하준, 신장섭 교수 등과 마찬가지로 이찬근 교수는 외환위기의 원인이 '내부 결함'에 있는 것이 아니라고 봤다. 관치금융과 재벌체제의 약점에도 불구하고 "지구촌을 질주하는 초국적 금융자본과 이를 방조하거나 측면 지원하는 미국의 패권 의지가 결합된 외적인 조건"에 더 큰 책임이 있다는 입장이다. 자칫 재벌 옹호론으로 비칠 수 있지만 한국의 특수성을 고려해야 한다는 얘기도 덧붙였다.

우리나라 산업이 강력한 기술력과 고부가가치성을 확보하지 못한 상황에서 그동안 재벌을 특징지어 온 집단적 복합경영의 구조는 한국에게 차별적 경쟁 우위를 제공해 왔다.

IMF의 개혁 패키지는 "한국이 그동안 추구해 온 '극히 일본적인' 중상주의 발전모델을 버리라는 주문"으로 "공동체의 이념을 포기할 때 한국의 미래는 없다."는 얘기도 한다. 장하성 교수가 주도했던 소액주주 운동에 대한 비판은 그 연장선에 있다. "재벌의 고질적인 총수 1인 독재체제를 견제하는 데 기여한 측면"이 있다는 것은 인정하지만 '주주권리 지상주의'로 흐른 점이 문제라는 관점이다. 재벌의 이해 관계자는 주주만 있는 것이 아니라 지역사회, 노동자, 채권단은 물론 국민경제도 있다고 봤다.

외국자본과 글로벌 스탠더드의 공세로 인해 한국 경제가 '창틀에 갇힌 작은 용'으로 추락하고 있는 마당에 초국적 투기자본과 연대한다는 것은 시민단체로서는 있을 수 없는 일이다.

미국에 대한 사대주의 때문에 '플러스 알파'와 같은 '제 발등을 찍는' 개혁 정책이 도입되었다는 것도 지적한다. "한국의 고급관료, 행세깨나 하는 한국의 경제학자는 거의 예외 없이 미국 유학파이기에 미국의 의도는 쉽게 먹혀 들었다."는 말에 잘 요약되어 있다. 2019년 현재 직면하고 있는 경제문제의 뿌리가 그때 도입된 구조개혁 때문이라는 점도 강조한다.

단지 재벌체제와 관치금융의 한계밖에 인식하지 못했던 한국의 엘리트층은 국가주도의 모델을 비판하면서 시장개혁을 밀어붙였다. (……) 그 결과 시장주도의 개혁은 초국적 자본을 수혜자로 만들었고, 한국의 민중은 물론 한국의 금융과 실물경제는 파국을 맞고 있다.

전혀 다른 진단을 내렸기 때문에 대응책에도 차이가 많다. 그중 첫 번째가 투기자본감시센터다. 2004년 8월 25일 출범한 비영리기구로 "시민지원을 위한 국제금융거래 과세연합"을 뜻하는 아탁(Association pour une Taxation des Transactions, Attac)의 한국판으로 보면 된다. 아탁은 1999년 프랑스에서 시작되었다. 단기적이고 투기적인 국제자본의 이동을 제한하는 것을 목적으로 하는 토빈세(Tobin Tax)의 도입과 투기자본에 대한 감시 활동을 하는 곳이다. "투기자본에 세금을, 노동자들에게 일자리를, 가난한 사람에세 복지를"이라는 구호를 내세운다. 제기된 질문을 보면 뭘 하는 곳인지 짐작할 수 있다. "투기와 투자는 어떻게 다른가?" "해외의 투기자본이 문제이니 민족재벌에게 힘을 실어 주어야 할까?" "참여연대의 소액주주 권리 보호 운동이라는 관점으로 충분할까 그렇지 않을까?" "시장은 인정해야 할까 그렇지 않을까?" 외국계 투기자본에 의해 대량 정리해고가 진행되고, 국민의 혈세가 유출되는 '먹튀'(먹고 튀는) 자본 문제를 본격적으로 제기한 공로가 있다.

최근에도 계속되고 있는 이들 투기자본의 '투자자-국가 분쟁 (International Centre for Settlement of Investment Disputes)'과 관련한 소송도 이 단체를 통해 주로 제기된다. 감시 대상에는 뉴브릿지캐피탈(제일은행과 하나로텔레콤 인수), 칼라일펀드와 시티은행(한미은행 인수), 조지 소르소의 퀀텀펀드(서울증권 인수), 푸르덴셜자산(메리츠증권 인수), 올림푸스캐피탈(외환카드 인수) 등이 포함되어 있다. 설립을 주도한 인물 중 한 명이 공동대표를 맡은 이찬근 교수다. 2004년 11월 2일, CBS 정범구의 「시사자키」에 이와 관련한 설명이 나온다. 이찬근 교수는 이 단체가 필요한 배경 중 하나로 다음과 같이 지적했다.

> "우리나라에 아홉 개의 시중 은행이 있는데, 그중 공적자금이 들어가서 정부가 가지고 있는 우리은행을 뺀 여덟 개의 시중은행이 다 외국 자본에 넘어갔다고 해도 과언이 아니다. 시중은행 부분에 있어서 외국 자본이 가지고 있는 평균 소유 지분율이 65퍼센트다."

'론스타'를 고발한 이유도 나온다. "외환은행의 대주주인 정부가 자격이 없는 론스타에 불법으로 매각"을 했다는 점과 "외국자본이라면 무조건 좋게 보는 한국의 엘리트" 의식을 문제 삼았다. 『투기자본의 천국 대한민국』(2006)과 투기자본의 앞잡이 역할을 한 변호사 집단을 다룬 『법률사무소 김앤장』(2008) 등은 모두 이 단체에서 활동하던 분들이 쓴 책이다.

지난 2009년부터 '투기자본 앞잡이'를 선정해 발표하기도 하는데 2014년의 경우, 단체 부문 1위는 '김앤장법률사무소'다. 금융위원회, 유안타증권, MBK파트너스, KKR 등이 그 뒤를 잇는다. MBK파트너스의 김병주 회장이 개인 부문 1위다. 김병주는 십 대에 미국으로 건너간 인물로, 하버드대학교에서 경영학석사(MBA)를 받았다. 골드만삭스와 살로만스미스바니 등에서 근무한 경력이 있다. 칼라일그룹에 입사해 한미은행 인수를 주도했으며, 그 후 지금의 회사를 차렸다. 쌍용차 해고 소송에서 2009년의 정리해고를 "경영상의 필요"라고 판단하는 한편, 회사 측이 '회계조작'에 대해 면죄부를 준 박보영 대법관이 2위다. 그 밖에 KB금융지주 회장 겸 국민은행장 윤종규와 보고펀드 대표인 변양호 등이 3위와 4위를 차지했다.

IMF 중심의 국제통화질서를 개혁하고 동아시아 국가가 금융협력을 강화해야 한다는 게 그의 또 다른 주장이다. 단일통화 유로화가 등장한 배경을 이찬근 교수는 "달러일극 체제에서는 금융통화의 안정을 기할 수 없다는 문제의식"에서 찾았다. 통제 불능 상태로 부채를 늘려 가는 미국의 달러를 기축통화로 떠받칠 수 없다는 점과 단일통화가 아니면 반복되는 통화위기에서 벗어날 수 없다는 것을 잘 알았기 때문이라는 주장이다. "금리와 통화량을 조절할 수 있는 경제정책의 주권을 포기"하면서까지 그들이 협력하는 이유를 알아야 한다고 강조한다. "위기를 맞고 있는 동아시아에 중요한 시사점을 갖는다. 아시아 각국은 앞으로 아시아통화블록의 형성 혹은 아시아통화기금의 창설문제를 조심스럽게 논의할 필요가 있다.”는 지적은 이 논리의 연장선이다.

끝으로, 미국이나 IMF 등에서 가르쳐 주는 방식이 아닌 한국에 맞는 경제정책을 찾아야 한다고 제안했다. 2019년에 우리가 겪고 있는 문제에 대해서도 미리 경고했는데 ‘중남미화 시나리오’ 얘기다. 이찬근 교수에 따르면 “IMF 개혁은 금융종속 → 투자 위축 → 자본 해외 도피 → 알짜기업 해외 매각 → 산업기반 붕괴’의 악순환을 초래”할 수 있는 독약이었다. 장차 한국 정부가 취해야 할 정책에 대한 제안도 이 책에 담겨 있다. “한국은 여전히 제조업에 승부를 걸어야 하고, 금융은 산업을 지원하는 하부 시스템이 되어야 한다는 것”과 “금융의 산업지원 기능을 강화함으로써 기업이 장기적으로 또 안정적으로 자금을 조달할 수 있도록 해야 한다.” 또 “일자리의 안정을 보장함으로써 고용의 질을 높일 것” 등이다. 정치학이나 경제학과 달리 머리가 아닌 가슴에 호소함으로써 질서를 바꾸려 노력하는 사람도 많다.

문학은 순수해야 한다고 믿는 사람들이 많다. 특정한 정치적 성향이나 계층을 대변하기보다 인간의 본성에 충실해야 한다는 생각이다. 문학은 분노라든가 슬픔과 같은 감정을 배설할 수 있도록 돕는 한편 정서적 위로를 주는 것으로 충분하다고 본다. 민주화 이전까지 교과서에 실린 작품은 대부분 그런 부류에 해당한다. 황순원의 「소나기」와 알퐁스 도데의 「별」과 같은 소설, 서정주의 「국화 옆에서」와 김소월의 「진달래꽃」 등이 대표적이다. 정치에 물들지 않은 ‘맑고 순수한’ 작품이다. 현실의 모순을 고발하고, 민족의식을 일깨우며, 세상의 변혁을 추구하는 '참여문학'과 대립되는 개념으로 쓰인다. 그러나 순수의 반대말은 '참여'가 아니라 '통속'이다. 말초신경을 자극하고, 폭력과 분열을 조장하는 작품이다. 게다가 현실과 '순수'하게 독립되어 있는 작가는 없다.

1950년대 이후 강조된 '순수문학'이 공산주의라는 불온한 사상에 물들지 않은 작품이라는 의미가 강했다는 점도 기억할 필요가 있다. 문학의 순수성을 적극 옹호한 인물 대부분이 이승만 정권과 손을 잡고 반공 교육에 적극 나섰다. 그중 한 명이 「역마」, 「무녀도」, 「등신불」 등을 쓴 김동리다. 반공문학 단체인 '한국청년문학가협회'의 초대 회장을 지냈고, 종군작가단에서도 활동했다. 「불꽃」과 「노다지」 등의 작품을 남긴 선우휘도 있다. 반공사상전을 담당한 정훈장교 출신으로, 반공주의에 앞장섰던 《조선일보》의 편집국장을 지냈다. 당시 나온 시 몇 개를 비교해도 이 문제의 본질을 짐작할 수 있다.

미당 서정주는 대표적인 친일파 시인이다. 모윤숙 등과 함께 '문총구국대'에 가담해 반공의식화 교육에도 앞장섰다. 전두환의 쉰여섯 살 생일에는 찬양시를 바치기도 했다.

한강을 넓고 깊고 또 맑게 만드신 이여
이 나라 역사의 흐름도 그렇게만 하신 이여
이 겨레의 영원한 찬양을 두고두고 받으소서
새맑은 나라의 새로운 햇빛처럼
님은 온갖 불의와 혼란의 어둠을 씻고
참된 자유와 평화의 번영을 마련하셨나니

미당의 작품 중 「추천사」가 있다.

향단아 그넷줄을 밀어라
머언 바다로
배를 내어 밀 듯이
향단아
(⋯⋯)
서(西)으로 가는 달같이는
나는 아무래도 갈 수가 없다
바람이 파도를 밀어 올리듯이
그렇게 나를 밀어다오
향단아

1956년에 발표되었다. 전쟁 직후였고, 많은 국민이 고통을 받을 때였다. 제대로 먹고 입는 것조차 힘든 시기다. 달콤한 연인 '춘향'이 그렇게 어울릴 만한 상황은 아니었다. 박목월의 「나그네」라는 시도 같은 맥락에서 볼 수 있다.

강나루 건너서
밀밭길을

구름에 달 가듯이
가는 나그네

길은 외줄기
남도 삼백리

술익는 마을마다
타는 저녁놀

구름에 달 가듯이
가는 나그네

평화롭고 넉넉한 농촌 풍경을 '순수'하게 묘사한 1946년 작품이
다. 미 군정의 정책 실패로 전국에서 항의가 시작되던 때였고, 일본
식민지에서 벗어나기 위해 목숨을 걸고 투쟁한 기층 민중의 좌절감
이 높았던 시기다. 박목월도 전쟁이 터졌을 때는 '공군종군문인단'의
일원이 되어 반공교육을 다녔다. 좋게 봐주면 순수함이고, 나쁘게 보
면 '현실 도피'와 '체념'을 가르친다. 그들과 달리 현실을 외면하지 말
고 함께하자고 했던 많은 문인들은 월북을 강요당했다. 「병든 서울」
이란 시가 있다. 월북 시인 오장환이 1946년 7월에 발표한 시집이다.

병든 서울, 아름다움, 그리고 미칠 것 같은 나의 서울아
네 품에 아무리 춤추는 바보와 술취한 망종이 다시 끓어도
나는 또 보았다
우리들 인민의 이름으로 식씩한 새 나라를 세우려 힘쓰는 이들을
그리고 나는 외친다

우리 모든 인민의 이름으로
우리네 인민의 공통된 행복을 위하여
우리들은 얼마나 이것을 바라는 것이냐
아, 인민의 힘으로 되는 새 나라

인민위원회와 노동조합 등을 통해 새로운 질서를 만들려 하는 민중을 응원한다. 미 군정에 의해 최초의 '금서' 판정을 받은 임화의 「네 거리의 순이」도 이 시기에 나왔다.

순이야, 누이야
근로하는 청년, 용감한 사내의 연인아!
생각해 보아라, 오늘은 네 귀중한 청년이 용감한 사내가
젊은 날을 부지런한 일에 보태던 그 여원 손가락으로
지금은 굳은 벽돌담에다 달력을 그리겠구나
또 이거 봐라, 어서
이 사내도 커다란 오빠를……
남은 것이라고는 때묻은 넥타이 하나뿐이 아니냐
오오, 눈보라는 '튜턱'처럼 길거리를 휘몰아간다

해방이 된 후에도 많은 사람들이 오히려 감옥에 갇히는 현실을 비판한다. 독자는 누구를 편들었을까? 자신들이 처한 상황과 너무 달랐던 「춘향」의 그리움과 「나그네」의 여유로움을 환영할 민중은 많지 않았다. 불신과 무관심이 꾸준히 높아질 수밖에 없었다.

1963년 8월 7일 자《동아일보》를 통해 평론가 김우종이 "파산의 순수문학"이라는 글을 발표한 것은 이런 까닭에서다. 당시 상황을 "대중과 대화가 끊어진 문학" 또 "자신의 고독만을 자부하고 자위하게 된 문학"이라고 규정했다. 그렇게 된 원인을 "기아와 혹사와 불면과 모멸과 그리고 6·25의 슬픔 등 온갖 고통 속에서 오열하는 민중에게 이 현실문제의 상담을 거의 거부하고, 그것은 정객들만

오장환, 『병든 서울』

의 소관이라고 제쳐 놓았던 것"에서 찾았다. "자연히 읊조려지는 배설행위만이 오직 예술이라고 고집하는 문학"으로 인해 "현실의 '흙탕물' 속에서 사는 독자들이 이러한 '맹물' 세계와 감정을 교환할 수 없게 되었다."는 평가였다. "정치적 도구문학을 반대하던 나머지 정치적 문제와 관련되는 모든 당면 현실에 일체 외면하는 경향에까지 탈선"했다는 말도 덧붙였다.

부도수표처럼 냉대받는 한국문학의 대안으로 김우종이 주목한 것이 '참여'의 복원이다. "유리병 속에 밀폐되어 투명한 '맹물'이 된" 문학에 "현실의 '흙탕물'을 섞어 넣는 작업"을 할 때라고 주장했다. "우리는 우선 '순수'의 성벽부터 무너뜨리고, 저 민중의 광장, 현실의 광장으로 뛰어나와야 한다."는 선언이다. 프랑스의 장폴 사르트르와 에밀 졸라 등이 주장했던 지식인의 사회참여를 뜻하는 '앙가주망

(Engagement)'과 같은 의미로 보면 된다. 단순한 참여를 넘어 스스로 '투사'가 되려 한 시인이 김남주다. 그가 쓴 「길」이라는 시에 그 이유가 잘 드러나 있다.

나는 알고 있다 또 이 길의 어제와 오늘을
이 길을 걷다가 쓰러진 다리와 부러진 팔과 교살당한 모가지를
고문으로 구부러진 손가락과 비수에 찔린 등과 뜬 눈의 죽음을
그들은 지금 공비와 폭도와 역적의 누명을 쓰고 능지처참으로 쓰러져 있다
아무도 그들을 일으켜 세워 자유와 조국의 이름으로 노래하지 못한다
해와 달과 조국의 별이 밝혀야 한다
밤이 울고 있다
나는 또한 알고 있다 내가 걷는 이 길의 오늘과 내일을.

안치환의 노래로 잘 알려진 「자유」라는 작품도 비슷하다.

만인을 위해 내가 노력할 때 나는 자유
땀 흘려 힘껏 일하지 않고서야 어찌 나는 자유다라고 노래할 수 있으랴
만인을 위해 내가 싸울 때 나는 자유
피 흘려 함께 싸우지 않고서야 어찌 나는 자유다라고 노래할 수 있으랴

(······)

밖으로는 자유여, 형제여, 동포여! 외쳐대면서도

속으로는 제 잇속만 차리고들 있으니

도대체 무엇을 할 수 있단 말인가

제 자신을 속이고서

도대체 무엇이 될 수 있단 말인가

제 자신을 속이고서

소설가 황석영은 김남주 시인을 '한반도의 체 게바라'라고 불렀
다. 평론가 강대석은 '한국의 파블로 네루다'로 평가했다. 땅끝마을
해남 출신이다. 검정고시로 호남 지역 수재들만 갈 수 있다는 광주제
일고등학교에 합격해 동네의 자랑거리가 되었다. 동문 중에는 쟁쟁
한 인물이 많다. 현직 국무총리 이낙연을 비롯해 임채정(국회의장),
김장수(국방부 장관), 이용훈(대법원장), 윤재식(대법관), 박삼구(금호
아시아나 회장), 박성수(이랜드 회장) 등이 있다. 언론계에는《조선일
보》의 강천석, 송희영과 오태진,《동아일보》의 김용정,《한국경제》의
이계민과《한겨레》의 정석구 등이 속한다.

김남주 시인은 부모의 기대를 저버렸다. 부친이 돌아가셨을 때도
감옥에 갇혀 있었다.「편지 I」이란 시에 죄스럽고 미안한 마음이 잘
녹아 있다.

순사 한나 나고

산감 한나 나고

면서기 한나 나고
한 집안에 세사람만 나면
웬만한 바람엔들 문풍지가 울까부냐
아버지 푸념 앞에 고개 떨구시고
잡혀간 아들 생각에
다시 우셨다던 어머니

    전남대학교 영문과에 재학 중인 1972년에 학생운동에 뛰어들었다. 박정희 정권의 3선 개헌과 유신헌법을 반대하기 위해서였다. 군사 독재를 비판하는 《함성》이라는 신문을 발행하는 불경죄를 저질러 반공법 위반 혐의로 1973년에 구속된다. 대학에서는 제적을 당했고 고향으로 돌아갔다. 감옥에 있으면서 쓴 작품 중 하나가 「잿더미」란 시다.

잡초는 어떻게 뿌리를 박고
박토에서 군거(群居) 하던가
찔레꽃은 어떻게 바위를 뚫고
가시처럼 번식하던가
곰팡이는 왜 암실에서 생명을 키우며
누룩처럼 몰래몰래 번성하던가
죽순은 땅속에서 무엇을 준비하던가
뱀과 함께 하늘을 찌르려고 죽창을 깎고 있던가

    김남주 시인은 일본의 '아시아·아프리카 연구소'에서 발간한

『아시아와 아프리카 연구』란 책을 통해 세상에 대한 눈을 뜨기 시작
했다. 백낙준, 장준하, 김재준 등 당대 엘리트들이 《사상계》를 통해
'미국 주도의 자유 아시아'만이 살길이라고 사상전을 할 때였다. 제
국주의의 실체를 봤다는 점에서 달랐다. 빈농의 아들이었기에 이 모
순을 볼 수 있지 않았을까? 해방 후 태어난 국내 시인 중에는 드문 경
우다. 신동엽 시인의 「금강」과 비슷한 정서다.

> 갈라진 조국
> 강요된 분단
> 우리끼리 익고 싶은 밥에
> 누군가 쉿가루를 뿌려놓은 것 같구나
> 너와 나를 반목케 하고
> 개별적으로 뜯어가기 위해
> 누군가 쉿가루를 뿌려놓은 것 같구나

한국을 다루는 방식이 베트남, 이란, 콩고 등에서도 크게 다르지
않다는 것도 깨달았다. 「오늘은 그날이다 3」에 잘 표현되어 있다.

> 오늘은 그날이다
> 미국이 필리핀을 먹을 테니까 일본이 눈감아주면
> 일본이 조선을 삼켜도 미국은 입 다물고 있겠다며
> 가쓰라와 태프라가 비밀협약했던 날이다
> 그날을 아느냐 친구야

김남주, 『꽃 속에 피가 흐른다』

어찌 우리 모르랴 그날의 협잡을

박정희 대통령이 암살되기 직전이던 1979년 10월에 내무부 장관 구자춘은 '남조선민족해방전선준비위원회'(남민전)에 대한 수사 결과를 발표한다. 정부 수립 후 단일 사건으로는 최대 규모였던 여든네 명이 검거되었다. 북한의 김일성에게 "피로써 충성을 맹세"했으며, "남조선해방전선기를 걸어놓고 칼을 잡고 가입선서를 했다."는 등의 충격적인 내용이 포함되어 있었다. 관련자 중에는 김남주 시인을 비롯해 지금도 알 만한 사람들이 많다. 대표적인 인물로 『나는 빠리의 택시운전사』의 저자인 홍세화, 한나라당 출신의 이재오 의원, 이수일 전교조위원장, 임헌영 민족문제연구소장, 권오현 민주화실천가족운동협의회 양심수 후원회장 등이 있다. 일반 국민은 말할 것도 없고 운동권 내부에서도 냉대를 받았다. "무모하고 분별없고 소영웅주의적이고 모험적이고 맹목적이고 또한 (민주화) 운동에 해만 끼쳤다."는 게 이유였다.

그러나 이들이 남베트남의 경험을 모방할 수밖에 없는 사연도 있었다. '인혁당 재건위' 사건과 관련이 있다. 1975년에 억울한 누명을 쓰고 여덟 명이나 사형을 당했다. 변론을 맡았던 강신옥 변호사가 "증거도 없이 형식적 절차만으로 피고인들에게 사형까지 구형한다면

(……) 결과적으로 형식적인 재판을 통해 법의 이름으로 처단하려는 '사법살인'의 비난을 면치 못할 것입니다."라고 말한 그 사건이다.

정부 차원에서 조작되었다는 정황은 관련 인물을 보면 쉽게 드러난다. 1974년에 사건을 발표한 인물은 중앙정보부 부장 신직수다. 나중에 무죄가 확정된 '울릉도 간첩단 사건'과 '전국민주청년학생총연맹'(민청학련) 사건을 조작한 장

신동엽, 『금강』

본인이다.[34] 중앙정보부 제6국장으로 승진한 이용택 역시 과거 이 사건을 지휘한 인물이다. 중앙정보부 부장을 역임했던 김형욱의 회고록에도 "박정희와 이후락의 지령을 받은 신직수, 그리고 그의 심복 이용택이 10년 전에 문제 되었다가 증거가 없어서 석방한 사람들을 다시 정부 전복 음모 혐의로 잡아넣었다."고 기록되어 있다.[35]

북한의 지령을 받아 국가 전복을 노렸다는 1차 인혁당 사건도 2015년에 무죄로 밝혀졌다. 억울하게 죽임을 당하는 동료들을 보면서 그들은 다짐했다. 노래도 만들었다.

한평생 소원은 남북의 통일, 노래하고 싸우기 어언 수십년, 이디서 살았느냐, 무엇을 하였느냐, 통일을 위해 싸우다 죽으면 족하지 족하지. 아 조국이여 아름다운 내 강토여, 훼방꾼 미제를 몰아내자[36]

당시 심정을 잘 보여 주는 시가 「진혼가」다.

> 참기로 했다
>
> 어설픈 나의 신념 서투른 나의 싸움은 참기로 했다
>
> 신념이 피를 닮고
>
> 싸움이 불을 닮고
>
> 자유가 피 같은 불 같은 꽃을 닮고 있다는 것을 알 때까지는
>
> 온몸으로 온몸으로 죽음을 포용할 수 있을 때까지는
>
> 칼자루를 잡는 행복으로 자유를 잡을 수 있을 때까지는
>
> 참기로 했다
>
> 어설픈 나의 신념
>
> 서투른 나의 싸움
>
> 신념아 신념아 너는 참아라
>
> 신념이 바위의 얼굴을 닮을 때까지는
>
> 싸움이 철의 무기로 달구어질 때까지는

재판을 받기도 전에 전두환의 쿠데타가 일어난다. 1980년 5월 18일에는 광주에서 학살이 벌어졌다. 계엄군의 발포에 대항해 시민들은 무기를 들었다. 언제까지 참고만 있을 수 없다는 결단이었다. 남민전의 입장이 반드시 틀리지는 않았다는 것을 보여 준 사건이다. 감옥은 김남주 시인에게 학교였다. 발자크, 셰익스피어, 하이네, 푸시킨, 레르몬토프, 네크라소프, 톨스토이, 숄로호프, 브레히트, 네루다, 루이 아라공, 게오르크 루카치, 게오르크 뷔히너 등을 두루 읽었다.

투쟁의 한 방법으로 계속 '시'를 썼다. 종이와 연필이 없었기 때문에 우유갑에 못으로 적어서 몰래 밖으로 내보냈다.

광주사태를 보면서 '혁명'에 헌신하는 '시인'으로 거듭났다. 1989년에 나온 『옥중연서: 산이라면 넘어주고 강이라면 건너주고』에 이와 관련한 입장이 나온다.

나는 시라는 것을 내가 헤쳐 가야 할 길을 위한 무기 이외의 것으로 생각해 본 적이 없습니다. (……) 만일 반제민족해방투쟁을 노래하지 않고 피착취대중을 대변하여 그들의 입이 되어 주지 않는다면 당신이 말하는 민족문학이란 무엇이란 말인가.

「예술지상주의」는 이런 신념을 잘 압축한 시이다.

대한민국의 순수파들 절망도 없이
광기도 자학도 없이 예술지상주의를 한다
수석과 분재로 예술지상주의를 한다
학식과 덕망의 국회의원으로 예술지상주의를 한다
자르르 교양미 넘치는 입술로
자본가의 접시에 군침을 흘리면서 예술지상주의를 한다
애끼 숭악한 사기꾼들
죽으면 개도 안 물어가겠다
그렇게 순수해 가지고서야 어디 씹을 맛이 나겠느냐

평생 적으로 생각한 집단은 크게 두 부류다. 그중 하나는 자본가 계급과 그 뒤에 있는 군부독재였다. 남민전에 가입하게 된 이유를 동생에게 이렇게 설명한다.

"내가 9년 동안 옥살이를 하고 있는 것은 이들 산적들을 망나니들을 패륜아들을 앞세워 그 이면에서 노동하는 민중의 고혈을 빨아먹고 있는 자본가들을 증오하고 저주하였기 때문이다. 이들 자본가에게는 조국이 없단다. 조국이 없으니까 동포도 없고 민족도 없단다."

미국으로 대표되는 제국주의는 또 다른 대상이었다. 「학살」이라는 시에 관련된 부분이 나온다.

학살의 원흉이 지금
옥좌에 앉아 있다
학살에 치를 떨며 들고 일어선 시민들은 지금
죽어 잿더미로 쌓여 있거나
감옥에서 철창에서 피를 흘리고 있다
그리고 바다 건너 저편 아메리카에서는
학살의 원격조종자들이 회심의 미소를 짓고 있다
당신은 묻겠는가 이게 사실이냐고

남민전과 같은 극단적 투쟁을 기획한 이유도 이와 관련이 있다. 미국과 자본에 휘둘리는 정부에 대한 불신 때문이다. 「포항 1988년 2

월」이라는 시에 표현되어 있다.

Welcome U.S. Marines!
그 밑을 무인지경을 가듯
이방인의 군대가 지나갔다
그들은 꽁무니에 수류탄을 달고 있었고
입에는 담배와 껌을 물었다
(······)
식민의 땅에 와서 그들이
밤이고 낮이고 찾은 것은
(······)
술집이고 여자이었다 그뿐이었다
(······)
그런 그들을
자유대한에서는 어떻게 할 수 없었다
나라도 법도 어떻게 해볼 수 없었다

관련된 작품으로 「사실이 그렇지 않느냐」도 있다.

너는 지금 제 나라에서 남의 나라 군대의 용병
귀대하면 네 동포의 가슴에 총을 겨눠야 한다
북에 대고 남에 대고 네 핏줄의 가슴에 대고

민주화가 이루어지면서 김남주 시인의 석방을 요구하는 목소리도 높아졌다. 1987년 9월에 창립된 '민족문학작가회의'가 앞장섰다. 세계 펜클럽 대회에서는 시인을 석방하라는 결의문을 냈다. 『조국은 하나다』라는 시집도 출간된다.

조국은 하나다
이것이 나의 슬로건이다
꿈속에서가 아니라 이제는 생사에
남 모르게가 아니라 이제는 공공연하게
조국은 하나다
양키 점령군의 탱크 앞에서
자본과 권력의 총구 앞에서
조국은 하나다

1988년 12월 22일에 김남주 시인은 마침내 가석방된다. 전주교도소가 생긴 이래 가장 많은 기자가 몰려들었다. 곧바로 광주 망월동 묘역을 찾았고, 다음과 같은 글을 남겼다.

파괴된 대지의 별 오월의 사자들이여
능지처참으로 당신들은 누워 있습니다
얼굴도 없이 이름도 없이
누명쓴 폭도로 흙속에 바람속에 묻혀 있습니다
사람 사는 세상의 자유를 위해

사람 사는 세상의 아름다움을 위하여
압제와 불의에 거역하고
치떨림의 분노로 일어섰던 오월의 영웅들이여

감옥에 있는 동안 작업했던 『아침저녁으로 읽기 위하여』(1988)라는 번역 시집도 출간된다. 파블로 네루다를 비롯해 하이네와 브레히트 등의 시가 수록되어 있다. 네루다의 「제3의 거처」도 그중 하나다.

그대들은 물을 것이다. 당신의 시는 왜
당신 조국의 땅, 잎새, 거대한 화산들에 대해서
우리에게 노래하지 않느냐고?
와서 거리의 피를 보라
와서 보라
거리의 피를
와서 피를 보라
거리에 뿌려진!

1994년 2월 13일에 김남주 시인은 불과 마흔아홉 살의 나이로 임종을 맞았다. 병명은 췌장암이다. 김대중 대통령을 비롯해 많은 사람들이 빈소를 찾았다. 장례위원장은 신경림, 염무웅, 송기숙, 이창복과 박석무 등이 맡았다. 황지우 시인은 추모시를 낭송하며 울먹였다.

우리가 몸을 묻는 것이 아니라

별을 이 땅에 묻는 것이 되게 하라
눈 녹아 봄이 오는 언덕 위로 찬연히 빛날
조국의 별을!

광주 망월동에 묻혔다. 2006년 3월에는 '민주화운동' 관련자에 선정됨으로써 명예도 회복된다. 재벌 최태원의 집에 침입한 것은 일제 시대 독립자금을 얻기 위해 지주의 집을 넘은 것과 비슷하게 볼 수 있다는 점이 인정받았다. 예비군 훈련소에서 총기를 분해해 빼낸 것 또한 넓게 봐서는 "유신체제에 항거한 것"으로 볼 수 있다고 판단했다.

문학을 통해 '울림'이 되고자 했던 또 다른 인물이 소설가 조정 래다. "『태백산맥』 조정래 씨, '국가보안법 무죄'"는 국내 언론을 통해 2005년 3월 31일에 알려진 소식이다. "작가의 집필 동기와 북한과의 관련성 등을 종합적으로 판단한 결과, 국가의 안전과 자유민주주의 체제를 위협하는 이적 표현물로 보기 어렵다."는 게 검찰의 최종 판단이다.

1994년 4월에 고소를 당한 지 10년 만에 나온 결정이었다. 무려 500개 항목을 문제 삼았고, 고소장 분량이 거의 책 한 권에 달했던 사건이다. 당시 고소인은 이승만 전 대통령의 양자로 알려진 국민대 이인수 교수와 여덟 개 우익 단체다. 구국민족연맹, 한국전쟁참전총연맹, 대한민국무공훈장자회, 대한파월유공전우회, 6·25참전철도동지회, 전국철도노우회, 건국청년운동협의회, 실향민애국운동현의회 등이 망라되어 있다. "민족과 역사의 이름"으로 이들이 조정래를 고발한 이유는 "한국현대사를 왜곡, 대한민국 건국에 주도적으로 참

여했거나 기여한 명예를 손상시킴
과 동시에 대한민국의 정통성마저
훼손시켰을 뿐 아니라 북한 김일성
정권에 정통성을 부여하며 공산주
의 혁명사상을 조장하였고, 반미감
정을 고취시켜 대한민국을 미국 식
민지로 인식시켰기" 때문으로 알려
졌다.[37]

김남주 번역 선집, 『아침저녁으로 읽기
위하여』

월간 《현대문학》을 통해 1983
년 9월부터 연재된 이 소설에 대한
관심이 높아진 것과 무관하지 않았
다. 이념 공세는 뜻밖에도 문단에
서 시작되었는데, 순수문학을 적극 옹호했던 김동리와 서정주가 앞
장섰다. 특히 서정주는 "『태백산맥』은 빨갱이 소설이며 이런 소설이
거침없이 읽히는 이 사회가 개탄스럽다."고 말했다. 대검찰청에 의해
'이적 표현물'이라는 낙인이 찍힌 것은 1990년 5월이다.

민주화를 이루어 낸 국민은 이런 불손한 의도를 용납하지 않았
다. '왜 우리는 해방 직후에 전쟁을 겪어야 했을까?' '빨치산이란 사람
들은 도대체 누구일까?' '그들은 왜 목숨을 건 투쟁에 나섰을까?' '좌
와 우로 분열되어 있는 한반도의 운명은 누구의 작품일까?' '미국과
소련, 또 일본은 이 과정에서 어떤 역할을 했을까?' 국민은 이런 질문
에 답하기 위해 '금단의 땅'을 걷고 있는 작가를 오히려 응원했다. "분
단의 진실을 알리는 것이 작가의 책무요, 알면서 안 쓰면 비겁한 것이

조정래, 『태백산맥』

고 기피"라고 믿었던 작가는 대중의 폭발적 관심이라는 보상을 받았다. 본인이 무죄를 받은 것은 "엄청난 독자들이 (『태백산맥』을) 읽었고 읽고 있어 방어 울타리가 되어 준" 덕분이라고 말할 정도다.

『태백산맥』이 작품으로 완성될 수 있도록 돕는 손길도 많았다. 박현채 교수는 자신의 경험을 살려 '빨치산'의 실체에 접근할 수 있도록 도왔다. 취재 때 동행하기도 했다. 보수단체로부터 협박에 시달릴 때 집필 장소를 제공한 이는 이재경 신부다. 매달 열흘 정도 안양에 있는 성라자로마을에 머물렀다. 작가와 평론가 쉰 명이 뽑은 '한국 최고의 소설'이라는 영예가 주어진 것은 1990년이며, 1991년에는 단재문학상 수상작이 되었다. 전국 대학생이 뽑은 가장 감명 깊은 책 1위로 선정되기도 했다. 1994년에는 영화로도 제작된다. 감독은 「서편제」로 명성을 날린 임권택이다. 대하소설로는 처음이라고 하는 100쇄를 돌파한 해가 1997년이며, 일본어판이 완간된 것은 2000년이다. 벌교에는 '태백산맥문학관'도 생겼다. "문학은 인간의 인간다운 삶을 위하여 인간에게 기여해야 한다."는 작가의 자필이 새겨져 있다. 전문가들의 평가도 아주 좋다.

"우리를 대신하여 역사에 사죄를: 조정래 형에게"는 1990년《문예중앙》에 나온 정운영 선생의 서평 제목이다. "나는 『태백산맥』에 민족문학의 거봉이라는 명예를 아낌없이 선사합니다."라는 내용이 나온다. 정운영 선생은 자신이 진행하는 프로그램을 통해 "우리의 민족작가 조정래 선생"이라는 별명을 붙여 주기도 했다. "우리 문학이 여기까지 이르기 위해 해방 40년이 필요했고, 해방 이후 분단문학의 역사가 일구어 낸 거대한 성과"라는 칭찬은 문학평론가 김윤식의 평가다. 권영민 또한 "분단문학의 정점으로 이념의 요구에 의해 은폐될 수밖에 없었던 역사의 한 장면을 방대한 규모의 소설적 형식을 통해 형상화한 작업"이라고 했다.[38]

프랑스어 번역판을 낸 변정원도 "한국인의 복음서다. 우리 민족이 치열하게 고통을 당하고 분단이 되고 이웃 강대국에 이렇게 짓밟혔고…… 나는 이런 것을 잘 몰랐다."고 고백할 정도였다.[39] 자유기고가 이태준은 "우리 사회의 반공 교육이 사회주의자와 빨치산 투쟁가들을 '악마'나 '빨갱이'로 매도한 것을 '인간'으로 복원시키는 작업"으로 "38선과 휴전선으로 두 번씩이나 잘린 그 민족의 허리를 원래 모습으로 복원하자는 게 이 책의 정신"이라고 했다.[40]

책을 읽어 보면 그 이유를 알 수 있다. 『태백산맥』은 1948년 여수·순천 사건부터 1953년 6·25전쟁이 끝나던 해인 10월까지가 시대적 배경이다. 등장인물만 해도 1200명 정도이고, 원고지 1만 5000쪽 분량의 대하소설이다. 5부 「논두렁 태우기」에 나오는 민중이 무덤에서 나와 항변하는 것으로 보면 된다. 그런 목소리 중 하나에 해당하는 것이 문서방이 김범우에게 하소연할 때 나온 얘기다.

"사람덜이 워째서 공산당 허는지 아시오? 나라에서는 농지개혁

헌다고 말대포만 펑펑 쏴질렀지 차일피일 밀치기만 허지, 지주는 지주대로 고런 짓거리허지, 가난허고 무식헌 것덜이 믿고 의지헐디읎는 판에 빨갱이 시상 되면 지주 다 처읎애고 그 전답 노놔준다는디 공산당 안헐 사람이 워디 있겄는가요. 못헐 말로 나라가 공산당 맹글고, 지주덜이 빨갱이 맹근당께요."

소설의 형식을 빌렸지만 근거 없는 얘기가 아니다. 박해를 우려해서 실명은 밝히지 않았지만 관련된 사람들을 직접 만나서 인터뷰한 결과다. 벌교 소작농 출신의 하대치, 강동기, 마삼수, 상동식 등은 당시 하층민의 상징적인 인물이다. 대립 관계에 있는 염상진과 김범우도 좌파와 우파 민족주의를 대변한다. 빨치산 전사 조원제의 실제 모델이 1978년 『민족경제론』을 발표한 재야 경제학자 박현채 교수다. "기초산업과 중소기업의 발전에 기초하여 여러 산업들 간의 긴밀한 분업관련 속에 자립경제를 달성하는 것을 목표"로 하는 민족경제가 필요하다고 주장한 분이다. 빨치산 정하섭과 그를 사랑하는 무당의 딸 소화, 소작인을 대신해 지주에게 대들던 법일 스님, 보도연맹에 가입한 후 빨치산이 되는 초등학교 교사 출신 이지숙, 또 학병 출신으로 민족주의 성향이 강했던 군인 심재모 등도 실존 인물일 가능성이 아주 높다.

조정래가 태어난 해는 1943년이며, 부친은 등단한 시조시인이면서 '철운'이라는 법명을 가진 승려였다. 일본이 승려들을 결혼시켜 대처승으로 만들었던 덕분에 자녀가 있다. 주지스님에 맞서 소작농에게 토지를 공짜로 나누어 주어야 한다고 주장해서 결국 절에서 나온다. 일본 유학을 한 지식인이라 국어교사가 되었는데, 1948년에 일어난 여순사건 때는 '빨갱이'로 몰려서 재판까지 받았다. 조정래 작가의 책에는 부친의 흔적이 자주 나온다. 태어난 곳이 전라남도 조계산에 위치한 선암사라는 절이 된 것은 이런 연유다. 벌교로 옮긴 해가 1953년이고, 『태백산맥』의 주요 배경이 된 곳이다.

조정래 본인도 국어 교사로 직장생활을 시작했다. 곧 《월간문학》 편집장으로 옮긴다. 「누명」이라는 작품으로 1970년에 등단했는데, 미군부대에서 근무하는 한국인 카투사 병사가 도둑 누명을 쓴 후 한국군으로 복귀하는 얘기를 다루었다. "한국사회에서 미국은 어떤 존재인가?"라는 질문을 던졌다. '민족'과 '민중'을 주제로 한 작품은 그 이후에도 지속된다. 「20년을 비가 내리는 땅」, 「청산댁」, 「비탈진 음지」, 「황토」, 「살풀이굿」, 「비틀거리는 혼」 등이다.

대하소설만이 아니라 다른 작품도 많이 썼다. 2013년에는 네이버를 통해 『정글만리』라는 세 권으로 된 소설을 쓰기도 했다. "직접 체험을 소설로 쓰면 안 된다."는 원칙을 갖고 있었지만 1980년 광주항쟁을 겪으면서 바뀐 것으로 알려진다. 다음의 말에 압축되어 있다.

"인간의, 인간을 위한, 인간다운 세상을 만드는 데 기여하는 문학을 해야 합니다. 궁극적으로 이것이 나의 문학하는 자세이고 가치관입니다. 그러니까 문학이 이데올로기의 무엇이다 하는 것은 소용없는 소리입니다. 모든 이데올로기는 인간을 구제하기 위해서 만든 제도거든요. (……) 진정한 작가란 그 어느 시대, 그 어떤 정권하고도 불화할 수밖에 없는 존재로 정치성과는 전혀 관계없이 누구의 오류라도 직시하고 밝혀 내야 합니다."[41]

조정래 소설가는 빨치산을 복원한 원죄로 늘 사상 검증을 받았다. 굳이 사상과 성분으로 구분하면 어디에 속할까? 본인이 직접 밝혔는데, 수필집 『누구나 홀로선 나무』(2002)에 나온다.

정의와 진실을 실현시키고자 하는 진보주의자고, 민족적 자존을 지키고자 하니까 민족주의자고, 그 어떤 간섭이나 억압 없이 예술 창작을 하고자 하니까 자유주의자다.

그래도 "역사의 창조자는 민중"이라고 믿는다는 점을 감안하면 좌파에 더 가깝다. 그는 "동서양 오천 년의 인류사에서 불변의 공통점 하나가 있습니다. 백성이나 국민을 헐벗고 굶주리게 하거나 강압적으로 억누르면 그 왕조나 권력은 반드시 망한다는 사실입니다."[42]라고 말한다.

2010년에 출판된 『허수아비의 춤』도 이런 관점을 대변한 소설이다. 대한민국을 지배하는 1퍼센트를 비판하는 내용이다. 그에 따르면 "국민들은 지난 40년 동안 분배를 기다려 왔지만 아직도 분배에 관한 소식을 듣지 못했으며", "지금 이 시점에서 우리 사회에 가장 시급한 일이 경제 민주화"다. 『태백산맥』에서 마지막까지 생존한 하대치와 외서댁이 대표적인 인물이다. 염상진의 무덤을 몰래 찾은 하대치의 독백에 작가가 하고 싶은 말이 담겨 있다.

"지도 대장님헌테 배운 대로 당당허니 싸우다가 대장님 따라 깨끔허게 갈 것잉께요. (……) 대장님, 우리넌 아직 심이 남아 있구만요. 끝꺼정 용맹시럽게 싸울 팅께 걱정 마시씨요."

"정권은 유한하지만 민족은 무한하다."는 말을 좋아한 것을 보면 '민족주의자'로 분류되는 것도 맞다. 평소 가깝게 지낸 분들을 봐도 성향을 알 수 있다. 리영희, 정운영, 김남주, 박현채, 송기숙 등이다. 공통적으로 민족을 중요하게 생각한 사람들이다. 인터뷰 내용에도 그런 생각이 잘 반영되어 있다.

"민족이라는 것은 아무리 세계화 국제화가 된다고 해도 국가를 거부할 수 없는 한은 민족도 거부할 수 없습니다. 민족의 동질성, 공동운명체 위에서 국가라는 게 성립되기 때문에 모든 민족의 공존, 공영을 위해서 서로 이해하고 그 다양성을 인정하고 서로 교류하는 정신 밑에서 민족주의는 살아 있어야 합니다."[43]

민족의 주체성을 인정하지 않는 사대주의에 대해 비판적인 것은 그래서 자연스럽다. 조정래 선생은 "우리나라 사람은 무조건적인 서구 중심주의, 백인 우월주의에 사로잡혀 그들을 병적으로 선망하고 굴종적으로 짝사랑하고 있습니다."라는 얘기를 자주 했다. 민족의 현실을 제대로 알지 못하기 때문에 강대국에 놀아난다는 관점도 진한다.

"강대국들이 약한 나라의 정신무장을 해체시키기 위해 무조건

민족주의를 부정하고 폄훼하죠. 민족주의를 매도하는 이유는 한 가지입니다. 19세기에 약소국에 가서 국토를 강탈했다면 20세기 후반에 들어와서는 자본을 강탈하죠. 세계화? 좋아요. 그런데 그 세계화란 것이 강대국이 중·후진국에 들어가 맘대로 돈을 빼가는 돈놀이예요. 우리가 흥청망청 바보짓하며 외환위기를 겪었지만 그 대가는 정말 톡톡히 치렀지요. 유학 다녀온 사람들이 강대국의 논리를 그대로 앵무새처럼 떠들어대는데 정신차려야죠."

교회 다니는 사람들은 제대로 인식하지 못하는 한국 기독교의 문제점에 대해서도 비판적이다. 「태백산맥」에서 관련한 이야기가 나온다. 선암사에서 황순직과 서민영이 나눈 대화 중 한 대목이다. "이 땅의 목회자란 사람들은 아무런 비판 없이 서양 사람들의 저의가 감추어진 말을 그대로 따라 조상의 제사를 지내는 것도 우상숭배"라고 한다는 것과 "기독교 본고장 나라들에서는 우상이 아닌 게 왜 우리한테 와서는 우상이 되어야 합니까. 김교신 선생께서는 일찍이 그 저의를 간파하신 겁니다. 예수를 이용해서 한 민족을 뿌리에서부터 와해시켜 의식을 완전히 속국화시켜 버리려는 강대국의 저의 말입니다."라는 부분이다. 영어 숭배에 대한 입장도 단호하여 이렇게 말할 정도다.

"일본 식민지 때 타인에 의해 말을 잃어버렸는데 지금은 우리 스스로가 우리말을 천시해요. 바깥을 나가 보면 죄다 외국어를 우리말 발음으로 써놨는데 이게 무슨 짓인지…… 광화문 세종대왕상 뒤에 있는 꽃밭 이름이 '플라워 카펫'이래요. 이런 얼빠진 놈들이 있나. 스스로 식민언어정책을 펼치면서 식민지를 자초하고 있다니까."⁴⁴

18

백년대계

해방과 자유를 위해 트루먼은 목숨을 걸었다. 폭풍우 속에서도 좌절하지 않았다. 진실은 마침내 모습을 드러낸다. 의지가 없을 때는 보이지 않던 계단과 그 위로 난 좁은 통로도 보인다. 한참 동안 벽을 더듬어 나아간 끝에 출구를 만난다. 지휘소에 해당하는 루나룸에서 모든 상황을 지켜보던 크리스토퍼 감독이 마지막 순간에 개입한다. 제작진의 반대를 무릅쓰고 그는 직접 대화를 시작한다.

하늘에서 들리는 음성에 놀란 트루먼이 "당신은 누구인가?"라고 묻는다. 그는 주저 없이 "너의 창조주"라고 답한다. "제발 내 인생에서 좀 사라져 달라."는 외침을 들은 다음에도 포기하지 않는다. "밖은 험악한 곳이고 네가 머물 곳은 바로 이곳"이라고 설득한다. "당신이 나를 어떻게 아느냐."는 질문에 "네가 너를 아는 것보다 내가 더 많이 안다. 갓 태어났을 때, 걸음마를 뗄 때, 초등학교에 가고 심지어 첫 키스를 할 때도 너를 지켜보고 있었다."고 답한다. 자신이 아는 한 트루먼은 결코 이 안락한 세계를 벗어나지 못할 거라고 단언한다. 잠깐 머뭇거리던 트루먼은 결국 출구를 향해 돌아선다. 흥미로운 것은 주변 사람들의 반응이다. 모두가 환호한다. 국적, 나이, 성별, 직업과 무관하게. 연인 실비아는 함빡 웃음을 띠며 그를 마중 나간다. 크리스토퍼 감독을 도왔던 제작진도 그의 결정에 박수를 보낸다. 영화는 그렇게 끝났지만 몇 가지 더 생각해 볼 부분이 있다.

「트루먼 쇼」는 과연 그렇게 끝날까? 그럴 가능성은 낮다.「스타워즈」,「터미네이터」,「미션 임파서블」,「트랜스포머」 등에서 보듯 흥행에 한 번 성공한 다음에는 시리즈물이 계속 나온다. 극본과 주인공은 좀 달라지겠지만 또 다른 '쇼'가 계속될 수밖에 없다. 지구 최대의 스튜디오를 그대로 방치하면 금전적 손실이 크다. 전 세계를 상대로 하는 생방송 쇼가 갖는 '공공외교'의 역할도 무시할 수 없다. 극중에는 일본의 한 가정에서 '영어'를 따라 배우는 장면이 나올 정도다. 제작진과 배우도 먹고살아야 하고, 관객들 또한 트루먼의 공백을 채워 줄 무엇인가를 갈망한다.

트루먼은 어떻게 되었을까? 양극단의 전망이 모두 가능하다. 낙관적으로 봤을 때 그는 진정한 행복을 찾는다. 현실 세계에서도 보험사 직원보다 더 나은 생활을 할 수 있다. 자신의 경험을 살려서 책을 쓸 수도 있고, 유명세를 활용해 인권운동 등에 봉사할 기회도 열려 있다. 연인도, 친구도, 취미도 '자유의지'에 따라 고를 수 있다. 전혀 반대 상황도 가능하다. 평생 보호만 받았기 때문에 생존 능력이 떨어진다. 극중 주인공일 때는 당연하게 누리던 관심과 배려를 못 받게 되면서 극도의 소외감과 박탈감에 빠질 수도 있다. 막대한 손실을 봤다고 생각하는 크리스토퍼를 비롯한 제작자의 보복 가능성도 있다. 뭐든 확실한 것은 없다. 굳이 '위험'을 감수할 필요가 있을까 하는 생각이 든다.

그러나 자세히 들여다보면 그에게 '다른' 선택은 없었음을 알게 된다. 동물원의 원숭이라는 것을 몰랐을 때와 알고 난 이후는 다르다. 자유를 맛본 인간이 두 번 다시 노예로 돌아갈 수 없는 것과 같은 이치다. 트루먼이 맺고 있던 관계의 지형이 달라진 것도 변수다. 전 세계 시청자가 이 쇼를 좋아했던 것은 주인공이 갖는 매력 덕분이다. 안락함을 위해 자유를 포기한 이후에는 이런 관계가 지속되지 않을 가능성이 높다. 탈출 과정에서 제작자와 충돌한 것 역시 부정적이다. 트루먼은 자신이 죽을 뻔했음을 안다. 크리스토퍼 역시 그를 죽여서라도 쇼를 지속하려 했다. 전에는 없던 적대감과 견제 필요성이 '서로' 생겼다.

트루먼 자신이 더 이상 행복할 수 없다는 것 역시 부정할 수 없다. 진짜가 아닌 배역들과 맺어진 인간관계에서 '안식'과 '위로'를 받을 수도 없다. 결론은? 과거를 복원할 수 없다는 점이다. 트루먼의 마지막 행동은 이를 잘 보여 준다. 격한 감정에 의한 충동적 결정이 아니었고 평소 모습을 회복했다. "혹시 못 볼지 모르니까 한꺼번에 인사를 다 할게요. 굿모닝, 굿이브닝, 굿나잇"이라는 인사와 함께. 패권질서에 갇혀 살았던 한국 사회에도 적용될 수 있다. 패권질서 관점에서 봤을 때 한국은 트루먼이다. 정말 우연이지만 국가를 수립할 때 미국 대통령은 해리 트루먼이었다. 재직 기간은 1945년 4월부터 1953년 1월까지다.

한반도 남쪽에 맥아더의 미군 사령부가 주둔한 것은 1945년 9월이다. 국토가 분단된 계기를 마련했던 38선은 국방부 차관 매클로이의 지시에 의해 1945년 8월 14일에 결정된다. 그해 12월 5일에는 장차 육군사관학교로 발전하는 '군사영어학교'가, 이듬해 1월에는 국군의 모체가 된 '조선경비대'가 각각 들어섰다. 단독정부가 들어선 것은 1948년이었고, 미군은 그 이후에도 군사고문단 등의 이름으로 한국에 머물렀다. 펜타곤의 재정 지원과 전략기획국(OSS) 출신의 도움으로 전국에 군사학교가 세워진 것 역시 이때다. 관료 엘리트를 육성하기 위한 목적으로 군정법정 102호를 통해 국립서울대학교를 설립한 것도 미국 작품이다. 필리핀 국립대학교를 모방했다.

1대 총장은 해리 엔스테드로, 필리핀 미군기지에서 군대 목사로 근무하던 인물이다. 대학 구호로 내세우는 '베리타스 룩스 메아(Veritas Luc Mea)'도 종교적이다. "예수는 나의 구원"을 뜻한다. 이승만 정권의 핵심 인사들 역시 미국과 밀접하게 연관되어 있다. 최측근인 굿펠로와 올리버는 각각 OSS와 CIA를 위해 일했다. 장관과 대학 총장 등 두뇌 집단도 대부분 미국 유학파로 채워졌다. 윤치영(내무부 장관), 김도연(재무부 장관), 임영신(상공부 장관), 임병직(외무부 장관), 오천석(문교부 장관), 이철원(공보부 처장), 백낙준(연세대 총장), 김활란(이화여대 총장) 등이다.

펜타곤과 국무부가 주관했던 해외군사교육훈련(IMET) 장학생 규모도 엄청나다. 1951년부터 매년 250명이 미국을 다녀왔다. 장성급 중에서 이곳 출신이 아닌 경우가 드물다. 대표적인 인물로 김종필, 전두환, 노태우 등이 있다. 5·16 군사정변과 12·12 군사반란의 배후에도 미국이 있었다. 극중에서 트루먼의 욕망, 취향과 연인이 '만들어진' 것처럼 한국도 그랬다.

보수 단체의 시위에는 미국의 성조기와 이스라엘 국기가 단골로 등장한다. 미국이 불량국가로 낙인찍은 국가들은 한국에서도 좋은 대접을 못 받는다. 베네수엘라, 시리아, 이란, 리비아, 쿠바 등은 항상 '악마'로 그려진다. 같은 민족인 북한조차 어느 순간 '공공의 적'이 되었다. 미군정이 점령한 이후부터 지금까지 계속되고 있는 심리전과 무관하지 않다. 전쟁 직후부터 쏟아진 미국 영화는 한국 사람이 즐겨 찾는 오락물이었다. 미국 배우 메릴린 먼로와 잉그리드 버그먼 등은 모든 여성의 우상이 되었다.

구호물자를 나누어 주는 교회도 큰 역할을 했다. 밀가루를 받는 조건으로 많은 사람들이 기독교를 믿었다. 미 군정은 일본이 남겨 둔 재산을 교회로 넘겼고, 월남한 개신교 목사들이 이 작업을 도왔다. 게다가 이들은 대부분 미국 유학파였다. 영락교회의 한경직은 프린스턴대학교, 경동교회의 김재준은 피츠버그대학교, 한신대학교 설립자 송창근은 덴버대학교 출신이다. 공산주의를 '사탄'으로 믿도록 배웠고, 미국은 하나님이 보내 준 '천사'였다.

미국은 잡지도 적극 활용했다. 대표적으로 《희망》, 《자유세계》와 《사상계》가 있으며, 직접 또는 간접적으로 미국의 지원을 받았다. 당대 지식인 사회는 말할 것도 없고 청소년과 농민과 노동자까지 공략 대상이었다. 영화에서 학교 선생님을 동원해 트루먼을 설득한 것처럼 국내 엘리트를 적극 활용했다. 미국 견학을 시켜 주고, 유학 기회를 제공하며, 공짜로 지식을 습득할 수 있도록 도왔다. 짧게 미국을 방문한 다음 그들은 월간 《희망》의 지면을 통해 미국 찬가를 마음껏 불렀다. 넘지 말아야 할 선이 설정되어 있고 특정한 방식으로 보도록 기획되어 있었다는 점은 전혀 문제가 되지 않았다. 한국이 자기 운명을 스스로 결정하지 못한다는 점 또한 트루먼과 닮았다. 강정구 교수가 말하는 "자발적 노예"다. "채찍과 당근" 전략 덕분이다.

외상(外傷)이 많으면 인간은 노예가 된다. 트루먼은 아버지를 죽게 만들었다는 상처로 평생 배를 타지 못했고, 죽기를 각오한 다음에야 요트를 몰고 바다로 나갔다. 전쟁을 통해, 또 그 이후 반공교육을 통해 한국에서 '공산주의'는 금기가 되었다. '빨갱이'라는 낙인이 찍히지 않도록 자기 검열을 한다. 미군기지가 수도 한복판에 있어도 좋게 본다. 국제사회에서 상당히 드문 경우다. 목숨을 맡기는 전시작전통제권도 자발적으로 포기했다. 미국이 반환하겠다고 했을 때는 앞장서서 막았다. 보호받는 것을 즐기니 재미있는 일이 많다.

1994년만 하더라도 한국은 불과 전쟁 두 시간 전까지 아무런 역할도 하지 못했다. 극적인 타결이 된 것도 미국과 북한의 결정 때문이었다. 팀스피리트 훈련과 같은 중요한 문제에서도 한국은 주인공이 아니다. 겉으로는 공동훈련이지만 목적, 내용과 기획 등에서 한국은 '명령'을 받는 입장이다. 무려 30년 가까이 같이 훈련했지만 지금도 혼자 할 수 있는 게 별로 없다. 멀쩡하던 남북관계도 미국이 딴지를 걸면 파탄이 난다. 부시 행정부가 들어선 이후 최근 핵전쟁 직전까지 내몰린 경험이 이런 현실을 잘 보여 준다.

'모든 게 북한 탓'은 아니었다. 필요할 경우 미국은 없는 의혹도 만들어 냈고, '제네바 합의'도 일방적으로 무시했다. 북한의 반발에 따른 피해는 고스란히 한국이 짊어졌다. 미국산 무기를 더 많이 수입했고, 사드 배치로 중국과 대립했으며, 동아시아 국가들은 분열되었다. 먹고사는 문제도 미국의 결정에 휘둘린다. 1997년 외환위기를 맞게 된 원인을 제공한 자본시장 개방은 미국의 눈치를 본 결과다. 노무현 대통령이 2003년 이라크에 파병을 한 것도 자유의지는 아니었다. 2019년 지금까지 큰 변화는 없다. 금강산 관광과 개성공단 재개와 같은 문제도 미국의 승낙을 받아야 한다. 우리 손으로 뽑은 대통령조차 북한과 정상회담을 한 직후 제대로 쉬지도 못한 채 미국으로 달려간다. 고약한 운명만 닮은 게 아니라 과거와 단절하지 않을 수 없는 상황도 꼭 같다.

미국의 울타리를 벗어날 때가 왔다는 근거는 많다. 그중 하나는 패권국 미국의 '퇴화'다. 한때는 현명하고 어진 군주였지만 점차 통제 불능의 폭군이 되어 가는 상황이다. 물리적으로 미국의 수명은 대략 230년 정도다. 제국의 평균 수명에 가깝다. 그간의 발자취를 봐도 퇴화의 징후는 뚜렷하다. 정부가 설립되던 1789년에 미국은 "종교, 출판, 표현, 집회, 청원의 자유"를 보장하는 가장 앞선 '공화국'이었다. I대 대통령인 조지 워싱턴은 황제에 오르라는 권유를 거부하고 8년 임기를 마친 후 귀향했다.

알렉시 드 토크빌의 『미국의 민주주의(American Democracy)』에서 경험을 토대로 유럽도 '국민이 지배하는 국가'(즉 공화국)를 만들었다. 그러나 미국은 이와 달리 전쟁을 반복하면서 안 좋은 쪽으로 타락하기 시작했다. 먼저 인디언들이 쫓겨났다. 평화롭게 살게 해 주겠다는 약속은 더 큰 집과 넓은 땅을 위해 헌신짝처럼 버려졌다. 멕시코가 독립투쟁을 통해 얻은 땅도 강탈했다. 쿠바를 도와준다는 명분으로 시작된 1898년의 스페인 전쟁 이후에는 노골적으로 제국이 되었다. 무려 60만 명이 넘는 필리핀 사람들이 독립을 원했다는 이유로 학살된다.

'루스벨트 추론'이라는 대외정책이 도입된 이후에는 많은 중남미 국가들이 미국의 간섭을 받았다. 미국 내 독점기업인 '유나이티드 프루트 컴퍼니(United Fruit Companay)'를 위해 무수한 사람을 죽인 '바나나 전쟁'은 잘 알려진 얘기다. 냉전을 시작한 것도, 그 이후 각종 침략 행위를 벌인 것도 엄연한 사실이다. MK 울트라, 작전명 앵무새(Operation Mockingbird), 작전명 콘도르(Operation Condor) 등을 통해 제3세계의 군부독재를 지원하고 무고한 피를 뿌렸다. 불법 쿠데타를 일으킨 곳만 해도 이란, 과테말라, 시리아, 인도네시아, 엘살바도르, 칠레, 브라질 등으로 아주 많다. 앞으로는 더 심각하다. '갈수록 태산'이다.

제국의 본질과 관련이 있다. 2차 세계대전이 끝난 이후 미국은 '군사 케인스주의' 국가로 변했다. 양질의 일자리와 무역 흑자를 위해 군수산업을 키웠고, 자동차와 전자산업 등은 일본과 독일 등에 추월당했다. 연방 재량 예산의 절반 이상을 차지하는 펜타곤도 이미 공룡이다. 공통적으로 '전쟁'과 '공포' 덕분에 먹고산다. 2차 세계대전 후 '냉전'이 기획된 것은 앞에서 얘기했다. 당시에는 한반도가 불쏘시개가 되었다. 공산주의 확산을 막는다는 핑계로 전 세계에 미군을 파견했으며, 뒤이어 2차 인도차이나전쟁이 시작된다. 미국이 앞장서서 대량 살상무기를 늘리면서 전 세계는 군비경쟁에 뛰어들어 군수업체의 전성기를 맞았다.

레이건이 임기에 오른 1980년대에는 '별들의 전쟁(Star Wars)'이라는 기발한 계획도 추진된다. 우주 공간에서 적대국의 미사일을 쏘아 떨어뜨리는 무기 시스템이다. 경북 성주에 배치되어 논란이 된 사드는 그때 추진된 미사일방어시스템의 일부다. '악의 제국' 소련이 무너진 뒤에는 새로운 '적'이 갑자기 출현했다. '불량국가(Rogue State)'라는 이름의 제3세계 국가들이다. '잠재적'인 위협이라는 이유로 그들은 제재를 받았고, 그 덕분에 펜타곤의 예산은 별로 줄지 않았다. 북한, 쿠바, 이란, 리비아, 이라크 등이 그들이다. 9·11 테러 또한 군수산업 입장에서는 엄청난 선물이었다. 럼즈펠드를 중심으로 한 네오콘들은 새로운 전쟁을 기획했다. 복수심에 불타는 여론이 큰 도움이 되었다. '정권 교체'의 대상으로 지목된 국가 중 북한을 제외한 나머지 "이라크, 리비아, 시리아"는 잿더미가 되었다. 테러리즘과 전혀 무관한 국가였다. 전쟁의 또 다른 목적이 '미국 달러' 구하기라는 점에서 쉽게 끝날 것 같지도 않다.

금 1온스를 35달러로 바꿔 준다는 약속을 전제로 시작된 브레튼우즈 체제는 1972년에 붕괴된다. 잇따른 전쟁과 과소비로 미국의 경제력이 소진되었기 때문이다. 닉슨 대통령은 더 이상 금괴로 바꿔 주지 않겠다고 선언했고, 국제사회는 '그럼에도' 종이 쪼가리에 불과한 달러를 원했다. 미국 정부로부터 막대한 특혜를 보장받은 사우디아라비아의 주도로 '달러'가 아니면 석유를 팔지 않겠다고 선언한 것과 관련이 있다. 필수재인 석유를 달러로만 거래하면서 다른 원재료도 달러화 결제로 굳어졌다. 직질한 대안 통화가 없는 한 미국은 이제 '채무'를 겁낼 필요도 없었다. 미국만이 누리는 엄청난 특혜가 주어졌다. 달러를 마음껏 찍어 내도 아무 문제가 없었다. 국제사회는 자국 상품을 팔기 위해 부득이 교환가치를 낮추어야 한다. 달러화 추락을 막아야 한다는 말이다. 그렇게 번 달러는 다시 미국으로 돌아간다. 다른 안전 자산이 없은 상황에서 그렇게 번 돈(즉 무역흑자)은 미국에 재투자된다. 그러나 공짜는 없다.

　결정적으로 도전이 시작된 것은 1999년이다. 유럽연합이 단일 통화 '유로화'를 출범시킨다. 미국 달러를 떠받치는 불평등한 게임을 더 이상 하지 않겠다는 고육지책이었다. 경제 주권을 과감하게 포기할 만큼 심각한 문제로 받아들였다. 날개 없이 추락하는 달러 가치에 속수무책이던 일부 국가도 동참했다. 주요 산유국 중 하나였던 사담 후세인의 이라크가 앞장섰다. 용감했다. 원유 결제 대금을 '유로화'로 바꾸었다. 금괴와 원유를 결합한 새로운 화폐도 선보였다. 미국과 적대적이던 리비아도 같은 전략을 취했다. 미국이 이 상황을 그냥 방관할 리 없었다. 대량 살상무기와 인권탄압을 구실로 이들은 제거된다.

　문제는 석유만이 아니다. '집단'적으로 달러화 결제를 포기하는 상황은 악몽이다. 당장 미국은 수출을 늘리기 위해 상당한 수준의 '평가절하'(달러화 인하)를 추진해야 한다. 당연히 수입 단가 상승에 따른 인플레이션을 피할 수 없다. 재정적으로 안전하다는 것을 보여주기 위해 세금은 늘리고 지출은 줄여야 한다. 복지 시스템 붕괴로 이어진다. 명목이자 정도만 줘도 누구나 찾는 재무부 채권(Treasury Bond)의 이자도 높여 주어야 하니 고스란히 해외 채무 증가로 연결된다. 군사력을 앞세워 '유전'을 직접 확보하는 게 최선이다. 탐스러운 먹이를 노리는 맹수는 많다. 영국과 프랑스 등이 빠지지 않는다. 트럼프 행정부와 손잡고 온갖 핑계를 대면서 베네수엘라와 이란을 괴롭히고 있는 것도 이 때문이다.

단순한 음모론이라고 무시할 수 없는 또 다른 전쟁터가 외환시장이다. 단일통화를 가진 유럽 국가들은 막대한 규모의 외환 보유고를 갖고 있을 필요가 없다. 많이 보유하고 있는 게 결코 도움이 안 된다. 고정환율제 혹은 페그제만 되어도 전 세계가 달러 확보 경쟁을 하지 않아도 되지만, 국가 간 통화가 무한 경쟁을 할 수밖에 없는 '자율변동환율제'에서는 그렇지 않다. 말이 좋아 '자율'이지 실제로는 '질서'가 없는 상태다. 미국의 거부권으로 제대로 된 '시스템'이 마련되지 못했기 때문이다.

게임의 규칙은 간단하고 잔인하다. 무역흑자를 통해 가능한 많은 달러를 축적해야 안정적인 교환가치를 유지한다. 무역흑자를 많이 내지 못하는 국가의 통화는 항상 곤두박질친다. 돈 되는 것은 뭐라도 팔아야 된다. 알짜 기업은 기본이고 많이 팔고 적게 소비해야 한다. 환율의 가치를 안정시키기 위한 목적으로 국채도 발행해야 한다. 재정 상황이 안 좋을수록 높은 이자를 줘야 한다. 고스란히 국민 부담이다. 그렇게 모은 돈을 다시 재무부 채권에 투자한다. 헨리 류가 말하는 '달러 헤게모니'다. 류는 이렇게 말했다.

현재의 국제무역은 미국이 종이 달러를 찍어 내고, 국제사회는 종이 달러를 축적하기 위해 약탈적인 수출을 지속하는 게임이다. 비교우위에 따른 자원의 효율적 분배와는 거리가 멀다. 미국 달러로 표시된 대외부채를 갚고 통화 안정을 위해 달러를 모아야 하는 상황이다. 무역흑자를 위해 약소국 환율은 의도적으로 낮춰질 수밖에 없

고 그렇게 번 돈을 다시 미국에 빌려준다.[45]

통화 위기가 잦아지면서 적정 수준의 '외환 보유고' 규모도 꾸준히 늘어 갔다. 아시아 외환 위기가 발생하기 직전까지만 하더라도 적정 수준은 '수출입' 결제 대금의 3개월 정도였으나 지금은 거의 1년치다. 정답이 있는 게 아니고 언론에서 그 정도면 적당하다고 기준을 정해 주었다. 국제사회에서 이 정도의 잔고를 보유한 국가는 많지 않다. 스포츠 경기와 비슷한 제로섬 게임이다. 한쪽이 이기면 한쪽은 진다. 누군가 흑자를 기록하면 다른 쪽에서는 적자를 내야 된다.

미국은 어차피 자국으로 투자될 것을 알기 때문에 '적자'에 전혀 신경 쓸 필요가 없다. 팔아도 큰 돈이 안 되는 1차 산품밖에 없는 제3세계가 문제다. 그나마 산유국은 좀 낫다. 원유 가격이 폭락하지 않으면 버틸 만하지만 반대의 경우면 베네수엘라처럼 곤란해진다. 그래서 일상적으로 통화가 폭락한다. IMF 모범생으로 알려진 아르헨티나, 터키, 인도네시아, 브라질 등이 모두 해당된다. 원래 없었던, 또 필요하지도 않던 미국 달러에 대한 인위적인 '수요'는 이렇게 해서 만들어진다. 정작 흥미로운 것은 이런 상황에서도 국제사회의 반발이 크지 않다는 점이다. 왜 그럴까?

조지프 나이와 같은 정치학자들은 그 이유를 미국이 가진 '매력'에서 찾는다. 자유, 인권, 민주주의와 다양성 등을 대표하는 국가에 대한 존경과 감사라는 뜻이다. 진실과 거리가 먼 주장이다. 오히려 국제 정보질서의 불평등과 미국의 '프로파간다' 작업에 답이 있다.[46] 복합체가 사령부 역할을 한다. 앞서 미국의 파워 엘리트에 나온 그 집단이다. 외교협회를 중심으로 공감대 수준이 상당하다. 제국의 핵심 이해관계에 대해서는 '의견 충돌'이 거의 없고, 전략에서는 차이가 난다. 민주당이든 공화당이든 별로 차이가 없다. 존 매클로이, 헨리 키신저, 데이비드 록펠러, 딘 애치슨 등이 핵심 인물이다. 정권의 교체와 무관하게 공직을 맡거나, 자문위원을 하거나, 싱크탱크에서 조언을 한다. 3부에 자세한 내용이 나와 있듯, 국내 문제에 있어서는 냉정한 비판을 하는 언론도 대외정책에는 한통속에 가깝다. 달러화를 견제하기 위해 '유로화'가 출범할 때는 한목소리로 '실패'를 예언했다. 일부 엘리트에 의해 유럽의 민주주의가 위기에 처했다는 말도 했다.[47]

이라크와 리비아 전쟁 때는 더했다. 전혀 근거가 없었던 대량 살상무기 관련 기사를 가장 적극적으로 보도한 매체 중 하나가 《뉴욕타임스》다. 나중에 문제가 되었을 때는 전형적인 꼬리 자르기를 했다. 담당 기자였던 주디스 밀러가 모든 책임을 지고 해고당했다. CNN, FOX, CBS, MSNBC 등 주요 방송국도 결코 덜하지 않았다. 럼즈펠드 국방부 장관이 주도한 언론 캠페인을 적극 도왔다.[48] 한국이 곤경에 처했던 금융위기 때도 비슷했는데, 문제의 원인은 '아시아 모델'이었다. IMF 구조개혁에 대해 비판하는 것도 '기득권 지키기'로 몰았다. 위에서 마하티르 총리가 말한 "인생에서 가장 힘들었던 시간"의 배후다.

러시아와 제3세계와 달리 미국은 '언론은 진실만 말한다.'는 신화 덕분에 가능했다. 미국 내 지식인도 '운명 공동체'로 움직였다. 대표적인 인물이 MIT의 루디거 돈부시와 버클리대학교의 배리 아이컨그린, 뉴욕대학교의 누리엘 루비니 등으로, 한국 언론에서는 세계적 석학이라는 찬사를 받는 인물이다. 국제사회의 '머리'가 미국에 장악

된 상태를 뜻하는 '지식패권'의 단면
이다. 알제리 출신의 흑인 병사들이
'조국' 프랑스의 영광을 위해 베트남
정글에서 장렬하게 죽어 가는 상황
으로 보면 된다.

배리 아이컨그린

　한국 사회가 대안질서에 동참할
수밖에 없는 또 다른 이유는 국제사
회의 '권력 지형'이 바뀌고 있다는 점
이다. 단순하게 봤을 때 환율은 경제
력을 대변한다. 원화 1100원에 미국 1달러가 거래된다면 한국의 경제
력은 미국보다 한참 '밑'에 있는 것으로 보면 된다. 무역흑자를 생각
하지 않고 실력으로만 경쟁한다면 지금의 절반 정도인 550원 정도가
될 수 있다. 원래 일대일을 목적으로 출범한 유로화와 달러화의 변화
를 보면 이 관계가 더 잘 보인다.

　1999년 1월 출범 때만 하더라도 이 교환 수준을 유지할 수 있을
지에 대한 불신이 많았다. 2000년 유로화 위기설이 확산되었을 때는
1유로가 0.8272달러를 기록한 적도 있지만, 2002년 12월부터 역전된
다. 그 이후 단 한 번도 1달러 밑으로 내려가지 않았다. 2019년 2월 1
일 현재는 1.1458달러다. 앞으로도 역전될 가능성은 거의 없다. 미국
의 부채는 천문학적으로 늘고 있지만 유럽은 그렇지 않다. 게다가 국
제 경제시장에서 달러화에 대한 수요가 꾸준히 줄고 있다. 유로화 결
제 비중은 늘었다. 2018년 11월 기준으로 미국 달러화는 39.6퍼센트,
유로화는 34.1퍼센트를 차지한다. 미국과 불편한 관계에 있는 러시

누리엘 루비니

아, 베네수엘라와 이란 등은 더 이상 '달러화' 결제를 요구하지 않는다. 금괴를 받거나 별도로 고안된 대안 통화를 쓴다.

군사력에서 미국이 누리던 압도적인 우위도 저물고 있다. 2019년 현재 미국은 이라크, 리비아, 시리아, 아프가니스탄, 소말리아, 예멘 등에서 전쟁 중이다. 그것도 블랙워터(Blackwater)와 같은 용병 회사에 맡기는데, 전직 특수부대 출신이 만든 회사다. 미군이 직접 개입하지 않아서 고문 등의 불법 행위에 대해 책임을 물을 수 없다. 종이 달러만 있으면 되니 미국으로서는 활용하지 않을 이유도 없다. 역대 제국이 몰락할 때와 비슷한 상황이다. 언제 끝날지 모른다.

전투기와 미사일로 상대 국가를 압도한다 해서 전쟁에 이기는 것도 아니다. 점령에는 최소 열 배 이상의 돈과 노력이 필요하다. 점령군으로서 미국이 한계가 많다는 것은 이라크와 리비아에서 잘 드러났다. 후세인과 카다피는 쫓아냈지만 이슬람국가(IS)라는 새로운 적을 만들었다. 혼자 처리할 수 없어서 급기야 이란의 도움을 받을 정도다. 군사 기술의 급속한 확산도 미국으로서는 별로 반길 상황이 아니다. 트럼프 행정부가 북한과 협상을 시작한 이유 중 하나는 '대량 살상무기'의 추가 확산을 막기 위해서다. 계속 대화를 거부할 경우 북한이 확보한 미사일과 핵무기 기술은 '상당한' 금액으로 팔릴 수밖에 없다. 미국의 군사주의에 대항해 상하이협력기구 등이 성공적으로 진행되고 있다는 점도 주목할 필요가 있다.

달러 시스템에 대한 저항 세력도 꾸준히 증가했다. 국제통화기금(IMF)과 미국 중심의 신용평가 회사에 대한 도전자도 늘고 있다. 중국의 아시아인프라은행(AIIB)과 브릭스 은행, 또 국제자산평가사 '다궁(大公)' 등이 후보자들이다. 미국과 영국이 독점하고 있던 정보 질서에도 변화가 있다. 러시아, 중국, 이란, 베네수엘라 등은 각각 24시간 뉴스 채널을 출범시킨 지 오래다. 카타르의 알자지라는 중동에서 BBC 못지않은 영향력을 누린다. 국제 여론을 둘러싼 정보 전쟁이 치열하다는 것을 보여 준다. 미국패권에 대한 국제사회의 저항이 점차 드세지는 것은 이런 상황과 무관하지 않다. 과거에는 전혀 몰랐던 새로운 사실이 드러나고, 약소국 간 연대 가능성이 높아졌다.

잔류로 인한 기회비용이 너무 높아진다는 게 세 번째 이유다. 2017년 12월 18일에 트럼프 대통령은 '국가안보전략보고서'를 발표했는데, 전략적 경쟁자로 '러시아와 중국'을 명시했다. "중국과 러시아는 미국의 가치와 이익에 어긋나는 세계를 만들려고 한다. 중국은 인도·태평양 지역에서 미국을 밀어내려고 한다."는 말도 덧붙였다. 중국에 대해서는 더 강경했다. "위반, 속임수, 경제적 침공에 더는 눈 감지 않겠다."라고 말하면서 "미국의 지위를 대체하고, 자신들의 이익에 맞게 지역 질서를 재편하는 방안"에 대해 무력을 통해서라도 막겠다고 밝혔다.

UN총회가 열린 2018년 9월 25일에서는 '중국, 이란, 베네수엘라, 시리아'를 불량국가로 지목했다. 베네수엘라를 비판하면서 중국식 사회주의 모델에 대한 적대감도 드러냈다. "사실상 모든 곳에서 사회주의나 공산주의가 시도되었지만 고통과 부패를 만들어 냈고, 사회주의 권력에 대한 갈증이 팽창과 침략 및 억압으로 이어졌다."는 내용이었다. 중국에 대해서도 "미국의 근로자들이 희생되고, 미국 기업들이 속임을 당하고, 미국의 부(富)가 약탈당하고 이전되도록 허용하지 않겠다."고 말했다.[49] 《중앙일보》 대기자 김영희의 표현을 빌리면 "힘을 통한 미국의 이익 방어"를 선언한 '신냉전' 포고문이다. 레이건 독트린이나 부시 독트린과 다르지 않다.

우리에게 주어진 '선택'은 많지 않다. 한미동맹의 울타리에 머물려 한다면 미국과 '한 배'를 타는 수밖에 없다. 별로 어렵지 않다. 지금까지 해 온 것처럼 하면 된다. 계속 주한미군을 주둔시키고, 전시작전통제권을 환수하지 말며, 팀스피리트 훈련 등을 더 자주 강도 높게 하면 된다. 당연히 기회비용은 있는데 그 역시 지금과 같다. 일상적인 전쟁위험, 머리 위의 전투기, 막대한 군사비 등이다.

경제 영역도 사정은 비슷하다. 정부가 외환시장 안정을 위해 발행한 외평채 규모는 2017년 기준으로 225.2조 원으로, 전체 국가 채무의 34퍼센트 수준이다. 매년 늘어난다. 2008년에는 94조 원에 불과했지만 2014년에는 187조 원이 되었다. 평균 4조 원 가까운 돈이 매년 그냥 미국으로 건너가니 얼추 50조 원이 넘는다. 얼마나 큰 돈인지 쉽게 상상할 수 없다.

참고할 만한 뉴스가 언론에 소개된 적 있다. 제목은 "최순실 씨가 은닉했다는 10조로 할 수 있는 다섯 가지"다.[50] "10조라는 돈은 한 사람이 매일 1000만 원씩 고대 그리스 때부터 2740년 동안 써야 2016

년에 다 쓸 수 있는 금액"이라는 얘기가 먼저 나온다. 다른 계산도 흥미롭다. 대한민국 전체 인구 5168만 명이 매일 두 마리의 닭을 6일간 먹을 수 있는 분량이다. 대당 약 6억 2000만 원 하는 람보르기니를 1만 6129대 살 수 있다. 대학생 전체의 한 학기 등록금 지급이 가능하고, 국군병사 연봉을 2000만 원으로 인상해 1년간 줄 수 있으며, 또 서울시 부채를 50퍼센트 탕감할 수 있다고 한다. 50조 원이면 여기에 다섯 배를 곱하면 된다. 돈이 없는 것이 아니라 '엉뚱한 데' 쓰고 있기 때문에 우리가 가난하다는 말이 나오는 것은 이런 까닭에서다.

　미국우선주의가 '구조적'인 문제라는 점에서 앞으로 닥칠 장애물은 더 많다. 미국에 대한 무역흑자의 상당 부분은 조만간 포기해야 한다. 딱히 살 만한 물건이 없기 때문에 '군수품'이 될 가능성이 아주 높다. 지난 2017년 4월 28일 트럼프가 말한 "사드 비용으로 1조 1300억"을 내놓으라는 요구에 속내가 드러나 있다. 2030년이면 세계 1위 경제 대국이 될 가능성이 매우 높은 중국과 '적대' 관계가 된다는 것은 더 큰 문제다. 2017년 8월 기준으로 중국은 한국에서 1위 무역수출국으로, 전체의 25.1퍼센트를 차지한다. 미국의 12퍼센트보다 두 배나 높다. 한국은 중국에 가장 많은 투자를 하는 국가 중 하나로, 무역 의존도는 무려 40퍼센트다. 중국을 상대로 벌어들이는 무역흑자는 2017년 한 해에만 429억 7000만 달러다. 미국에 대한 흑자 규모는 절반 조금 넘는 256억 2000만 달러다. 트럼프의 말 한마디에 이란산 원유 수입을 전면 중단한 전례를 보면 앞으로 닥칠 일을 짐작하기 어렵지 않다.

　작은 연못을 떠나야 '대어(大漁)'가 될 수 있다는 게 마지막 이유다. 미국을 중심으로 한 현재의 국제질서는 1945년 작품이다. 당시 한국은 제대로 된 정부도 없었다. 냉전이 시작될 때는 불쏘시개 역할을 해 무려 500만 명이 죽거나 다쳤다. 그 이후에도 반공동맹의 선두에 선 값으로 무고한 피를 참 많이 흘렸다. 미국의 도움은 이런 전제조건 위에서 이해해야 한다. 폐허에서 살아남을 수 있었던 것은 미국 덕분이다. 먹고 입을 것을 제공받았다. 미국은 북한의 침략을 막을 수 있도록 무기를 제공했고, 군사훈련도 시켜 주었다. 그 덕분에 한국은 유아 시절을 거쳐 지금은 성년이 되었다. 외환 보유고만 해도 4000억 달러가 넘고, 가전제품, 휴대폰, 자동차, 철강, 반도체 등 경쟁력을 가진 품목도 많다.

군사력도 세계 10위권이다. 고고도미사일(THAAD) 배치와 아시아인프라투자은행(AIIB) 가입을 둘러싼 논란이 그 증거다. 윤병세 외교부 장관이 2015년 3월에 "우리의 전략적 가치를 통해 미국과 중국 양측으로부터 러브콜을 받는 것은 우리 외교의 고질병이 아닌 축복일 수 있다."고 말한 것은 이런 상황과 관련이 깊다. 한때는 미국의 도움을 받았지만 국제사회에서 거의 유일하게 '이만큼' 성장했다. 보이지 않는 족쇄를 끊을 힘은 예전부터 갖춘 상태다. 국제질서의 변화에 능동적으로 참여할 경우 얻게 된 '보상'도 상당하다. 단순하게 생각해도 알 수 있다. 미국이 주도하는 현 질서에서 한국이 차지할 수 있는 '몫'은 제한되어 있다. 개국공신으로 볼 수 있는 영국, 프랑스와 북유럽이 알짜는 다 가져갔다. 1등 공신은 아니지만 한 식구로 알려진 캐나다, 호주, 뉴질랜드가 확보한 지분도 상당한 수준이다.

전쟁에 패하기는 했지만 일본도 나중에는 공신 반열에 올랐다.

'경제 동물'이라는 손가락질을 받으면서도 착실하게 제자리를 찾았다. 국제기구의 주요 직책이 누구에게 할당되어 있는지 보면 된다. 세계은행 총재는 미국이 독차지하고, IMF 총재는 유럽 국가끼리 돌아가면서 맡는다. 지금까지 모두 열 명이 거쳐 갔으며, 프랑스 출신이 네 명으로 가장 많다. 그다음은 스웨덴으로 두 명이다. 독일, 스페인, 벨기에, 네덜란드 출신은 각 한 명이다. 일본은 아시아개발은행(ADB) 총재를 맡았다. UN 안보리 상임이사국이라는 것을 빼면 중국과 러시아도 찬밥 신세를 못 면한다. 인도, 브라질, 남아프리카공화국 등이 느낄 소외감은 더하다. 그래서 만들어진 게 브릭스(BRICS)다. 말레이시아와 같은 나라는 자신의 힘이 약하다는 것을 알았기 때문에 동남아국가연합(AEAN)에 각별한 공을 들였다.

한국은 무엇을 할 수 있을까? '개인' 자격으로는 UN사무총장 반기문이나 세계은행의 김용 총재와 같은 '성공'이 가능하다. 국무부 동아시아태평양 차관보의 조지프 윤이나 주한미국대사 지명을 받기도 했던 빅터 차도 있다. '국가' 차원은 다르다. 미국이 주도하는 패권질서에서 한국이 할 수 있는 최선은 G20 의장국 정도일 가능성이 높다. 실권은 없는 명예직이다. 삼성전자, 현대자동차, 포스코와 같은 글로벌 기업도 있지만 국민경제에서 봤을 때는 외환위기 때보다 못하다. 지금은 상위 10대 재벌만 잘나가지만 그때는 50대 재벌이 모두 좋았다. 미국의 눈치를 보지 않고 남미와 아프리카 등으로 뻗어 가는 중국에 조만간 추월당할 가능성도 높다.

분단의 반쪽인 북한과 협력하는 것도 미국의 눈치를 봐야 하는 한계가 너무 크다. 잘나가던 현대그룹도 부시 행정부 이후 금강산 사업이 문을 닫으면서 거의 파산 직전까지 몰렸다. 대안질서에 참여함으로써 얻을 수 있는 이익은 이에 비할 바가 아니다. 한 예로, 2009년 합의된 아시아통화기금의 자본금 1200억 달러 중 한국의 지분은 16퍼센트다. 중국과 일본은 각각 32퍼센트이고, 나머지 20퍼센트는 아시아 지역 국가의 몫이다. 순위로는 16위나 되지만 지분은 1.8퍼센트에 불과한 IMF쿼터(지분)와 상당한 차이가 있다. 지분율 16.8퍼센트로 미국만 '거부권'을 행사한다는 점을 빼더라도, 패전국이라는 태생적 한계로 인해 미국과 결별할 수 없는 일본의 입장을 감안하면 좀더 다른 게임도 할 수 있다. 굳이 '아세안+3'와 같은 현실성 낮은 '공동체'를 지향하지 않아도 된다는 말이다.

브릭스에 합류하는 것도 하나의 방안이 될 수 있다. 영문으로 표기했을 때 'Brics'에는 다행스럽지만 '한국'의 자리가 있다. 벽돌을 뜻하는 브릭의 영문 스펠링은 'Bric'이 아닌 'Brick'이다. 브릭스와 한국 모두가 상생할 수 있는 길도 있다. 재정이 탄탄한 'Korea'의 합류는 이 단체의 역량을 현저하게 키워 준다. 한국은 반대급부로 한반도의 평화와 통일에 대한 지원을 요구할 수 있다.

전쟁과 같은 국가의 중대사를 결정할 때 자주 인용되는 말이 있다. 중국 고전 『맹자(孟子)』에 나오는 "천시불여지리 지리불여인화(天時不如地利 地利不如人和)"다. 인간이 통제할 수 없는 하늘이 내려 준 최고의 기회가 '천시(天時)'다. 축구 경기에 비유하면, 기울어진 운동장의 위쪽에 있는 상황이 '땅의 이로움', 즉 '지리(地利)'다. 적이 이동하는 길목에 몰래 매복해 있다가 절벽 양쪽에서 협공할 때가 이를 잘 이용한 전략이 된다. 마지막 '인화(人和)'는 사람들 간에 '화목'하고 '협력'한다는 뜻이다. 한자를 풀어 보면, "추수한 벼를 둘 이상이 사이좋게 나누어 먹는 것"을 뜻한다. 정리하면, "하늘이 내려 준 좋은 기회보다는 땅의 이로움을 잘 활용하는 것이 더 좋고, 전략을 아무리 잘 짜도 함께하는 사람의 '화합'이 없으면 뜻을 이룰 수 없다."는 뜻이다.

2019년 한반도에 꼭 들어맞는 얘기다. 지난 1919년 3월 1일, 기미년에 독립선언을 한 이후 우리에게 지금보다 더 좋은 기회는 없다. 망국의 설움을 당해야 했던 당시와 지금은 너무 다르다. 박근혜 정권의 혹독한 탄압에도 불구하고 국민은 '촛불 혁명'을 이끌어 냈다. 1987년의 민주화와는 또 다르다. 그때는 민간인으로 갈아탄 노태우 정권이 등장했지만, 지금은 민주화를 주도한 문재인 정부다. 김대중과 노무현으로 이어진 진보 집권 10년 이후의 '재집권'이다. 변화를 원하는 국민이 압도적으로 많다. 고위 관료, 지식인, 종교인, 언론인 등 엘리트 중에도 상당수가 동조자로 분류된다. 또한 원조로 먹고 살던 국가에서 세계 10위 경제 대국으로 성장했다. 중국처럼 금괴로 바꾸거나 제3세계의 자원과 맞바꿀 수 있는 상당한 자산을 보유하는 것 역시 아무에게나 주어지는 선물이 아니다.

미국 중산층이 기득권 정치에 반발해서 트럼프를 뽑은 것도 기회로 작용한다. 대외정책에서 차별성을 찾아야 하는 그의 입장이 나쁘게 작용할 이유는 없다. 북한이 보다 적극적으로 평화 협상에 나서고 있다는 점도 기회다. 김정은 위원장이 내세운 국제사회의 당당한 구성원으로 북한을 진입시키겠다는 '입국(入國)의 아버지' 전략도 우리에게는 '절체절명'의 기회에 해당한다.[51] 국제사회에서 한국이 차지하고 있는 입지도 상당히 좋다.

폴 케네디, 『강대국의 흥망』

패권경쟁! 달도 차면 기운다. 흥망성쇠에서 자유로운 국가는 없다. 폴 케네디가 쓴 『강대국의 흥망』(1997)에도 잘 나와 있다. 결국 경제력이 승패를 좌우한다. 미국의 독주가 50년 이상 지속되었다는 것 역시 변화의 때가 왔음을 잘 보여 준다. 앞에서 분석한 것처럼 '위태로운' 지점은 한두 곳이 아니다. 트럼프가 '미국제일주의'를 내세우는 것 역시 위기의 반작용으로 봐야 한다. 1970년대 초반 상황과 흡사하다. 미국은 당시 베트남전쟁의 수렁에 빠져 있었다. 막 취임한 닉슨은 대규모 공세로 전세를 뒤집을 수 있다고 착각했다. 국방부 장관 로버트 맥나마라는 '패배'를 인정하고 사임한 후였다. 캄보디아와 라오스 등을 공략하면 가능성이 있다고 본 인물 중에는 헨리 키신저도 있었지만 결국 실패로 돌아갔다.

1970년 2월의 '닉슨 독트린'은 이런 배경에서 나왔다. 미국의 힘에 한계가 있다는 것을 깨달았던 것과 관련이 깊다. 국방 예산이 무려 4493억 달러로 증가하여 전체 예산에서 무려 44.9퍼센트를 차지할 정도였다. 닉슨은 앞으로 가능한 전쟁을 벌이지 않을 것이며, 우방도 자기 힘으로 '국방'을 책임지라고 요구했다. 경제는 더 만신창이였다. 브레튼우즈 체제는 더 이상 지탱될 수 없었다. 프랑스 드골 대통령을 중심으로 유럽은 달러 대신 '금괴'를 달라고 아우성쳤다. 우방이던 영국도 예외가 아니었다. 패전국이던 독일과 일본만 속앓이를 했다. 닉슨은 더 이상 금으로 바꿔 주지 않겠다고 선언한다. 미국이 보유하고 있는 금괴는 2만 톤에서 8200톤으로 줄어든 상태였다. 고정환율제도는 그것으로 끝났다. 세상만사가 그렇듯 누군가의 위기는 누군가의 기회다.

지리적 이점이라는 관점에서 봤을 때 중국을 따라올 국가는 없었다. 정부가 수립된 지 20년이 지나고 있었다. 전쟁의 후유증은 아직 남아 있었다. 문화혁명의 광풍이 지속되던 때였지만 군사력에서는 자신감을 얻었다. 국경 분쟁에서 시작해 전쟁까지 치닫게 된 인도-중국 전쟁에서 손쉽게 이겼다. 인도 전체에 비상이 걸렸고, 결국 미국에 손을 내밀 수밖에 없는 상황으로 내몰렸다. 중국은 전선을 확대하지 않았다. 1964년에는 핵실험에 성공했다.

대외정책에서도 변화가 있었는데, 소련과 멀어지게 된 게 가장 크다. 1958년의 이념 논쟁에서 비롯된 갈등은 1969년 3월 우수리강 전바오섬 등을 둘러싼 국경 분쟁으로 이어졌다. 중국은 그때만 해도 군사력에서 소련을 당할 수 없었다. 위협을 느낀 중국은 자연스럽게 대미관계 개선을 모색하기 시작했다. 미국도 중국이 필요했다. 한편으로는 소련과 긴장 완화(Detente) 정책을 취하면서 중국을 미국 쪽으로 유인할 방법을 찾았다. 양국의 계산이 맞아떨어졌다. 1971년 4월, 중국은 미국 탁구 선수단을 중국으로 초청했고, 중재 역할은 파키스탄이 맡았다.

헨리 키신저가 비밀리에 중국을 방문해 저우언라이 총리와 협상을 시작한 건 그해 7월 11일이다. 닉슨 대통령은 7월 15일 NBC 방송을 통해 중대 발표를 했다. 중국과 비밀리에 협상을 진행해 왔으며, 조만간 중국을 방문할 것이라는 내용이었다. 닉슨의 방문은 1972년 2월 21일에 이루어진다. 상하이 코뮤니케(Shanghai Communique)가 발표된 것은 2월 27일이다. "중국과 미국의 관계 정상화를 향한 진전은 모든 국가들의 이해에 부합한다. (……) 양국은 아시아태평양지역에서 패권을 추구하지 않으며, 다른 국가의 패권구축 시도에도 반대한다."는 내용이 담겼다.[52] UN총회에서 결의안 2758호가 통과된 것은 그보다 얼마 전인 1971년 10월 25일이다. "UN의 지위를 불법적으로 차지하고 있는 장개석 대표단을 추방하고 유일한 합법 정부로 중국을 인정한다."는 내용이었다.

한반도는 지금 그때와 거의 유사한 상황을 맞고 있다. 중국이 못 가진 장점도 많다. 국제사회에서 한국의 몸값은 상당히 높다. 제3세계 언론인이나 교수들을 만나 보면 그 이유를 알 수 있다. 한국은 민주주의를 성공적으로 실천하는 국가로, 제3세계 어떤 곳보다 혹독한 탄압을 겪었다. 그럼에도 피를 흘리지 않고 민주화를 이끌어 냈다. 박근혜 정부의 퇴행이 분명해졌을 때는 '촛불시위'를 이어 갔다. 국정 혼란은 없었고, 시스템은 정상적으로 작동했다. 군부조차 감히 쿠데타를 꿈꾸지 못하는 단계가 되었다. 민주주의를 열망하는 외국의 모범이 될 만하다. 눈부신 경제 성장과 IT의 성공도 부러움의 대상이다. 특별한 자원이 있었던 것도 아니고, 남의 것을 강제로 뺏지도 않았다. 잿더미에서 시작했으며 분단국이라는 한계도 있어서 막대한 군사비를 지출한다. 그럼에도 삼성 핸드폰과 현대 자동차를 만들어 냈다.

수도 서울은 전 세계 어느 곳보다 잘 꾸며져 있고 안전하다. 한류 드라마와 영화를 통해서 보는 한국은 정말 멋지고, 사람들은 아름답다. 정(情)이라는 독특한 미덕도 있다. 늘 외부 사람들을 따뜻하게 대하고 정성껏 대접할 줄 안다. 전략적 동반자로 삼기에도 부담이 없다. 잡아먹힐 것을 두려워할 만큼 덩치가 크지도 않다. 약소국을 침략한 전례가 별로 없다. 한때 자신들을 노예로 삼았던 제국주의 유럽과는 또 다른 느낌을 준다. 냉전의 희생자 중 하나로 자신들이 모방할 만하다고 생각한다. 정말 아쉽게도 마지막 조건인 '인화(人和)'는 너무 부족하다. 단순한 불화(不和)를 넘어 적대감이 넘쳐 난다. 점차 확산된다는 것과 그중 일부는 '자가 발전'을 한다는 게 더 문제다.

국경일 중 하나로 8월 15일 광복절이 있다. 국내 일부는 이날을 '건국절'로 부르는데, 1948년 단독정부가 수립된 날에 더 큰 의미를 두기 때문이다. 몇 가지 쟁점이 있다. 건국의 아버지 이승만의 명예를 회복하는 것이 그중 하나다. 대한민국의 근간을 한미동맹으로 보기 때문에 이를 흔드는 세력에 대한 집단 반발이 두 번째다. 북한과 중국 문제는 자연스럽게 연결되어 있다. 미국 관점에서 봤을 때 지역의 패권을 두고 경쟁하는 중국은 결코 용납할 수 없는 '위협'이다. 국내 보수 언론과 기득권 집단도 덩달아 '중국 때리기'에 나선다. 본인들은 그게 국가 이익이라고 믿는다.[53]

자유대한민국을 침략하고 지금껏 위협했던 북한에 대해서도 무조건 항복을 요구한다. 2018년 8월 15일 보수 단체 중심으로 열린 집회는 이를 목적으로 한 단체행동권이었다. 그래서 행사명 자체가 "건국 70주년 기념식 및 8·15 국가해체세력 규탄 범국민대회"다. 행사를 주도한 인물은 전광훈 청교도영성훈련원 목사로, 태극기 시위 때마다 등장했던 낯익은 단체들이 대부분 모였다. 대한민국수호 비상국민회의, 자유대연합, 국가원로회 등이다. 집회의 성격은 각종 연설과 현수막에 잘 반영되어 있다. "현 정부가 대한민국 건국의 정체성을 훼손하고, 한·미동맹을 약화시키고 있다." "북한 석탄 밀수 정권 끌어내야 국민 산다." "문재인 탄핵하라." 등이 대표적이다.

불과 1년 전 '촛불문화제'의 풍경과 닮은 점이 거의 없다. 그때는 젊은 사람들이 많았다. 고사리 같은 손으로 촛불을 들고 있는 장면도 자주 방송에 등장했다. 과거 운동권 모임에서나 들을 수 있었던 노래도 합창했다. 「상록수」, 「아침이슬」, 「사람이 꽃보다 아름다워」 등이다. 등장한 구호도 "NO TRUMP NO WAR", "박근혜와 부역자를 감옥으로", "적폐 국정원을 개혁하라!" "악폐청산 전쟁반대!" 등이었다.

분열과 적대가 일상의 풍경이 된 '영역'은 그 밖에도 많다. 2018년 여름, 대학로는 젊은 여성 수만 명으로 붐볐다. 대부분 붉은 옷, 마스크와 선글라스를 착용했다. 홍익대 누드모델 불법촬영 사건과 관련해 경찰의 성차별 편파 수사를 규탄하기 위해서다. '생물학적' 남성들은 행사 참여가 금지되었다. "남경들아 분위기 X창 내지 말고 웃어"와 자살한 남성 운동가 성재기 씨를 빗댄 "재기하라 재기하라" 등의 구호도 등장했다. "여성도 대한민국 국민입니다. 성별 관계없는 국가의 보호를 요청합니다."라는 제목의 청와대 청원에는 30만 명 이상이 동의를 표시했다.

집회를 주도한 '워마드(Womad)'는 극단적 남성 혐오로 유명한 단체로, 한국 남자에 대한 혐오 용어를 의도적으로 사용한다. 가령

'갓양남'은 한국 남자에 비하면 서양 남자는 갓(god)과 같은 존재라는 뜻이다. 또한 한국 남자는 벌레라는 뜻에서 '한남충'으로, 뱃속의 남자아이는 '기생충'으로, 자녀에 무관심한 아버지는 '허수애비'로, 연애를 잘 못하는 남자는 '번탈남'(번식 경쟁에서 탈락한 남자)으로 부른다. 일부 여성의 일탈로 보는 시각도 있지만 밑바닥에는 남성 전반에 대한 분노가 깔려 있다. 건국대 몸문화연구소의 윤김지영 교수 등은 "역사적으로, 때로는 법의 범주를 넘어서는 전술도 생각해야" 한다는 말로 이들의 행동을 정당화했다.[54]

남성 혐오와 남성 역차별에 대한 반발이 뒤따랐다. "남편의 억울함을 풀어 달라."는 제목의 청와대 청원이 상징적이다. 2018년 9월 6일에 게재되었고, 그 직후 26만 명 이상이 동의했다. 법원이 성추행 혐의에 대해 반성하지 않는다는 점을 들어 징역 6개월을 선고하고 법정 구속을 명령한 사건이다. 검사가 요구한 처벌은 벌금 300만 원이었으나 판사는 지나치게 가혹했다. "증거가 없어도 반성의 기미가 없다며 내리는 판결은 '실토할 때까지 매우 쳐라.'라는 말과 같다."는 주장도 나왔다.

집단적 분노로 인해 필요 이상으로 과장되는 갈등도 많다. 모든 관계를 '권력'으로만 치환시키는 '갑질 논란' 얘기다. "죄는 미워해도 사람은 미워하지 말라."는 말을 꺼내지도 못한다. 잘못에 대한 합당한 처벌을 넘어 집단적인 분노가 느껴진다. 언론의 책임이 크다. 일단 너무 자극적으로 전달하니 맥락은 없어지고 파편화된 '단면'만 부각된다. "누구든 걸리기만 해봐."라는 심리다. 분명 한진그룹의 조현아와 조현민 등은 넘지 않아야 할 선을 넘었다. '금수저'로 태어난 덕분에 '능력'과 '인품'에 넘치는 권력을 누린다. 그렇지만 일상에서 아는 것과 전혀 다른 특수한 '개별' 사안을 전체인 양 보여 주는 경우도 많다. "팔은 안으로 굽는다."고 비난할지 모르지만 대학 교수와 관련한 논란이 그렇다.

관련 사례는 인터넷을 조금만 검색해도 쉽게 찾을 수 있다. 예를 들면, "교수 갑질에 7년째 박사 과정"(《한겨레》, 2016년 9월 13일 자), "교수의 갑질…… 대학의 어두운 그늘"(SBS, 2017년 1월 2일), "교수 막말·갑질 어디에 말하죠"(《한국일보》, 2017년 7월 21일 자), "심기 불편하니 조심해, 갑질 일삼은 대학 교수 부부"(노컷뉴스, 2017년 11월 6일) 등이다. 앞뒤 재지 않고 '여론재판'이 진행되기 때문에 놓치는 부분이 생긴다. 갑과 을의 관계에 있다고 해서 무조건 '약자'만 정의를 독점하지는 않는다. 평범한 가정을 생각해 보면 된다. 부모는 자녀에 대한 책임이 있지만 모든 부모가 '고상한' 말로만 자녀를 타이르지는 않는다. 언성을 높이거나 때로 욕설을 할 때도 있다. 정말 철없는 행동을 할 때는 체벌을 한다. 단순한 권력관계로만 볼 것이 아니라는 말이다. 제자가 잘 되는 것을 싫어하는 선생은 없다. 부모 자식 관계와 본질적으로 비슷하다. 더구나 인생에서 대학 시절은 그 어느 시기보다 중요하다. 먹고살 밥벌이를 마련한다는 것뿐만 아니라 '누구'를 만날지, '어떤' 가치관을 가질지, '무엇'을 목표로 살아야 할지를 종합적으로 배운다. 모든 것을 갑질로 몰아가면 소명감을 갖고 이런 역할을 하기 어렵다.

한국 사회가 화합하지 못하는 원인은 다양하다. 한쪽에는 해묵은 구조적인 문제가 있다. 쉽게 양보할 수 없는 결정적인 이해관계가 걸려 있다. 다른 쪽에는 타협이 가능하지만 주어진 상황 때문에 '실체'가 되고 만 갈등이 있다. 외세가 '의도적'으로 뿌리고 키운 적대감도 상당한 수준이다. 얽히고설켜 손쉬운 해결책은 안 보인다. 그렇다고 100년 만에 찾아온 천시(天時)와 지리(至理)를 포기할 수는 없다. 황지우의 「눈보라」라는 시에 주목하는 것은 이런 까닭에서다.

눈보라여, 오류 없이 깨달음 없듯, 지나온 길을

되돌아보는 사람은 지금 후회하고 있는 사람이다

무등산 전경을 뿌옇게 좀먹는 저녁 눈보라여

나는 벌 받으러 이 산에 들어왔다

이 세상을 빠져나가는 눈보라, 눈보라

이제는 괴로워하는 것도 저속하여

내 몸통을 뚫고 가는 바람 소리가 짐승같구나

슬픔은 왜 독인가

희망은 왜 광기인가

(……)

가면 뒤에 있는 길은 길이 아니라는 것을

우리 앞에 꼭 한길이 있었고, 벼랑으로 가는 길도 있음을

마침내 모든 길을 끊는 눈보라, 저녁 눈보라

다시 처음부터 걸어오라, 말한다

패권질서를 떠날 수밖에 없는 한국 사회에 잘 어울린다. "깨닫기 위해서는 오류가 불가피했고, 희망은 광기이며, 다시 처음부터 걸어

야 한다."는 점에서 그렇다.

출구 앞에 선 트루먼을 향해 크리스토퍼 감독은 직접 대화를 시도한다. 한국에서 진행 중인 '심리전'과 비슷한 상황으로 보면 된다. 미국이 직접 하지 않고 반세기 이상 뿌리 내린 '해바라기'를 통해 이루어진다. 고위 관료와 고급 장교, 지식인, 종교인, 언론 등이 모두 동원된다. 미국이 시켜서가 아니라 패권질서에 길들여진 덕분이다. 문화냉전을 연구한 프랜시스 손더스가 잘 정리해 놓은 말이 있다. "누군가의 의도대로 움직이면서도 정작 스스로는 자신의 의지에 따라 움직인다고 믿게 되는" 상태다.

얼핏 보면 무관해 보이지만 속내는 '일치'하는 사례는 지금 이 순간에도 넘쳐 난다. 《연합뉴스》는 "미군철수 외쳤지만, 필리핀, 미국과 군사협력 되레 강화"라는 제목의 뉴스를 보도했다. "로드리고 두테르테 필리핀 대통령이 취임 후 미군 철수와 미군과의 합동군사훈련 중단 등을 외쳤지만, 실상은 대미 국방 협력을 그대로 유지했고 내년에는 협력 활동을 더 늘리기로 했다."는 내용이다. 지난 7월 12일에 나온 《연합뉴스》의 "두테르테는 중국에 밀착하는데 필리핀 국민은 '미국 가장 신뢰'" 기사와 같은 맥락이다. 《동아일보》의 윤완준 특파원이 "필리핀이 중국의 지방성이 된다면"이라는 제목의 칼럼을 쓴 것은 지난 2월 25일이다.

중국은 일내일 견제에 대해 '중국을 봉쇄하려는 서구 중심적 사고'라고 비판한다. 그러나 그들 스스로 주변국에 굴기가 힘의 외교, 패권이 아니라는 신뢰를 분명히 주지 못했다. 한국은 사드 보복을 당하면서 중국이 어떤 나라인지를 뼈저리게 느꼈다.

《조선일보》9월 29일 자 "美 정치권, 종전선언, 그렇게 쉽게 취소할 수 있는 게 아냐"라는 제목의 기사도 같은 맥락에서 봐야 한다. 워싱턴에 파견 나가 있는 조의준 특파원의 글이다. 현지에 있으면서도 인용한 매체가 '미국의 소리(VOA)'다. "패트릭 노턴 전 국무부 법률자문관은 27일 미국의 소리(VOA) 방송과의 인터뷰에서 '언제든 종전 선언을 취소할 수 있다.'는 문 대통령 발언에 대해 '그렇게 간단한 문제가 아니다.'라고 말했다."는 주장을 싣고 있다. 반공투사《조선일보》가 하고 싶은 말을 '누군가'의 입을 빌려 대신 하고 있다고 봐도 된다.

신원식 전 합참차장이 청와대 청원을 통해 '남북 군사합의'와 관련해 '국민공청회'를 요청했다는 소식도 전해졌다. 신원식은 육사 37기로 박지만 씨 동기다. 박근혜 정부에서 경호실장 후보로 오르내렸고, 1년 만에 파격적인 승진을 한 인물이다. 공통점은 '한미동맹'을 중심으로 한 '기존질서' 유지다. 불량국가라는 낙인이 찍힌 '베네수엘라, 이란, 시리아, 북한' 등에 대한 미국 정부의 입장을 '앵무새'가 되어 반복해 준다. 중국과 러시아에 대해서는 '패권'을 추구한다는 부정적 색깔을 반복해서 입힌다. 터키와 필리핀 등 대안질서를 추구하는 국가에 대해서는 '아전인수' 격으로 해석한다. 한국보다 앞서서 다른 길을 갔던 국가들도 '모두' 후회하거나 '속내'는 안 그렇다는 설득이다. 배후에 CIA가 있었던 '자유문화회의'의 입장을 대변했던 월간《사상계》가 해 온 작업의 연장선이다. 동일한 연극에 배우만 달라졌다. 그때나 지금이나 본인들은 모를지도 모른다. 반세기 이상 '의식화' 교육을 받았으면 이 정도는 당연한 것 아닐까?

질문은 힘이 세다. 질문의 종류에 따라 답이 결정된다. "청소 좀 도와줄래?"라는 아내의 부탁에 남편은 최소 두 가지 선택을 할 수 있다. "피곤해, 다음에."라고 하거나 "그러지 뭐." 정도다. 그렇지만 "여보, 청소할래, 설거지할래?"라고 묻는다면 요령을 피울 수 있는 방법은 애초에 존재하지 않는다. 둘 중 하나는 해야 된다. 지금 우리 자신에게도 적용할 수 있다. 한국의 주류는 '한미동맹'을 '불가침의 전제조건'으로 생각한다. 문재인 정부도 감히 '주한미군' 철수와 같은 얘기는 꺼내지도 못한다. 질문의 범위는 당연히 좁혀진다. "미국이 설정한 테두리를 벗어나지 않고 중국과 북한과 협력할 수 있는 방안은 무엇인가?" 정도다. "한미동맹을 유지할 것인가, 대안질서를 추구할 것인가?"라는 질문은 이미 도발이 된다. "모험주의, 배은망덕, 안보불안세력, 종북, 매국노" 등의 험악한 말이 쏟아진다. 한미동맹 너머의 한국은 상상도 하지 못한다. 그럼에도 한국이 다시 예전처럼 '복귀'할 수는 없다. 위의 시 「눈보라」에 나오는 것처럼 '뒤돌아보는 것'조차 죄라는 것을 알아야 한다.

백년대계를 위해 '반드시' 제기해야 할 질문은 "한미동맹 이후에 한국은 무엇이 되고자 하는가?" "한국을 위한 새로운 동맹의 청사진은 무엇인가?" "판갈이 이후 한국은 어떤 전략을 취할 것인가?" 등이다. "한미동맹을 어떻게 할까?"와 같은 질문은 틀렸다. 늦었지만 우리의 시간대는 최소 '1945년'까지 되돌려야 한다. "뭉치면 살고 흩어지면 죽는다."는 말이 유행했을 때다. 미국 독립전쟁 때 등장한 구호로 국내에서는 이승만 대통령이 자주 언급했다. 그때는 실패했지만 이번에는 성공해야 한다. 그래서 어슬프지만 몇 가지 전략을 제안해 본다.

그중 하나가 '지피지기(知彼知己)'다. "지피지기(知彼知己)면 백전불태(百戰不殆)." 적을 알고 나를 알면 백번 싸워도 위태롭지 않다는 뜻으로「손자병법」에 나온다. 미국의 어깨 너머로 본 세상이 아닌 '한국'의 눈과 귀로, '주체적'으로 지식을 축적하자는 얘기다. 부끄러운 얘기이지만 우리는 미국이 우리를 아는 것보다 '자신'에 대해 더 모른다. 일찍이 지역학을 통해 우리에 대한 정보를 잘 축적해 놓았다. 한국의 명문가 집안이 누구인지, 어떤 배경과 가풍을 갖고 있는지도 안다. 심지어 비무장지대에 있는 동물과 물고기에 대해서도 자료가 있다. 반세기 이상 우리는 이런 문제에 제대로 관심을 쏟지 못했다. 먹고살기 바빠서 그랬을 수도 있지만 관심 자체가 없었다. 그런 것을 왜 알아야 하는지도 몰랐다. '미국이 필요한 것을 다 전해 주는데 굳이 왜?'라는 생각이 앞섰다. 목이 마르다고 계속 바닷물을 마신 상황이지만 공짜는 없다. 지식의 주권을 회복하는 작업은 더 이상 미룰 수 없다.

국가를 인간이라고 생각하면 쉽게 이해할 수 있다. 모든 생명체의 목적은 잘 먹고 잘 사는 데 있다. 자신에 대해 알아야 한다. 그래서 매년 건강검진을 한다. 신체의 어떤 부분이 문제가 있는지 알아야 조치를 취한다. 평소 먹는 음식이나 습관, 스트레스를 주는 원인도 파악해 두어야 한다. 알아야 할 대상에는 주변 환경과 각종 위협도 포함된다. 집 근처에 위험한 장소는 없는지, 범죄가 발생한 시점은 언제인지, 또 이웃에는 누가 사는지를 아는 게 도움이 된다. 한국이란 국가에 적용하면 뭘 해야 할지 답이 나온다.

디지털 세상이다. '위키피디아(Wikipedia)'에 들어가 보면 정말 엄청난 지식이 축적되어 있다. 패권을 유지해야 하는 미국 입장에서 봤을 때 정말 소중한 자산이다. 필요한 정보는 간단한 검색만으로 다 찾을 수 있다. 그것이 무역협상이든, 군사적 대립이든, 할리우드 영화 개방이든 언제든 꺼내서 활용하면 된다. 안타깝지만 국내에서 이런 공적 지식은 찾아보기 어렵다. 네이버 지식인은 솔직히 초등학생 수준이다. 일상생활에 필요한 초보적인 지식만 올라온다. 용돈을 벌고 싶은 어린 학생들이 작업을 많이 하는 것과 관련이 있다.

현재 청와대에 있는 주요 인물에 대한 정보를 찾는 것은 거의 불가능하다. 대단한 비밀이라서가 아니라 그런 지식 시스템이 구축되지 않아서다. 2019년 현 시점의 파워 엘리트에 대한 정보도 없는데 지난 자료는 말할 것도 없다. 자세한 내막은 모르지만 노무현 정부 시절 '국가 기록원'을 만든 것도 이런 문제의식과 관련이 있을 것 같다. 정부만이 아니라 사회 전반으로 확대해야 한다는 의미다. 국가를 운영하기 위한 기초 '정보'다. 국제사회와 관련한 지식의 공백은 정도가 훨씬 심하다. 미국이라는 거인의 어깨 너머로 세상을 보는 데 너무 오랫동안 익숙해져 있었다. 중동은 전혀 모른 채 이스라엘을 중심으로 세상을 보았고, 국경을 맞대고 있는 시리아가 왜 중동을 대신해서 이스라엘과 대치하는지도 모른다. 일단 굳어진 지식의 편식이 개선될 여지도 없다. 관심이나 취향 자체가 형성되지 못한 것과 관련이 있다. 방법은?

굳이 돈을 더 들일 필요는 없다. 지금 있는 자원을 잘만 활용하면 된다. 한국연구재단의 '의제'를 더 이상 '해외 모방하기'가 아닌 '한국

발견'으로 전환하는 게 시작이다. 1991년에 나온 송두율 교수의 『전환기의 세계와 민족지성』(1991)이라는 책에도 나와 있는 내용이다.

> 냉전적 질서로부터 이른바 '신세계 질서'로 변화하는 격동기 속에서 분단극복의 과제를 안고 있는 이 시대의 지성인이 남북의 공존적 삶을 설계하기 위해서는 폭과 깊이에서 더 넓고 깊은 사고를 전개해야 한다.

우리의 역사, 문화, 철학, 기술, 가치, 종교를 아는 것은 그 출발점이다. 지금은 한국학중앙연구원으로 이름을 바꾼 '한국정신문화원'과 같은 국책 기관의 성격을 바꿀 필요도 있다. 국민을 교육시키겠다는 오만함을 벗으면 된다. 국민에게 제대로 된 정보만 주면 그들이 스스로 배울 거라고 믿어야 한다. 한국개발원(KDI), 대외정책연구원, 세종연구소 등 혈세로 운영되는 곳도 제대로 활용해야 한다. 학문의 자유를 통제하라는 말이 절대 아니다. 학자가 정부의 명령만 받는다면 그건 죽은 목숨이다. 지식의 국적을 회복해야 한다는 의미다.

미국에서 공부하고 왔다는 것은 권장할 만한 일이다. 정부가 돈을 주고라도 유학을 시켜야 하는 상황에서 그만 한 자격을 갖추고 왔다는 것은 대접받을 자격이 있다. 그러나 미국의 경제 이념을 반복하거나, 미국과 한국을 단순 비교하거나, 미국이 원하는 대외정책에 필요한 '지식'을 생산하는 일은 중단되어야 한다. 본인들이 '미국'이 아닌 '한국'의 두뇌라는 것을 받아들인 상태에서 연구하려는 노력이 필요하다. 가령 '왜 미국은 '무역전쟁을 하는지', '한국 정부로서는 어떤 전략이 가능한지', '중국과 또는 유럽과 연대할 수 있는 방안은 무엇인지', 나아가 '미국에 대항할 수 있는 그쪽의 아킬레스건은 무엇인지' 등을 연구할 수 있어야 한다.

세종연구소 등도 마찬가지다. 한미동맹을 유지해야 하는 이유는 미국 학자들이 많이 연구한다. 굳이 혈세로 좋은 연구실에, 대접받는 연구원 자리를 보장하면서 우리가 할 필요는 없다. '한국의 국가 이익이 무엇인지', '이를 실현하기 위한 전략은 무엇인지', '대안질서를 추구하는 과정에서 필요한 전략은 무엇인지' 등의 연구가 필요하다. '국가 지식' 구축사업이라는 큰 테두리 안에서 작업을 하면 될 것 같다.

'국가 번역청'을 둘 필요도 있다. 제발 영어에 목매는 일은 그만두자. 영어를 배운 지 수십 년이 지났고 미국에서 10년 이상을 살았어도 제대로 된 영어 논문은 쉽게 안 나온다. 극소수만 양질의 영어 논문을 쓸 수 있다. SSCI에 등재된 국내 학자의 논문에는 통계를 활용한 경우가 더 많다. 그게 현실이다. 국내 학자의 경쟁력을 높이기 위해서는 좋은 번역자들이 있으면 된다. 영어로 논문을 쓰는 것보다 훨씬 효율적이다. 영어는 필요하지만 모든 분야가 그렇지는 않다. 통역을 두면 훨씬 효율적이다. 국제회의에서 자칫 어설픈 영어로 말하다간 돌이킬 수 없는 실수를 한다.

정말 심각한 것은 영어라는 '관문(gate)' 때문에 영어권이 아닌 세계의 모든 지식이 차단된다는 점이다. 언론도 영어 매체만 본다. 외국어리면 영어만 생각하기 때문이다. 국제사회는 이미 1945년이 아니다. 모든 국가들이 그간 열심히 살았다. 우리가 배울 수 있거나 나눌 수 있는 지식은 너무 많다. 번역청을 두고 '언어' 전문가를 양성해야 한다. 미국의 관점이 아니라 '한국'의 관점에서 누가 우리의 친구이고 적인지 결정해야 한다. 국민 세금이 투입되는 전국의 무수한 대학과 연구소 등에서 왜 아무도 안 보는 '영어 논문'을 써야 하는지 알다가도 모를 일이다. 국내 학계에서 상전으로 떠 받드는 SSCI 저널 중에서 인문사회과학 분야는 거의 80퍼센트 이상이 미국과 영국에서 발행된다. 우리에게 필요한 지식이 아니라 그들에게 도움이 되는 지식일 수밖에 없다. 논문을 심사하는 사람도 결국 그들이다. 덕분에 국민이 활용할 수 있는 지식은 계속 줄어든다. 국민 중 얼마나 영어로 쓴 논문을 읽을까? 게다가 한국과 전혀 관련이 없는 주제일 가능성이 높다. 한국을 배우려는 국가들 입장에서도 마찬가지다. 현지어로 되어 있으면 훨씬 더 편하게 많이 찾는다. 그들에게 '영어'로 한국 자료를 읽으라고 하는 건 결례다. 중국어, 일본어, 라틴어, 독일어, 불어, 몽골어, 베트남어 등으로 누구나 쉽게 접근할 수 있도록 하는 것이 공공외교다.

또 다른 방법 중 하나는 언론과 관련이 있다. 국제 정세는 점점 더 복잡해진다. 관련 당사자도 많아지고, 맥락도 깊어지고, 분석해야 할 자료도 많아졌다. 국내 언론은 이와 반대로 점점 더 무식해진다. 국제 뉴스와 경제 뉴스는 상황이 더 심각하다. 특파원으로 나가는 사람은 국제부 출신이 아니다. 미국이 만든 게임에 안주하기 때문에 파견되는 곳도 제한되어 있다. 외국어도 주로 영어다.

일본과 비교해 보면 우리의 한심한 상황이 쉽게 이해가 된다. 일본에서 한국으로 특파원을 오려면 우선 다른 분야에서 최소 10년 정도 일해야 한다. 시험을 통해 선발하는데 한국으로 보내기 전에 최소

1년에서 2년에 걸쳐 어학 연수부터 시킨다. 한국말을 능숙하게 한다고 생각되면 현지 지부장을 보조하는 역할로 파견해 최소 3년을 머물게 한다. 일본 본사로 복귀한 다음에는 '한국' 관련 뉴스의 '데스크'를 맡아서 몇 년 정도 전문성을 쌓은 다음에 지국장으로 온다. 부서별로 매년 순환하는 한국 기자들보다 정부 관료를 더 잘 안다. 국제 현안에 대한 뉴스를 비교해 보면 그 차이가 확연하게 드러난다. 미국의 《뉴욕타임스》나 《워싱턴포스트》, 《월스트리트저널》 등에 나오는 중동, 남미와 북한 관련 기사는 원고지로 치면 대략 50쪽 정도가 되는 게 많은데, 국내에서는 길어야 5쪽이다.

대학 교재와 초등학교 교과서 차이로 보면 된다. 같은 내용이라도 담긴 내용이 다르다. 날마다 이런 부가가치가 낮은 뉴스를 소비해야 한다는 게 문제다. 읽으면 읽을수록 무식해지고 비판적 분석은커녕 앵무새가 된다. 미국의 소리, 자유아시아방송 등 프로파간다 목적으로 만든 언론사를 아무 생각 없이 베낀다. 그러면서 러시아투데이나 신화통신, 텔레수르는 안 믿는 이중 잣대를 적용한다. 한쪽은 진실이고 한쪽은 왜곡된 선전이라고 본다.

언론사가 부족한 것도 아니고, 한국이 전쟁 직후처럼 가난한 것도 아니다. 언론을 지원하기 위해 만들어진 한국언론진흥재단과 같은 공공기관도 있다. 민간도 언론사도 못 하는 '저널리즘 전문대학원' 같은 것을 만들 수 있는 곳이다. 문제는 의지다. 분야를 정치, 경제, 과학, 예술, 의학, 법률 등으로 구분하고, 국제 뉴스의 경우에는 지역별로 세분화하면 지금보다 훨씬 양질의 고급 뉴스를 얻을 수 있다. 언제까지 만화책 수준의 뉴스를 볼 수는 없다.

인간은 이성의 동물이다. 합리적인 결정을 할 수 있는 잠재력을 누구나 갖고 있다. 오늘날 한국이 이렇게 분열되어 있는 것도 '물과 공기'의 역할을 하는 '공공지식(public knowldeg)'이 왜곡된 것과 관련이 있다. 미국에서 나온 '중국' 책을 읽었고, 미국 학자와 관료가 분석한 국제 정세와 경제 위기를 배웠다. 우리의 눈과 귀를 포기한 채 '의존'하고 살았다. 지피지기는 이를 되돌리는 작업이다. 제대로 된 역지사지(易地思之)를 할 수 있는 출발점이다. 미투운동의 본질과 다르지 않다. 남자가 여성을 대신해 말하는 방식이 아니라 여성이 직접 말하겠다는 선언과 같다. 국제사회와 소통하는 것도 마찬가지다. 미국을 통하지 말고 이제는 직접 대화할 때가 되었다.

뭉치기 위해 필요한 또 다른 전략은 '유수불부(流水不腐)'로, 흐르는 물은 썩지 않는다는 뜻이다. 인체에 비유하면 정상적으로 피가 흐르는 것을 방해하는 '요소'를 제거하는 작업이다. 크게 특정 집단이 독점하고 있는 권력을 분산시키는 것과 민족 내부의 소통을 가로막는 장애물 제거로 구분된다.

외환위기 이후 한국의 분열상은 더 심해졌다. 경제 분야는 더 그런데 자본 자유화, 민영화, 정리해고제 등과 관련이 깊다. 김기환, 사공일, 박영철, 양수길 등이 주도한 작업이다. 미국 유학, 서울대 또는 미국 학부, 경제관료라는 공통된 경력을 가지고 있다. 5부에서 나왔던 것처럼, 경제 엘리트의 핵심은 서울대 경제학과다. 명예, 권력, 재력, 지식 권력을 독점한 사람들이다. 본인의 능력도 있지만 불평등한 게임의 결과다. 권력이 독점된 상황에서 '합의'나 자발적 '동의'가 나오기는 어렵다. 분산을 시켰어야 했는데 실패했다. 미국의 한국 관리와 군부정권의 통치 전략 때문이다. 국립서울대학교가 만들어지고 고급 관료가 양성된 배경이나 군부 엘리트가 IMET 장학생으로 양성된 과정을 기억하면 도움이 된다.

김상봉 교수가 쓴 『학벌사회』(2004)란 책도 있다. 고위 관료 중 서울대가 차지하는 비중은 지방의 전남대학교와 경북대학교보다 수십 배 많다. 고위직 중 30퍼센트는 서울대가 차지하고, 나머지 20퍼센트는 연세대와 고려대가 먹고, 그 나머지로 각 대학 출신이 나눈다면 '화합'은 불가능하다. 민주주의 원칙에도 어긋난다. 모두가 만족할 수 있는 길은 권력을 나누어 갖는 방식이다.

방법이 전혀 없지도 않다. 프랑스가 소르본대학교를 해체했던 것처럼 우리도 하면 된다. 당장 해체가 어렵다면 서울대에 투입되는 예산(민간과 정부 합산)의 총량을 정하고, 나머지는 분산시키면 된다. 국가가 살려면 오히려 다른 대학으로 나누어 줘야 한다. 정부 부처를 비롯해 공기업, 공공기관, 연구소 등에 서울대 쿼터를 두는 것도 한 방법이다. 미국 유학파의 비중도 제한해야 한다. 한 예로, 서울대 경영학과 교수 중 미국 유학파가 아닌 사람은 거의 없으며, 대부분 모교 출신이다.

KDI나 다른 국책연구소도 사정은 비슷하다. 독점이 있는 곳은 어디나 해당된다. 그 대상은 경찰대든 육사든 구분하지 않아도 된다. 명예든 돈이든 지위든 권력이든 하나만 갖게 하는 것도 괜찮다. 정부, 공공기관, 민간 기업의 자문위원 등을 명예직으로 한다면 일부가 독점할 일은 줄어든다. 지피지기에서 말한 것처럼 '누가' '어떤 직책'을 맡았고, '어떤 일'을 했는지 기록만 제대로 남겨도 '투명성'이 높아진다. 국민 세금으로 운용되는 각종 위원회부터 시작하면 된다. 중앙에 집중되어 있는 권한과 예산을 지방으로 계속 분산시키는 것 역시 중단되어서는 안 된다. 결정 과정에 참여하면 만족도가 높아진다. 일방적인 명령에는 반발감이 생기지만 자신이 참여한 결정에는 책임감이 생기고 불화가 줄어든다.

연령 간, 지역 간, 젠더 간 단절에 대한 대책도 시급하다. 젠더와 지역 단절은 어느 정도 제 방향을 잡고 있다. 지역 균등 발전과 젠더 불평등 해소라는 목표에서 벗어나지 않으면 된다. 그러나 세대 간 단절에는 전혀 손도 못 쓰고 있다. 그중 하나가 영어 범람으로 인한 소통 부재다. 잘 의식하지 못하고 있을지 모르지만 거리의 간판이 모두 영어로 바뀐 것은 외환위기 이후부터다. 가격표조차 1000원, 9000원 하다가 990원과 8999원으로 달라졌다. 미국의 법률이나 정책이 무분별하게 도입된 것도 그때부터다. 물론 디지털 혁명 이후 언어 파괴가 어느 정도 불가피한 측면은 있다. 그렇지만 앞서 조정래의 지적처럼, 국적도 없는 영어 간판은 문제가 많다. 중국 연변자치주의 방식이 오히려 낫다. 중국어와 조선족 언어를 병기하도록 한다. 그래야 조선족의 문화와 언어, 나아가 자치가 가능하다고 믿는다. 정부가 행정 지도로 할 수 있다. 중국이 하는 것처럼 의미가 전달되는 방식으로 '우리말'로 옮길 필요도 있다. 만약 이런 상태로 10년이 지난다면 영어를 모르는 사람은 살아갈 수가 없다. 통일 이후를 생각하면 더 심각하다. 연세 드신 분들도 제대로 읽고 의미를 모르는데 북한 주민이 느낄 이질감은 더하지 않을까. 물 흐르듯 자연스럽게 대화하기 위해서는 누구나 아는 '단어'가 필요하다. 잊히거나 외면받고 있는 우리 말 중에 좋은 표현과 단어는 너무 많다.

'진실 복원'은 세 번째 전략이다. 한반도 민중은 고단했다. '말문'이 닫힌 채 살았다. 어릴 적 자주 들었던 애기가 "말 많으면 빨갱이"라는 소리였다. 그래서 묻힌 '진실'이 너무 많다. 미 군정이 본국에서 하는 것처럼 '표현의 자유'를 보장했다면 그런 비극은 필요 없었다. 국민의 70퍼센트가 사회주의를 지지하는 상황을 받아들이지 않은 게 원인이었다. 좌파 성향의 언론사와 출판사를 비롯해 사회주의를 지지하는 작가와 시인이 탄압을 받았다.

군부 독재는 더 심했다. 쿠데타 직후였던 1961년에는 《민족일보》 사장이던 조용수가 사형을 당했다. "간첩 혐의자로부터 공작금을 받아 《민족일보》를 창간하고 북한의 활동을 고무 동조했다."는 혐의였다. "국가의 존립·안전이나 자유민주적 기본질서를 위태롭게 한다는 점을 알면서 반국가단체나 그 구성원 또는 그 지령을 받은 자의 활동을 찬양·고무·선전 또는 이에 동조하거나 국가변란을 선전·선동한 자는 7년 이하의 징역에 처한다."는 국가보안법이 동원된 사법 살인이었다. 혹독한 유신체제를 거치면서 이 법과 '반공법'의 희생자는 계속 늘었다. 단편소설 「분지」의 작가 남정현이 중앙정보부에 끌려가 고문을 받은 것도 1965년이다. 김지하, 양성우, 김남주 시인 등이 뒤따랐다. 리영희 선생은 이렇게 말했다.

"나의 글을 쓰는 유일한 목적은 진실을 추구하는 오직 그것에서 시작하고 그것에서 그친다. 진실은 한 사람의 소유물일 수 없고 이웃과 나누어야 할 생명인 까닭에 그것을 알리기 위해서는 글을 써야 했다."

한국 사회는 이분의 희생 덕분에 "베트남전과 미국 개입의 진실, 미국 세계 전략의 진실, 분단의 진실, 남과 북의 진실, 쿠데타의 진실, 자본과 시장의 진실"을 알게 되었다.[55]

민주화 이후에도 진실을 억압하려는 노력은 계속되었다. 『태백산맥』에 대한 공격이 대표적이다. 보수단체, 대형 교회, 탈북자 단체, 또 미국의 통제는 그 이후에도 지속되었다. 박근혜 정부는 금서 목록과 블랙리스트를 다시 꺼낼 정도였다. 관련 법안이 존재하는 한 앞으로도 계속 활용될 수밖에 없다. 진실 회복을 위해서는 이 법을 손봐야 한다. 특히 7조 찬양고무는 문제가 많다. 미국처럼 대상을 외국인으로 한정하는 것도 방법이다.

진실을 밝히려는 노력에 대해 '명예훼손'을 적용하는 것도 문제가 많다. 2017년 10월 27일, 박유하 교수에 대해 명예훼손 유죄가 선고되었다. 벌금은 1000만 원이다. 『제국의 위안부』(2013)라는 책에 나오는 다음 내용이 고발을 당했다.

위안부들을 유괴하고 강제연행한 것은 최소한 조선 땅에서는 그리고 공적으로는 일본군이 아니었다, 위안부가 일본군과 함께 전쟁을 수행한 이들이다, 아편을 군인과 함께 사용한 경우는 오히려 즐기기 위한 것으로 보아야 한다.

무죄를 선고한 1심에서는 "학문적 표현은 옳은 것뿐만 아니라 틀린 것도 보호해야 한다."는 판결이 나왔다. 진보 진영에서 오히려 비판의 목소리가 많았다. 한 예로, 《경향신문》 이범준 기자는 "언론(저술)의 명예훼손은 어디에서나 위법이다."라고 선언했다. 근거로 제시된 사례로 "영국 BBC 기자가 김정은 노동당 위원장에 대한 무례한 보도를 했다는 이유로 3일간 억류"된 것과 "일본 산케이신문 기자도 박근혜 대통령에 관한 기사 때문에 8개월 동안 억류"된 사건이 제시된다. 위안부에 대한 국민 감정을 고려했기 때문인지는 모르지만 항소심은 달랐다.

박 교수는 서술에서 단정적으로 표현해 많은 위안부가 자발적으로 전쟁을 수행한 것처럼 받아들일 수 있고, 박 교수도 이를 인식하고 서술한 것으로 보여 명예훼손의 고의가 인정된다.

피고인으로 상당한 고통을 받았던 박 교수는 동의하지 않았다. 이렇게 말한 것으로 전해진다.

"현재 우리는 이러고 있을 때가 아니다. 한국은 심각한 위기 상황이다. 정말 고립되어 있다. 일본은 물론이고 대만도 우리를 싫어한다. 미국·중국도 호의적이지 않지 않느냐. 경제도 나쁘지만 정치적 고립이 정말 심각하다. 분열이 너무 심하고 에너지를 쓸데없는 곳에 낭비하고 있나. 우리는 지기 주장이 너무 강하다. 좋게 말하면 자아가 강하지만 사고방식이 지나치게 경직되어 있어 반대 의견은 죽이거나 쳐 버려야 한다고 생각한다. 이는 결코 바람직하지 않다.

어떤 문제를 놓고 싸우는 건 좋은데 이 땅에서는 그 과정에서 소모하는 게 너무 많다. 멀쩡한 사람을 2년 반 동안이나 정신적, 육체적, 그리고 금전적으로 이렇듯 손실을 보게 하는 것은 너무나 소모적인 일이다."

보수 진영에서 적극 보도해 주었다. 누구를 편들어야 할까? 편 가르기로 접근할 일은 아니다. '진실 복원에 어떤 것이 더 좋은가?'를 고민하면 된다. 국가보안법이나 명예훼손이나 본질은 같다. '진실' 억압이다. 더구나 그 영역이 학술적 논의다. 위안부 문제만이 아니라 베트남전에서 벌인 학살이나 집단 강간에 대해서도 말할 수 있어야 한다. 진실을 알아야 그다음 단계의 화해를 논의할 수 있다.

'진실화해위원회'가 출범한 것도 이런 배경에서다. 2014년 12월 30일부터 시행된 '과거사정리 기본법' 1조에는 "항일독립운동, 반민주적 또는 반인권적 행위에 의한 인권유린과 폭력·학살·의문사 사건 등을 조사하여 왜곡되거나 은폐된 진실을 밝혀냄으로써 민족의 정통성을 확립하고 과거와의 화해를 통해 미래로 나아가기 위한 국민통합에 기여함을 목적"으로 한다는 내용이 나와 있다.

자연과학은 모르지만 사회과학에서 지식은 '정치적'이다. "소금을 먹은 사람이 물을 찾는다."는 단순한 법칙에서 벗어나기 어렵다. 우리 사회에는 '고용된 지식(paid knowledge)'이 너무 많다. 의도적인 프로파간다가 홍수처럼 넘쳐 난다. 언론을 통한 왜곡 사례는 무수히 많다. 진실을 찾아 적극 대응할 필요가 있다. 팩트 체크란 이름으로 일부 언론에서 진행하고 있는 누가, 왜, 무슨 목적으로 만든 지식인가를 보여 주면 된다.

전시 작전통제권을 환수하면 안 된다고 주장하는 논문이나 칼럼을 예로 들 수 있다.[56] 분석해 보면 출신이 대부분 군인이거나 방산업체 또는 보수 단체와 연결되어 있다. 한미동맹이 유지되어야 자신의 기득권을 지킬 수 있는 분들이 많다. 대단한 전문성이나 혜안이 있는 것 같지 않다. 미국 싱크탱크나 자신이 만든 엉성한 논리로 덧칠되어 있는 경우가 더 많다. 미국의 대외정책을 이해하는 수준도 순진하다.

경제 분야는 더하다. 원래 경제는 과학과 거리가 멀다. 애덤 스미스의 『국부론』, 리카르도의 『비교우위론』 카를 마르크스의 『자본론』 등에 공통적으로 '논(論)'이 붙어 있는 것은 이 때문이다. 케인스주의, 통화주의, 신자유주의 등에 '주의(-ism)'가 결합되어 있는 것 역시 좋게 보면 논리적 설명이고, 나쁘게 보면 이데올로기란 의미다. '문재인 정부가 추진하는 소득성장주도론이 맞느냐 틀리느냐.' 하는 질문은 그래서 옳지 않다. 사회적 합의를 통해 추진하면 그게 '현실'이 된다. 문제는 3부 10장 「파워 엘리트」에서 본 것처럼, 경제지식의 생산에 '자본'이 개입해 왔다는 점이다. 복합체가 처음 등장한 것이 1940년대 즈음임을 기억하면 된다. 초국적 자본가들 입장에서 봤을 때 '국민경제'나 '민족경제' 또는 '사회주의'는 위험하다. 그래서 '비과학' 또는 '거짓'이 된다. 그렇지만 제3세계에서 봤을 때는 다르다. 박현채 교수가 말한 것처럼 민족경제가 없으면 공동체는 살아남을 수 없다. 경제학이 갖고 있는 이런 정치성을 보여 주는 작업이 해체다.

마지막으로, 원효 대사가 주장한 '화쟁(和諍)' 전략이 있다. 다름을 인정하고 열린 마음으로 화해하자는 의미다. '화이부동(和而不

同)'이라는 말처럼, "다르더라도 '화해'할 수 있는 것이 성숙함"이다. 민족 구성원 내부는 물론 국제관계에도 적용할 수 있다. 인도를 이끌어 가면서 네루는 항상 '통합'의 필요성을 강조했다. 정복자들이 심어 놓은 카스트 제도를 일정 부분 인정한 것은 '인도의 국민성'을 만들기 위해서였다. 원효가 676년에 제시한 '화쟁사상(和諍思想)'도 이와 비슷하다.

원효는 경상북도 경산시 불지촌에서 태어났다. 부친은 육두품으로, 그도 화랑으로 전쟁터를 누비다 전쟁의 참혹함을 경험한 이후 승려가 된다. 권력자들이 절을 통해 누리던 '귀족' 종교였던 불교를 일반에게 전달했다. 백제가 망한 후 당나라로 유학을 가던 중 큰 깨달음을 얻었다. 『대승기신론』에 나오는 "심생즉종종법생이요 심멸즉종종법멸(心生則種種法生, 心滅則種種法滅)"이다. '차별하는 마음이 생기니 온갖 번뇌가 넘쳐 나고, 포용하는 마음이 되니 온갖 근심과 걱정이 없어진다.'는 뜻이다. 당나라가 물러난 이후에는 백제 땅 변산으로 가 고구려와 백제 유민을 보듬는 일을 했다. 국가는 없어졌지만 부처님이라는 큰 그릇 안에서 함께 살자고 설득한 것으로 알려진다. 말년에는 고향에 돌아와 요석 공주와 살았으며, 그의 아들이 '이두(吏讀)'라는 문자를 만든 설총이다. 그 후 자신을 '소성거사'로 낮추며 전쟁에 찌든 민중을 위로하면서 살았다.

해방 후 우리는 분열되었다. 단독정부를 설립할 욕심에 이승만은 '외국인'을 겨냥했던 '국가보안법'을 민족에게 들이대며 미국이 원했던 '분열시킨 후 통치한다.'는 전략에 적극 협력했다. 모든 것을 천사와 악마의 대결로 보는 기독교의 영향도 컸다. 북쪽에서는 미제국주의라는 다른 '적'이 만들어졌다. '타도'의 대상이 된 개신교 신자들은 남한에 와서 복수전을 벌였다. 인민위원회나 남조선노동당에 가입했던 무고한 민중이 이 과정에서 죽임을 당했다.

황석영이 쓴 「손님」에 잘 묘사되어 있는데, 민족 입장에서 봤을 때 외부에서 온 달갑지 않은 두 손님에 대한 얘기다. 한쪽은 사회주의이고 다른 쪽은 기독교라는 관점이다. 작가는 죽은 원혼을 불러 내서로 '대화'할 수 있는 기회를 만들었다. 당시 왜 그렇게 잔인한 살육전을 서로 벌였는지에 대한 배경이 나온다. 원인은 많지만 '민족 공동체'에 대한 공감대가 없었던 것과 관련이 있다. 장기간에 걸쳐 식민지를 거치면서 우리 중 일부는 일본인이 되었다. 1930년대 초반까지만 해도 '민족'이 앞섰던 것과 다른 상황이었다. 외세가 그 틈새를 이용했다. 국제사회를 보면 우리만 그랬던 것도 아니다. 국내 엘리트는 이 상황을 오히려 즐겼다.

함석헌 선생이 "전쟁이 지나가면 서로 이겼노라 했다. 형제 쌈에 서로 이겼노라니 정말 진 것 아닌가? 어떤 승전축하를 할가? 슬피 울어도 부족한 일인데. 어느 군인도 어느 장교도 주는 훈장 자랑으로 달고 다녔지 '형제를 죽이고 훈장이 무슨 훈장이냐?' 하고 떼어 던진 것을 보지 못했다."고 꾸짖을 정도였다. 금지곡이 되었던 「여수야화」에 나오는 "오늘에 식구끼리 싸움은 왜 하나요/ 의견이 안 맞으면 따지고 살지"와 같은 노랫말처럼 살지 못했다.

패권 이후에는 달라져야 한다. 공자가 했던 말 중 '인의예지(仁義禮智)'가 있다. 인간이 살아가면서 꼭 지켜야 할 네 가지 덕목에 관한 얘기다. 중요한 것은 인(仁)이 의(義)보다 앞에 있다는 점이다. 2019

년 한국 사회는 '의'만 너무 강조한다. 작은 실수에도 가차 없이 쫓아낸다. 항상 더 엄한 벌칙을 요구하고 본인만이 아니라 가족도 매장시킨다. 억울함을 호소할 길 없는 많은 사람들이 자살을 한다. 일종의 사회적 타살이다. 억눌린 게 많았던 입장에서는 당연한 권리라 생각할 수 있다. 그러나 달리 생각할 부분은 있다.

문명화된 사회일수록 '사형제'를 반대하는 것은 이유가 있다. 만에 하나 있을지 모를 억울함이 없도록 하는 게 우선이다. 군부독재에서 무고하게 희생된 사람들을 기억하면 된다. 반공이라는 광기 속에서 '빨갱이는 모두 죽여야 한다.'는 집단 정서가 강했다. 또 하나는 잘못을 회개하고 새롭게 살 수 있는 기회를 주자는 의미다. 그래서 예전에도 극단적인 경우가 아니라면 사형보다는 차라리 귀향을 보냈다. 언젠가 돌아올 기회를 주기 위해서다. 평생 핍박을 받았던 김남주 시인이 쓴 「함께 가자 우리 이 길을」에도 이런 마음이 담겨 있다. 부당한 권력에 대한 투쟁을 포기하지는 않았지만 민족이 화해해야 한다는 점도 잊지 않았다.

네가 넘어지면 내가 가서 일으켜 주고
내가 넘어지면 네가 와서 일으켜 주고
산 넘고 물 건너 언젠가는 가야 할 길 시련의 길 하얀 길
가로질러 들판 누군가는 이르러야 할 길
해방의 길 통일의 길 가시밭길 하얀 길
가다 못 가면 쉬었다 가자
아픈 다리 서로 기대며

주(註)

4부 작동방식

1 이브 드잘레이 & 브라이언트 가스, 김성현 옮김, 『궁정전투의 국제화: 국가 권력을 둘러싼 엘리트들의 경쟁과 지식네트워크』 그린비, 2007, 12쪽.

2 Herbert Feis(1046) The Anglo-American Oil Agreement, Yale Law Journal, 55(5) http:/digitalcommons.law.yale.edu/cgi/viewcontent.cgi?article=4446&context=ylj

3 인남식, 「중동 지역의 세계관과 동맹, EAI 국가안보패널(NSP) 보고서」 35권, 1-30쪽, 2009.

4 Neville Maxwell, "CIA involvement in the 1965 military coup," *Journal of Contemporary Asia*, 9(2), p. 248, 1979.

5 Paul Lashmar & James Oliver, "How we destroyed Sukarno," *The Independent*, 1998/12/1.
   https://www.independent.co.uk/arts-entertainment/how-we-destroyed-sukarno-1188448.html(2018/7/17 접속)

6 Errol Morris, "The Murders of Gonzago," Slate, 2013/7/10.
   http://www.slate.com/articles/arts/history/2013/07/the_act_of_killing_essay_how_indonesia_s_mass_killings_could_have_slowed.html(2018/7/17 접속)

7 Anthony W. Pereira, "The US role in the 1964 Coup in Brazil: A Reassessment," *Bulletin of Lain America Research*, 37(1), pp. 5-17, 2018.

8 Peter Gribbin, "Brazil and CIA," *Counterspy*, pp. 4-23, 1979.

9 500쪽에 달하는 요약본은 다음 사이트에서 이용할 수 있다.
   https://www.amnestyusa.org/pdfs/sscistudy1.pdf

10 「맨추리언 캔디데이트(The Manchurian Candidate)」는 1962년에 나온 영화다. 한국전에 참전한 후 제대한 병사가 포로 시절 받았던 '세뇌'의 영향으로 국제공산주의를 위한 암살자가 된다는 내용이다. 영화에 나온 인물이 실제 존재할 수 있는가를 찾아본다는 의미에서 책의 제목을 이렇게 설정했다.

11 Marrisa Whitten, "Perfecting the Art of Brainwashing: The CIA's Efforts to Weaponize Mind Control," *Journal of History Students* 22, pp. 97-110, 2013.

12 쿠박 매뉴얼은 《볼티모어선》이 제기한 정보공개법(Freedom of Information Act, FOIA) 소송을 통해 공개된다. 다음에서 찾아볼 수 있다.
   https://nsarchive2.gwu.edu/NSAEBB/NSAEBB27/docs/doc01.pdf(2018/7/18 접속)

13 Hakon Ringstad, *The roots of America's 'War on Terror': A war that never ends*, Thesis, *Florida* State University, 2012.

14 Jeffrey Sawyer, "*Torture and its Consequence in American History*," Thesis Paper, p. 13, 2015.
   http://www.wou.edu/history/files/2015/08/JEFFSAWYERTHESIS.pdf

15 Edward Rhymes, "Operation Condor: US, Latin American Slaugher, Torture Program," Telesur, 2017/6/15.

16 해외 원조에는 개발원조, 경제원조, 군사원조, 기타 등이 모두 포함된다. 일부 통계의 차이는 통계가 나온 시점과 항목 분류에 따른 것으로 보인다. 규모에 큰 차이는 없다. 2017년 자료는 다음을 참고했다. Max Bearak & Lazaro Gamio, "The U.S. Foreign Aid Budget, Visualized," Washington Post, 2016/10/18.

17 요르단은 입헌군주제다. 영국 식민지에서 독립한 직후인 1952년부터 미국의 보호를 받고 있으며, 이스라엘을 인정하는 몇 안 되는 중동 국가 중 하나다. 미국의 중동 지원은 이스라엘을 둘러싸고 있는 이집트, 요르단과 레바논을

중심으로 이루어진다.

18 Tony Cartalucci, "USAID and Wall Street: Conflicts, Coups, and Conquest," *New Easern Outlook*, 2017/11/16.
https://journal-neo.org/2017/11/16/chto-skry-vaetsya-za-ponyatiem-svoboda-torgovli-po-amerikanski

19 남미의 군사정부와 USAID의 관계를 잘 보여 주는 책으르는 토머스 필드 (Thomas C. Field)가 2017년에 쓴 *From Development to Dictatorship: Bolica and the Alliance for Progress in the Kennedy Era*가 있다.

20 Colby Goodman etc., "US Foriegn Military Training Reached Record Highs in 2015," Security Assisance Monitor, 2017.
https://www.ciponline.org/images/uploads/actions/FMTR2015_SAM_052017_I.pdf

21 Mike Nahan, US Foundatin Funding in Malaysia, 2003. https://ipa.org.au/wp-content/uploads/archive/NGOProjectReport1.pdf

22 명칭에는 독일이 들어 있지만 사무실은 워싱턴 D. C.에 있다. 서독 정부와 미국 공익재단이 협력했다. 국제경제연구소(IIE) 설립 자금도 여기에서 나왔다.

23 Inderjeet Parmar, "Foundation Networks and American Hegemony," *European Journal of American Studies* pp. 1-25, 2012.

24 Brazil's Lula: 'Latin American Elite Doesn't Want Democracy', Telesur 2018/3/29, https://www.telesurtv.net/english/news/Lula-The-Latin-American-Elite-Doesnt-Want-Democracy-20180329-0020.html

25 국무부 홈페이지에는 재단과 관련한 예산 및 주요 활동 등이 나와 있다.
https://www.state.gov/documents/organization/181138.pdf(2018/7/22 접속)

26 CFA와 관련한 자세한 내용은 다음을 참고하면 된다.
https://www.cia.gov/library/readingroom/docs/DTPILLAR퍼센트20퍼센트20퍼센트20VOL.퍼센트20I_0085.pdf(2018/7/21 접속)

27 Emma Best(2017/8/18) Robert Blum, the spy who shaped the world https://www.muckrock.com/news/archives/2017/aug/17/robert-blum-spy-who-shaped-world-part-I/(2018/7/21 접속)

28 정종현, 「아세아재단의 'Korean Research Center(KRC)' 지원 연구: 사회과학연구노서관(1956), 한국연구도서관(1958), 한국연구원(1964)으로의 전개를 중심으로」, 《한국학연구》 40, 57-107쪽, 2016.

29 Eric Rouleau, "Why Washington Wants to Oust Mr. Boutros Ghali," *Le Monde Diplomatique*, 1996/11.

30 Robin Cook, "Why American neocons are out for Kofi Annan's blood," *The Guardian*, 2005.

31 Hitoki Den, "Ban Ki-moon's mixed legacy," *Japan Times*(2016/12/21.); Richard Gowan, "Yes, Ban Ki-moon is America' poodle," *Politico Magazine*, (2014/1/22.)

32 Jason Hickel, "The Donors' Dillemma ─ Aid in Reverse: How poor Countries develop rich countries," 'Global Policy, (2013/12/12).
https:/www.globalpolicyjournal.com/blog/12/12/2013/donors퍼센트E2퍼센트80퍼센트99-dilemma-aid-reverse-how-poor-countries-develop-rich-countries(2018/7/25 접속)

33 Noor Aini KHalifah, "International Trade of the East Asian Economic Caucus," *Journal EKonomi Malaysia* 25, pp. 19-45, 1992.
http:/www.ukm.my/fep/jem/pdf/1992-25/jeko_25-2.pdf

34 Jakob Vestergaard, "THE G20 AND BEYOND: Towards effective global economic governance, Danish Institute of International Studies," 2010. file://C:/Users/User/Downloads/The퍼센트20G20퍼센트20and퍼센트20beyond퍼센트202010.pdf

35 Marco Buti, "Summing up of the Panel of 2017 Annual Triffin Lecture," 2017. https:/monnet-crisis-network.eu/wp-content/uploads/2018/06/Summing-up-of-the-Panel-of-2017-Annual-Triffin-Lecture.pdf

36 프랜시스 스토너 손더스, 유광태·임채원 옮김, 『문화적 냉전-CIA와 지식인들』, 그린비, 2016.

37 NYT, Worldwide propaganda network built by the CIA, (1977/12/26). https:/www.nytimes.com/1977/12/26/archives/worldwide-propaganda-network-built-by-the-cia-a-worldwide-network.html(2018/7/28 접속)

38 New York Times Co. v. United States, 403 U. S. p. 713.

39   Jeff Shell "Why the Broadcasting Board of Governors Is Nothing Like RT," *Time*, (2014/7/25).

40   신강문, 「미국의 소리 방송(VOA), '평양의 봄'을 꿈꾸다」, KBS, 2016년 7월 5일.
     http:/news.kbs.co.kr/news/view.do?ncd=3306675(2018/7/28 접속)

41   정락인, 「탈북단체 큰 돈줄은 '미국 국무부'」,《시사저널》, 2012년 11월 13일.

42   펜타곤 자문위원은 한국으로 치면 국군기무사령부 현지 사령관 정도의 직위를 맡는다. 신분을 노출시키지 않기 위해 이런 직책을 이용하는 경우가 많다. 미국 대사관에 근무하는 자문위원도 대부분 CIA 등에서 일한다고 보면 된다.

43   한국에 대한 자세한 설명은 5장 「문하생」 참조.

44   오연호, 「라틴아메리카는 지금 '미국화'로 통일 중」,《월간 말》, 82-87쪽, 1995.

45   칠레와 비슷한 프로그램이 곧 브라질, 아르헨티나, 콜롬비아, 멕시코 등으로 확산된다. 대학원 과정은 하버드, MIT, 시카고, 스탠퍼드 등으로 확대된다. 귀국 후 이들은 재단에서 설립한 멕시코의 Centro de Estudios Educativos(CEE), 브라질의 Carlos Chagas Foundation, 또 아르헨티나의 Centre for Educational Research 등에 자리를 잡는다.

46   Kinkiriwang Frega Wenas, "The New Chapter of the United States — Indonesia Relations: Reengagement throuout IMET," *Thesis*, Macquarie University, 2008.

47   Stephen Elias & Clare Noone, "The Growth and Development of the Indonesian Economy, Reserve Bank of Australia," *Bulletin*, December, pp. 33-43, 2011.

48   인도네시아와 관련한 미국의 이중성은 다음 기사를 참고하면 된다. 위기를 악용해 미국의 대외정책을 관철시킨 정황이 잘 드러나 있다. Steve Hanke, "2oth Anniversary, Asian Financial Crisis: Clinton, the IMF and Wall Street Journal Toppled Suharto," *Forbes*, (2017/7/6).
     https:/www.forbes.com/sites/stevehanke/2017/07/06/20th-anniversary-asian-financial-crisis-clinton-the-imf-and-wall-street-journal-toppled-suharto/#473d70a02882

5부 문하생

1   퓨리서치센터에서 발표하는 미국에 대한 호감도 조사가 매년 발표된다. 2017
     년에는 트럼프 대통령에 대한 지지도와 함께 평가한 자료가 나와 있다.
     http://www.pewglobal.org/2017/06/26/u-s-image-suffers-as-publics-around-
     world-question-trumps-leadership/(2018/8/4 접속)

2   장영민, 「미군정기 도미유학에 관한 기초 연구」, 《한국근현대사연구》 79,
     225-268쪽, 2016.

3   통계 자료는 다음을 참고했다.(2018/8/4 접속)
     https://www.statista.com/statistics/233880/international-students-in-the-us-by-
     country-of-origin

4   추광규, 「주한미군은 황제, 한국군은…… 평택기지 둘러본 국회의원의 울분」,
     오마이뉴스, 2017년 8월 25일 자.
     http://www.ohmynews.com/NWS_Web/View/at_pg.aspx?CNTN_
     CD=A0002354129

5   관련 자료는 http://thetomorrow.kr/archives/5141에서 확인할 수 있다.

6   길윤형, 「우리의 민족주의는 '미국 중심주의'」, 《한겨레21》, 2007년 5월 3일.
     http://h21.hani.co.kr/arti/cover/cover_general/19689.html

7   고동수, 「몸통과 깃털」, 《제주신보》, 2014년 7월 3일 자.
     http://www.jejunews.com/news/articleView.html?idxno=1728839

8   정해구, 「남북한 분단정부 수립과정 연구: 1947.5 ~ 1948.9」, 고려대 박사학
     위 논문, 1995.

9   정해구, 「미군정과 좌파의 노동운동」, 《경제와사회》 봄호, 1989.

10   Tea-Gyun Park, "U. S. Policy Change toward South Korea in the 1940s and the
     1950s," *Journal of International and Area Studies* 7(2), pp. 89-104, 2000.

11   신복룡, 「군정기 미국의 대(對) 한반도 점령정책: 1945-1948」, 《한국정치외
     교사논총》 30(2), 5-43쪽, 2009.

12   이승만의 학위 취득 과정은 문제가 많으며, 학문적으로 뛰어난 것과는 거리
     가 멀다. 학부는 조지워싱턴학교에서 시작했다. 1904년부터 시작해 1906년에

4학기를 마친다. 하버드대학교 석사 과정은 1907년 가을부터 1908년 봄까지다. 1908년 9월부터 1910년 6월 14일까지 프린스턴대학교에서 철학박사 학위를 받는다. 공부한 기간이 5년 정도밖에 안 된다. 미국의 교육 시스템을 잘 활용한 경우다. 다만 성실한 학생이었다는 것은 신화이며 정치를 잘했다.(《중앙일보》, 1995년 3월 1일 자, 「이승만의 유학」 참고)

13 리영희(대담 임헌영) 『대화: 한 지식인의 삶과 사상』, 한길사, 68쪽, 2005.

14 2009년 11월 출간된 친일인명사전에는 4389명의 명단이 포함되어 있다. 민족문제연구소에서 주관한다. 자세한 내용은 https://www.minjok.or.kr/을 참고하면 된다.

15 문학과 관련한 내용은 이재봉, 「미군은 해방군? 소설 속 드러난 미군의 민낯」, 프레시안, 2014년 10월 28일자 참고. 인용도 그대로 옮겨 왔다.
http://www.pressian.com/news/article.html?no=121324(2018/8/4 접속)

16 Charles R. Frank & Kwang Suk Kim "Trade Regimes and Economic Development: SOuth Korea," *National Bureau of Economic Recoord*, 1975.
http://www.nber.org/chapters/c4063.pdf

17 Robert K. Sawyer, *Military Advisors in Korea: KMAG in Peace and War*, 1988.

18 박명림, 「6·25는 세계냉전제제가 한반도서 폭발한 사실상 3차 대전」, 《한겨레》, 2013년 6월 24일 자.
http://www.hani.co.kr/arti/politics/defense/593120.html

19 Spencer J. Palmer, "American Gold Mining in Korea's Unsal District," *Pacific Historical Review*, 31(4), pp. 379-391, 1962.

20 이권과 관련한 내용은 다음을 참고했다. Anthony Gronowicz, "The long history of US abuses to Korea," *Popular Resistance*, (2017/4/21).
https://popularresistance.org/the-long-history-of-us-abuses-to-korea/(2018/8/4 접속)

21 손호철, 「1950년대 한국사회의 이데올로기: 한국전쟁 전후를 중심으로」, 《한국정치연구》 5(0), 41-79쪽, 1996.

22 이상호는 맥아더와 이승만의 친분에 주목한 경우다. 부정할 수는 없지만 왜 하지가 김규식을 지지하고, 또 CIA 등에서는 일찍부터 이승만을 카드로 살려

두었는지에 대해서는 설명하기 어렵다. 단독정부 또한 이승만의 역할을 강조하지만 그리스와 필리핀 등에서 추진되었던 전례를 보면 복합체의 전략이 있었다고 의심할 수 있다. 미국의 전략에 이승만이 들러리를 섰다는 것이 더 정확하다. 브루스 커밍스 또한 미국은 한 번도 한국을 떠나지 않았고, 1949년 이후 내전에 깊숙하게 개입해 있었다고 주장했다. 참고자료는 이상호, 「이승만과 맥아더 그리고 대한민국 정부수립」,《정신문화연구》31(3), 103-130쪽, 2008.

23 Anthony Gronowicz, "The long history of US abuses to Korea," (2017/4/21). https:/popularresistance.org/the-long-history-of-us-abuses-to-korea

24 프린스턴대학교에 있는 우드로월슨센터에 디지털 사본이 보관 중이다. http:/digitalarchive.wilsoncenter.org/collection/137/syngman-rhee-era/14

25 전기문 작업에 한국 정부가 많은 도움을 주었다는 것과 텅스텐 사업 등 이권에 개입하고 있었던 굿펠로와 존 스테거스 등과 나눈 인터뷰 내용이 포함되어 있다. 인용문은 조갑제, 「이승만은 옳다고 믿으면 세계 여론과 강대국도 무시한 사람」,《월간조선》, 2017년 7월 27일 자 참고. https:/pub.chosun.com/client/news/print.asp?cate=C06&mcate=M1016&nNewsNumb=20150717935

26 조순경·이숙진,『냉전체제와 생산의 정치: 미군정기의 노동정책과 노동운동』, 이화여대출판부, 1995.

27 1995년 12월에 발표된 「백범 김구선생 암살진상 조사보고서」에는 "미국이 암살 사건에 대해 상당한 정보와 지식을 가지고 있었던 것으로는 보이지만 증거는 현재로서는 없다. 미국의 암살 사건 개입 여부는 미국이 혹시나 가지고 있을 CIC 관계 자료나 미 중앙정보국(CIA) 자료 등이 공개된 후에나 밝혀질 것"이라는 내용이 포함되어 있다.(《중앙일보》, 「현대사 X-파일 미국 CIC 자료 파장」 2001년 9월 5일 자)

28 박성준, 「해방정국의 연쇄암살」,《시사저널》, 1992년 4월 30일. http://www.sisapress.com/journal/article/105369

29 George-Anthony c. Constantis, "The Greek question before the United Nations Organization(1946-1954)," *Thesis*, McGill University, 1964.

http:/digitool.library.mcgill.ca/webclient/StreamGate?folder_id=0&dvs=
1533504945034~291

30 김일수, 「대구와 10월 항쟁: '10.1사건'을 보는 눈, 폭동에서 항쟁으로」, 《기억
    과전망》 가을호, 145-157쪽, 2004.

31 장상환, 「해방과 전쟁, 그리고 전쟁 이후의 농민운동」, 《농촌사회》 20(1),
    7-46쪽, 2010.

32 제주 4·3사건과 관련한 내용은 다음의 자료를 많이 활용했다. 박찬식, 「1947
    년 제주 3·1사건 연구」, 《한국사연구》 132, 255-301쪽, 2008.

33 4·3사건 진압 이후 1950년에는 헌병대 대장으로 승진했다. 전쟁 직후 대전
    형무소 재소자와 보도연맹원 총살을 지휘한 인물이기도 하다. 1953년에는 미
    국으로 가는 유학생에 뽑힌다. IMET 선정에 막강한 영향력을 행사한 인물은
    하우스먼이다.

34 Cutler, Richard, W., *Counterspy: Memoirs of a Counterintelligence Officer in World War II
    and the Cold War*, Potomac Books Inc., 2004.

35 신승근, 「최소 60만명, 최대 120만명! 파면 팔수록 끝없이 나오는 유골, 도대
    체 얼마나 많은 민간인이 학살되었나」, 《한겨레21》; 임영태, 「국민보도연맹사
    건: 한국 현대사 최대의 민간인 학살 사건」, 《통일뉴스》, 2016년 7월 27일 자.

36 김관후, "국무회의에 참석할 수 있는 유일한 미국인", 한국군 총사령관 고문
    제임스 하우스만, 제주의 소리, 2014년 12월 26일.
    http://www.jejusori.net/?mod=news&act=articleView&idxno=156322

37 임기상, 「이승만을 업고 대한민국 군대를 갖고 놀겠다」, 《노컷뉴스》, 2015년
    6월 26일 자. http://www.nocutnews.co.kr/news/4434695

38 이봉범, 「1950년대 문화재편과 검열」, 《한국문학연구》 34, 7-49쪽 중에서 10
    쪽 재인용, 2008.

39 정진석, 『한국 신문 역사』 박영률, 82쪽, 2013.

40 정진석, 「언론인 수난: 재판받은 언론인들」, 《신문과방송》 7월호, 90-100쪽,
    1993.

41 김석춘, 『미군정 시대의 국가와 행정』, 이화여대출판사, 1996.

42 Mark Gayne, *Japan Diary*, Boxerbooks, p. 436. 1981; 이택선, 「조선민족청년단과

한국의 근대민주주의 국가건설」, 《한국정치연구》 23(2) 27-51쪽, 2014.

43 인민해방군 사건(1947년), 간첩 김수임 사건(1950년), 부산 금정산 공비 사건(1952년), 또 개천절 이승만 암살 사건(1955년) 등도 여기에 해당한다. 김창룡이 조작한 대표적인 사건들이다.

44 이상호, 「미국의 공공외교와 한미관계, 1953-1990」, 연세대학교 박사논문, 102쪽, 2008.

45 미국공보처(United States Information Agency)와 미국공보원(USIS)은 동일한 조직이다. 국제사회에서는 가능한 USIC를 사용하도록 권장했다. 정부 산하기관이라는 뜻을 가진 '에이전시'가 갖는 부정적인 이미지를 개선하기 위해서였다.

46 김영희, 「제1공화국 초기 이승만정부 공보선전활동의 성격」, 《한국언론학보》 54(3), 326-348쪽, 2010.

47 공보처 관련 내용은 김영희 『한국전쟁기 미디어와 사회』를 참고.

48 일민주의(一民主義)는 1949년 이승만이 제시한 이념이다. '단일한 백성'으로서 자본주의를 추구하고 공산주의는 배척하자는 내용이다.

49 문총구국대 관련 자료는 한국민족문화대백과사전을 참고했다.
http:/encykorea.aks.ac.kr/Contents/Index?contents_id=E0073454

50 최형묵에 따르면, 해방 직후 개신교가 전체 인구에서 차지하는 비중은 0.52퍼센트(3만 명) 정도에 불과했다. 미군정청의 한국인 고문과 정부 고위직에서 기독교인의 비중은 이와 달리 과반수를 넘었다. 최형묵, 「한국 기독교의 보수화, 힘을 향한 부적절한 동맹」, 『무례한 자들의 크리스마스』, 평사리, 74쪽, 2007.

51 이재봉, 「해방 이후 1950, 1960년대의 도덕, 윤리과 교육 실상: 교수요목기, 제1차, 제2차 교육과정기: 1945-1973」, 《도덕과윤리과교육》 12, 42-64쪽, 2000.

52 김한종, 「지배이데올로기와 국사교과서 해방 이후 국사교과서의 변천과 지배이데올로기」, 《역사비평》, 64-86쪽, 1991.

53 정부는 1952년 저속한 일본 잡지 900권을 압수한데 이어 일본 색채가 짙은 레코드의 제작과 수입을 금지했다. 일본 상품의 광고도 신문에서 금지된다.

반공(反共)과 방공(防共)은 한동안 구분 없이 사용되다 '공산주의'에 대해서는 반대(反), '일본'에 대해서는 결계한다는 의미의 '방(防)'을 적용했다.

54 김이경 「이승만은 과연 민족적 견지에서 반일정책을 폈을까?」, 민플러스, 2017년 6월 15일. http://www.minplus.or.kr/news/articleView.html?idxno=3185

55 이성봉, 「북한과 일본 관계: 접근의 동인과 결별의 구조」,《논단》, 146-167쪽, 2013.

56 허은, 「미국의 헤게모니와 한국 민족주의: 냉전시대(1945-1965) 문화적 경계의 구축과 균열의 동반」, 고대민족문화연구원, 2008.

57 이봉범, 「1950년대 번역 장의 형성과 문학 번역: 국가권력, 자본, 문학의 구조적 상관성을 중심으로」,《대동문화연구》79집, 431-510쪽, 2012.

58 후지이 다케시, 「1950년대 반공 교재의 정치학」,《역사문제연구》30쪽, 51-86쪽, 2013.

59 영화 「전우」에는 주한 미공보원 소속 찰스 테너가 관여했다. 해방공간의 영화 관련 자료는 다음을 참고했다.
http://blog.daum.net/_blog/BlogTypeView.do?blogid=0BAWh&articleno=17943283&categoryId=946849&regdt=20090510135703(2018/8/10 접속)

60 이선민, 「'미국' 소비하는 대도시와 미국영화: 1950년대 한국의 미국영화 상영과 관람의 의미」,《상허학보》18, 73-105쪽, 2006.

61 http://encykorea.aks.ac.kr/Contents/Index?contents_id=E0074419

62 공임순, 「1950년대 전후 레짐(postwar regime)과 잡지 '희망'의 위상」,《대중서사연구》23(3), 9-55쪽, 2017에서 재인용.

63 앞의 김영희, 「한국전쟁기 미디어와 사회」 참고.

64 대표적인 인물로는 화가 이중섭이 있다. 시인 구상, 박지수, 오상순, 정석모 등과 함께 어울렸다.

65 김한식, 「학생 잡지《학원》의 성격과 의의: 1950년대를 중심으로」,《상허학보》28집, 291-323쪽, 2009.

66 잡지에서 강조되는 '희망'의 모습에 대한 분석과 관련 인용은 다음을 참고했다. 최배은, 「전쟁기에 발간된 잡지《희망》의 '희망' 표상 연구 ─ 아동, 청소년 담론을 중심으로」,《대중서사연구》23(3), 131-159쪽, 2017.

67 반공 수기와 회곡록 등과 관련한 자료는 다음에서 인용했다. 홍순애, 「잡지 《희망》의 반공, 냉전이데올로기의 구축과 분열 ─ 수기, 회고를 중심으로」, 《대중서사연구》 23(4), 319-362쪽, 2017.

68 최유희, 「1950년대 대중잡지 《희망》의 미국 체험담 연구」, 《대중서사연구》 23(4), 287-318쪽.

69 조재천, 「내가 본 미국, 미국인」, 《주간희망》 1957년 8월 23일., 21쪽, 최유희 의 논문 35쪽 재인용.

70 3장 10 「파워 엘리트」에 나온 헨리 루스가 《타임》과 《라이프》 대표다. 《뉴스 위크》 극동담당 특파원 로버트 게이틀리는 CIA의 '작전명 앵무새'에 참가한 인물이다. 그 밖에 《리더스다이제스트》 발행인은 더위트 웰레스로 공화당을 지지하는 유명한 반공주의자였다. 관련 자료는 다음을 참고하면 된다. Joanne P. Sharp, *Condensing the Cold War: Reader's Digest and American Identity*, University of Minnesota Press, 2001.

71 허은, 「냉전시대 미국정부의 《자유세계》 발간과 '자유 동아시아' 형성」, 《아세 아연구》 58(1), 101-143쪽, 2015.

72 프랜시스 스토너 손더스, 유광태·임채원 옮김, 『문화적 냉전-CIA와 지식인 들』 그린비. 2016.

73 공임순의 지적에 따르면, '창간사'를 쓴 사람은 장준하와 서영훈으로 전한다. 2012년에 쓴 「사상 '운동'과 사상의 생활윤리화 ─ 일민주의와 《사상》지를 중심으로」, 《서강인문논총》 35, 33-81쪽 참고.

74 《사상계》의 한계로 친미 패러다임을 벗어나지 못했다는 점을 지적한 작업으 로는 다음이 있다. 사상계연구팀, 『냉전과 혁명의 시대 그리고 《사상계》』 소 명출판, 2017.

75 북미에서 파병한 국가는 미국과 캐나다 등 2개국이다. 남미에서는 콜롬비아, 아프리카에서는 남아프리카공화국과 에티오피아가 있다. 유럽에서는 영국, 벨기에, 프랑스, 그리스, 룩셈베르그, 네덜란드, 터키가 참전했다. 그 밖에 호 주, 뉴질랜드, 필리핀과 태국이다. 미국과 군사동맹 관계에 있거나 영국 연방 에 속한 국가라는 공통점이 있다.

76 김예림, 「냉전기 아시아 상상과 반공 정체성의 위상학 ─ 해방~한국전쟁

후(1945-1955) 아시아 심상지리를 중심으로」,《상허학보》20, 311-345쪽, 2007.

77 장규식,「1950~1970년대 '사상계' 지식인의 분단인식과 민족주의론의 궤적」, 《한국사연구》167, 289-339쪽, 2009.

78 관련 내용은 다음을 참고했다. 구체적인 수치나 일부 주장도 그대로 인용했다. 권보드레,「《사상계》와 세계문화자유회의: 1950-1960년대 냉전 이데올로기의 세계적 연쇄와 한국」,《아세아연구》54(2), 246-288쪽, 2011.

79 조정래 인터뷰 중, 황호택, "나는 친북주의자가 아니다",《신동아》2004년 9월 7일.

80 김도균,「대통령되면 수류탄 들겠다 …… 군은 왜 DJ 미워했나」, 오마이뉴스, 2009년 8월 20일.
    http:/www.ohmynews.com/NWS_Web/View/at_pg.aspx?CNTN_CD=A0001200204

81 《중앙일보》,「다시쓰는 한국현대사 15. 그림자조직 미국 CIC」, 1995년 4월 18일 자. https:/news.joins.com/article/3049994

82 한호석,「한호석의 진보담론, 배후 조종자는 CIA가 아니었다」,《통일뉴스》, 2011년 5월 23일 자.

83 김민식,「1950년대 한국군의 미국 군사유학 시행과 그 영향」,《군사》98호, 285-321쪽, 2016.

84 Jesse Savage & Jonathan Caverley, Human Capital Agaist the Capitol: Foreign Aid in the Form of Training and Military-Backed Coups, Journal of Peace Research, 54(4), pp. 542-557, 2016.
    http:/www.jonathancaverley.com/uploads/2/9/7/2/29726853/caverleysavagecoups.pdf

85 장훈경,「미, 비밀문서에 드러난 '신군부 정권 장악' 용인」, SBS 2018년 5월 17일.

86 전두환 군부세력과 지미 카터 행정부(1977-1981)를 중재한 인물도 제임스 하우스먼으로 알려진다. 미국은 '현상유지'를 조건으로 광주진압 등을 묵인했다. 자세한 내용은 다음 논문을 참고하면 된다. 박원곤,「5·18 광주 민주화 항쟁과 미국의 대응」,《한국정치학회보》45(5), 125-145쪽, 2011.

87 그보다 앞서 1948년에도 여덟 명의 장교가 군사 유학을 갔다. 제임스 하우스 먼이 추천한 것으로 알려진다. 군사영어학교 출신이던 최덕신과 최홍희 등이다. 박정희 정권 때 해외로 망명했다가 결국 월북했다.

88 최준호·전영기, 「'박정희 핵 프로젝트' 한국 내부 스파이들이 CIA에 고자질」, 《중앙일보》 2015년 7월 10일 자.

89 직접 인용문은 다음 논문에서 따 왔다. 주영중, 「박인환 문학의 미국에 대한 이중적 태도 연구: 1950년대 시와 문학을 중심으로」, 《한민족어문학》 69, 585-614쪽, 2015.

90 차재영, 「1950년대 미국무성의 한국 언론인 교육교류 사업 연구 ― 한국의 언론 전문직주의 형성에 미친 영향을 중심으로」, 《한국언론학보》 58(2), 219-245쪽, 2014.

91 이진영, 「서울대 상과대학 66학번 '쌍육회'」, 《동아일보》, 2002년 9월 12일 자. http://news.donga.com/Culture/more18/3/all/20020912/7862019/1

92 서경호, 「"편향됐다" 비판받는 베스트셀러 경제학원론」, 《중앙일보》, 2010년 2월 9일 자.

93 대표적인 학자로는 MIT대학의 월터 로스토가 있다. OSS 연구팀에서 근무한 이후 CIA가 자금을 댄 국제전략연구소로 옮겼다. 1958년에 나온 『경제성장 단계: 반공산당 선언(The Stages of Economic Growth: A Non-Communist Manifesto)』의 저자다. 후진국도 군부의 정치적 지도력을 통해 선진국이 될 수 있다는 게 핵심이다.

94 김용학·유석춘, 「한국의 권력 엘리트 이동 유형에 관한 연구」, 《성곡논총》 27(3), 165-197쪽, 1996.

95 《경향신문》, 「한국의 파워엘리트 자료.」, http://news.khan.co.kr/kh_storytell-ing/2017/elite

96 최송아, 「대법관 공식 = '서울대 출신 男판사'…그들만의 리그」, 연합뉴스, 2016년 9월 24일.

97 서울대를 정점으로 한 '학벌사회'의 문제는 다양한 방식으로 제기되고 있다. 관련 내용은 다음에서 찾아볼 수 있다. 육성철, 「안티학벌을 외치는 사람들: 선발투수 강준만, 중간계투 한완상, 마무리는 시민운동」, 《신동아》, 2002년 3

월. http://www.donga.com/docs/magazine/new_donga/200203/nd2002030300.
html

98 김우종, 「김우종의 대학비사(8) 국대안 파동의 확산」, 《한국대학신문》, 2000
년 4월 15일 자.
http://news.unn.net/news/articleView.html?idxno=15900(2018/8/18 접속)

99 대외활동국(FOA)에 이어 1955년에는 '국제협력청(International Cooperation
Administration, ICA)'이 설립된다. 해외 지원과 비(非)군사 프로그램을 함께
처리했다. 1961년 9월 4일 설립된 미국개발청(USAID)으로 흡수 통합된다.

100 신용옥, 「국방비 분석으로 본 대충자금 및 미국 대한원조의 성격(1954~
1960)」, 《한국사학보》 3-4, 238-278쪽, 1998.

101 Albie Miles & Christine Ahn Free Trade Kills Korean Farmers, *Foreign Policy in Focus*,
https://fpif.org/free_trade_kills_korean_farmers/(2018/8/16 접속) (2011/2/15).

102 박동서 교수는 미국에서 공부했지만 '한국행정'의 독자성을 최초로 제기한
것으로 알려진다. 유현종, 「Woodrow Wilson, 박동서, 그리고 한국행정」, 《행
정논총》 51(3), 31-66쪽 참고.

103 관련 인용과 자료는 이봉규, 「1950년대 중후반 행정분야 기술원조 도입
과 '관리행정론'」 참고. http://congress.aks.ac.kr/korean/files/2_1413779307.
pdf(2018/8/16 접속)

104 이병량, 「행정학의 위기와 행정학 교육: 한국 행정학 교육의 실용성에 관하
여」, 《행정논총》 48(2), 169-188쪽, 2010.

105 김덕련, 「원폭보다 센 수공? 금강산댐 '공포 사기극' 전말」, 프레시안, 2017년
1월 23일. http://www.pressian.com/news/article.html?no=149165

106 이선미, 「1950년 미국유학 담론과 '대학문화' — 《연희춘추》의 미국관련 담론
과 기사를 중심으로」, 《상허학보》 25, 235-272쪽에서 재인용, 2009.

107 정종현, 「아시아재단의 'Korea Research Center(KRC)' 지원 연구 — 사회과학
연구도서관(1956)/ 한국연구도서관(1958)/ 한국연구원(1964)으로의 전개를
중심으로」, 《한국학연구》 40, 57-108쪽. 63쪽 재인용, 2016.

108 김준엽이 쓴 공산주의 관련 글은 다음을 참고하면 된다. 정문상, 「중공과 중
국 사이에서: 1950-1970년대 대중매체상의 중국관계 논설을 통해 보는 한국

인의 중국인식」,《동북아역사논총》33, 57-90쪽, 2011.

109 윤사순,「김준엽선생과 한국의 중국학 발전」, 김준엽선생 서거 1주년 기념 국제학술 세미나, 2012.
file://C:/Users/User/Downloads/ARI퍼센트20Conference퍼센트20[120605].pdf(2018/8/18 접속)

110 민족문제연구소,「친일파는 살아있다: 역사학자 이병도와 특무대장 김창룡 이야기」, 2005년 8월 10일. https://www.minjok.or.kr/archives/64561

111 심혜경,「1950년대 말 아시아재단 서울지부의 연구 지원 사례연구 ─ 고황경, 이만갑, 이효재, 이해영의《한국농촌가족의 연구》를 중심으로」,《한국학연구》49, 155-188쪽, 2018.

112 김옥란,「오영진과 반공, 아시아, 미국 ─ 이승만 전기극「청년」·「풍운」을 중심으로」,《동악어문학》59, 5-55쪽, 2012.

113 김건우,「반공국가주의와 지역주의 사이」,《주간동아》, 2015년 10월 12일.

114 김미란,「문화 냉전기 한국 펜과 국제문화 교류」,《상허학보》41, 329-370쪽, 2014.

115 사공일,『세계는 기다리지 않는다』, 매일경제신문사, 141쪽, 2001.

116 사공일,「IMF 사태」,《중앙일보》1998년 4월 21일 자. https://news.joins.com/article/3634312

117 정만호,「해외여행경비/ 이부비 허용한도 내년부터」,《한국경제》, 1994년 6월 23일 자.

118 지주형,『한국 신자유주의의 기원과 형성』146쪽, 책세상, 2017.

119 배노필,「박세일 한반도선진화재단 이사장」,《중앙일보》, 2009년 3월 30일 자. https://news.joins.com/article/3549978

120 김준형,「한국 대외정책의 대미의존성의 고착화 과정과 원인에 관한 연구: 대북정책을 중심으로」,《21세기정치학회보》19(2), 385-412쪽에서 재인용, 2009.

121 필리핀의 키리노 대통령은 미국 식민지에서 재무부 장관 등을 역임하고 국립 필리핀대학교를 졸업한 인물이다. 당시 독립투쟁에 앞장섰던 사회주의 계열 무장단체인 후크발라합과 내전 중이었다.

122 유희곤, 「자유총연맹, "3·1절 태극기 집회 10만 동원"」, 《경향신문》, 2017년 2월 9일 자.

123 김지혜, 「前 서울시장 김상철 장로, 하나님은 세계역사의 주관자」, 《크리스천투데이》, 2005년 4월 11일 자.
http://www.christiantoday.co.kr/news/155007(2018/8/20 접속)

124 배명승 교수의 「문재인의 풋내기 정권……」에 대한 댓글이다.
http://www.kma18.org/gnuboard4/bbs/board.php?bo_table=free&wr_id=6896(2018/8/20 접속)

125 박근 "진정한 보수주의는 중도 아닌 중심에 서야", 한국외교협회 「초대석」 인터뷰 내용 중에서. https://www.kcfr.or.kr/bbs/board.php?bo_table=203&wr_id=79&sst=wr_hit&sod=asc&sop=and&page=11

126 강윤주, 「'전작권 전환 재연기 당시 예비역들 개입' 정황도 담겨」, 《한국일보》, 2015년 10월 8일 자. http://www.hankookilbo.com/v/72251620cba44c3c9913caf141591d6e(2018/8/20 접속)

127 《조선일보》 사설, 「건군 55년, 한미동맹 50년, 이라크 파병」, 2003년 10월 1일 자. http://news.chosun.com/site/data/html_dir/2003/10/01/2003100170314.html(2018/8/21 접속)

128 정운현, "이승복 기사 오보 논쟁, 역사 속에 묻히나……," 블로거, 2015년 6월 1일. https://ppss.kr/archives/37530(2018/8/21 접속)

129 민주언론운동시민연합 신문모니터분과, 「조선일보의 국가안보상업주의 곡필·오보 10선」, 《월간말》128-135쪽, 1998년 8월.

130 「조선일보」의 '국가안보 상업주의' 사례 모음」, 《인물과사상》, 1998년 5월, 83-100쪽.

131 조갑제 닷컴 인용. "http://www.chogabje.com/board/view.asp?c_idx=77069&c_cc=BB

132 양정지건, 「반미·반공주의 염병처럼 퍼져간다」, 뉴스앤조이, 2004년 10월 4일. http://www.newsnjoy.or.kr/news/articleView.html?idxno=9352

133 전병선, 「북한 동포 '골치 아파' 하지 말고 '가슴 아파' 해야" 서울신학대 '춘계국제학술대회'」, 《국민일보》, 2015년 4월 6일 자.

134 원희복, 「향린교회 조헌정 담임목사 "진보언론 잘못해 아예 언론사업에 나섰소!"」, 《경향신문》, 2016년 4월 23일 자.

135 류길재, 「'현대사 다시 쓴다' 한국 공산주의 운동」, 《한국일보》, 1999년 3월 1일 자.

136 양정지건, 「양주삼 김활란, 한국교회 빛낸 100인」, 뉴스앤조이, 2004년 9월 10일.
http://www.newsnjoy.or.kr/news/articleView.html?idxno=9118(2018/8/20 접속)

137 최선택·김상구, 「'미 제국의 두 기둥' 기독교 공화국 흉내 내기」, 《자주시보》, 2015년 12월 20일. http://www.jajusibo.com/sub_read.html?uid=24812&section=sc50(2018/8/21 접속)

138 임기상, 「김일성의 항일무장투쟁, 진짜인가 가짜인가?」, 노컷뉴스, 2015년 9월 9일.

139 홍일표, 「김재준의 공산주의 이해 ── 한경직, 박형룡과의 비교를 중심으로」, 《한국교회사학회지》 34, 335-369쪽, 338쪽 재인용, 2013.

140 이은선, 「6·25전쟁과 미국 복음주의와 한국교회」, 《영산신학저널》 44, 199-237쪽, 2018.

141 김세진, 「조갑제, "김일성과 김정일은 사탄이다"」, 뉴스앤조이, 2009년 5월 22일.

142 김동수, 「김지철·김홍도 목사, 당신들은 설교를 모독했다」, 오마이뉴스, 2011년 8월 24일.

143 윤정란, 『한국전쟁과 기독교』 한울, 2015; 허미경, 「서북청년에 뿌리 둔 한국 개신교의 주류」, 《한겨레신문》 재인용, 2015년 11월 26일 자.

144 위의 이은선 참고

145 위의 최선택·김상구 참조.

146 2017년 12월 한국 선교사 파송 현황, 《크리스천투데이》
http://www.christiantoday.co.kr/news/308493

147 「대한민국 자유민주주의 수호, 뉴욕서 태극기 집회……」, 《기독일보》, 2018년 6월 11일 자.

148 임정근 목사 페이스북 참조.

https://www.facebook.com/PaggeunhyeDaetonglyeongsidaeleulWihayeo/photos/a.47
5376209220429/475376212553762/?type=1&theater

6부 줄탁동시

1　박병광, 「'시황제' 시진핑…… 핵심이익은 절대 양보없다」, 《통일한국》, 2017
　　년 2월 1일.

2　문예성, 「시진핑, 19차 당대회 연설서 '평화와 강군 동시 추구'」, 《뉴시스》,
　　2017년 10월 18일.

3　2018년 중국의 국방력, 관련 자료는 다음 사이트 참고.
　　https://www.globalfirepower.com/country-military-strength-detail.asp?country_
　　id=china

4　오상택, 「중국의 6·25전쟁 개입과 영향 연구 ── 중국의 진보적 시각을 중심
　　으로」, 《군사연구》133, 75-107쪽, 2013.

5　박승준, 「덩샤오핑의 유언과 시진핑의 선택」, 《주간조선》, 2013년 12월 6일.
　　http://news.chosun.com/site/data/html_dir/2013/12/06/2013120602443.html?De
　　p0=twitter&d=2013120602443(2018/8/24 접속)

6　정주호, 「중·러주도 상하이협력기구, '북미회담지지' 칭다오 선언 채택」, 연
　　합뉴스, 2018년 6월 11일.

7　이인열, 「인도에는 왜 군사 쿠데타가 없을까?」, 《조선일보》 재인용, 2008년 5
　　월 16일 자.

8　채인택 외, 「13억명 인도 성장률 7.6퍼센트…… 중국 견제할 코끼리」, 《중앙
　　일보》, 2018년 1월 4일 자.

9　김득, 「'네루'의 국제정치사상」, 《국제정치논총》11, 23-32쪽, 1971.

10　노태구, 「네루의 사회주의와 민족주의 ── 인도의 독립을 위해」, 《한국정치외
　　교사논총》24(2), 1-32쪽, 2003.

11　신인령, 「민중사관의 전개」, 《기독교사상》26(9), 198-201쪽, 1982.

12　박지향, 「자와할랄 네루의 나라 만들기」, 《영국연구》25(0), 203-234, 218쪽,

2011.

13 강명구, 「남미의 수입대체 산업화 발전 전략: 허쉬만의 해석을 중심으로」, 《라틴아메리카연구》 20(4), 41-77쪽, 2007.

14 구정은, 「반둥회의 60주년…… 중국 비동맹 외교 재부상」, 《경향신문》, 2015년 4월 14일 자.

15 Amitav Acharya, *East of India, South of China: Sino-Indian Encounters in Southeast Asia*, London; OXford University Press, 2017.

16 이재현, 「마하티르의 동아시아 지역주의 담론 분석: 서구에 비판적인 아시아주의적 발전연대의 추구」, 《국제정치논총》 47(1), 121-144쪽, 2007.

17 마하티르의 발언은 김성해(2005)의 박사 논문과 미국 PBS와 2001년 7월 2일 가진 인터뷰를 참고했다.
https://www.pbs.org/wgbh/commandingheights/shared/minitext/int_mahathirbinmohamad.html

18 2018년 3월 발표된 IMF 보고서 참고. file:///C:/Users/User/Downloads/cr1861.pdf

19 2017년 세계행복지수 보고서, https://s3.amazonaws.com/happiness-report/2017/HR17.pdf(2018/8/27 접속)

20 IMF 방식을 거부했기 때문에 위기를 성공적으로 벗어날 수 있었다는 학술적 평가는 다음 논문을 참고하면 된다. Ross P. Buckley & Sarala M. Fitzgerald, "An Assessment of Malaysia's Response to the IMF Duging the Asian Economic Criris," Journal of Legal Studies", pp. 96-116, 2004.

21 Ed Crooks(2017/12/3.), "Foreign oil companies in Venezuela feel the strain. *Fincial Times*" https://www.ft.com/content/3264b33e-d680-11e7-a303-9060cb1e5f44

22 Patrick Bond, *Confronting Global Neoliberalism: Third World Resistance and Development Strategies*, Clarity Press, 2009.

23 조영현, 「베네수엘라 정치와 종교: 우고 차베스와 가톨릭교회의 관계를 중심으로」, 《라틴아메리카연구》 23(2), 241-275쪽, 2008.

24 2002년 4월 6일 자 CIA 자료에도 "쿠데타 시도를 위한 때가 무르익고 있음"이라는 내용이 나온다. 군부 엘리트 일부가 계획하고 있으며 차베스 대통령

을 비롯해 10여 명을 체포하는 것이 계획되어 있다는 내용이다.

25 Telesur(2017/4/8) US Pumped \$4.2M in 2015 to Destabilize Venezuelan Gov-
   ernment, https://www.telesurtv.net/english/news/US-Pumped-4.2M-in-2015-to-
   Destabilize-Venezuelan-Government-20170408-0006.html

26 BBC(2011/9/1) Guatemala STD tests 'may have infected 2,500'
   https://www.bbc.co.uk/news/world-latin-america-14751441

27 이준식, 「일제 강점기 사회주의 운동의 진화와 발전: 민족 문제 인식을 중심
   으로」, 『한국사론 43: 광복 60면, 한국의 변화와 성장 그리고 희망』, 국사편찬
   위원회, 2006. http://db.history.go.kr/download.do?levelId=hn_043_0020&fileNam
   e=hn_043_0020.pdf(2018년 9월 18일 접속)

28 김병하, 「심한 폐결핵 앓던 혁명가 김산, 그가 말하는 역사의지」, 오마이뉴
   스 인용, 2017년 1월 24일 자. http://www.ohmynews.com/NWS_Web/View/at_
   pg.aspx?CNTN_CD=A0002282406(2018/9/18 접속)

29 김종목 외, 「민주화 20년, 지식인의 죽음, 백낙청, 리영희, 최장집…… 한국사
   회 가장 큰 영향」, 《경향신문》, 2007년 4월 29일 자.
   http://news.khan.co.kr/kh_news/khan_art_view.html?art_
   id=200704291816251(2018/9/18 접속)

30 박현범, 「강정구, "한미관계 새판 짜야"」, 《통일뉴스》, 2007년 6월 1일.
   http://www.tongilnews.com/news/articleView.html?idxno=72962

31 김귀옥, 「'만경대 필화사건'을 통해 본 강정구의 학문 세계와 실천」, 《경제와
   사회》, 287-346쪽, 2005.

32 박종생, 「투기자본 발목을 묶어라」, 《한겨레21》, 1999년 6월 10일 자.

33 이찬근, 「IMF 금융위기와 한국의 선택」, 《신앙과 경제》 세미나 발제문. 재인
   용, 2011.

34 박근혜 정부에서 대통령 비서실장을 지내는 김기춘을 키운 인물로 알려진다.
   불과 서른다섯 살에 중앙징보부 대공수사과장이 된 김기춘은 1975년 '학원침
   투 북괴간첩단' 사건으로 은혜를 갚는다. 1991년에 발생한 강기훈의 '유서 대
   필' 사건도 그의 작품이다. 대법원은 이 사건에 대해 2016년 무죄를 최종 확
   정했다.

35 김정남, 「세계 최악의 사법살인, 조작부터 사형까지 '박정희 작품'」, 《한겨레 신문》, 2011년 11월 14일 자.
http://www.hani.co.kr/arti/politics/politics_general/505417.html(2018년 9월 24일 접속)

36 강대석, 『김남주 평전』, 시대의 창, 2017.

37 권영민, 『태백산맥 다시 읽기』, 해냄출판사, 2003.

38 권영민, 「역사적 상상력의 집중과 확산 ─ 조정래론」, 《작가세계》 7(3), 53-69쪽, 1995.

39 이계환·고성진, 「태백산맥 보고 프랑스 지성인들이 부끄러워했다」, 《통일뉴스》, 2009년 1월 10일 자.

40 이태준 "민족을 복원하고 민중을 발견하다" http://ch.yes24.com/Article/View/17157?Scode=050_002

41 황호택, 「조정래 인터뷰, "나는 친북주의자가 아니다"」, 《신동아》, 2002년 7월.

42 송윤정, 「조정래의 시선: 지금 우리는 무엇을 주시해야 하는가」 중 인터뷰 내용, 2014.

43 박인규, 「이데올로기 투쟁이란 게 얼마나 허망한 것인지」, 프레시안, 2006년 11월 27일.

44 박경은, 「"김제동의 똑똑똑" 소설가 조정래」, 《경향신문》, 2010년 10월 27일 자.

45 Liu, Henry, "US dollar hegemony has got to go," *Asia Times*, 2004/11/2

46 김성해, 「국제공론장과 민주적 정보질서: 미국헤게모니 관점에서 본 '신국제 정보질서운동'의 이론적 한계와 대안모색」, 《한국언론학보》 51(2), 82-104쪽, 2007.

47 김성해, 「국제통화질서와 이지적 리더십: 미디어담론 분석을 통해서 본 달러 헤게모니의 이해」, 《한국언론학보》 52(3), 5-27쪽, 2008.

48 David, B. Behind TV analysts, Pentagon's hidden hand, *New York Times*, 2008/4/20

49 오광진, 「트럼프 유엔 연설에 드리운 신냉전 그림자…… 거세진 사회주의 공격」, 《조선일보》, 2018년 9월 26일 자. http:/news.chosun.com/site/data/html_

dir/2018/09/26/2018092600275.html

50 서민우, 「최순실이 은닉했다는 'I0조'로 할 수 있는 것 5가지」, 인사이트, 2016년 I2월 3I일. http://www.insight.co.kr/newsRead.php?ArtNo=88I65

51 북한의 김일성대학교 학자들이 제기한 전략으로 알려진다. 북한에서 김일성과 김정일은 각각 '건국'과 '위국'의 아버지로 불린다. '건국(建國)'은 북한정권을 수립했다는 의미다. 또 사회주의 붕괴와 대기근 등을 맞아 '선군사상' 등으로 국가를 지켜냈다는 것이 '위국(衛國)'이다.

52 마상윤, 「적(敵)에서 암묵적 동행으로: 데탕트 초기 미국의 중국 접근」,《한국정치연구》23(2) 313-337쪽, 2014.

53 김성해·정연주, 「누구를 위해 종은 울리나? '중국 때리기' 담론을 통해서 본 한국의 미국 사대주의」,《커뮤니케이션연구》12(3), 49-97쪽, 2016.

54 박가분, 「혜화역 시위와 워마드 논란, '일부'의 일탈일까」,《REALNEWS》, 2018년 7월 17일. https://realnews.co.kr/archives/13204

55 한겨레 사설, 「리영희, 담대한 진실의 향도」, 2010년 12월 5일 자.

56 진민정·김성해, 「제도화된 권력투쟁과 호명된 담론: 전시작전권 환수를 둘러싼 보수와 진보의 담론 경쟁」,《의정연구》, 45, 60-105쪽, 2015.

에필로그

한때는 꽃을 즐길 줄만 알았다. 지금은 누군가 씨앗을 뿌리고 돌보고, 또 스스로 비와 바람을 이겨야 꽃을 피울 수 있다는 것을 안다. 결코 혼자 이뤄낸 성과가 아니었다. 자식을 위해 평생을 헌신하고 지금은 영면하신 아버지 김용호와 어머니 김정수가 도움을 준 손길들의 맨 앞에 계신다. 넉넉지 못한 집안 살림을 보태고 동생들을 위해 뭐든지 양보했던 큰누나 김영화는 결코 부모님에 못지않은 공로자다. 둘째 누나 김영늠, 셋째 누나 김남미, 막내 누나 김남석이 그 뒷자리를 메워 준다. 늘 떠돌기만 했던 처남을 위해 아낌없는 배려와 관심을 쏟아 준 큰 자형 한창석, 지금은 하늘나라에 가신 둘째 자형 백승우, 셋째 자형 김필규와 막내 자형 김형호께도 감사의 말씀을 전한다. 형을 대신해 고된 농사일을 감당하면서도 당당한 법학박사가 된 동생 김성완과 재수씨 남진숙도 든든한 뒷배다. 형이 두 사람을 얼마나 자랑스러워하는지 꼭 알아주었으면 한다.

아내 덕분에 과분한 복을 누리는 입장에서 처가 말뚝에라도 절을 해야 할 입장이다. 먼저 잠드신 장인어른 최소봉과 장모님 김영자가 없었다면 지금의 행복한 가정은 애초에 불가능했다. 특히 장모님은 지금도 아침저녁으로 사위 뒷바라지에 편할 날이 없다. 일찍 미국으로 이민을 가서도 잊지 않고 매부를 챙겨 준 큰처남 최창석과 작은처남 최민석도 언제든 따뜻한 손길을 내밀어 줬다. 피 한 방울 섞이지 않았지만 베풀어 주신 사랑과 위로는 가족보다 결코 못하지 않았던 분들도 많다.

파산한 상태에서 유학생활을 시작했던 1998년 여름, 김춘기 목사님은 구명보트 역할을 해 주셨다. 당신이 살뜰히 챙겨 준 덕분에 무사히 석사과정을 마쳤다. 미국에서 주유소를 경영하고 있는 친구 이춘봉 내외의 보살핌도 각별했다. 그이만큼 진실하고 순박하고 아낌없이 나눠주는 사람을 본 적이 없다. 2000년 캐나다에서 재회한 이후 고비 때마다 수호천사가 되어 준 친구 이상모의 도움 역시 컸다. 넉넉지 못한 친구를 위해 항상 시간을 내주고 제 일처럼 앞장서 준 우정에 감사한다. 또 다른 감사 인사는 무려 7년 이상 독촉 한 번 하지 않고 묵묵히 기다려 준 민음사의 양희정 부장의 몫이다. 터무니없는 분량의 책을 흔쾌히 맡아서 이렇게 멋진 작품으로 내놓으시는 능력에 놀랄 따름이다.

아내 최경원, 아들 김동규, 딸 김유민은 이 모든 은혜를 하나의 줄로 꿰어 보배로 만들어 준 존재다. 감사한 마음으로 이 책을 바친다. 무려 30년 이상을 아내와 나는 한 몸처럼 살았다. 몸의 반쪽이 아니라 이미 하나가 된 지 오래다. 슬픔도 기쁨도 영광도 좌절도 봄과 겨울도 함께했다. 특공대로서 무사히 전역을 하고 지금은 가족 곁으로 돌아온 아들은 예나 지금이나 최고의 자랑거리다. 낯선 곳에서 전혀 기죽지 않고 학교생활에 충실한 딸 또한 물과 공기와 같다. 사랑하는 가족이 있어 오늘도 행복한 마음으로 신발 끈을 맨다.

지식패권 2

1판 1쇄 찍음 2019년 6월 10일
1판 1쇄 펴냄 2019년 6월 15일

지은이   김성해
발행인   박근섭·박상준
펴낸곳   (주)민음사

출판등록   1966. 5. 19. 제16-490호
주소   (135-887) 서울시 강남구 신사동 506번지
           강남출판문화센터 5층
대표전화   02-515-2000 | 팩시밀리 02-515-2007
홈페이지   www.minumsa.com

ISBN   978-89-374-3947-6 (03300)
       978-89-374-3945-2 (세트)